高等学校物联网专业系列教材
编委会名单

高等学校物联网专业系列教材

物联网法学

秦成德　编著

中国铁道出版社
CHINA RAILWAY PUBLISHING HOUSE

内 容 简 介

物联网就是物-物相连的互联网，互联网实现了人与人之间的交流，而物联网可以实现人与物体之间的沟通和对话，也可以实现物体与物体的连接和交互。在我国，物联网已成为国民经济和社会信息化的重要组成部分。我国物联网的应用已渗透到社会生产的各个行业，由此也拉动了社会对物联网人才的巨大需求。因此，对物联网市场的秩序和物联网企业的行为进行规范化是物联网健康持续发展的保障。

本书阐述了物联网涉及的法律问题、物联网市场法制环境的问题，对诸如物联网安全、物联网知识产权、物联网隐私权、物联网传感和识别中的法律问题等也有专门章节阐述。而对于最新的云计算的法律问题、物联网市场规制、物联网证据与纠纷解决、物联网立法等等，也给予了应有的重视。本书体系合理、学科理论深入、教学内容充实、支撑材料新颖、涉及范围宽广、叙述简明扼要、条理渐进清晰。

本书适合作为高等学校物联网工程、物联网管理、电子商务、经济管理、信息技术、自动控制、法学等专业本科生或研究生的教材，也可供从事物联网法律实务或科学研究的人员阅读。

图书在版编目（CIP）数据

物联网法学/秦成德主编. — 北京：中国铁道出版社，2013.1

高等学校物联网专业系列教材

ISBN 978-7-113-13372-6

Ⅰ. ①物… Ⅱ. ①秦… Ⅲ. ①互联网络－法律－中国－高等学校－教材 Ⅳ. ①D922.17

中国版本图书馆 CIP 数据核字（2012）第 305341 号

书　　名：物联网法学
作　　者：秦成德　编著

策　　划：刘宪兰　　**读者热线：**400-668-0820
责任编辑：王占清　　**特邀编辑：**曹　旭
编辑助理：巨　凤　彭立辉
封面设计：一克米工作室
责任印制：李　佳

出版发行：中国铁道出版社（100054，北京市西城区右安门西街 8 号）
网　　址：http://www.51eds.com
印　　刷：北京市昌平开拓印刷厂
版　　次：2013 年 1 月第 1 版　　2013 年 1 月第 1 次印刷
开　　本：787mm×1092mm　1/16　**印张：**22　**字数：**521 千
印　　数：1～3 000 册
书　　号：ISBN 978-7-113-13372-6
定　　价：39.80 元

作 者 简 介

秦成德，西安邮电大学教授，西京大学特聘教授，全国经管院校工业技术学研究会物联网委员会主任，中国法学会信息法学研究会理事，西安仲裁委员会仲裁员，陕西岚光律师事务所律师，中国电子商务协会移动商务专家咨询委员会秘书长，中国信息经济学会常务理事，长安子午工坊主任。

总　序

物联网是继计算机、互联网和移动通信之后的又一次信息产业的革命性发展。目前物联网被正式列为国家重点发展的战略性新兴产业之一，其涉及面广，从感知层、网络层到应用层均涉及标准、核心技术及产品，以及众多技术、产品、系统、网络及应用间的融合和协同工作；物联网产业链长、应用面极广，可谓无处不在。

近年来，中国的互联网产业迅速发展，网民数量全球第一，在未来物联网产业的发展中已具备基础。当前，物联网行业的应用需求领域非常广泛，潜在市场规模巨大。物联网产业在发展的同时还将带动传感器、微电子、新一代通信、模式识别、视频处理、地理空间信息等一系列技术产业的同步发展，带来巨大的产业集群效应。因此，物联网产业是当前最具发展潜力的产业之一，是国家经济发展的又一新增长点，它将有力带动传统产业转型升级，引领战略性新兴产业发展，实现经济结构的战略性调整，引发社会生产和经济发展方式的深度变革，具有巨大的战略增长潜能，目前已经成为世界各国构建社会经济发展新模式和重塑国家长期竞争力的先导性技术。

物联网技术的发展和应用，不但缩短了地理空间的距离，也将国家与国家、民族与民族更紧密地联系起来，将人类与社会环境更紧密地联系起来，使人们更具全球意识，更具开阔眼界，更具环境感知能力。同时，带动了一些新行业的诞生和社会就业率的提高，使劳动就业结构向知识化、高技术化发展，进而提高社会的生产效益。显然，加快物联网的发展已经成为很多国家包括中国的一项重要战略，这对中国培养高素质的创新型物联网人才提出了迫切的要求。

2010 年 5 月，教育部已经批准了 42 余所本科院校开设物联网工程专业，在校学生人数已经达到万人以上。按照教育部关于物联网工程专业的培养方案，确定了培养目标和培养要求。其培养目标为：能够系统地掌握物联网的相关理论、方法和技能，具备通信技术、网络技术、传感技术等信息领域宽广的专业知识的高级工程技术人才。其培养要求为：学生要具有较好的数学和物理基础，掌握物联网的相关理论和应用设计方法，具有较强的计算机技术和电子信息技术，掌握文献检索、资料查询的基本方法，能顺利地阅读本专业的外文资料，具有听、说、读、写的能力。

物联网工程专业是以多种技术融合形成的综合性、复合型学科，它培养的是适应现代社会需要的复合型技术人才，但是我国物联网的建设和发展任务绝不仅仅是物联网工程技术所能解决的，物联网产业发展需要更多的规划、组织、决策、管理、集成和实施的人才，因此物联网学科建设必须要得到经济学、管理学和法学等学科的合力支撑，因此我们也期待着诸如物联网管理之类的专业面世。物联网工程专业的主干学科与课程包括：信息与通信工程、电子科学技术、计算机科学与技术、物联网概论、电路分析基础、信号与系统、模拟电子技术、数字电路与逻辑设计、微机原理与接口技术、工程电磁场、通信原理、计算机网络、现代通信网、传感器原理、嵌入式系统设计、无线通信原理、无线传感器网络、近距无线传输技术、二维条码技术、数据采集与处理、物联网安全技术、物联网组网技术等。

物联网专业教育和相应技术内容最直接地体现在相应教材上，科学性、前瞻性、实用性、综合性、开放性应该是物联网专业教材的五大特点。为此，我们与相关高校物联网专业教学单位的专家、学者联合组织了“高等学校物联网专业系列教材”，以为急需物联网相关知识的学生提供一整套体系完整、层次清晰、技术先进、数据充分、通俗易懂的物联网教学用书。

本系列教材在内容编排上努力将理论与实际相结合，尽可能反映物联网的最新发展动态，以及国际上对物联网的最新释义；在内容表达上力求由浅入深、通俗易懂；在知识体系上参照教育部物联网教学指导机构最新知识体系，按主干课程设置，其对应教材主要包括《物联网概论》、《物联网经济学》、《物联网产业》、《物联网管理》、《物联网通信技术》、《物联网组网技术》、《物联网传感技术》、《物联网识别技术》、《物联网智能技术》、《物联网实验》、《物联网安全》、《物联网应用》、《物联网标准》、《物联网法学》等相应分册。

本系列教材突出了“理论联系实际、基础推动创新、现在放眼未来、科学结合人文”的特色，对基本概念、基本知识、基本理论给予准确的表述，树立严谨求是的学术作风，注意对相关概念、术语的正确理解和表达；从实践到理论，再从理论到实践，把抽象的理论与生动的实践有机地结合起来，使读者在理论与实践的交融中对物联网有全面和深入的理解和掌握；对物联网的理论、技术、实践等多方面的现状及发展趋势进行介绍，拓展读者的视野；在内容逻辑和形式体例上力求科学、合理、严密和完整，使之系统化和实用化。

自物联网专业系列教材编写工作启动以来，在该领域众多领导、专家、学者的关心和支持下，在中国铁道出版社的帮助下，在本系列教材各位主编、副主编和全体参编人员的努力和辛勤劳动下，在各位高校教师和研究生的帮助下，即将陆续面世了。在此，我们向他们表示衷心的感谢并表示深切的敬意！

虽然我们对本系列教材的组织和编写竭尽全力，但鉴于时间、知识和能力的局限，书中肯定会存在不足之处，离国家物联网教育的要求和我们的目标仍然有距离，因此恳请各位专家、学者以及全体读者不吝赐教，及时反映本套教材存在的不足，以使我们能不断改进完善，使之真正满足社会对物联网人才的需求。

高等学校物联网专业系列教材编委会

2011 年 10 月 1 日

前　　言

自 2009 年 8 月温家宝总理提出“感知中国”以来，物联网被正式列为国家新兴战略性产业之一，写入“政府工作报告”，物联网在中国受到了全社会极大的关注。2010 年，国家发改委、工业和信息化部等会同有关部门开展研究，以形成支持新一代信息技术的一些新政策措施，从而推动我国物联网经济的发展。物联网经济活动与物联网法律体系相辅相成。物联网的各个方面都需要并且影响着相关法律体系的完善。法律环境的每一举措也都引导、规范、支撑、保障着物联网的发展。完善我国的物联网政策法律体系，是改善我国物联网基础环境，促进我国物联网经济发展，实现信息化社会构想的基本条件。物联网的广泛应用和迅猛发展急需法律的保护和规范。近几年来，电子商务法和信息网络法律体系的完善，以及物联网经济的发展，促进了我国物联网法律制度的构建。

2010 年 3 月，教育部组织全国高等院校申报物联网工程专业，各校开始考虑物联网工程专业的知识体系以及核心课程教学大纲，在全国有过几次由不同机构召集的物联网专业的教学研讨会。根据教育部的文件精神，2011 年初我们邀请全国多所高校的老师规划了物联网专业本科教材系列共 14 种，确定了包括“物联网法”课程在内的多种教材写作大纲。我们受中国铁道出版社的委托，着手《物联网法学》的撰写工作，力图为物联网专业学生提供一本理论深入、内容充实、材料新颖、范围宽广、叙述简洁、条理清晰、适合教学的物联网法学方面的教材。我们对物联网法的体系进行了开创性构筑，初步形成了符合物联网专业教学要求的理论体系。本书即是作者吸取了各校网络法学教学成果和教学经验的结晶。

本书共分为 12 章，其中第 1 章属于物联网法的概述；第 2 章介绍了物联网法律关系及其三要素；第 3 章介绍无线通信法律制度，是无线传感网的基础；第 4 章是物联网的安全法律制度；第 5 章和第 6 章涉及物联网的知识产权法律制度和隐私权法律制度，是物联网服务过程所涉及的主体权利法律问题；第 7 章介绍物联网设备接入法律制度；第 8 章介绍物联网传感和识别的法律问题；第 9 章介绍云计算的法律问题；第 10 章介绍物联网市场规制；第 11 章介绍物联网证据与纠纷解决；第 12 章介绍物联网立法。我们认为，上述内容足以涵盖物联网法学的各个方面，形成了一个完整的体系。

本书由秦成德编著，在撰写过程中，得到原国家信息化专家咨询委员会专家的指导，也得到中国电子商务协会领导、移动商务专家咨询委员会的支持，并受到中国信息经济学会的热情关怀。本书写作过程中，还参考了许多中外有关研究者的文献和著作，在此一并致谢。

物联网法学是一个日新月异的领域，许多问题尚在发展和探讨之中，观点不同，在所难免。本书若有不当之处，恳请专家及读者批评指正。

2012 年 4 月

前　言

目　录

第1章 物联网法学概述

本章提要

通过学习本章内容，可了解物联网法的概念与分类，物联网法的调整对象和范围，物联网法在法律体系中的地位、性质和作用；掌握物联网法的基本原则，物联网法律关系的概念与要素；重点掌握物联网法的特点和基本原则；熟悉物联网法的性质和地位，了解物联法与其他部门法的关系。

引例　GPS 监控客运车辆轨迹

浙江省绍兴县有市民向县道路运输管理所信息监控中心投诉，2011 年 5 月 27 日下午 4 点 40 分左右，绍兴柯岩开往柯桥方向的 607 路公交车没有在柯岩州九公交站停靠过，等了 50 分钟都没等到车。浙江省绍兴县道路运输管理所 GPS 信息监控中心接到市民的投诉后，马上要求工作人员利用最新的 GPS 监控设备，展开公交车到站情况的调查。

5 分钟后，工作人员查到了当日 4 辆 607 路公交车的所有运行轨迹，以及到站时的精确时间。经 GPS 轨迹回放查证，工作人员发现，该时段 607 路的浙 DF2067 车确实存在绕道现象。张股长当即打电话给公司负责人查问事情原委。原来，当时这辆 607 路公交车司机在行驶过程中，发现车底钢板存在异常，为确保乘客安全，司机在向公司汇报后，直接将车开到了修理厂。

从 2011 年 6 月起，绍兴县道路运输管理所 GPS 信息监控中心开始投入试行，全县 450 辆公交车全部纳入该系统在线监控。通过每一辆车上安装的 GPS 卫星定位系统，运输管理部门将对车辆进行实时在线监控。区别于以往发生乘客投诉后，只能通过公交公司提供的车辆发班记录表来查询核实，无法对车辆行驶过程中存在的线路走向及行进情况进行核实、查证的情况，通过该系统的运营，管理部门能轻松对监控车辆展开定位、查找和分析。

通过对在途车辆的限速和复杂路段的提醒，县运管所的 GPS 信息监控中心还将对客运车辆准点发班情况和班次密度进行监控，此后，公交车的车辆准点率大大提高。此外，24 小时的实时在线监控，也为上路营运的客车装上了一个“安全阀”。今后，绍兴全县 439 辆出租汽车、66 辆旅游包车、116 辆中长途班线车和 171 辆危险品运输车，也将陆续进入到信息监控中心。

（资料来源：绍兴县报，2011-06-11）

讨论：

1. 你认为智能交通物联网对规范交通运输有何意义？
2. 你建议浙江绍兴道路运输管理所信息监控中心还应做哪些改进？

1.1　物联网法与物联网法学

1.1.1　物联网的内涵

物联网是继计算机、互联网与移动通信网之后的又一次信息产业浪潮。物联网对促进互联网发展、带动人类的进步发挥着重要的作用，并将成为未来经济发展的新的增长点。目前，国外对物联网的研发、应用主要集中在美、欧、日、韩等少数国家或地区。在中国，物联网日益受到重视，物联网产业被正式列为国家重点发展的五大战略性新兴产业之一。

1. 物联网简介

物联网就是带有传感/标识器的智能感知信息网络系统，涵盖了当初的物联网、传感网等概念，是在传感、识别、接入网、无线通信网、互联网、计算技术、信息处理和应用软件、智能控制等信息集成基础上的新发展。网络是世界的，商业将成为无限的。商品和服务的供应也多元化，而购买活动不再受时间和空间的限制。美国和欧盟等其他国家和地区也都相继推出了各自的发展战略和行动计划，都渴望占有物联网发展的战略优势。而对国内的通信运营商来说，这也将是一次很好的机遇。物联网是传感技术、通信技术以及计算技术的一个集合。物联网包括传感设备层、网络层以及应用层。传感层的主要任务是信息的采集；网络层的主要功能是实现网络的连接管理以及数据管理，目的是将信息送到应用层；最后应用层运用现代的信息技术来对信息进行处理最终实现识别、控制、监测等功能。目前，物联网的市场仍没形成产业化；产业链的各成员的专业化的程度还需要提高，不仅如此，产业链成员之间仍缺乏协同性。最为重要的是通信网、传感网、互联网等运营网络之间的产业壁垒在一定程度上阻碍了物联网的发展。物联网技术目前所面临的最大的问题莫过于统一性的问题。物联网中用于信息采集的传感网就是非标准化的网络，它是一个多网络、多设备、多应用并且相互融合的大的网络，包括计算机、传感器和通信网络，这要求针对通信网络的规划都要发生变化。所以，制定出统一的接口、标准以及通信协议是必经之路。

2．物联网的意义

1）物联网是 21 世纪的国家综合国力增长点

无论是未来发展战略还是从国民经济增长角度看，物联网是国家综合国力的又一新的增长点，在社会发展中占有举足轻重的地位。

2）物联网大力促进了国际间经济合作

随着经济的发展，跨国大公司和国际间经济协作日渐增多。而在这一过程中，物联网发挥了重要作用。企业运用先进的物联网技术来综合管理遍布全球的各种经营业务。物联网缩短了空间距离，也将国家与国家、民族与民族更紧密地联系了起来。

3）物联网促进了社会结构的变革

物联网的发展，不但促进了一些新的行业的诞生，“白领”和“蓝领”差别日渐消失，劳动就业结构向知识化、高技术化发展，而且改变了家庭职能和城市化结构。随着信息技术的发展，城市分散化趋向已有显示。这样的分散化可以促使合理利用物质资源，而且大量利用信息产品可以节约物质资源，最明显的是缓解了社会交通矛盾。

4）物联网促进了人类自身的发展

纵观人类历史，没有哪个时代人与人之间的联系有今天这样密切，不论距离是多么遥远，通过物联网，人们总是可以自由地相互交流。物联网使现在的人更具有全球意识，具有更开阔的眼界，现在人们更多的是把自己放在世界范围内来思考问题。这样使人更具有了社会性，增加了参与社会、国家管理的机会，使人们能够加强对政府机构工作的监督。

5）物联网带来了经济效益

作为国民经济组成部分的物联网，它提供的社会经济效益由两部分组成：物联网业自身的经济效益，称为直接经济效益；由物联网为国民经济提供的经济效益，称为间接经济效益。在现代社会的各种经济活动中，使用物联网手段，可以使用户获得缩短空间距离、减少时间消耗和降低费用支出，加速社会生产过程，提高社会生产力的效益。

1.1.2 物联网法的概念

物联网法是调整物联网关系的法律，自 21 世纪开始以来，在全球范围内掀起了物联网的热潮。物联网日益成为 21 世纪经济活动的核心，也是未来推动经济增长的关键动力。然而，物联网是以无线通信和互联网为运行平台的，要想这一快捷的贸易方式更好地为全社会服务，需要为它制定必要的政策法规，使其更规范、更安全。物联网法，作为一种商事规范体系，它是由物联网活动实践的产物。

物联网法，是随着信息技术、网络技术和控制技术在商事领域的广泛而综合的应用，所兴起的一个法律领域。要定义这一领域，必须先深刻认识物联网的含义以及它与法律的关系。物联网法，是调整在物联网活动中产生的各种社会关系的法律规范的总称，其调整对象是在物联网活动中产生的各种社会关系。所谓物联网活动，是指人们从事的与物联网直接相关的一切活动。具体来说，物联网活动是指人们进行的以物联网为中心或标的的一系列活动，包括物联网的服务、物联网的管理、物联网的使用、物联网设备的制造等各类活动。在上述网络活动中，由于存在着人们之间围绕物联网而进行的交互行为，因而必然产生与物联网有关的各种社会关系，包括物联网数据获取关系、物联网数据加工、物联网数据处理关系、物联网数据传播关系和物联网数据存储关系等，这是与物联网信息有关的各种社会关系所做的一种表述。上述数据占有关系、数据使用关系和数据处理关系，都是在物联网活动中产生的社会关系，它们都是物联网法的调整对象；调整上述三类数据关系的法律规范的总称，就是物联网法。

1.1.3 物联网法的调整对象

任何法律部门或法律领域，都以一定的社会关系为其调整对象。在以口头和传统书面为主要商务交易手段之时，交易形式问题并没有成为商法独立的调整对象，而是由程序法中的证据制度来解决的，并且只是在当事人就该类问题发生纠纷，不能自行处理，提交法院或仲裁机构时，才适用这些规范。因为在口头和传统书面条件下，交易形式问题相对简单，当事人之间因交易形式的选用，所产生的权利义务关系一目了然，没有必要由专门的法律对之进行调整。在前面探讨物联网法的调整对象时，已经指出物联网法的调整范围是物联网活动领域，并对物联网活动的内容、形式作以简述，从物联网产业的角度将物联网活动概括为物联网的服务、管理、使用等；从法学的角度将物联网活动概括为数据的占有、使用和处理，但这里的核心概念是物联网，物联网的法学研究要吸收物联网科学技术的研究成果。

在物联网法所规范的信息活动中，人们依法形成了物联网法律关系，这种物联网法律关系的客体就是数据，这种数据以物质财富或非物质财富为载体，是相关法律主体权利义务所共同指向的对象，它既能够满足相关法律主体的利益需要，又能得到国家法律的确认和保护，因而这种能够作为物联网法律关系客体的数据是物联网法保护的核心，围绕这种数据而进行的各种物联网活动在整个信息活动中占有主导地位。此外，不能成为物联网法律关系客体的数据是不受法律保护的，人们围绕此类数据而从事信息活动或者不能通过法律得到保护或救济，或者会受到禁止和制裁。因此，从事物联网活动，有必要先对作为活动标的的数据给予正确认识。

物联网活动是一种重要的法律事实，它能够引起物联网法律关系的产生、变更和消灭，只有法律规范和法律主体抽象的、一般的规定，没有具体的物联网活动这一法律事实，则物联网法律关系是不可能产生、变更和消灭的。因此，只有那些可以成为法律事实，能够引起物联网法律关系产生、变更和消灭的物联网活动，才是需要法律加以规范的；不能作为法律事实的物联网活动，不是物联网法调整的领域。因此，物联网法的调整范围是物联网活动领域，并且，这个领域是那些能够作为法律事实的各类物联网活动的集合。

以上分别从不同的角度探讨了物联网法的调整范围，物联网法并非规范一切网络活动的法，只有那些依法能够成为法律事实的网络活动，才属于物联网法所规范的物联网活动领域；只有在这种物联网活动中产生的物联网关系，才需要物联网法加以调整。

1.1.4　物联网法律制度内容

物联网开放性服务平台的建立，给物联网法律关系带来了一系列新问题。为解决这些问题而形成的物联网法律制度，大致包括以下几方面，比如物联网管制、物联网安全、物联网服务、物联网互联互通、物联网建设、物联网设备准入、物联网市场规制、物联网资源管理、物联网用户权利、无线电法、物联网技术标准、国际物联网等。具体的法律制度包括：（1）物联网证据法律制度。其内容包括物联网电子证据的概念与效力，电子证据的收、发、归属及完整性与可靠性推定规范等。（2）物联网传感法律制度。规范物联网传感服务各方的权利与义务关系等。（3）物联网识别法律制度。其内容有：RFID的概念及其适用、物品编码的归属与正确性推定、识别设备的使用与效果等。（4）物联网签名认证法律制度。其内容有：认证机构的设立与管理、认证机构的运行规范及风险防范、认证机构的责任等。（5）金融物联网法律制度。（6）物流物联网法律制度。（7）物联网税收法律制度。（8）物联网安全法律制度。（9）物联网知识产权法律制度。（10）物联网隐私权法律制度。（11）物联网消费者权益法律制度。（12）物联网市场秩序法律制度。（13）物联网刑事法律制度。

1.1.5　物联网法学的概念、研究方法和地位

1．物联网法学的概念

物联网法学，是以物联网法的现象及其规律为研究对象的一门科学，它是法学的一个分支学科。物联网法学是物联网技术与法学的交叉学科，“物联网法学”这一称谓的中心词是“法学”，因而物联网法学更侧重于法学，属于法学的分支学科。物联网法学是运用物联网科技的相关理论和方法，从法学的角度来研究物联网关系、分析和解决相关法律问题的一个学科，它有着不同于其他法学分支学科的特色。

既然物联网法学是以物联网法的现象及其规律为研究对象的学科，因而它必须以物联网法的存在为前提，并通过分析和研究大量的物联网法现象，去透视和揭示物联网法规律。作为一个新兴的法学分支学科，物联网法学像其他法学分支学科一样，同样要研究物联网法的一些基本理论问题，如物联网法的概念、调整对象，物联网法的本质、宗旨、作用，物联网法的地位、体系、与相关法律的关系，以及物联网法律关系的主体、客体、内容、法律责任等基本问题；同时，还要研究物联网法的发展历史、国外物联网法的发展状况，并对各国的物联网法加以比较研究；另外，不仅要研究物联网法方面的

理论问题，而且也要研究在物联网法的法制建设实践中存在的各种问题，如物联网法的实施、法律实效、对物联网权利的全面保护，等等。这些问题都是物联网法学应予研究的重要内容，并且，正是在研究这些具体内容的过程中，才能够从不同的角度来揭示物联网法的规律。

2. 物联网法学的研究方法

物联网法学作为一门科学，其研究方法十分重要，因为研究方法是否科学，直接关系到物联网法学的发展，直接关系到能否对物联网法的现象予以正确认识，从而会直接影响到物联网法的法制建设，影响到经济和社会的发展。

物联网法学作为一门社会科学，它同样运用社会科学各分支学科共同运用的一些基本方法。例如，分析与综合的方法、演绎与归纳的方法、历史与逻辑的方法、语义分析的方法、信息论与耗散结构理论的方法，它们对于物联网法学的研究来说，也都是适用的。物联网法学作为法学的一个分支学科，它同样适用法学各分支学科共同的一些研究方法，如社会调查的方法、法律分析的方法、法律比较的方法、法律的历史考查的方法等，同样也是物联网法学的重要研究方法。物联网法学作为物联网工程与法学的交叉学科，它不仅适用于法学的研究方法，而且更为重要、更具特色的是引进了物联网科学技术的有益的研究方法。即从信息的观点出发，对相关的事物进行信息分析，依据物联网工程的原理和方法，来研究相关事物的规律，从而揭示物联网法的规律。

总之，物联网法学的研究方法很丰富，在不同层面上有不同的研究方法，作为一个新兴的、高层次的法学分支学科，物联网法学必须运用一切有益的方法来展开研究，必须吸取人类已掌握的各类研究方法的精华，必须以各类、各层次的基础学科的方法论作为其方法论的基础。

3. 物联网法学的地位

物联网法学的地位，是指物联网法学在整个法学体系中是否具有一个独立的法学分支学科的资格，是否具有其他法学分支学科不可替代的作用。如果物联网法学是一个独立的法学分支学科，具有其他学科不可替代的作用，则物联网法学是有自己独立的地位的。

物联网法学的地位与物联网法的地位密切相关，但并不是有决定性的关系。即使物联网法不具有独立的法律部门的地位，也并不影响对与物联网有关的法律规范进行研究的物联网法学的存在。同时，物联网法学的研究也会极大地推动物联网法的完善，推动物联网法制建设水平的提高，为物联网法这一部门法的发展提供了重要的理论指导。不管怎样，对于散见于各类法律、法规中的与网络有关的法律规范进行综合的研究，总是有益的。因此，对于以研究与物联网有关的法律规范为使命的物联网法学的存在，在理论上和实践上都应是值得肯定的。

在把物联网法作为一个独立的法律部门来认识的情况下，物联网法学便是直接以物联网法这一部门法为研究对象的法学分支学科，它应深入研究物联网法的现象及其规律，并应直接为物联网法的发展提供理论指导。尽管对于物联网法的认识，还存在某些分歧，但这些分歧中哪些更具有真理性的认识，必须通过物联网法学研究才能加以辨析。因此，物联网法学的研究是必不可少的，这在人们对物联网法尚缺少全面、正确的认识时，显得更加重要。应当看到，物联网是一个较为宽泛的概念，人们对于物联网法的认识，最终会随着立法的发展和人们认识的深化，而趋于一致。

1.2　物联网法的特点与原则

1.2.1　物联网法律制度的特点

物联网活动涉及的内容多，活动范围较大，关系方众多，而适用的法规公约又有不同的层次和表现形式，因此，物联网法规其实是一个相关法规的集合体，具有广泛性、多样性和复杂性。

1）物联网法调整范围广泛

物联网活动可以是在一定的区域范围内，也可以在全球范围内进行，因此才有所谓国内物联网、地区物联网和国际物联网之分。由于物联网强调市场作为有机整体而存在，强调资源配置和利用，强调全球范围内生产合理布局和规划等，因此随着全球经济的一体化，许多企业的物联网战略发生了变化。世界上大的跨国公司其物联网产业链一般都要涉及多个国家，而且流动更频繁，跨越的地理范围也更大，因此，物联网法调整范围广泛。

2）物联网活动内容丰富

物联网活动是一项综合和系统性的活动，其内容包括芯片设计、终端制造、软件开发、系统集成、数据传输、平台运营、信息处理等，而且对于企业而言，有供应、生产、销售，还有回收等，可以说涉及提供服务、货物买卖、保险、运输存储、维修更换、包装加工、配送服务、信息安全，甚至环境保护等众多领域。因此，其涉及的法规内容丰富、体系庞大。

3）物联网活动主体众多

物联网产业具有产业链长，涉及多个产业群的特点，其应用范围几乎覆盖了各行各业，物联网产业的发展，将有力带动传统产业的转型升级，引领战略性新兴产业的发展，实现经济结构和战略性调整，引发社会生产和经济发展方式的深度变革。大的物联网项目，一般需要有外包的服务。物联网活动的参与者涉及不同行业、不同部门，如芯片设计、终端制造、软件开发、系统集成、数据传输、平台运营、信息处理、承揽加工、配送商、信息服务供应商、公共网络经营人等。他们的活动既受社会经济活动一般准则的制约，又要受到行业法规和惯例的制约。

4）物联网的技术性强

物联网法是随着技术进步建立、发展和不断完善的法律。物联网法与电子科技的发展密切相关。可以说，正是电子科技为这一新兴商业模式提供了技术可能时，物联网法才得以诞生。回顾发展的进程，几乎每一步都是技术突破带来的制度规则上的完善。物联网是现代高科技的产物，需要通过互联网络来进行，规范这种行为的物联网法必然要适应这种特点。所以，有关物联网的法律规范也必须以技术性为其主要特点之一。在物联网规范中，许多法律法规都将直接或间接地由技术规范演变而成，比如关于网络协议的技术标准等。

5）物联网对安全性要求高

物联网给商家和用户提供了极大的便利，但是物联网的技术性和开放性也使得它具有极大的脆弱性。计算机及网络技术的发展使各行各业对计算机信息系统具有极强的依赖性，与此同时，计算机黑客和计算机病毒也变得越来越猖獗，它们对计算机信息系统的侵入或攻击有可能使商家的商业秘密被窃取、经营数据被破坏和丢失，甚至使计算机信息网络陷入瘫痪，这将给商家乃至整个社会造成极大的损失。物联网法以解决物联网的安全性为首要任务，通过对物联网安全性问题进行规定，有效地预防和打击各种计算机犯罪，切实保证物联网乃至整个计算机信息系统的安全运行。

6）物联网法律表现综合性特点

物联网法律的内容是广泛和综合的，在层次和表现形式上又是多样化的。法律有许多表现形式，有国家正式颁布的法律，有政府最高机构发布的法令、各主管部门发布的法规、章程或办法，还有强制性标准或技术法规。不同的表现形式使法规的层次有高低，内容也可能有交叉。物联网的范围和活动内容决定了规范物联网活动的法规不可能限于某一类型或某一层次。通常，法律法令具有强制力，部门规章起到补充和帮助法律实施的作用，当与国家法律有冲突时，相关的规定将是无效的，而应以法律为准。至于各类标准则根据其是否具有强制性而在使用中有不同效力。此外，当物联网活动在世界范围内进行时，要受到国际公约的制约并遵守相应的国际惯例。也就是说，国际物联网和物联网物流受制于不同的法律体系，前者适用于国际公约和惯例，后者适用于国内法律法规、标准、规章等。

7）物联网的专门立法具有开创性

由于上述各种原因，针对物联网制定单独的法律或规章的难度极大。我国尚无专门的物联网法，甚至物联网相关法规的研究文章也难以见到。这与现阶段我国物联网发展的水平有着密切的关系。与国际上物联网发展较早的国家相比，我国的物联网产业仍处于发展初期或推广阶段，整体上的理念尚未形成。一部法律或法规也确实难以包容物联网这么复杂和内容庞杂的活动所涉及的各个方面。为了适应现实的需要，对物联网法律制度和公约惯例等进行研究对促进物联网产业的健康发展是必需的。

1.2.2 物联网法的基本原则

1. 物联网法基本原则的内涵

1）有关物联网立法的指导方针

物联网法的基本原则是贯穿于整个物联网立法，对各项物联网制度和法律规范起统帅和指导作用的立法方针。它是我国社会主义经济政治制度、经济管理体和经济政策在法律上的集中反映，是物联网法所调整的社会关系本质特征的集中反映，集中体现了物联网法区别于其他法律的特征，在物联网法和其他法律之间划了一条界限。

2）一切物联网主体均应遵循的行为准则

物联网法的基本原则，不仅是物联网立法的指导方针，而且是一切物联网主体应遵循的行为准则。物联网主体在进行物联网活动时，不仅要遵循基本的物联网法律规范，并且要遵循物联网法的基本原则。在现行法律缺乏相应的具体规范时，应按照物联网法基本原则的要求行事。物联网主体的行为，违反物联网法基本原则的，应当承担相应的律责任。

3）解释物联网法律规范的依据

物联网法的基本原则也是物联网法律法规的基本原则。无论采用何种解释方法，其解释结果均不能违反物联网法的基本原则。

4）补充法律漏洞、发展学说判例的基础

物联网法的基本原则不仅是法院解释物联网法律法规的依据，并且是补充法律漏洞、发展学说判例的基础。法院在审理案件时，从现行法不能获得裁判的依据，说明现行法存在法律漏洞。这时，法院应进行法律漏洞补充。而物联网法的基本原则可用来补充法律漏洞。在现行法缺乏相应的具体规范时，法院可直接使用物联网法的基本原则裁判案件。同时，学者对物联网法进行研究和解释时，亦应以物联网法的基本原则作为基础，不得违背物联网法的基本原则。

2．物联网法的基本原则

1）自由交易原则

物联网和传统商业的相似之处在于，都需要赋予交易的参与人以充分的自由。这是市场经济规律的选择，法律必须予以尊重。只有如此，才能确保物联网蓬勃地发展壮大。而且，物联网给参与者提供了远远大于传统商业模式的想象空间，充分发挥个人自由是丰富交易内容，活跃交易秩序的关键。允许当事人以协议方式订立其间的交易规则，是民法的基本属性。在物联网法的立法与司法过程中，都要以自治原则为指导，为当事人全面表达与实现自己的意愿，预留充分的空间，并提供确实的保障。从正面确定权利，以鼓励其意思自治；而强制性条款，则从反面摧毁传统法律羁绊，使法律适应物联网法的特征。

2）证据平等原则

电子签名和文件应当与书面签名和书面文件具有同等的法律地位。物联网的电子文件包括物联网合同以及物联网中流转的电子单据。电子文件的形式与传统书面文件大相径庭。传统的书面文件包括书面合同和各种书面单据，以有形的形式和文字表现出来，具有有形物的特点，因而，书面文件长久以来为各国法律认可为可被采纳的证据。在物联网中，贸易合同、提单、保险单、发票等书面文件将被存储于计算机内的相应的电子文件所代替，这些电子文件就应当是证据法中的电子证据。各国法律中都逐渐加入有关电子证据的规定，运用各种法律和技术上的手段使电子证据取得与传统书面证据同样的法律地位。

3）标准开放和信息透明原则

网络要实现最大限度的互联，就必须开放和统一技术标准。今天的物联网正是得益于这种合作。随着科技和电子技术的不断进步和发展，新的技术产品和新的技术标准必将服务于物联网，因此，确立标准开放的原则是很有必要的。

此外，作为电子产品和服务的供应者，必须保证向用户开放诸如姓名、商号、经营地址、注册模式等必要的信息，以方便网络用户在不上门的情况下，自由选择和认知交易对象。

4）中立原则

物联网的基本目标，归结起来就是要在电子活动中，建立公平的交易规则，这是商法的交易安全原则在物联网法上的必然反映。要达到交易和参与各方利益的平衡，实现公平的目标，就有必要做到如下几点：

（1）技术中立。新的法律框架在技术上必须是中性的、强大的。物联网法必须允许使用技术来解决诸如电子签名之类的问题，还必须能够采用新技术。物联网法要求对传统的口令法与非对称性公开密钥密法，以及生物鉴别法等，都不可产生任何歧视性，同时还要给未来技术的发展留下法律空间。

（2）媒介中立。媒介中立与技术中立紧密联系，二者都具有较强的客观性，并且与相应的媒介之间是互为前提的。媒介中立，是中立原则在各种通信媒体上的具体表现，所不同的是，技术中立侧重于信息的控制和利用手段，而媒介中立则着重信息依赖的载体，不同的媒体，如无线通信、有线通信、电视、广播、信息网络等。

（3）实施中立。实施中立是指在物联网法与其他相关法律的实施上，不可偏废；在本国物联网活动与跨国际性物联网活动的法律待遇上，应一视同仁。特别是不能将传统书面环境下的法律规范的效力，放置于物联网法之上，而应中立对待，根据具体环境特征的需求，来决定法律的实施。

（4）同等保护。此点是实施中立原则在物联网交易主体上的延伸。物联网法对商家与消费者\国内当事人与国外当事人等，都应尽量做到同等保护。因为物联网市场本身是国际性的，在现代通信技术条件下，封闭的物联网市场是不可能存在的。

总之，物联网法上的中立原则，着重反映了商事交易的公平理念，其具体实施将全面展现在当事人所依托于开放性、兼容性、国际性的网络与协议，而进行的商务交易之中。

5）保护消费者的正当权益

保护消费者的原则，是通过赋予其特定权利，和增加从业者特定义务来实现的。物联网活动中的消费者依然享有传统商业模式下消费者的各项权利。物联网活动新的特点要求对消费者的权益进行更为有力的保护，所以物联网法必须为物联网建立适当的保护消费者权益的规定，还必须协调制定国际规则，让消费者可以明确对某一贸易如何操作以及所使用的权益保护法律。同样，还需要制定出具有预见性的法规，并明确解决争端的方式及负责部门。

6）安全性原则

物联网的应用必须通过计算机信息系统进行，维护物联网活动的安全成为物联网法的主要任务之一，物联网法也应该以维护物联网的安全为基本原则。物联网网络交易的安全，是物联网法承担的最重要的任务。因为这一问题将决定物联网的生存和发展。保障物联网的安全进行，既是物联网法的重要任务，又是其基本原则之一。物联网以其高效、快捷的特性，在各种商事交易形式中脱颖而出，具有强大的生命力。而这种高效、便捷的交易工具，必须以安全为其前提，它不仅需要技术上的安全措施，同时，也离不开法律上的安全规范。物联网以消除物联网运行方式法律上的不确定性，以至到根据物联网活动中现代电子技术方案应用的成熟经验，而建立起反映其特点的操作性规范，其中都贯穿着安全原则和理念。

物联网法是一门跨越多领域、多专业的综合性法学学科，它的研究范围决不仅限于以上罗列和简述的内容。比如，物流物联网、金融物联网、物联网市场秩序、物联网安全和物联网犯罪等方面的内容，都是值得研究和探讨的问题。

1.3 物联网法的宗旨与作用

1.3.1 物联网法的宗旨

物联网法的宗旨是指通过物联网法的调整所欲实现的目的或所欲达到的目标。物联网法的宗旨是属于物联网法的理想方面的问题。在物联网法的理论和实践中均占有重要地位。物联网法的宗旨是物联网法学必须加以研究的一个问题，因为它不仅有助于加深对物联网法的概念、调整对象、本质、作用等基本问题的认识，而且也在一定程度上说明物联网法的存在理由和调整目标、方向，从而对研究物联网法方面的其他相关理论问题亦具有重要的指导意义。鉴于此，有必要先来研究一下物联网法的宗旨究竟是什么。

1．对物联网法宗旨的认识

为了减少或消除不利于人类社会存续和发展的不确定性，人们总是力求攫取和掌握信息，来减少或消除各种不确定性，从而增强认识世界和改造世界的能力。在现实生活中，却同时存在着信息不足和信息过滥的情况：一方面，人们难以获取充分的自己需要的有效信息；另一方面，各类信息纷繁杂陈，过多过滥，真伪难辨，难以取舍。可见，既存在着没有充分的信息，可供取的信息不足的情况，又存在着信息过多、质量良莠不齐而导致的难以择取的信息过滥的情况。并且，即使是同一类信息，在不同的时间、不同的地点、不同的人群中，也可能会同时存在上述两种情况。这两种情况是极为普遍的信息现象。为了更好地解决上述问题，法律必须对物联网活动加以规范，使之适度、有序，从而促进合法的物联网活动有效实现，进而增进人类的福祉。

由于物联网能够在不脱离其载体和所有人的同时，为他人所获取、加工、处理、传播和存储，从而使其具有了共享性的特点，可以由众多的主体共同占有、利用。但物联网的共享性是一种可能。由于物联网可以消除不确定性，降低信息风险和交易成本，从而能够给人们带来利益或满足其需要；并且，信息的获取、加工、处理等均需要成本，因此，物联网是有价值的，而且商品性信息本身也是有价格的。这些矛盾需要法律来协调、解决，需要在法律上做出相应的制度安排，以求在协调和解决这些矛盾的过程中，兼顾效率与公平。

物联网还与个人权利联系密切，它是公民通信自由权的客体。为此，对于涉及个人权利的信息，尤其是不能公开、不应成为共享资源和商品的信息，法律必须作出特别规定，以保护个人的物联网权利——个人隐私权。

综上所述，在信息社会中普遍存在着信息不足与信息过滥的矛盾，信息的个体拥有与社会共享的矛盾，以及由此而产生的个体营利性和社会公益性的矛盾。这些矛盾的协调和解决，涉及国家利益、社会公共利益和基本人权；涉及效率与公平的兼顾，关系到经济与社会的良性运行和协调发展。而上述矛盾的协调和解决，迫切需要法律对物联网活动的规范和对物联网关系的调整，而这恰恰是物联网法的任务和功能。因此，协调和解决上述矛盾，也便成了物联网法的任务和所欲实现的目标。

由此可知，物联网法的宗旨就是通过规范物联网活动，来不断地协调和解决信息不足与信息过滥的矛盾，以及个体营利性和社会公益性的矛盾，从而兼顾效率与公平，保障国家利益、社会公共利益和基本个人权利，进而促进经济与社会的良性运行和协调发展。

2．物联网法宗旨的理论与实践意义

上述对物联网法的宗旨的认识，在理论和实践中均有重要的意义，它有助于许多相关问题的解决。物联网法就是协调和解决在信息社会中产生的物联网矛盾的法，这是物联网法的一种本质。此外，上述宗旨中所概括的物联网法所欲实现的目标，也就是物联网法的功能。正因为物联网能协调和解决物联网矛盾，在物联网领域具有保障国家、社会公益和基本个人权利的法律功能，所以能够实现在其宗旨中所确定的各项具体目标。这些法律功能的外化就是物联网法的作用。

上述物联网法的宗旨在法制建设中同样具有重要意义。在物联网立法方面，上述宗旨可以作为立法的目标和指导原则，同时，它也是各类物联网法规中的首要条款，它在物联网法的各类条款中占据着最为重要的地位，其他条款都不得与之相违背，否则即为无效。因此，在立法时必须注意其他条款与宗旨条款的协调一致性。

与此同时，既然上述宗旨也可作为物联网立法的指导原则，因而它能够大大地推动物联网立法。信息不足会增加不确定性，提高信息风险，增大交易成本，使人类在信息不充分条件下的对策活动中不断内耗。为了解决信息不足及由此而带来的其他问题，必须进行相关立法。在物联网法方面，为了解决政治信息不足问题，必须在宪法中明确规定公民的通信自由权，并把它纳入公民的基本权利之中，同时还应依据宪法制定相关法律，如新闻出版法、政务信息公开法等；为了解决经济信息不足和过滥并存的问题，扼制虚假信息，防止信息污染，须制定消费者保护法、广告法、反不正当竞争法等，而这些法律在我国已经出台了。

个体营利性和社会公益性的矛盾也需要加以解决，为此也需要制定相关法律，以兼顾效率与公平。为了在物联网领域保障国家利益、社会公共利益和基本个人权利，也必须进行相关立法。在各类物联网法规范中规定的对物联网权利的限制，就体现了上述物联网法宗旨的要求。例如，在宪法中对公民信息自由权的限制，在知识产权法中对各类知识产权的限制，在相关法律中对国家秘密、个人隐私的保护等，都是在立法上保障国家利益、社会公共利益和基本个人权利的精神的体现。

此外，不仅是在上述的立法领域，在司法领域物联网法的宗旨也具有重要意义。例如，由于立法宗旨条款是物联网法中的首要条款，因此当案件所涉及的相关条款与立法宗旨条款相违背，或者案件没有相应的条款可适用时，法官就应当或可以适用立法宗旨条款，只有适用这一条款，才能实现物联网法的调整目的，实现物联网法的理想。

1.3.2 物联网法的作用

物联网法的作用就是物联网法的功能的外在表现，它与物联网法的宗旨密切相关。物联网法的作用是物联网法对物联网主体及其物联网活动产生的影响。物联网法作为一种社会规范，具有规范作用；而从物联网法的本质和宗旨的角度看，它又具有社会作用。物联网法是以其规范作用为手段来实现其社会作用的，其社会作用也就是其宗旨的体现。

根据物联网法的本质、宗旨、功能，可以把物联网法的作用具体概括为以下方面：

（1）规范物联网主体的物联网活动。这是物联网法的规范作用的直接体现。物联网活动是物联网法直接的作用对象，物联网法通过规范物联网活动，才能够产生相应的影响，实现物联网法的各项具体目标。它是市场经济健康发展的需要，市场经济发展到今天，物联网已经应用到各行各业，它对经济发展的促进作用将是空前的，物联网法正是在这种要求下产生的，它的出现将有助于物联网活动的顺利进行，同时，更能为市场经济的健康发展提供有力的法律保障。

（2）保护物联网主体的物联网权利。这是物联网法的核心内容。保护物联网主体的物联网权利十分重要，它是物联网法最直接、最基础的目标。一般来说，物联网法是通过规定相关主体的法律义务和法律责任，来强化对物联网权利的法律保护的。物联网法对在物联网上进行交易的过程、双方的权利义务都按照物联网的特点做出全新的规定，并对一些技术性问题加以规范，使物联网活动可以按照法律规定的程序进行。明确了双方的责任，在双方发生纠纷时可以按照物联网法的有关规定加以解决，这样就使得物联网活动做到有法可依，所以物联网法是规范物联网活动的需要。

（3）协调和解决物联网纠纷。物联网法是通过规范物联网活动，使之适度、有序，并从而保护物联网主体的权利，来协调和解决各类物联网纠纷，兼顾效率与公平的。物联网法能够对政治、经济、社会、文化等产生积极影响，具有积极的社会作用，如它有利于市场经济体制的建立和发展，有利于民主制度的建设，有助于社会道德水平的提高等。

（4）保护国家利益和社会公共利益。这是物联网法中的强行法规定，也是其重要的调整目标，因此，通过物联网法的实施，就能够产生对国家利益、社会公共利益的积极的保护作用。这种保护作用，同保护各类物联网主体的物联网权利，保障基本个人权利，在根本上是一致的，它是充分保护物联网权利的必然要求。各国政府和各种国际组织也都制定了或正在制定打击黑客及黑客行为的有关法律，通过法律手段保护计算机网络信息系统的安全。物联网安全法的产生能直接、有效地打击各种危害物联网安全的违法犯罪行为，规范物联网主体的行为，保护物联网交易主体的合法权益不受侵害；同时也能间接起到保护整个计算机信息系统的作用，为科学技术的顺利发展提供一个良好的法律环境。

（5）推动经济与社会的良性运行和协调发展。这是物联网法在发挥上述作用的基础上，间接产生的更深层次的影响，并且，这种影响也体现了物联网法的终极目标。当然，这也是各类法律的共同目标。经济与社会的良性运行和协调发展，需要诸多因素的综合影响才能实现，其中，物联网法调整所产生的上述几个方面的作用，就是不可缺少的必要因素。事实上，市场经济的良性运行和协调发展，离不开物联网法对物联网活动的规范；信息网络社会的良性运行和协调发展，离不开物联网法对物联网关系的调整；整个经济与社会的良性运行和协调发展，离不开物联网法依其宗旨所产生的综合作用。

总之，物联网法的上述几个方面的作用是紧密相关、层层递进、步步深入的。上述几个方面的作用，是基于物联网法的本质、宗旨和功能所做的概括，它们反映了物联网法的本质，是物联网法宗旨的各项具体目标得以实现的结果，是物联网法功能的外在表现。在物联网法的上述几个方面的作用中，既包括了物联网法的规范作用，也包括了物联网法的社会作用，并在这些作用中体现了物联网法调整中的手段和目标，因而从中也可窥见各种作用的内在联系。

1.4　物联网法的性质与地位

1.4.1　物联网法的性质

物联网法是调整以数据产生、传输、识别、控制为手段而形成的以服务为内容的商务关系的规范性体系，也就是说，物联网法调整的对象是一种私法上的关系。从总体上应属于私法范畴，不过其规范体系中，又包含一些具有行政管理性质的规范，如认证机构的许可与监护等，但这些行政管理规范是重要因素。所以，从公私法划分的角度上看，物联网法应属公私法的融合。

1）私法和公法的结合

物联网法具有公法和私法相结合的性质，是调和自由和安全两种价值冲突的产物。私法以意思自治为核心，物联网法中的物联网服务法体现了交易主体的意思自治，所以物联网法具有私法的性质。但是，在互联网上进行交易又需要安全，安全则体现为国家的必要干预，而物联网法中的物联网安全法就是以国家的必要干预来实现交易安全的，所以物联网法又具有公法的性质。有关物联网的法律规范既有强制性的，又有任意性的。任意性规范主要体现在物联网交易法中，它给予交易主体以充分的选择权，体现了当事人的意思自治。而强制性规范表现为它要求当事人必须在法律规定的范围内为或不为一定的行为，违反这种规定就要受到国家强制力的制裁。因此从这个意义上讲，物联网法也具有私法和公法相结合的性质。违反物联网法的法律责任不但有民事责任，还有行政责任和刑事责任。

2）制定法

物联网法的表现形式是制定法，大陆（欧洲大陆）法系国家以制定法为其传统，以判例法为特点的英美法系国家也逐渐朝着制定法与判例法相结合的方向发展。可见，以制定法的形式表现物联网法已是大势所趋，制定法是物联网法的又一特点。虽然物联网法的存在形式是制定法，但这并不意味着物联网法单指某一部法律，正如前面所述，物联网法应该是由一系列成文的法律、法规所组成的，它是调整物联网活动的法律规范的总称。

3）具有国际性的国内法

物联网是一种世界性的经济活动，它的法律框架也不应只局限在一国范围内，而应适用于国际间的经济往来，得到国际间的认可和遵守。只有当各国政府、各种公司和其他经济组织都认为物联网与其目前进行的面对面的或纸上的交易具有同样的确定性时，全球物联网才能发挥其全部潜能。所以，物联网法具有国际性。然而，要实现物联网法的通用法律规则需要世界各国多年的共同努力，需要建立良好的、稳定的、公平的世界经济新秩序。

在这种情况下，各国先制定其关于物联网的国内法显得尤为重要，它可以解决物联网领域中的部分法律问题，使其国内物联网活动做到有法可依，保护国内物联网活动的顺利进行。各国在制定其物联网法时应该参照联合国贸易法委员会的《电子商务示范法》及其他网络立法（例如互联网和通信立法等），同时结合本国国情制定出具有国际性的国内法，这样制定出来的物联网法既有利于和国际接轨，也有利于统一的国际物联网法典的制定。

1.4.2　物联网法的地位

1. 对物联网法的地位的认识

物联网法的地位，通常是指物联网法在整个法律体系中有没有自己独立存在的位置，有没有自己独立存在的理由和必要性。它是物联网法基础理论中的一个十分重要的问题。

法律部门是由一系列法律规范构成的，而法律规范则是构成法律体系的最基本的元素。随着经济、社会的发展，作为构成法律体系的最基本元素的法律规范是处于不断的、有时是剧烈的变化之中的，这使得法律体系也处于不断的动态平衡之中。当法律规范的量变达到一定程度时，就会发生质变，可能导致某个新兴的法律部门的产生，经济法、社会法作为新兴的法律部门，其产生就是极好的例证。正因如此，由变动的法律规范构成的法律部门，以及由法律部门构成的法律体系，也都是处于变动之中的，整个法律体系就是反映社会关系的调整变化的一个开放的体系，其部门法的构成和数量比例，也是可以相应变化的。此外，还应看到，法律部门的划分，是为了法学研究、教学、应用等的便利，而由法学家依一定标准所作的人为界定，因此它不可能是一成不变的，而是在稳定中有变化的，物联网法的地位问题也面临着同样的问题。

从法律体系是个动态的、开放的体系，从部门法不断变化、发展的角度，也是能够理解和容忍物联网法作为一个独立的法律部门而存在的，更何况随着网络社会的到来和发展，物联网的地位愈加重要，物联网活动更加需要法律加以规范，从而会使物联网方面的法律规范急剧增多，进而会使物联网法成为一个独立的部门法具有了更为现实的理由和基础。这些方面都是支持物联网法成为一个独立的法律部门的理由，从而可以认为物联网法在法律体系中是有其独立地位的。可见，尽管从传统法学理论的角度，在有独特的调整对象的情况下，物联网法可以成为一个独立的法律部门。即使人们不把物联网法作为一个独立的法律部门，但随着网络社会的到来和物联网立法的发展，物联网法成为一个独立的法律部门已成必然趋势；虽然这一部门法所调整的具体范围尚需将来依立法情况作进一步的研究，并且像经济法一样可能会变得相对狭窄而明确，但它作为一个独立的法律部门的地位毕竟将会科学地得到确定。

2．物联网法的地位分析

物联网法的地位，是指物联网法在整个法律体系中所处的位置，它应归属于哪一个法律部门的问题。关于这个问题主要有以下几种观点：

（1）归于民法：这种观点认为，物联网法调整的是在互联网上进行的服务交易活动，它以当事人的意思自治为原则，主要体现的是当事人之间的财产关系，而民法是调整平等主体之间的财产关系和人身关系的法律。因此，物联网法应归属于民法法律部门。

（2）归于商法：这种观点认为物联网法应该属于商法的一部分。理由是，物联网法主要规范的是交易主体从事的商务服务活动。这种观点与第一种观点的主要区别是民商合一还是民商分立。

（3）归于经济法：经济法的观点包罗万象，将不属于传统民商法的内容全部纳入经济法的范畴，物联网法中有国家干预的成分，也有经济主体的经济行为，体现了国家对经济行为的干预。所以，这种观点认为物联网法属于经济法。

（4）物联网法属于独立的法律部门：物联网法应该是在新形势下产生的一个新的法律部门，物联网法的内容涉及社会生活的各个领域，绝非任何一个现有的法律部门可以容纳得下，判断一个法律部门存在与否的标准，就是看它是否有特定的调整对象。要使物联网法成为一个新的法律部门，就要考察物联网法是否有其特定的调整对象。物联网的三个环节——信息流、物质流和货币流所产生的社会关系就是物联网法特有的调整对象。物联网法调整对象的共性就在于它们都是通过计算机网络进行的活动，其他法律部门均不以物联网各个环节活动中所产生的社会关系作为调整对象，而物联网法则是以物联网活动所产生的社会关系为调整对象的。因此，物联网法是一个全新的、独立的法律部门。

1.4.3 物联网法与其他部门法的关系

1. 探讨物联网法与相关部门法关系的意义

物联网法与相关部门法的关系问题，是与物联网法的地位联系十分密切的问题。研讨物联网法与相关部门法的关系问题，不仅在理论上，而且在实践中亦具有重要意义。例如，只有正确、全面地认识物联网法与相关部门法的关系，才能够在立法中各有侧重、各得其所，以使各类物联网权利在能够得到物联网法重点保护的同时，还能够得到其他相关部门法的综合保护；同时，也才能够使司法机关正确地适用法律，保护权利人的物联网权利不受侵犯；也才能够使当事人正确运用法律武器来保护自己的物联网权利，并能够尽量做到防患于未然；在物联网侵权行为发生后，又能够正确地依靠法律得到解决。

2. 物联网法与相关部门法的关系

1）物联网法与宪法的关系

物联网法与宪法是普通法与根本法的关系，物联网法与宪法的联系是非常密切的，物联网法必须依据宪法制定，不得与宪法相抵触；同时，宪法中规定的公民的通信自由权，是宪法和物联网法共同的保护对象；并且，物联网法应将宪法中有关保护公民通信自由权的条款具体化，并制定相应的法律、法规，以保证公民通信自由权全面、有效、充分地实现。

2）物联网法和民法

民法调整平等主体之间的财产关系和人身关系，而物联网法调整物联网活动；在物联网法中，有些法律规范也调整平等主体之间的财产关系和人身关系，如有关电子合同的规定，不得在网上发布有损他人名誉的信息的规定，所有这些法律规范既是物联网法的法律规范，又是民法的法律规范。另外，有关物联网损害赔偿的规定也具有民法的性质。但是，物联网法中除了具有民法性质的法律规范以外，更多的是有关物联网安全和其他内容的法律规范。所以，二者的交叉远远小于二者的区别。从基本原则上看，民法重视公平原则，而物联网法强调安全原则。物联网法主要保护物联网活动的安全性，如果计算机信息系统受到非法侵入或破坏，物联网主体的商业秘密将被非法泄露，交易主体将受到极大的经济损失，所以物联网法以安全性为其主要原则。物联网法的责任种类呈现多元化格局，既有补偿性的民事责任，也有制裁和惩罚性的行政责任，甚至刑事责任。从效力范围上看，物联网法的国别性将会越来越小，物联网法已超出国家、民族和地区的界限。为了适应国际物联网的发展，各种国际组织已经制定或正在制定有关物联网的国际法。

3）物联网法和商法

物联网法与商法的关系最为密切。商法是具有调整商务关系的一系列法律规范的集合体，它一般包括公司法、票据法、保险法、海商法、破产法等内容。物联网法中有关保险物联网、电子票据物联网、电子提单物联网等规定与传统商法也存在交叉，这就要求我们适当借鉴传统商法的有关原理，加上物联网法的技术性规定来解决这些问题。物联网法所涉及的领域远远大于商法，如对物联网活动的征税、国际互联网络的管理、域名的管理等问题均超出了商法的范围。物联网对民商法基本制度的影响，从民法理论上看，物联网是一种意思表达的手段，其影响首先表现在法律行为的形式方面，同时还表现在权利的行使、义务的履行和责任的承担等方面。例如，在权利行使上，请求权、抗辩权等，都以意思表示为其基本要素，都可以电子代理形式为之。这种表意形式的变化，却可能动摇千百年在民商领域所形成的实体权利义务观念。例如，在传统的交易环境中，一些重大误解的民事行为是可以撤销的，而在电子交易中已变得不可能，而要依照物联网法的原则与制度对其进行调整。

4）物联网法和经济法

物联网法同经济法在调整对象等方面是有明显区别的，由于经济法是规范特定经济活动的法，物联网法是规范物联网活动的法，在经济活动中渗透着大量的与经济有关的信息，并且从某种意义上说，物联网活动也就是一种经济活动，因此，经济法同物联网法发生作用的对象和领域在一定程度上存在着交叉，这使得两者联系甚为密切。此外，从法律关系上看，物联网法律着眼于物联网主体的权益，调整物联网主体之间的权利义务关系。经济法着眼于国民经济的全局，调整国家经济管理机关与各种经济组织相互之间以及它们内部之间在经济活动中发生的关系，即调整经济管理关系和经济协作关系。从法律关系主体上看，物联网法的主体主要是从事物联网的法人和自然人，还包括从事物联网管理的国家机关以及对物联网进行破坏的个人或组织。经济法的主体范围较物联网法更为广泛。从法律行为的后果上看，物联网法只对违反物联网法的行为予以追究，责令违法者承担一定的法律责任。经济法则表现为对经济市场行为的确认、保护，对行为人的奖励，也表现为对经济违法行为的否定，对违法行为人的制裁。

5）物联网法和行政法

物联网法与行政法的区别较为明显，同时，两者的联系也较为密切。行政法的有效实施对于间接保护物联网权利同样具有重要作用，另外，对于侵犯物联网权利的主体追究行政责任，也是物联网法律责任的一种重要形式。随着实践的发展，两者的联系将会越来越密切，对物联网权利依法予以行政保护，有时具有十分重要的作用。行政法一般是指调整行政关系和基于行政关系而产生的监督行政关系的法律规范体系。它以行政关系和监督行政关系为调整对象。在物联网法中，公安机关对计算机信息系统的安全管理等内容与行政法有所交叉。物联网法和行政法的主要区别有：行政法制定一部包罗万象、完整统一的行政法典是十分困难的；而物联网法则不然，制定国内统一的、乃至全球统一的物联网法势在必行。行政法容易变动，这主要是因为相对具体的行政法规范涉及的内容太多，而社会生活又在日新月异的飞速变化，行政管理活动为适应这些新变化，经常加以调整；而物联网法一经产生就具有一定的稳定性。行政法的实体性规范与程序性规范总是交织在一起，并且往往共存于一个法律文件之中；物联网法是实体法，与诉讼法相对独立，是一个独立的法律部门，通常在非诉讼的情况下很少有法律规定严格的行为程序。

6）物联网法和刑法

违反物联网法的行为必然要承担一定的法律责任，这些法律责任中不但有民事责任、行政责任，还有刑事责任。1997 年我国刑法修订时，增加了几条有关计算机犯罪的规定，确定了非法侵入计算机信息系统罪，破坏计算机信息系统功能罪，制作、传播计算机破坏性程序罪等几个罪名和其他利用计算机进行的财产犯罪，这样就增加了法律对计算机信息系统违法犯罪分子的威慑力，使其不敢轻易进行计算机违法犯罪活动，这对于保护物联网交易主体极为重要，有力地维护物联网活动的安全性。所以，我国刑法对计算机犯罪的有关规定是物联网法的有力补充。

7）物联网法与诉讼法的关系

物联网法作为实体法，它与诉讼法是实体法与程序法的关系，正因如此，两者虽有很大区别，却联系非常密切。由于在物联网权利遭到侵犯时，权利主体进行诉讼是一种非常重要的手段，而诉讼法则是保护权利主体行使诉讼权利，从而保护其实体法上的物联网权利的重要手段，因此，诉讼法在保护物联网权利方面具有重要作用，并且，它与物联网法是通过不同的角度、选经来保护权利主体的物联网权利。

8）物联网法与国际法的关系

一般说来，物联网法是一国的国内法，因而它与国际法是有着显著的差别的，但是，随着世界经济的发展，人、财、物跨国交流的日益频繁，使得信息的跨国传输、流动得到了巨大发展，从而也使得网络的国际保护力度日益得到了加强，有关保护物联网权利的国际条约日益增多，导致在物联网法与国际法中形成了共同的可以交叉的领域，出现了许多需要共同研究的问题，如物联网的主权问题、物联网的国际安全问题、跨国数据传输问题等等。可见，物联网法与国际法的联系也是非常密切的。

以上仅是举例说明物联网法与一些主要的相关部门法的关系，不难得见，物联网法与其他相关部门法是有区别的，因而有其独立存在的价值和意义；同时，还应看到，物联网法与相关部门法的联系也很密切，它们实际上是从不同的角度来直接或间接地保护物联网权利，并且，有许多物联网法规范是蕴含在其他相关部门法的形式意义的法律之中的。上述认识对于研究物联网法规范的具体问题，尤其是物联网法的体系问题等，均具有重要意义。总之，物联网法的法律调整手段是综合性的，它涉及到多种法律关系，与许多其他法律部门有着密切的关系。所以，学习物联网法必须同时了解与物联网法密切相关的其他法律。

案例　物联网下的隐私之痛

物联网的应用是一个全新的领域，然而这个全新的领域带来的有关隐私保护的争论已经热烈起来。如何使得物联网的应用更安全、更合理，是个值得深思的问题。

美国作家托马斯·弗里德曼在《地球是平的》一书中感叹，信息技术的高速发展使得世界信息高度共享，在全球化的背景下，再没有什么能够阻止事物的密切相连。

有人在微博上设想了一个有趣的情景：

一个旅客在正要起飞的飞机上用笔记本上微博，他登录微博后一看，微博上显示有200个博友在30 m之内，不必说就是同一班的乘客了。然后他按30 m范围把这200人圈出来，按粉丝数排好，挨个儿看微博。找到一个顺眼的就搭讪：认识一下？那边同意就立刻换座位；要是飞机老不起飞或已晚点，就群发："我发飙了"或"我郁闷了"。飞机落地后，还可以群发微博求拼车。

话题一出，议论纷纷，许多人对这种新颖的社交模式充满着好奇和期待。其实这个设想不难实现，有一种技术能够满足人们的这种期待，即"物联网"。

1．无所不在的"物联网"

什么是物联网？专家认为，物联网就是在互联网的平台和技术之上，搭建的人物相连、物物相连的平台，物联网依托于物联网技术。而物联网技术就是在各种物品上安装感应器，然后通过某互联网终端来感知、控制这些物品的技术。

可以通过物联网的应用来认识物联网：

1）物联网的第一种应用——物的智能化

北京市朝阳区将建设一个物联网应用服务产业园，园内设计有一种无人驾驶的公交车，这种公交车能做到进站自动停车、开门，乘客上车后自动关门、发动，遇到红绿灯也会自停自行。

怎么做到的？说来很简单，公交车、车站、红绿灯以及上下车乘客的乘车公交卡上都将安装感应设备，透过这些感应设备反馈的信息，计算机可以实现对公交车的智能控制，处理信息的过程只需由人预先设定好，不需要人实时操作。

物联网这种应用使得物品具有了人一样的智能，对特定的外界环境产生特定的反应。

有的城市现在已经有智能家居、智能社区、智能出行等服务，归根结底都是物联网的普及运用。

2）物联网的第二种应用——信息共享

物联网被誉为信息革命的第三次浪潮，前两次浪潮分别是计算机的产生和互联网的崛起。物联网的发展，将对信息产生颠覆性的作用，因为物联网的实质就是通过互联网终端，处理各种物品上的感应器感应到的信息。

正如同本文一开始介绍的“微博设想”，其实就是社交网站的互联网终端，收集了在该网站使用微博的人的信息，然后实时在微博上共享出来这么一个过程。

有的专家曾提出一个设想：

某人路过一个咖啡馆，手机立即就收到来自咖啡馆的服务信息：“您的 5 位同学和老板现在正在店中，何不跟他们喝一杯？”正感到吃惊，又收到短信：“您上周才去马尔代夫旅游过，那里的拿铁咖啡可不比我们这儿正宗。”

这个设想或许有些夸张，但也并非不可能。未来的物联网信息共享的范畴将越来越大，全球的咖啡馆共享着信息、全球的企业共享着信息，甚至全球的手机号码都能被定位，这些都可能被一一实现。

3）物联网的第三种应用——宏观的管理与决策

这种应用和前两种相比，没有那么贴近生活，但绝对是“物联网”最关键的作用。

2010 年 6 月，欧盟委员会曾提出物联网应用发展的路线图和优先发展领域的规划，其中对物联网宏观市场的建设十分看重，包括建立统一数字市场、增强网络信任度和安全度、增快互联网接入速度等。以物联网的发展带动增强互联网的管理，让物联网在宏观上惠及整个社会，是目前西方国家的战略要点。

我国的物联网也有这方面的发展。例如，城市停车诱导系统和农村土地墒情监测系统。

城市停车诱导系统，是针对人口密集的城市制订的物联网发展计划。城市中每个停车场的每个停车位，都连接上感应器，哪里停满哪里有空位这些信息都被相关部门统一收集，车主可以随时查询，以便就近停车。

农村土地墒情监测系统，应用于农村，是现代“精准农业”的一部分。感应器被放置于农田各处，收集早晚、各季的温度、湿度、酸碱度、光照等数据，然后反馈到相关部门，农户通过了解这些信息，因地制宜，发展农业。

2. 信息共享带来的问题

“咖啡馆设想”在专家看来，最重要的不是怎么突破技术的局限，而是怎样在法律上合情合理。

“隐私利益是公民的合法利益，不同于普通物质，它可能仅仅表现为一些信息，这些信息在别人看来很寻常，在私人身上可能就很重要。”“就像咖啡馆那个人，他可能不希望别人知道他的老板是谁，也可能不想别人知道他的行踪，比如去过马尔代夫。如果他的行业特殊，可能这些信息就至关重要。这样一来，物联网很可能就侵犯了别人的隐私。”同样，很多人也认为物联网的发展携带着隐私之患。

并且，中国的物联网行业尚不规范。物联网在中国就像一块丰饶的处女地，人人都想争先占领，以至于很多企业基础不扎实匆忙出手，在管理上、信息保护上都有欠缺。专家举例说：“中国目前从事传感器生产的企业有95%都是小型企业，技术指标很低。这些企业资金少、规模小、服务类型局限。”被称为“高新”的物联网产业被掌握于一群草根企业手中，隐患当然少不了。

此外，中国物联网的技术能力还很缺乏。据工业和信息化部统计，国内中高档的传感器产品几乎100%从国外进口，90%的RFID芯片依赖国外技术。“在这种情况下，中国人的隐私在国外的技术占有者看来，就是一层可以轻易捅破的窗户纸。”

3. 法律如何应对

面对中国物联网发展中信息共享带来的隐私之困，法律应该如何应对？专家认为，信息的收集者也就是物联网服务的提供方有义务做两件事情来保护使用者的利益。

首先，在某种服务使用到物联网技术的时候，服务提供方应告知使用该功能可能出现的涉及隐私保护情况，让使用者初步了解和接受。很多社交网络目前都这么做。接下来，在使用者具体运用某种服务的时候，服务提供方理应提醒使用者，让使用者拥有一次临时再选择的权利。

另外，信息的收集方还应该注意信息的处置须得当。他们收集、获取用户的何种信息将决定他们行为的性质。如果为了实现某种特定服务，收集用户的相关数据信息，这是在情理之中的，但如果搜集的信息能够识别出用户的身份，就有可能涉嫌隐私侵权。信息收集方应该明确告知用户他们在收集什么数据，获取了哪些信息，如果用户有异议，他们应该停止，否则，无论是收集、披露还是与第三方分享，都是侵犯隐私的行为。

有专家认为，物联网带来的崭新的法律问题是人的隐私变成了人与物的隐私。因为人与物已经形成了对应，如果只强调人的隐私，而不强调“物的隐私”，那么很有可能从物上泄露出去的信息最后会造成人的隐私被侵犯。比如说“微博设想”那个场景里，如果某人只强调他本人的位置不能被泄露，而忽视了笔记本电脑，那么很有可能别人通过得知他笔记本电脑的所在，而猜测出他本人的所在。

不过，专家认为，“物的隐私”只是一个比喻，隐私是一种人身权利，法律上不可能出现“物的隐私”的概念，但随着物联网将人和物更加紧密联系，物的拟人化趋势更明显，这一比喻势必会在生活中生动地演绎出来。

（本文由作者根据网络资料改写：法律教育网，2011-10-28）

讨论：

1. 你是否有过本案例中场景的体验？你对物联网的信息共享有何体会？
2. 你认为法律应如何保护人们的物联网隐私权？

小结

本章应了解物联网法的概念，如什么是物联网和物联网法。物联网的产生和发展，基于两个最基本的原因：经济全球化和全球信息化。可以说，物联网从一开始就涉及到技术和制度两个层面的问题。关于物联网法的性质和地位，物联网法的概念有两层含义：1）作为实在法的物联网法；2）作为法学学科的物联网法学。作为实在法，它基本属于商法的范畴，是商法中的特别法，而经济法的观点只是抓住了物联网法的非主要特征，片面强调国家干预在其中的作用，所以此观点不可取。全面理解物联网法的渊源，所谓物联网法的渊源，是指物联网法的具体立法形式和效力来源。首先应当明确的是，物联网法的渊源虽然不具有商务性质，但可以直接适用于物联网。因为它们为物联网提供了技术支撑，包括物联网法的国际渊源、地区性法律渊源、国内法渊源。重点掌握物联网法的特点：（1）它是规范虚拟世界的法律；（2）它是随着技术进步建立、发展和不断完善的法律；（3）它是一个综合服务的规则构架；（4）它有多元的利益保护群体；（5）它是面向国际的国内法。其基本原则为：（1）维护网络交易安全的原则；（2）自由交易原则；（3）标准开放和信息透明原则；（4）保护消费者的原则；（5）电子产品和服务供应商的整体责任原则。熟悉物联网法的主要内容，包括物联网域名的规则、物联网合同规则、物联网的数据和著作权的保护规则、关于物联网电子证据、电子签名和认证的规则、物联网税收规则以及物联网跨国纠纷的解决规则。

习题

1. 试述物联网法的概念和性质？
2. 试论物联网法的基本原则？
3. 试述物联网法的渊源有哪些？
4. 国外物联网立法有何特点？
5. 我国物联网立法现状与趋势如何？
6. 物联网法包括哪些法律制度？

第2章 物联网法律关系

本章提要

通过本章内容，应了解物联网法律关系的概念和特征，物联网法律关系的要素，物联网活动主体的概念与设立条件，物联网企业的网络权利和物联网活动主体的法律关系，以及物联网法律关系的内容与客体；掌握网络服务提供商的责任，区别网站经营者、网络服务提供商、网络中介服务商及在线个人用户的概念及有关能力制度和身份制度。

引例　手机心脏监控仪故障纠纷案

STT是××远程医疗公司的产品，能将手机变成心脏监测仪。该产品由一个ECG监控仪和手机组成，手机应用支持iOS、Android、BlackBerry平台。ECG与应用间通过无线连接进行通信，应用界面可显示ECG的电池电量和网络信号强度，联网可在数秒内完成。用户体验极好，并且使用简便，只需将一个小小的ECG设备绑在胸间即可，而且站姿可随意。××医药商店的代理销售人员宣传说STT生成心电图之后可有三种处理方式：

第一类适用于重病及突发症状，如遇明显的不正常状况时，ECG装置会向用户发出实时警告，此时用户可紧急呼救。第二类适用于慢性病，用户可使用STT的包月服务，STT会将心电图的数据分析、报告、医护建议发送给用户。第三类适用于普遍情况，用户可将STT生成的心电图通过E-mail发送给自己的医生，然后由医生做相应的解读和医护建议。

张某听到宣传后，就给自己患有心脏病的父亲买了一个手机心脏监控仪，有一天父亲发病，该机器却没有发出任何警告，以致父亲晕倒在地后抢救无效去世。张某把长安医药商店告上法庭，要求赔偿经济损失和精神损失。

讨论：

1. 本案中手机心脏监控仪故障导致张父死亡，其责任主体是谁？
2. 你认为本案中原告、被告和生产厂家各应当承担何种责任？

2.1　物联网法律关系概述

2.1.1　物联网法律关系的概念

物联网法律关系是指物联网法律规范确认和调整的以物联网活动参与人权利义务为内容的社会关系。

在社会生活中，个人和组织为了满足自身的各种需要，必须从事社会活动，相互之间要发生各种社会关系，为了使社会关系的确立和发展符合国家和社会公共利益，国家运用不同的法律规范来调整社会关系。由于调整社会关系的法律规范不同，其所形成的法律关系也就不同，比如，由行政法调整的社会关系是行政法律关系；由诉讼法调整的社会关系是诉讼法律关系；由民法规范调整的社会关系就是民事法律关系；而由物联网规范调整的社会关系就是物联网法律关系。因此，物联网法律关系是物联网法调整社会关系的具体法律形式。

2.1.2　与物联网法律关系密切相关的法律事实

对于法律事实，前面已有所论述。所谓法律事实，通常是指由法律规范所规定的，能够引起法律关系的产生、变更和消灭的客观现象。一般说来，物联网法律关系的产生、变更和消灭需要三个条件：（1）作为法律关系产生、变更和消灭的法律依据的物联网法规范；（2）享有物联网权利和承担物联网义务的法律主体；（3）作为法律规范假定部分的法律事实。其中，法律事实是物联网法律关系产生、变更和消灭的具体条件，它使物联网法律关系由抽象转化为具体。

法律事实作为法律规范假定的可能出现的客观情况，依其是否以法律主体的意志为转移，可分为行为和事件两大类。行为是以法律主体的意志为转移，能够引起一定的法律后果的法律事实，包括合法行为和不合法行为两种。合法行为能够产生调整性法律关系，即不需要适用法律制裁，法律主体的物联网权利就能够得到实现，因而合法行为是受法律鼓励和保护的，大量的合法的物联网活动就属于合法行为。不合法行为因其与法律规范的要求不一致，因而它不能产生行为人所预期的法律后果，它是承担法律责任的重要依据。非法的物联网活动就属于这种不合法行为。

与行为相对应的另一类法律事实是事件，它是不以法律主体的意志为转移的法律事实。例如，专利权保护期限届满是一个事件，它会导致专利信息进入公共领域，任何人使用均不构成侵权，以及专利技术转让合同解除等后果；又如，著作权人死亡这一事件的发生，会导致著作权中的财产权由其合法继承人继承，并在继承人与义务人之间产生权利义务关系的后果，等等。

2.1.3　物联网法律关系的特征

物联网法律关系具有如下特征：

1．物联网法律关系是一种人与人之间的社会关系

物联网是物与物相连的网络，但是，物联网法律关系则属于人与人的关系，而不是人与自然、人与物的关系，更不是物与物的关系。诚然，民事法律关系多涉及到物或信息，亦即与物或信息有直接或间接的关系，但是，它所反映的是通过物或信息而发生的人与人的关系。例如买卖关系，既不是买方或卖方与出卖物的关系，更不是出卖物与货币的关系，而是通过出卖物和货币交换而发生的买方和卖方的关系。在物联网活动中，物或信息尽管十分重要，但终究只能是处于被人管理、被人支配的地位，它不会自动参与物联网活动，而只能是人参与物联网关系的附属。在所有权关系中，所有人有权依法对自己的财产占有、使用、收益和处分，所有人以外的任何人（非所有人），有义务不妨碍所有人行使自己的权利，可见，所有权关系体现的也是人与人之间的关系。

2．物联网法律关系是一种意志关系

物联网法律关系不是一般的社会关系，是按照国家意志建立起来的社会关系，是依法律形式表现的社会关系，所以，物联网法律关系体现着国家的意志，只有在交易者的行为符合物联网法中体现的国家意志时，国家才能确认并保护交易者建立起来的物联网法律关系，并用国家强制力保证物联网法律关系中的权利义务内容的实现。然而，物联网法律关系作为一种意志关系，不仅体现了国家的意志，而且体现了交易者的意志。在许多情况下，物联网法律关系的产生、变更和消灭，物联网法律关系的内容，都是取决于参与者或交易者的意志。这也是物联网法律关系不同于其他法律关系的显著特点。

3．物联网法律关系是一种具体的物联网权利义务关系

物联网法律关系是物联网法调整的结果。物联网法调整社会关系，赋予当事人物联网主体的权利和义务。但是法律规定的权利义务是抽象的，它只是标志着国家保护什么，反对什么。而物联网法律关系才是现实的、具体的。物联网法律关系一经建立，当事人一方便享有某种权利，另一方即负有相应的义务；或者双方当事人均享有权利，又都负

有相应的义务。因而，物联网法律关系中的权利义务是具体的权利义务。通过这种权利与义务的约束，确认和保护当事人的合法权益，满足他们生产和生活上的需要，以此建立起社会的经济生活秩序。

4．物联网法律关系具有平等性

物联网法律关系是平等主体之间的财产关系和人身关系在法律上的表现。因此，这种法律关系具有平等的特点，主要表现为：

（1）主体地位平等。物联网法律关系的交易人双方各自有着独立的、平等的法律地位，不论何人参与物联网法律关系，与对方地位都是平等的，双方之间不存在不平等的命令与服从、管理与被管理的隶属关系。不是建立在平等基础上的法律关系，不属于物联网法律关系。

（2）物联网法律关系中的权利义务一般对等。在大多数物联网法律关系中，交易人双方往往都享有权利，并且都负有义务，一方的权利是对方的义务，反之亦然。但是，权利义务的对等并非物联网法律关系的根本特征，只要当事人双方的法律地位是平等的，是在平等的基础上设立的，即使在一些法律关系中只有一方享有权利，另一方仅负有义务，该法律关系也为物联网法律关系。

5．物联网法律关系具有复合性

物联网的交易和服务关系主要由物联网法中的民商法部分来调整。由于物联网法具有私法和公法相结合的性质，所以国家为推进物联网的发展实行宏观调控，行政部门对物联网主体、市场秩序、电子认证、网络安全、网络税收实行监管等。所以，违反物联网法的法律责任不但有民事责任，还有行政责任和刑事责任。

2.2　物联网法律关系的要素

物联网法律关系的要素是指构成物联网法律关系的必要因素。任何物联网法律关系都有构成要素，要素发生变化，具体的物联网法律关系就随之变更。物联网法律关系包括主体、内容和客体三个要素。

2.2.1　物联网法律关系主体的概念

物联网法律关系的主体，是指参加物联网法律关系享受权利或承担义务的人或组织，即物联网法律关系的参与人。其中企业如网络运营商、集成商、平台服务商、呼叫中心、企业网站、在线交易中心、网络公司等，还有顾客个人及第三方等。物联网法律关系是人与人之间的关系，因此必须有作为法律关系主体的人参加，才能在主体之间建立法律关系。故主体是构成法律关系不可缺少的一个要素。

物联网法律关系主体较为复杂，包括物联网运营商、物联网服务商、软件开发商、系统集成商、终端制造商、芯片制造商以及用户等，另外，政府监管物联网产业与市场。

物联网法律关系的主体资格是由法律规定的。根据我国《中华人民共和国民法通则》（以下简称《民法通则》）和现行其他有关立法的规定（如《互联网信息服务管理办法》），可以作为物联网法律关系主体的有公民、法人和非法人组织。非法人组织，是指那些不具备法人条件的组织，如各种合作型的组织以及以户为单位的家庭成员的共同经营体等。

非法人组织是介于公民和法人之间的另一类物联网主体。国家是国家主权的代表者，同时又是国家财产所有权的享有者，在特定的情况下，国家还直接参与债的法律关系，因此，它是特殊的物联网主体。

在物联网法律关系中，享有权利的一方是权利主体，承担义务的一方是义务主体。在多数物联网法律关系中，双方当事人都既享有权利，又承担义务。例如，在物联网服务关系中，接受方有请求提供服务的权利，又有支付酬金的义务，提供方有交付出服务的义务，又有收取价款的权利。因此，在这些物联网法律关系中，每一方当事人既是权利主体，又是义务主体。当事人的这种双重主体身份，是由这些关系的有偿性决定的。

物联网法律关系的双方主体可以是单一的，也可以是多数的。例如，在债权关系中，债权人和债务人既可以是一人，也可以是几个人。另外，物联网法律关系的主体还有特定和不特定之分。物联网法律关系的权利主体都是特定的；而义务主体可以是特定的，也可以是不特定的。例如，在相对法律关系中，每一方主体都是特定的，在绝对法律关系中，承担义务一方是不特定的任何人。物联网产业链更为复杂，商业模式有待探寻。运营商需要积极与平台提供商、内容提供商、终端厂商、传感器厂商以及用户等多方合作，不断完善物联网产业链。

2.2.2　物联网法律关系内容的概念

物联网法律关系的内容是指物联网主体在物联网法律关系中所享有的权利和负担的义务。这种权利义务内容，是物联网法调整的社会关系在法律上的直接表现。任何个人和组织作为物联网主体，参与物联网法律关系，必然要享受物联网权利和承担物联网义务。

1．物联网主体的权利

1）物联网权利的概念

物联网权利，是指物联网主体为实现某种利益而依法为某种行为或不为某种行为的可能性，主要是民事权利。它具体包括：（1）权利人依法直接享有某种利益，或者实施一定的行为的可能性；（2）权利人可以请求义务人为一定行为或不为一定行为，以保证其享有或实现某种利益的可能性；（3）在权利受到侵犯时，有权请求有关国家机关予以保护。

2）物联网权利的分类

物联网主体的权利按其内容、性质，可以依不同的标准进行分类。其中，常见的分类有以下几种：（1）财产权和人身权；（2）绝对权与相对权；（3）支配权、请求权、形成权和抗辩权；（4）主权利与从权利（从民事权利的相互关系上划分，可分为主权利与从权利）；（5）既得权与期待权。民事权利根据其成立要件是否全部实现，可以分为既得权与期待权。既得权是指成立要件已全部实现的权利，一般的权利都是既得权。期待权是指成立要件尚未全部实现，将来有可能实现的权利。如附延缓条件的物联网法律关系，在延缓条件成就前，债权人享有的债权，即属于期待权。

3）物联网主体权利的行使

物联网主体权利的行使主要是民事权利内容的实现。权利人通过实施行使权利的行为，可以实现权利所体现的利益，以满足自身的需要。物联网法律关系的主体作为物联网权利和义务的享有者与承担者，直接影响到物联网行为的效力与履行。任何法律关系中，对当事人身份的认定，都是非常重要的，而物联网法律关系主体的身份认证则显得尤为重要。在传统的纸面交易中，我们可以通过查验身份证、营业执照等方式判断对方当事人是否具有相应的缔约能力，然而在物联网服务交易中，交易者一方如何能得知对方具有相应的行为能力呢？由于物联网领域是一个全新的领域，虚拟化、便捷性是其重要特征，所以需要安全来维护。在当前诚信原则还未深入人心情况下，对物联网主体资格进行认定就显得尤为重要。如上述的电子签名与电子认证，二者都是物联网安全的保障机制。

在权利行使的方式上，可以分为事实方式和法律方式两种。所谓事实方式是指权利人通过实施某种事实行为来行使权利，如所有人通过使用自己的财产来行使所有权。所谓法律方式是指权利人通过实施某种民事法律行为来行使权利，例如，所有人通过赠与来行使对自己财产的处分权。在一般情况下，物联网主体权利和义务是由权利人自己行使权利、义务人自己履行义务的。但是，大多数权利并不要求必须由权利人自己来行使，法律允许权利人通过代理人来行使自己的权利。如无民事行为能力人、限制民事行为能力人，可以由其法定代理人代理或协助其行使权利。

任何权利的实现，不仅涉及权利人的利益，而且也涉及义务人的利益，涉及国家和社会的利益。因此，物联网主体在行使其权利时，应尊重他人的利益，不得滥用权利。

4）物联网主体权利的保护

权利是由法律赋予的，也是由法律保护的。物联网主体权利的保护措施按其性质可以分为自我保护和国家保护两种。

物联网主体权利的自我保护是指权利人自己采取各种合法手段来保护自己的权利不受侵犯，例如，依法向侵权行为人提出请求，依法采取正当防卫和紧急避险等，这种保护措施由于是当事人自己采取的，因此称为自我救济。权利主体自己采取一定的方式保护其权利，是法律赋予权利本身所具有的属性。权利主体采取自我保护手段是受到法律严格限制的，权利人只能以法律许可的方式在法律许可的限度内保护自己的权利，否则就是滥用权利，应依法承担相应的责任。

物联网权利的国家保护是指权利受到侵犯时，由国家机关给予保护。这种保护手段是国家机关采取的，所以又称公力救济。物联网主体的民事权利受宪法、行政法、刑法、民法以及其他部门法的保护，在权利受到侵犯时，权利人可以请求主管机关给予保护。国家将根据情况采取行政的、刑事的、民事的以及其他各种法律保护手段。

任何物联网主体在民事权利受到他人非法侵犯时，都有权向人民法院提起诉讼，请求依法保护。一般说来，当事人提起的民事诉讼请求有如下三类：

（1）确认之诉，即请求人民法院确认某种权利是否存在的诉讼。（2）给付之诉，即请求人民法院责令对方履行某种行为，以实现自己的权利的诉讼。（3）形成之诉，即请求人民法院通过判决变更现有的某种民事权利义务，形成某种新的民事权利义务的诉讼。如请求分割共有财产、变更合同等。

2. 物联网主体的义务

1）物联网主体义务的概念

物联网主体义务，是指义务人为满足权利人的利益而为一定的行为或不为一定的行为的必要性。它具体包括：（1）义务人必须依据法律的规定或合同的约定，为一定的行为或不为一定的行为，以便满足权利人的利益；（2）义务人只承担法定的或约定的范围内的义务，而不承担超出这些范围以外的义务；（3）义务人必须履行其义务。民事义务是一种受到国家强制力约束的法律义务，如果义务人不履行其义务，须依法承担法律责任。

2）物联网主体义务的分类

物联网主体义务从不同的角度可作不同的分类，主要有以下几种：

（1）法定义务与约定义务；（2）积极义务与消极义务；（3）主义务与从义务。

3．物联网主体权利和义务的统一

在物联网法律关系中，权利和义务是相互对立、相互联系的，并统一地影响着物联网主体。在任何一个物联网主体法律关系中，权利和义务都是一致的，权利的内容要通过相应的义务表现，而义务的内容则由相应的权利限定。当事人一方享有权利，必然有另一方负有相应的义务，并且权利和义务往往是同时产生、变更和消灭的。因此，物联网主体权利和义务是从不同的角度表现物联网法律关系的内容的。

2.2.3　物联网法律关系客体的概念

物联网法律关系的客体是指物联网法律关系的主体享有的权利和承担义务所共同指向的对象。物联网法律关系的客体包括四大类：有形商品、数字化商品或信息商品、知识产权和信息产权、在线服务和离线服务。实际上，从法学的角度，应该认为物联网法律关系客体有三大类：物、行为、信息。所谓四大类也是完全包含在其中的。

2.3　物联网法律关系主体

所谓物联网主体就是参与物联网活动的企业、个人和其他组织。事实上，物联网只是一种工具，是一种高级形态的信息存储、处理、传递的工具。只要有接入物联网的设备，就可以成为网络用户，就有可能发生商业交易或接受服务。因此，在一定意义上，所有的网络用户都是物联网的交易主体。

2.3.1　物联网服务提供商（服务商）

物联网服务提供商提供完整的一体化应用服务。针对需求共性化的聚类市场客户，运营商应以物联网公共服务平台为基础，整合产业链各方能力和运营商非物联网通信能力，提供完整的、标准化的物联网应用服务，本质上讲物联网公共服务平台同时还是开放的物联网应用研发生态环境。另一种情况是构建运营商和行业龙头企业双核心的物联网公共服务架构，双方为行业客户服务的同时，开放平台，为公众用户提供针对性信息服务，打造物联网运营服务平台。

物联网企业是物联网上的虚拟企业，一般只有数字符号辨识其主体，也只有数字形式传递他们的信息。所谓虚拟只是说明这种环境、方式的特殊性，而真正从事物联网活动的主体还是现实中的民事主体。因此，物联网企业也就是通过电子化手段来完成各项商务活动，包括广告、交易、支付、服务、集成、云计算等活动的企业。

2.3.2 物联网平台提供商（运营商）

运营商（如中国的三大运营商）当前主要以提供智能网络能力、渠道能力为主，即提供智能管道，以及开放和融合运营商存量最终用户、销售与收费渠道。作为物联网产业链上重要的一环，电信运营商也都将物联网发展提上战略高度，为掌握物联网话语权，占领信息化进程的制高点而积极备战。基础网络服务。安全可靠的接入与承载网络是运营商的核心价值所在。物联网的信息传递需要依赖移动网与互联网，需要实现无缝网络覆盖和异构网络融合，构建异构的泛在网络为运营商提供了新的发展机会。

他们利用统一的物联网公共服务平台，聚集多领域的资源和能力，整合各种信息、内容和应用，将不同主体提供的各种业务和服务有机地结合在一起提供给客户，从而满足客户物联网泛在化和一体化的需求，为客户创造额外价值的服务，既能满足物联网公共管理需要，同时也满足公众用户应用需要，即提供以运营商为核心的聚合服务。

物联网公共服务平台是中国特色的物联网产业联盟环境的核心，十分有利于在现阶段形成最有生命力的商业模式。通过平台物联网信息服务，形成以运营商为核心的物联网信息传输交换（智能通道）和龙头企业为核心行业物联网应用服务核心的双核心公共服务环境，同时赋予物联网服务必须附加的运营商的全网络、全业务的非物联网产品和业务。

物联网公共服务平台应包括五大内涵：统一的物联网终端管理、精细化的物联网信息交换服务、电信级的物联网信息监管、物联网网络系统测试和验证检测、物联网共性技术工具库和解决方案库的提供。只有建设好了物联网公共服务平台，才是物联网应用低成本、高复制、避免低水平重复徘徊的关键。

运营商已经具备了构架“物联网公共服务平台”的基础。中国联通的宽带商务平台、VDC 平台、应用商店等都是公共服务平台的先例。而行业物联网必须借助运营商的网络才能形成物联网的广域应用，以此运营商建设的物联网公共服务平台才能打破行业壁垒，形成“大共享平台”，在物联网产业和市场发展中真正形成运营商搭台、所有物联网产业角色共同唱戏的物联网产业规模化拓展的态势。

运营商发展物联网具有先天优势，三大运营商拥有的网络规模与覆盖范围是物联网发展的基础条件。从技术层面讲，物联网分为三层，IPv6 是实现传感层和网络层对接、促进传感网络由专网向公网演进的关键技术，而“互联网”和“电信网”的融合演进将有可能充当公网这一关键角色。目前，中国电信发挥网络资源和技术时间窗口优势，加快固定、移动和传感三网的无缝融合，其 IPv6 已进入实用阶段，遍布全国的 IDC 中心，已经开始部署云计算服务，在物联网技术层面具有领先优势。三大运营商拥有全国性的服务渠道，具备先天的规模优势，要建立一个有效的物联网，规模性和流动性是其两个重要因素，我国无线通信网络和宽带覆盖率高，为物联网的发展提供了坚实的基础设施支持，满足了规模性的要求。无论在资金、品牌还是用户上，三大运营商在整个产业链上具有极强的产业号召力。由于物联网处于导入期，技术不成熟，客户认知不足，未形成完整产业链链条，除运营商外，厂商整体综合实力较弱。电信运营商掌握着产业链环节的网络提供和应用提供两个重要环节，由运营商主导上下游合作形成产业联盟将是促进产业发展的关键。如果运营商在产业链上占据主导地位，向上可以制约上游设备供应商，向下可以通过合作提高控制能力。以中国移动为例，目前已经形成了对系统集成商的分级管理模式，未来发展将实现对软硬件集成环节的控制。

物联网的快速发展和应用对运营商来说是一大机遇。三大运营商可根据各自技术特点寻找突破口。对于中国移动来说，拥有网络规模与覆盖范围都是全球第一的移动通信网络，而中国移动在 M2M 领域已形成一整套拥有自主知识产权的技术标准，目前 M2M 终端数已达到 300 万，年均增长超过 80%。目前，中国移动正积极推动无线传感器网络与 TD 网络融合，发展适于 TD 网络承载的物联网业务。中国电信要发展物联网，最大的优势则在于其拥有丰富的带宽资源。基于历史原因，中国电信还拥有丰富的固网资源，也是目前互联网业务的主要承载者。中国联通发展物联网的最大优势在于其技术优势。从技术上看，WCDMA 的数据上下行速率具有明显的技术优势，有着更高的带宽和更快的速度。WCDMA 还具有丰富的体验内容、明显的终端优势以及成熟的商业经验等优势。这些优势对中国联通发展 3G 业务以及在 3G 竞争中占得先机具重大意义。

2.3.3　物联网系统集成商（集成商）

系统集成商（System Integrator）是指具备系统资质，能对行业用户实施系统集成的企业。系统集成包括设备系统集成和应用系统集成，因此系统集成商也分为设备系统集成商（或称硬件系统集成商、弱电集成商）和应用系统集成商（即常说的行业信息化方案解决商）。设备系统集成商进一步细分为智能建筑系统集成商、计算机网络系统集成商、安防系统集成商（安防工程商）。

系统集成（System Integration）指一个组织机构内的设备、信息的集成，并通过完整地系统来实现对应用的支持。系统集成包括设备系统集成和应用系统集成。

设备系统集成，也可称为硬件系统集成，在大多数场合简称系统集成，或称为弱电系统集成，以区分于机电设备安装类的强电集成。它指以搭建组织机构内的信息化管理支持平台为目的，利用综合布线技术、楼宇自控技术、通信技术、网络互联技术、多媒体应用技术、安全防范技术、网络安全技术等将相关设备、软件进行集成设计、安装调试、界面定制开发和应用支持。设备系统集成也可分为智能建筑系统集成、计算机网络系统集成、安防系统集成。

我国的物联网产业链已经存在，但主要是以集成商为主角，运营商在其中只是管道，集成商又分布在各个行业、地域中。目前的物联网产业链基本可以理解为战国时代，同样的模式在不同的地域、行业被不同的集成商控制，物联网产业链现状如图 2-1 所示。

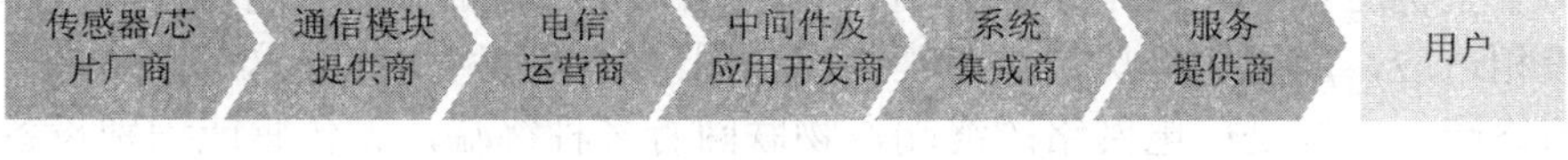

图 2-1　物联网产业链现状图

将整体产业链按价值分类，硬件厂商的价值较小，传感器/芯片厂商加上通信模块提供商约占整体产业价值的 15%，电信运营商提供的管道约占整体产业价值 15%，剩下的约 70%的市场价值均由系统集成商/服务提供商/中间件及应用开发商分享，而这类占产业价值大头的公司通常都集多种角色为一体，以系统集成商的角色出现。

系统集成商在未来将会有部分利益被运营商分享，但仍然是行业应用的主要力量之一。作为最终用户的政府、企业、个人而言，通过物联网基本并不能带来收入上的增加，更多的是通过信息远程控制达到提升生产效率、降低生产成本、实现节能减排等目的。

2.3.4　物联网软件开发应用商（软件商）

软件公司是专注于物联网应用软件的跨平台软件开发商，专业从事跨平台软件开发，嵌入式产品设计。产品线覆盖设计、管理、工艺、生产信息化领域，为各行业提供实用软件及辅助智能移动终端的定制开发服务。致力于为用户提供一流的软件系统和软件服务。业务包括：软件定制、软件销售、软件外包、跨平台软件移植、企业综合信息系统设计开发（包括软件、硬件）、产品网络宣传推广、行业软件研发等。

国内五大软件开发商为：（1）中软国际；（2）金蝶软件；（3）用友软件；（4）东软公司；（5）清华同方。软件开发的规模化和全球化趋势给开发团队的效率管理带来挑战。传统的开发模式是将一个大项目细分成多个小项目，由相互独立的团队分头工作，最后合成一个构件（Build）进行测试。开发规模的增大、团队的多区域分布和开发周期的延长，大大降低了这种开发模式的效率，使测试中发现的缺陷得不到及时解决，而项目管理层更不能及时了解项目的进展和出现的问题。如果一个几十个人的团队经过一个月的工作最终没有通过测试而需要返工，引起的损失可能不仅仅只是这几十个人的时间，而是产品发布的拖延和市场的丢失。无论是大型还是小型软件开发商都要融入软件开发的全球竞争，那么就需要引进先进的国际标准规范（如 ISO9000、CMMI），通过评估认证来规范软件开发过程管理。而同时在软件开发这个充满创意的领域，运用系统组织的思维、先进灵动的工具服务于过程管理，提高开发效率，也是企业发展过程中不可小瞧的力量。

软件开发厂商也是一样，要做到高效的软件开发和过程管理，必须选择运用灵活先进的开发管理工具。早在 30 年前大师弗雷德里克·布鲁克斯就曾形象地论述说系统开发工作就像一个焦油坑，无论是大型、小型，庞杂、精干的开发团队都在其中挣扎，没有谁能挣脱束缚。这种情况到现在也还是如此——很少有软件项目满足目标、进度和预算的要求。

2.3.5　物联网终端制造商（设备商）

终端，即计算机显示终端，是计算机系统的输入、输出设备。计算机显示终端伴随主机时代的集中处理模式而产生，并随着计算技术的发展而不断发展。迄今为止，计算技术经历了主机时代、PC 时代和网络计算时代这三个发展时期，终端与计算技术发展的三个阶段相适应，应用也经历了字符哑终端、图形终端和网络终端这三个形态。手机是移动通信终端，电视是广电网络的终端，物联网有多种终端，如传感或识别设备等。

终端的分类：目前常见的客户端设备分为两类：一类是胖客户端，一类是瘦客户端。那么，把以 PC 为代表的基于开放性工业标准架构、功能比较强大的设备叫做“胖客户端”，其他归入“瘦客户端”。瘦客户机产业的空间和规模也很大，不会亚于 PC 现在的规模。

（1）从技术层面讲，数据处理模式将从分散走向集中，用户界面将更加人性化，可管理性和安全性也将大大提升；同时，通信和信息处理方式也将全面实现网络化，并可实现前所未有的系统扩展能力和跨平台能力。

（2）从应用形态讲，网络终端设备将不局限在传统的桌面应用环境，随着连接方式的多样化，它既可以作为桌面设备使用，也能够以移动和便携方式使用，终端设备会有多样化的产品形态；此外，随着跨平台能力的扩展，为了满足不同系统应用的需要，网络终端设备也将以众多的面孔出现：UNIX 终端、Windows 终端、Linux 终端、Web 终端、Java 终端等等。

（3）从应用领域讲，字符哑终端和图形终端时代的终端设备只能用于窗口服务行业和柜台业务的局面将一去不复返，网上银行、网上证券、银行低柜业务等非柜台业务将广泛采用网络终端设备，同时网络终端设备的应用领域还将会迅速拓展至电信、电力、税务、教育以及政府等新兴的非金融行业。

终端设备制造企业，有如内置 GS 天线制造商、内置终端天线制造商、三频 GSM 无线终端制造商、数传终端制造商、无线触摸 POS 终端制造商、无线传真数据双模网关制造商、无线传真数据网关制造商、无线电话天线制造商、数字标牌终端制造商等。

2.3.6　物联网芯片制造商（芯片商）

随着产业环境的不断发展，国内 IC 产业将重新回暖，国内的集成电路产业将迎来新一轮发展高潮。经历了近七八年的高速发展后，在 2009 年，有近 10 家中国 IC 设计企业的年销售额已经突破 1 亿美元。业内有种说法，年收入 1 亿美元和 10 亿美元分别是 IC 设计企业的两道槛。前者意味着一家企业可以独立生存了，而后者则预示着这家企业真正强大了。对于一些中国 IC 设计企业来说，现在正走在从“独立”到“强大”的道路上。近些年，国家大力发展战略性新兴产业，推进各行业调整产业结构、转变发展方式，这为我们营造了良好的自主创新的产业发展氛围。一些行业已经强大到可以制定自己的标准，例如 3G 通信、智能电网，而另一些行业正在酝酿建立自己的标准体系，例如汽车电子、物联网。与此同时，一批中国整机企业的市场地位日益凸显，自主创新能力也大幅提高。在这种状况下，中国行业用户或整机企业开始对芯片提出了自己的需求。但由于这些需求一般需要重新定义产品，需要设计定制或半定制化的芯片，因此，那些运营中心远在欧美地区的国外芯片企业一时很难满足要求，这就为中国 IC 企业提供了非常好的市场发展机遇。中国 IC 企业如果能够与国家相关行业部门以及领先整机企业建立密切联系，及时掌握行业和企业个性化需求，选准介入点，快速推出相应的产品，就会抓住一些支撑其进一步发展的新市场，从而有可能获得大发展。中国配套支撑体系的技术实力、产能规模和运营能力将支撑 IC 设计企业在未来实现 10 亿美元的跨越。经历了多年的发展，中国已建立了较为完善的产业配套环境。其中，芯片代工、封装测试等配套体系已具备一定的规模和实力。而且，配套支撑企业与 IC 设计企业也不断共同研发新工艺，探索新的合作模式，形成了良性的互动循环。相信配套支撑体系将根据 IC 设计企业的需求进一步提升自身能力。

2.3.7　其他第三方组织

1. 电子银行

在物联网活动中，银行也变为电子银行。网络交易客户与电子银行的关系变得十分密切。除少数邮局汇款外，大多数交易要通过电子银行的电子资金划拨来完成。电子资金的划拨依据的是电子银行与网络交易客户所订立的协议。这种协议属于标准合同，通常是由电子银行起草并作为开立账户的条件递交给网络交易客户的。所以，网络交易客户与电子银行之间的关系仍然是以合同为基础的。

在物联网活动中，电子银行同时扮演发送银行和接收银行的角色。其基本义务是依照客户的指示，准确、及时地完成电子资金划拨。作为发送银行，在整个资金划拨的传送链中，承担着如约执行资金划拨指示的责任。一旦资金划拨失误或失败，发送银行应向客户进行赔付，除非在免责范围内。作为接收银行，其法律地位似乎较为模糊。一方面，接收银行与其客户的合同要求它妥当地接收所划拨来的资金，也就是说，它一接到发送银行传送来的资金划拨指示便应立即履行其义务。如有延误或失误，则应依接收银行自身与客户的合同处理。另一方面，资金划拨中发送银行与接收银行一般都是某一电子资金划拨系统的成员，相互负有合同义务，如果接收银行未能妥当执行资金划拨指示，则应同时对发送银行和受让人负责。

在实践中，电子资金划拨中常常出现因过失或欺诈而致使资金划拨失误或迟延的现象。如系过失，自然适用于过错归责原则。如系欺诈所致，且电子银行安全程序在物联网活动中是合理可靠的，则名义发送人需对支付命令承担责任。

2．认证机构

认证中心扮演着一个买卖双方签约、履约的监督管理的角色，买卖双方有义务接受认证中心的监督管理。在整个物联网活动过程中，包括电子支付过程中，认证机构都有着不可替代的地位和作用。在网络交易过程中，认证机构（Certificate Authority，CA）是提供身份验证的第三方机构，是一个或多个用户信任的、具有权威性质的组织实体。它不仅要对进行网络交易的买卖双方负责，还要对整个物联网服务秩序负责。

3．第三方物流

第三方物流是物流专业化的一种重要形式。第三方物流（Third-Party Logistics，TPL）是指由商品的供方和需方之外的第三方提供物流服务，第三方不参与商品供、需方之间的直接买卖交易，而只是承担从生产到销售过程中的物流业务，包括商品的包装，储存、运输、配送等一系列服务活动。作为专业化、社会化的第三方物流的承担者就是物流服务企业。

在国外，物流业近年来得到了很大的发展，在有些国家已经形成了一个比较完整的产业。美国将在二战中的“后勤供应”手段用于物流业管理，并且在公路、铁路、管道、航空等五种运输业中广泛使用信息技术等手段，早在 20 世纪 70 年代，仅汽车货运及相关行业的产值就达到国民经济总值的 7%以上。

与第三方物流有关的另一个概念是物流代理。物流代理是物流业务的一种运作方式，指的是由专业的物流企业受需方企业的委托，并与需方企业签订合同，承担货物由托运方到达收货方的全程物流。物流企业可以再委托其他从事运输、仓储等的企业完成物流过程，也可以自己完成其中部分物流业务。

从事物流代理的企业，可以不进行固定资产投资而采取委托代理的形式，运用自己成熟的物流专业知识、管理经验和物流技术，为客户提供高质量的服务。它们通过与客户签订合同，可以集中为特定的几家客户提供个性化的全方位物流服务，比如为客户制定最优化的物流路线，选择最合适的运输工具，并围绕客户的需求提供诸如存货管理、生产准备等特殊服务以提高客户的效益，在为客户提供附加值的过程中也创造了自身的价值。我国也可以大力发展物流业及其代理模式，这将有助于提高物流业的运营质量，降低物流费用，从而创造良好条件，在更好地满足社会的需求的同时提高整个国民经济的效率和效益。

2.3.8　物联网用户

任何企业、个人和社会组织都有可能成为物联用户，本节重点介绍在线个人用户。

1．在线个人用户的概念

所谓在线个人用户是指通过向网站经营者申请注册登记，付费或免费获得网站提供的信息或信息传输服务的个人。每个人均可以从事物联网活动，在线个人用户是构成物联网交易活动的重要主体之一。与在线企业相比，无需取得工商管理部门核发的营业执照，因为，在线个人用户更多的情况下是以在线消费者的身份出现的，但是，仍然需要履行一定的手续。一般而言，如果用户请求网站提供某种信息或者提供某种信息传输服务，必须进行登记注册，将姓名、性别、年龄、国籍、身份证号、住址、电话等个人信息登记于网站的信息库中。

在线个人用户注册登记时，一般来说，服务商会提醒用户阅读服务协议、各种政策规则等，甚至会把这些阅读浏览作为一个步骤。服务协议是网络服务提供商给出的电子格式合同，当事人确认或签字后发生法律效力，因此，服务协议是确定用户与网络服务提供商之间法律关系的基础，也是成为在线个人用户的必经程序和手续。

2．在线个人用户的身份制度

在网络环境下，在线个人用户以数字或网页等电子化方式表现出来，其真实身份并不能直观地判断出来。由于网上注册登记非现场面对面进行，如果服务提供商不要求注册人提供身份证号码、社会保障卡号等据以确认其真实身份的的登记，那么，在出现用户侵权或违约时，就难以找到真正的当事人。因此，建立在线个人用户的身份制度十分重要。

目前，我国尚没有相应的立法，根据传统民商法原理，建立在线个人用户的身份制度应当遵循以下法律原则：（1）身份真实原则：即在线个人用户的身份必须是真实存在的，而不应当是“虚拟”的或不存在的。就法律而言，不存在虚拟主体，所以网上在线个人必须真实存在。实名制是解决方案之一。（2）主体公示原则：在网络环境下，许多在线个人用户，在网站交易平台的统一管理和经营下，以谁的名义进行交易就显得非常重要。所以，主体公示原则要求在线个人用户必须在网上显示其真实主体。

3．在线个人用户的能力制度

所谓在线个人用户的能力制度是指在线个人用户上传、下载和进行在线交易的主体资格和责任能力制度。需要说明的是，在线个人用户本来就是现实中的公民个人，因此，其能力制度与现实社会中的个人能力制度并无不同。

1）民事责任能力

民事主体资格法定是民法的一个基本原则，即哪些主体可以参与民事法律关系，享有的民事权利、承担的民事义务都由法律规定。

在我国，公民个人的民事行为能力分为三种情况。

（1）不满十周岁的为无行为能力人；（2）十周岁以上不满十八周岁的人为限制行为能力人；（3）年满十八周岁的人为完全行为能力人；另外，年满十六周岁不满十八周岁，但以自己的劳动收入为主要生活来源的人，视为完全行为能力人。

在线个人用户只有具备了相应的能力资格，才能使其完成的交易发生法律效力，如买卖、支付等。民事主体资格同样是构成承担民事法律责任的基础。比如承担违约、侵权等责任。

2）刑事责任能力

在线个人用户的刑事责任能力，应依据我国《中华人民共和国刑法》（以下简称《刑法》）规定来确认。

2.4　物联网法律关系的内容

在物联网活动的交易过程中，买卖双方、用户与交易中心、用户与银行，用户、数据中心、交易中心、云计算中心、银行与认证中心都将彼此发生业务关系，从而产生相应的法律关系。

2.4.1　物联网企业的权利与义务

一、物联网企业的权利

关于物联网活动企业的网络权利，至少应包括网络接入权和域名享有权。

1. 互联网接入权

1）直接接入

物联网企业可以是以网站或网页形态出现的企业，而设立网站首先必须接入互联网，这是开展物联网活动的前提条件。因此，物联网活动企业的计算机和其他通信终端通过接入网络进行国际互联，是其最基本的网络权利。企业可以通过专线或通过公用电信交换网接入网络。接入中国公用互联网的条件是：（1）依法设立的企业、事业单位或机关、团体；（2）具有由计算机主机和在线信息终端组成的局域网络及相应的联网装备；（3）具有相应的技术人员和管理人员；（4）具有健全的安全保密管理制度和技术保护措施；（5）符合国家法律、法规和工业和信息化部规定的其他条件。

互联网的接入在电信企业与接入单位之间的关系具有双重性，既有电信服务合同关系，又具有管理关系的内容；电信企业既为其提供性能良好、安全可靠的服务，又负责互联网内接入单位和用户的联网管理。接入单位负责对其接入网内用户的管理，并按规定与用户签订协议，明确双方的权利、义务和责任。但接入单位与用户之间的基础关系是服务关系，双方的权利和义务基本上可以适用合同法，管理主要是技术上的，而不纯粹是行政上的。

2）间接接入

设立网站并不都需要办理接入手续。只有互联网接入服务提供商和大型网站需要直接接入互联网才需要办理接入手续。对于一般的网站而言，只需通过互联网服务提供商（ISP）连接到因特网的服务器上。实际上是，这些网络服务提供商为一般网站提供虚拟空间和其他技术服务，达成直接接入的同样效果。可供选择的方式有三：虚拟主机服务（Web Hosting Service）；服务器租用服务（Hosting Service）；主机托管服务（Co-location Service）。

2．域名享有权

互联网是无数个站点互联形成的，这些站点由一台主机（服务器）等设备构成，其内容表现为该主机提供的信息服务。为了区分每一个站点以及为了使整个站点联为一个整体，每一个网络和每一台服务器主机都分配了一个地址，这便是网际协议地址（Internet Protocol Address），简称 IP 地址。

IP 地址构成计算机通往互联网的必经之路，要进入某个网站或访问某人的计算机必须使用这个数字地址。采取英文字母来表示站点地址（现在也有了中文域名、数字域名等），便是域名（Domain Name）。域名有语词意义，易于理解和记忆。

域名作为一种地址在全世界具有唯一性，其目的在于保障在一台计算机上搜索而不发生重复。这种唯一性实质上使得城名在全世界具有排他效力，只要一域名被注册就排除了全球范围内其他相同域名的可能性。因此，域名就构成了物联网活动企业享有的又一基本网络权利。

二、物联网企业的义务

根据《互联网信息服务管理办法》的规定，网站经营者的义务大致可分为两方面：一是服务行为合法义务；二是保证信息内容合法义务；同时也有注意义务及协助调查义务。

1．服务行为合法义务

网站经营者，首先应当按照经营许可范围提供服务。《互联网信息服务管理办法》第十一条规定：互联网信息服务提供者应当按照经许可或者备案的项目提供服务，不得超出经许可或者备案的项目提供服务。这是我国对网络服务提供商实行管制的必然结果。这意味着网站服务内容必须依照许可证上列明的服务事项从事活动，特别是非经营性互联网信息服务提供者不得从事有偿服务。

《互联网信息服务管理办法》第十二条明确规定，互联网信息服务提供者应当在其网站主页的显著位置标明其经营许可证编号或者备案编号。这一规定实际上要求网站公示其服务身份的合法。如果没有这样的公示，那么其身份就不合法，消费者不宜接受这些网站的服务，否则正当的权益可能得不到法律的保护。

2．保证信息内容合法义务

《互联网信息服务管理办法》第十三条规定：“互联网信息服务提供者应当向上网用户提供良好的服务，并保证所提供的信息内容的合法。”这一条有两层含义，一层含义是规定信息服务提供者应当履行的一般性义务，即提供良好的服务。至于什么是良好的服务，需要根据具体情况具体分析，至少要包括在现有技术范围内一般网站所能做到的水平。

另一层含义是网站应保证提供的信息内容的合法性。《互联网信息服务管理办法》第十五条规定了九种不合法的信息。因此，保证提供信息的合法性义务至少要求服务提供者提供的信息不包含下面九种不合法信息：（1）反对宪法所确定的基本原则的；（2）危害国家安全，泄露国家秘密，颠覆国家政权，破坏国家统一的；（3）损害国家荣誉和利益的；（4）煽动民族仇恨、民族歧视，破坏民族团结的；（5）破坏国家宗教政策，宣扬邪教和封建迷信的；（6）散布谣言，扰乱社会秩序，破坏社会稳定的；（7）散布淫秽、色情、赌博、暴力、凶杀、恐怖或者教唆犯罪的；（8）侮辱或者诽谤他人，侵害他人合法权益的；（9）含有法律、行政法规禁止的其他内容的。

3．网络服务商（运营商）的主要义务

1）传播有害信息者的法律责任

网络空间并不是法律真空，不仅网站经营者自己不能利用网络传播法律禁止的信息，而且其他人也不能利用网络的开放性传播有害信息。一旦认定网站或第三人上网传播法律禁止的信息，根据法律的一般原理，这属于公共利益或社会利益的侵犯，其责任形式可分为两种：一种是行政责任，一种是刑事责任。

《中华人民共和国计算机信息系统安全保护条例》第二十三条规定了故意传播有害信息的行政责任："故意输入计算机病毒以及其他有害数据危害计算信息系统安全的，或者未经许可出售计算机信息系统安全专用产品的，由公安机关处以警告或者对个人处以5 000元以下的罚款、对单位处以15 000元以下的罚款；有违法所得的，除予以没收外，可以处以违法所得1至3倍的罚款。"

根据公安部关于对《中华人民共和国计算机信息系统安全保护条例》中涉及的"有害数据"问题的批复，"有害数据"是指计算机信息系统及其存储介质中存在、出现的以计算机程序、图像、文字、声音等多种形式表示的，含有攻击人民民主专政、社会主义制度，攻击党和国家领导人，破坏民族团结等危害国家安全内容的信息；含有宣扬封建迷信、淫秽色情、凶杀、教唆犯罪等危害社会治安秩序内容的信息，以及危害计算机信息系统运行和功能发挥，应用软件、数据可靠性、完整性和保密性，用于违法活动的计算机程序。

因此，任何传播有害信息者均适用《中华人民共和国计算机信息系统安全保护条例》等相关法规，公安机关可以对违反者进行行政处罚。

至于刑事责任，视传播内容和情节，可能涉及危害国家安全罪、扰乱公共秩序罪、制作、贩卖、传播淫秽物品罪等。

2）网站的主要义务和责任

网站经营者自己传播有害信息的责任是确定的，但在他人传播有害信息的情形下，网站经营者应当承担什么责任，目前并不明确。《互联网信息服务管理办法》第十六条规定，互联网信息提供者发现其网站传输的信息明显属于九种内容之一的（有害信息），应当立即停止传输，保存有关记录，并向国家有关机关报告。但没有明确网络服务提供者是否有监控其所传输的内容是否合法的义务，更没有规定注意到什么程度。这些尚需要今后立法加以明确或由司法判例加以确定。

需要根据中介服务提供者的服务内容及其对被动上传的信息的监控能力来确定。中介服务商的监控义务应当包括两个方面：其一，事先审查义务，即在被明确告知侵权信息存在之前，主动对其系统或网络中信息的合法性进行审查；其二，事后控制义务，即在知道侵权信息的存在后及时采取删节、移除等措施阻止侵权信息继续传播。

网络中介服务者知道侵权一般有三种情况：（1）经事先审查或其他方式得知；

（2）接到权利人确有证据的通知；（3）权利人向法院起诉。

在为网络中介服务者设定监控义务时，首先不能脱离其实际监控能力，包括技术可行性、法律判断力和经济承受能力等，同时还应当做出有利于平衡社会公共利益的考虑。

3）接入服务提供商的监控义务

接入服务提供者的地位类似于邮电、电信等电信业者，只是为信息在网络上传播提供"传输管道"，不能对信息进行编辑，因此要求接入服务提供者履行事先审查义务在技术上是不可能的，故法律不应要求其进行事先审查。因此，接入服务提供者事后监控能力也有限，即使要求承担事后监控义务，也只是在负有技术可能、经济许可的范围内采取阻止违法、侵权信息继续传播的义务。

4）主机服务提供商的监控义务

主机服务提供者的法律地位介于发布者和传播者之间，对于其监控义务的设定主要看什么时段对传输信息具有监控能力。

在用户信息发布（上传）之前，主机服务者在技术上无法获悉该信息的内容，无法行使编辑控制权，主机服务不负有任何事先监控的义务。

在用户信息发布（上传）之后，主机服务提供者在技术上具备了编辑控制能力，因此，主机服务者负有两项监控义务：一项是主动审查义务；另一项是应请求中止传播义务。

（1）主动审查义务。

由于网络信息数量巨大以及主机服务提供者法律判断能力有限，主机服务的主动审查义务只能限定在合理限度之内。所谓合理限度，指"合理时间内"和"表面合理标准"。

合理时间是指用户信息发布后至信息依据表面合理标准被删节或删除之间的时段。

表面合理标准是指主机服务提供者只负有对信息表面依据常理进行审查的义务。它包括两层含义，首先是应当删除明显违法、含有侮辱或诽谤等给社会或他人造成不良后果的字句、段落，即审查的主要对象是用语而非内容本身。

（2）应请求中止传播义务。

在接到权利人确有证据的通知时，主机服务者负有立即中止违法或侵权信息传播的义务，称之为应请求中止传播义务。当有人提供充分的证据表明主机服务器上传播的某个信息违法或侵权时，应当视主机服务提供者知道其侵权或违法，因此，中介服务提供商负有中止继续传播的义务。但是，对于权利人通知的程序、条件和效力同样也应当加以合理的界定，否则就会使网络服务商陷入两难境地：一方面，如果网络中介服务商得到了权利人关于侵权信息存在的通知，而不立即采取措施控制该信息在其系统或网络中继续传播，就会面临着承担侵权责任的风险；另一方面，如果网络中介服务商收到通知后，不对通知的侵权指控做法律上的分析判断即采取控制措施或披露被控侵权人的情况，则一旦侵权指控不能成立，则擅自清除用户上载的信息或披露用户资料，可能要承担合同责任甚至侵权责任的风险。

为解决这一问题，对通知的形式要件作如下规范：首先，通知必须是书面的，不能采用电话、电子邮件等方式；其次，通知必须具备三个内容：一是身份证明，即权利人的身份证、法人执照、营业执照等有效身份证件及其住址、电话等联系方式；二是权利证明，即权利人享有其所主张的权利证明，例如有关著作权登记证书、创作手稿等；三是侵权情况证明，即在网络中介服务者所运营的系统或网络上确实发生了侵权事件的证明，包括被控侵权信息的内容、所在位置等。

只要权利人或经其授权的人发出的通知符合上述形式要件，就应当视为权利人已发出了确有证据的通知。网络中介服务者在接到这样的通知后，应当采取相应的措施阻止被控侵权信息的继续传播。如果权利人的侵权指控实际并不成立，或通知不符合上述形式要件，应当视为未发出通知，网络中介服务商可以置之不理。

4．网络服务商的协助调查义务

网络中介服务商的协助调查义务是指网络中介服务商负有协助权利人或有关机关收集侵权行为证据的义务。直接实施侵权行为的人一般就是网络中介服务商的注册用户，在一般情况下用户信息及其一定时段的读写记录等会储存于中介服务商的服务器中。一旦发生侵权行为，网络服务商一般掌握有关侵权行为的直接证据。因此，要求网络中介服务商履行协助调查义务是合理的，也是可行的。

网络中介服务商协助提供的证据一般应当包括：被控侵权人身份情况的证明材料以及上传、下传情况记录等有关侵权行为的证明材料。网络中介服务商的协助调查义务具体表现为：在用户信息发表后的任何时间，服务商明知某信息为侵权信息或经权利人发出了确有证据的通知后，或者经法院等权威机构发出调查令，服务商在技术可能、经济许可的范围内负有向权利人或有关机关提供上述证据的义务。

由于网络服务提供商并非属于传统法意义上的信息发布者角色，因此，在其所经营的服务器上传到网络中的信息被认定为违法或侵权时，服务商并非当然地承担责任，即承担出版者的严格责任；而只有违背其应当承担的义务时，也就是存在过错时才应当承担相应的责任。根据不同情形，网络服务商的责任主要有直接侵权责任或共同侵权的连带责任。

2.4.2　物联网服务双方的权利和义务

服务双方之间的法律关系实质上表现为双方当事人的权利和义务。服务双方的权利和义务是对等的。提供方的义务就是接受方的权利，反之亦然。

1．供方的义务

在物联网活动条件下，供方应当承担三项义务：

（1）按照合同的规定提交服务或标的物及单据。提交服务或标的物和单据是物联网活动中提供方的一项主要义务。为划清双方的责任，标的物实物交付的时间、地点和方法应当明确肯定。如果合同中对标的物的交付时间、地点和方法未做明确规定的，应按照有关合同法或国际公约的规定办理。

（2）对标的物的权利承担担保义务。与传统的买卖交易相同，供方仍然应当是标的物的所有人或经营管理人，以保证将标的物的所有权或经营管理权转移给买方。

供方应保障对其所出售的标的物或服务享有合法的权利，承担保障标的物的权力不被第三人追索的义务，以保护买方的权益。如果第三人提出对标的物的权利，并向接受方提出收回该物时，供方有义务证明第三人无权追索，必要时应当参加诉讼，出庭作证。

（3）对标的物或服务的质量承担担保义务。供方应保证服务或标的物质量符合规定。提供方交付的标的物的质量应符合国家规定的质量标准或双方约定的质量标准，不应存在不符合质量标准的暇疵，也不应出现与网络广告相悖的情况。供方在网络上出售有瑕疵的物品，应当向接受方说明。供方隐瞒标的物的瑕疵，应承担责任。若受方明知标的物有瑕疵而购买则卖方对此瑕疵不负责任。

2．受方的义务

在物联网条件下，受方同样应当承担三项义务：

（1）受方应承担按照网络交易规定方式支付价款的义务。由于网络的特殊性，网络购买一般没有时间、地点的限制，支付价款通常采用信用卡、智能卡、电子钱包或电子支付等方式，这与传统的支付方式也是有区别的。但在物联网服务交易合同中，采用哪种支付方式应明确肯定。

（2）受方应承担按照合同规定的时间、地点和方式接受标的物的义务。由受方自提标的物的，受方应在提供方通知的时间内到预定的地点提取。由供方代为托运的，受方应按照承运人通知的期限提取。由供方运送的，受方应作好接受服务或标的物的准备，即接受服务或标的物。买方迟延接受时，应负迟延责任。

（3）受方应当承担对服务结果或标的物验收的义务。受方接受标的物后，应及时进行验收。规定有验收期限的，对表面瑕疵应在规定的期限内提出。发现标的物的表面瑕疵时，应立即通知供方，瑕疵由供方负责。受方不及时进行验收，事后又提出表面瑕疵，供方不负责任。对隐蔽瑕疵和卖方故意隐瞒的瑕疵，受方发现后，应立即通知供方，追究供方的责任。

3．对受供双方不履行合同义务的救济

供方不履行合同义务主要指供方不交付标的物或单据，或交付迟延；交付的标的物不符合合同规定以及第三者对交付的标的物存在权利或权利主张等。当发生上述违约行为时，接受方可以选择以下救济方法：要求供方实际履行合同义务，交付替代物或对标的物进行修理、补救；减少支付价款；对迟延或不履行合同要求损失赔偿；解除合同，并要求损害赔偿。若接受方不履行合同义务，包括买方不按合同规定支付货款和不按规定收取货物，在这种情况下，卖方可选择以下救济方法：要求接受方支付价款、收取货物或履行其他义务，并为此可以规定一段合理额外的延长期限，以便接受方履行义务。损害赔偿，要求接受方支付合同价格与转售价之间的差额；解除合同。

2.4.3　用户的权利与义务

1．在线个人用户的权利

在线个人用户，指以有形介质的形式从经营者处取得信息的拷贝，并供其自己使用，而不是供销售、许可、传输给第三方或有偿公开展示或演示之用的被许可方。在线个人用户的主要权利应包括：

（1）系统使用权和获取适当信息的权利。这是用户最基本权利，也是其他权利最基本的保障。

（2）修改个人资料、密码、账号和保护个人信息不受侵犯的权利。这些既是个人隐私的一部分，也是进行电子交易所必须的最基本的安全的需要。

（3）对不合格产品的退还使用权。对于不合格产品用户既有要求修补的权利，同时在合理的期间和次数内没能修好的，用户也应享有退还请求权。

（4）对经营者不适当的电子监控和电子自助及故意或重大疏忽导致的直接和间接损失的有限求偿权。这一项权利是对经营者和出版商电子监控权和电子自助权的有力制约，让他们慎重使用这一具有巨大潜在危害性的权利。美国统一州法委员会在修改 UCITA 时，对这一权利又作出了严格的限制，同时也赋予了用户对不当使用这一权利所造成的损失的赔偿请求权。

2. 在线个人用户的义务

在线个人用户的主要义务应包括：

（1）按照协议约定遵守网络规则的义务。

（2）不得在未经许可的情况下，擅自对所使用系统再次转让许可、拷贝或转交所使用系统的全部或部分。几乎所有的经营者为保护自己的利益在协议中都约定这一条款，这是理所当然的，也是经营者的正当权益，是用户依靠高度自觉性所遵守的义务。

（3）不得对所使用系统进行逆向工程、反汇编或解体拆卸。

（4）不得将信息使用权用于非法用途。如传播黄色、淫秽的内容，利用网络进行诈骗等。

2.4.4 物联网服务中的侵权行为

物联网作为一种新型的信息传播媒体，在其上可能发生多种侵权或违法行为，这些侵权行为大多与传播的信息违法或侵犯他人权利为特征。这些违法或侵权行为包括：

（1）侵犯他人的著作权（如未经著作权人许可将其作品上传到网络）；

（2）发布侵害他人人格权的信息，如在网络上散布不实信息侮辱、诽谤他人，侵害他人名誉权；将他人的个人资料、隐私上传，侵害他人隐私权；

（3）发布虚假广告、误导消费者的信息导致的侵权，如发布不实商品信息，侵害消费者权益；

（4）发布信息侵犯他人商业秘密，如擅自在网上披露他人的商业秘密；

（5）传播非法或有害信息，即违反《互联网信息服务管理办法》第十五条所列举的信息的行为，如色情信息或图片等。

（6）盗窃或篡改用户的数据或账户信息等。

一旦网络中存在上述违法和侵权信息，首先应当澄清的是，网络服务提供者虽然是在虚拟世界中提供有关服务，但其行为也应遵守真实世界里的法律规定，并对侵权行为承担相应的法律责任。2000 年 12 月 28 日全国人大常委会通过的《全国人民代表大会常务委员会关于维护互联网安全的决定》第六条首次明确了网上侵权责任：“利用互联网侵犯他人合法权益的，构成民事侵权的，依法承担民事责任。”该决定明确了互联网上的任何侵权行为，可以适用传统法律，追究侵权人的民事责任。既然如此，利用网络侵权仍然应当适用传统民法中“谁侵权、谁担责”的基本规则。也就是说，谁在网上发布的侵犯他人权益的信息，那么就由谁来承担由此而引起的侵权责任。但是，网络上信息侵权行为人的认定要比现实更加复杂和困难。

尽管所有网络信息的发布均得通过网站服务器，但是任何人或企业均可能成为网络信息内容的发布者或提供者。因此，对子网络上的侵权行为而言，每一行为均涉及直接实施侵权行为的网络内容提供者，包括网络内容提供商及企业、个人等，同时还牵涉到为侵权信息的传播提供媒介服务的网络中介服务提供商。

为了更准确地区分侵权主体，我们可以将利用互联网和物联网侵犯他人权利的主体分为两类：网站经营者和非网站经营者。探讨网络经营者责任，就是要回答两个问题：一是网站经营者利用自己的网站侵犯他人权利时应当承担什么责任；二是在他人通过网站上传信息实施侵权时，网站经营者应承担什么责任。

内容服务提供商或网站经营者在经营过程中上传信息侵害他人权利或违法，网站经营者承担责任。这是传统法律谁侵权、谁承担责任的具体运用。但是，对于只为用户网上信息交流提供通道、空间及技术服务的中介服务提供商，就不能简单地要其承担责任或不承担责任。因为在许多情形下，中介服务提供商不能事先选择、改变传输信息的内容，也不能选择信息的接受者，在用户利用其系统或网络发送侵权或违法信息，侵犯他人的合法权益或危害社会公益时，要其承担责任是不合理的；而另一方面，侵权信息毕竟是从该网站上传的，权利人往往只能先找到网络中介服务提供者，而难以找到网络内容的提供者，完全解脱网络服务提供商的责任，似又不利于保护民事权利。

2.5　物联网法律关系的客体

物联网活动法律关系的客体是指物联网活动法律关系的主体享有的权利和承担义务所共同指向的对象。物联网活动的客体包括四大点：有形商品、数字化商品或信息商品、知识产权和信息产权、在线服务。

1．有形商品

从理论上来说，现实世界中的所有货物都可以通过网络进行交易，几乎不存在任何障碍。如网上书店可以像现实世界中的书店一样售书，网上超市可以将所有的日用消费品陈列于网上供消费者选购。即使是不动产，如房屋，也可以在网上缔结合同，在网下履行必要的手续。因此，凡是可以转让的商品均可以通过网络缔结买卖合同进行交易。不过，有形商品的买卖，还得依赖传统的手段完成配送或交付。如手机、数码产品、体育用品、计算机、图书、服装、化妆品、汽车用品等。

2．数字化商品或信息产品

数字化商品是以 0 或 1 构成的二进制数字形成存在的无形商品，这种无形商品的使用是以电子许可合同的方式进行的。消费者在经许可后，可通过网络直接下载信息化商品或信息，如电子书刊、影音资料、计算机软件、游戏等，不再需要邮寄或专人配送。

3．知识产权和信息产权

知识产权包括著作权、专利权、商标权等。信息产权包括域名、数据库、软件、虚拟财产及其他信息产权等。我们认为应用信息产权的概念来解释和定义诸如网络虚拟财产、软件、数据库、密码、IP 地址、域名等是合适的，可以避免将这些概念归入到知识产权中所遇到的尴尬。信息产权是信息化社会中各种信息产品的法律化表现，是信息所有者对于自己独创性的脑力劳动成果所享有的权利。它包括知识产权、相关的信息权利以及其他非知识性的信息权利。因此，知识产权只是信息产权的核心组成部分。

4．在线服务或离线服务

通过网络向消费者提供某种信息或其他服务，如房屋租赁信息、法律咨询、财经咨询、健康咨询、远程医疗、旅游服务、位置服务、人才招聘、留学手续、远程教育等。

2.6 物联网法上的法律责任

法律责任问题是法律关系问题以外的问题，但由于法律主体对法定义务的违反即应承担法律责任，因而法律责任与法定义务联系甚为密切，从而有把两者放在一起一并探讨的可能性。

法律责任是法律主体违反法定义务所应承担的法律后果。它由法律来规定，由一定的国家机关依法加以追究，实际上是法律主体违反法定义务而必须承担的又一种法定义务。

在物联网法上，法律主体承担法律责任必须以物联网违法行为的存在为前提，即法律主体必须有违反物联网法规范，不履行物联网义务的行为。物联网违法行为在广义上也包括物联网犯罪行为，一般说来，它必须具备以下四个构成要件：（1）必须有违反物联网法规范的行为，即必须有违法性存在；（2）必须是侵犯物联网法规范所保护的社会关系的行为，如侵犯物联网权利、侵犯国家利益和社会公益的行为均属之；（3）行为人在主观上有过错，除非法律另有规定，行为人必须有故意或过失；（4）行为人必须具有法定责任能力。只有具备上述条件，违法行为才成立，对违法主体才可追究法律责任，实施法律制裁。

在日益发达的现代社会，由于物联网活动无所不在，物联网违法和物联网犯罪亦日渐猖獗，严重地侵犯了权利主体的物联网权利，危害着网络社会的社会秩序和公共利益，危害着基本人权的实现。为此，必须依法追究违法者的法律责任，严厉制裁物联网违法和物联网犯罪行为。

一般说来，物联网法作为网络时代的高层次立法，它在各方面都要吸收既存法律部门的有益的东西，在法律责任方面也不例外。物联网法的法律责任，从追究法律责任的主体的角度，可以分为行政机关追究的法律责任及司法机关追究的法律责任两大类。其中，前者主要包括行政法的法律责任，后者主要包括民法的法律责任和刑法的法律责任。此外，也可按照通常的部门法标准来划分法律责任，也就是上述部门法中的法律责任，可分别简称为行政责任、民事责任和刑事责任，这几种责任形式在物联网法中都存在。此外，由于通信权利是公民的基本权利，侵犯公民的通信自由权是违反宪法的行为，因此，随着法学和法律实践的发展，在物联网法中也可以增加违宪责任这一责任形式。

2.7 物联网与政府的关系

物联网的发展是政府、企业和消费者等各类主体协同努力的结果，不能缺少任何一方的参与和支持。企业是物联网活动的主体，但政府对的物联网活动发展是负有责任的，是物联网活动发展过程中的重要角色。政府应对电子商务采取积极的扶持政策，极力主张各地政府限制那些强加于互联网之上的不必要的法律规章，而且认为以市场竞争的方式来推动物联网活动，对物联网活动的发展更为有利。政府推动物联网活动发展，包括了两个基本的部分——政策和法规。而政策和法规的内容涉及主体地位、市场机制、网络设施、价格、税收管理、技术取向等内容。由此可见， 在物联网活动的发展过程中，政府应是倡导者和支持者，是政策、法规的缔造者，是市场经济活动的宏观调控者。而对物联网活动中的另外两类主体而言，很显然，企业是市场的主体，是物联网活动的主力军，既是发起者，又是响应者，同时还是结果的承受者；消费者则是物联网活动最终的服务对象。而作为生产力中最活跃的要素，消费者也是商务模式的创新之源。通过每一个角色完成各自的任务，特别是在政府积极有效的支持和推动下，可以克服制约物联网活动发展的种种障碍，创造出整个物联网活动应用的繁荣和经济的持续发展。

案例　许霆信用卡取款案

一、案情介绍

2006 年 4 月 21 日晚上 10 点许，许霆来到广州天河区黄埔大道某银行的 ATM 取款机取款。结果许霆发现，取出人民币 1 000 元后，他惊讶地发现银行卡账户里只被扣了 1 元，狂喜之下，许霆连续取款 5.4 万元。当晚，许霆回到住处，将此事告诉了同伴郭安山。两人随即再次前往提款，之后反复操作多次。后经警方查实，许霆先后取款 171 笔，合计 17.5 万元；郭安山则取款 1.8 万元。事后，二人各携赃款潜逃。同年 11 月 7 日，郭安山向公安机关投案自首，并全额退还赃款 1.8 万元。经天河区法院审理后，法院认定其构成盗窃罪，但考虑到其自首并主动退赃，故对其判处有期徒刑一年，并处罚金 1 000 元。

2007 年 4 月 24 日，许霆辞去其在广州的工作，携款潜逃。一年后，许霆在陕西宝鸡火车站被捕归案。2007 年 11 月 29 日，广州中院一审以盗窃罪判处其无期徒刑。

许霆案经媒体报道后，在中国社会引起舆论广泛关注和争议。2008 年 1 月 14 日，广东省高院以事实不清为由将该案发回重审。

2008 年 3 月 31 日，广州市中级法院第二次公开开庭审理，当庭以盗窃罪判处许霆 5 年有期徒刑，罚金人民币 2 万元，并退赔其从银行 ATM 机上取出的 173 826 元，许霆不服提起上诉。

2008 年 5 月 22 日下午，广东省高级人民法院对许霆盗窃上诉一案进行公开开庭审理后做出终审判决，依法裁定驳回许霆的上诉，维持原判，许霆仍将获刑 5 年，并处罚金 2 万元，继续追缴非法所得 173 826 元。这是该案的终审判决。

二、案例评析

对许霆案的讨论沸沸扬扬，主要集中在以下四个方面：是否属于秘密窃取；案件适用民法还是刑法；银行是否要担责；ATM 机是不是金融机构。

最高人民法院副院长姜兴长认为，许霆案之所以特殊，能够引起人们如此广泛的讨论至少有四点原因：第一，取款机是合法、公开设置的，而且许霆拥有的是合法的银行卡，到这里取款是正常的；第二，机器本身出了故障，这给许霆提供了便利条件；第三，许霆并不是入室盗窃，也不是进入金融机构去盗窃；第四，固然许霆有盗窃、逃跑的事实，定罪是应该的，但判得太重，法律效果和社会效果结合得不太好。

1. 有罪无罪之争

关于许霆的行为是否构成犯罪，主要存在有罪说和无罪说两种观点。无罪的观点中有不当得利说、无效交易说、银行过错说、没有实施合法行为的可能性说、行为难以模仿说、刑法谦抑说、刑罚目的说、罪刑法定说等种种主张。在认为许霆的行为构成犯罪的基础上，又有着构成侵占罪、诈骗罪、信用卡诈骗罪、盗窃罪等不同的观点。

有人认为许霆持银行卡在银行柜员机里取钱，这种方式是合法的，是符合银行与客户间的合同协议，是一种公开的行为，并不是秘密的行为。而另外有人则认为被告是以合法取钱的形式掩盖了非法占有不属于自己财产的行为。另外在取钱时，无人可以肯定出错的柜员机和计算机反映的是被告真实身份。即使被告身份反映无误，但改变不了犯罪事实。

在银行默认的情况下，由于ATM机的故障导致许霆获得额外利益，这是受害人（银行）的出错导致受益人（许霆）获得额外金钱，每一次给付都是不当得利。多次不当得利还是不当得利而不是盗窃。银行和顾客之间的是平等的民事法律关系，是一种债务债权的关系。案发后，银行应该首先用民事手段来向许霆进行追讨，而不应该直接动用公共权力。不该一开始就找警方、检方、法院，采用这种强强联合的强权方式来解决问题，这种行为是很粗暴的，没有把顾客当做上帝来看待。

而司法界人士表示，从法律上看，许霆的行为构成盗窃金融机构罪是没有问题的。而且，根据相关法律和司法解释，“无期徒刑”已经是广州中院所能选择的“最低刑罚”。这是严格适用法律结果。根据相关法律，盗窃数额达到“3万～10万元以上”就构成了“数额特别巨大”的情节。

2. 关于银行的责任

广州市人民检察院已对银行系统为什么没有及时发现许霆连续两个晚上作案100多次进行了调查，经过调查，检察机关认为“许霆案”中“银行有失误，但达不到渎职犯罪的程度”。关于这台ATM机的离奇错误，银行方面解释，是由于广电运通金融电子股份有限公司为广州市商业银行的ATM机进行系统升级，这台ATM机一度出现故障，1000元以下的取款正常，而1000元以上取款，却只显示从账户中扣除1元钱。在重审的公诉材料中也有新的内容，广州市检察机关日前披露，银行工作人员承认曾接到一个叫许霆的人的电话，并询问可否把恶意取款所得款项先还一半。新的材料还证实，在许霆取款3天后，ATM生产商——广电运通就全额赔偿了银行的全部损失，双方已经通过民事程序解决了问题。

3. 关于“盗窃金融机构”

广东高院认为，许霆恶意取款的行为具有严重的社会危害性，明显的刑事违法性和应受刑罚处罚性，已经构成了犯罪。许霆以非法占有为目的，利用银行自动柜员机出现的故障，恶意取款，秘密窃取金融机构的经营资金，数额特别巨大，其行为触犯了《刑法》第二百六十四条第（一）款的规定，许霆的行为已经构成盗窃罪，且属盗窃金融机构，数额特别巨大，许霆没有法定减轻处罚情节，如仅适用刑法分则关于盗窃罪的规定，应当判处无期徒刑以上刑罚。

广东高院还指出，但许霆的犯罪手段、犯罪情节具有特殊性：第一，许霆并无犯罪预谋，只是因为偶然发现了柜员机的异常情况才临时产生盗窃犯意；第二，许霆的行为虽然构成了盗窃罪，但其采取的犯罪手段在形式上合乎柜员机取款的要求，与采取破坏柜员机等手段相比其社会危害性要小；第三，许霆的犯罪极具偶然性，类似情况难以复制和模仿，对许霆以适度的刑罚就能够达到刑罚的预防目的。考虑到上述特殊情况，依照刑法总则第六十三条第（二）款的规定，鉴于本案有可以在法定刑以下量刑的特殊情况，尽管许霆至今未退赃，但仍然可以在法定刑以下判处刑罚。故原判对其在法定刑以下判处有期徒刑 5 年适当。

但也有人认为 ATM 应该是属于金融机构的一个组成部分。所以，ATM 事实上也是一个有银行代理权的主体。而刘涛则认为金融机构是个有机整体。根据《中华人民共和国商业银行法》、《中华人民共和国信托法》等相关法律，金融机构必须要有严密的组织系统、运作程序等，必须有工作人员、保安等。所以他表示，ATM 取款机只是金融机构下设的机械设备，而不能称之为金融机构。

还有的法律界人士认为许霆从 ATM 恶意取款是盗窃，ATM 属金融机构，却不能简单地类推为许霆是盗窃金融机构。金融机构必须具备严格的保安措施，银行金库、营业厅、运钞车以及 ATM 机都是防备森严，盗窃金融机构往往是蓄意而为，必须主动破坏或突破安保系统。刑法对盗窃金融机构处以重刑，一方面是出于对金融机构资金安全的重点保护，同时也是对盗窃金融机构恶劣手段和情节的沉重打击。公诉人在重审法庭上指出，从犯罪情节上看许霆的行为有从轻处罚的情节，“许霆不是以外力破坏柜员机，或者破坏电子程序盗窃”，而是借柜员机出错作案，“手段不是特别恶劣”。可见，许霆并没有采取任何破坏或突破银行安保系统的手段，其行为不具备盗窃金融机构的构成要件。

4. 关于是否属于“秘密窃取”

有人认为盗窃罪应该是当事人施行的一种秘密行为。然而，在这个案件中，当事人是持有自己的工资卡，利用个人的真实身份在公开场合公开取得的财物，不符合秘密取得的要件。所以，他认为当事人行为是民法上的不当得利行为。也有人认为，ATM 取款机可以辨识出被告许霆的身份，不等于被代理人银行知道此事。更何况 ATM 机是一个机器，和自然人不同。所以许霆在取款时，只是 ATM 取款机知道，是符合秘密盗窃的行为要件的。如果第一次发现银行系统有问题，那是不当得利。但事后发现他是主观上利用银行系统的疏漏、非法取得他无权占有的东西，主观上有故意，客观上他在直接支配下取得了货币的所有权。这时他就构成了盗窃罪，应适用刑法。

有人认为，从刑法和民法的区别上来看，刑法是拒绝类推的，所以有人将许霆案和一般的入室盗窃、到银行的钱柜里偷钱相提并论显然是站不住脚的。因为入室盗窃是因为受害人出于疏忽防范，被盗窃者秘密侵占财物，而许霆案中，是 ATM 机代表的银行对许霆的给付，并非秘密侵占。而 ATM 机显然不是一个纯粹的装钱的柜子，而是具有代表银行履行给付行为的交易工具。而民法则不同，在没有明文规定的情况下，可以适用一般民法原则，更何况许霆案认定为不当得利是明确的。

宣判后，二审的法官就法院认定许霆是“秘密窃取”的根据进行了解释。法官认为，本案中许霆取款时不仅明知柜员机出现了故障，而且通过第一次取款的成功，也知道银行工作人员还没有察觉到取款机出了故障，因此利用该故障，通过正常操作就能达到非法占有银行资金的目的。事实上银行也是在第三天才发觉许霆的恶意取款行为。虽然许霆持有的是其本人的银行卡，柜员机旁亦有监控录像，这些都不足以使银行能够当场发觉并制止许霆的恶意取款行为。许霆的取款行为对于银行当时来说是秘密的，说许霆行为具有公开性，只能是相对于柜员机而言。另外，许霆恶意取款的行为违背了银行的意志，具有非暴力性，这些都充分说明了许霆的行为符合“秘密窃取”的特征。

但也有人认为，由于 ATM 机出故障，本来其卡上只有 170 余元的存款，他却分许多次取走了 17 万余元现金。但其每次取款，都是将自己卡上的有关信息输入 ATM 机的信息系统后，因 ATM 机的信息系统作出错误判断而将钱款送到 ATM 机外部窗口使之取得的，并非是其将 ATM 机砸毁或撬开后直接从中拿走了现金，因此，不可能构成盗窃罪。

有人说如果将其定性为非法透支，根据《刑法》第一百九十六条第（二）款的规定，只有以非法占有为目的，经发卡银行催收后仍不归还的，才是恶意透支，才可能构成信用卡诈骗罪，也就是说，只要透支者主动返还或者经银行催收后返还了的，还只能算是一般的非法透支，并不构成犯罪。这样处理，既合乎法律的规定，又合情合理，能为社会公众所接受。

5. 关于适用法律问题

许霆案一审判决后，一些法律人士和社会公众认为，许霆案更适合以侵占罪定罪量刑，也有人认为，许霆的取款行为属于“不当得利”，应当通过民事法律的相关程序和法条解决。

对于“不当得利”的说法，有人认为民法上的不当得利与侵财犯罪都存在不正当取得利益的情形，但是二者有本质的区别，不当得利是除合同、侵权和无因管理之外导致的债权债务关系发生的一种根据，而侵财犯罪是一种严重侵权行为，比如抢劫也是不正当取得利益，但这显然不是民法上的不当得利。

本案中，许霆第一次取款 1 000 元，其账户实际仅扣款 1 元，是在取款时因自动柜员机出现异常，无意中提取的，是民法上的不当得利。许霆多占了银行的 999 元，银行可以通过民事救济途径要求其返还。

但是，在第一次取款并查询了账户余额后，许霆已经意识到银行自动柜员机出现了异常，却仍基于非法占有银行资金的目的再次取款，这已经是一种恶意侵犯他人财产权益的侵权行为，当该侵权行为达到了严重的社会危害程度，触犯了刑事法律，就构成了犯罪，其犯罪所得应当依法追缴，返还受害单位。

我们还看到在法院判决的时候考虑到了法律效果和社会效果，那么从这个角度来看也应适用民法的不当得利而不是刑法的盗窃罪。如果适用民法的不当得利，那么再发生这类事件的时候，银行预期客户将会因为受到较小的法律约束而导致自己遭受损失，必然会积极改进或者选择更高质量、更有安全性的 ATM 机，这将提高未来银行和客户交易的安全。如果适用刑法的盗窃罪，那么银行预期客户将会受到刑法强烈的威慑而怠于改进 ATM 机，从而会使这样的事件不断发生，就像这次的许霆案，之前的云南孙鹏案一样，这对许霆们就会造成这种后果：因为银行 ATM 机的问题，在面对额外的金钱的时候没有几个人能抵挡住诱惑，那么就会陷入这个陷阱并遭受刑法的制裁。

有法律学者认为，我国是适用成文法的国家，成文法始终存在一定的滞后性，无法包罗所有的犯罪现象和犯罪特征，很多酌定从严、从宽的量刑情节无法在已存的法律中规定。广东高院有关负责人表示，法官判案既要考虑到法定情节，又要考虑到酌定情节及个案的特殊情况，要将二者结合起来，反复权衡考虑妥善处理，以充分体现法律效果与社会效果的有机统一。

许霆的行为不属民法所规定的不当得利及侵权行为。当然，不当得利及民事侵权中有一部分是可能构成犯罪的，例如，杀人、伤害等在民法范畴都是侵权行为，但不影响其构成犯罪。对于许霆的行为来说，只能认定他第一次取款是不构成犯罪的不当得利。所以，只要行为符合刑法规定的犯罪构成要件，就应当以犯罪论处。

6. 留下的思考

当法官严格适用具体法律条文，却与时代变迁、刑罚基本原则、社会最一般的正义标准发生矛盾时，应重视对判决的法理分析，以增强判决书对当事人及大众的说服力和信赖感。对于许霆案，同样的事实与证据，一审与重审的结果，由无期徒刑到 5 年有期徒刑，缘何会有如此巨大悬殊？如此一来，势必会加剧民众对法律和司法的不信任，也将对“法制统一”原则造成严重冲击。许霆案虽经几上几下已终审判决，但该案审理过程中引发的争论反映出电子商务立法的不完善之处。法律只有尽可能地详尽、具体、明确，法官才有法可依。立法机构、最高司法机构也会通过本案，思考如何对法律、对司法进行改革，从而使法律尽可能地与社会生活同步演进，使法官在绝大多数案件中的裁决能与民众的法制观念大体相符。

（本文由作者根据 CCTV 经济与法和有关报道改写）

讨论：

1. 银行的 ATM 机是金融机构的电子代理人吗？它出了问题应该由谁承担责任？
2. ATM 机出了故障，生产厂家、银行维护及管理人员和用户应承担什么责任？

小结

物联网法律关系是指物联网活动法律规范确认和调整的以物联网活动参与人权利义务为内容的社会关系。物联网法律关系是一种人与人之间的社会关系；物联网法律关系是一种意志关系；物联网法律关系是一种具体的物联网权利义务关系；物联网法律关系具有平等性；物联网法律关系具有复合性。物联网法律关系的要素是指构成物联网法律关系的必要因素。任何物联网法律关系都有构成要素，要素发生变化，具体的物联网法律关系就随之变更。物联网活动法律关系包括主体、内容和客体三个要素。物联网法律关系的主体较为复杂，物联网运营商需要积极与物联网服务商、软件开发商、系统集成商、终端制造商、芯片制造商以及用户等多方合作，不断完善物联网产业链。

每个企业、个人和其他组织都可以成为物联网活动的交易主体。物联网用户利用网络环境和手段进行交易，其参与主体仍然是现实主体，仍然是实体社会中存在的法人、社会组织和自然人，其身份制度和能力制度适用我国民法、刑法等法律的规定。

习题

1. 试述物联网法律关系的概念。
2. 物联网活动法律关系的特征有哪些？
3. 试述物联网活动法律关系的要素。
4. 物联网活动企业的特征如何？
5. 如何确认网络服务提供商的共同侵权问题？

第3章 无线通信法律制度

本章提要

本章首先讲述国家无线电管理“十二五”规划，包括“十一五”回顾，“十二五”面临形势、指导思想和主要目标、主要任务、重大工程和保障措施。然后介绍无线电管理概述、无线电管理的作用与范围、中国的无线电管理机构、无线电管理的原则与方针。接着阐述无线电管理的具体规定，包括无线电频率的管理、无线电台（站）的管理、无线电干扰与无线电管理的行政处罚。进而阐述卫星网络通信的无线电管理，设置卫星网络空间电台的管理、建立卫星网络和地球站的管理。最后介绍无线电管制与无线电频率划分规定。

引例 短信担保10万元借款纠纷案

李某、刘某和吴某都是生意上的朋友。2009年3月，李某因需要资金周转，想向刘某借10万元，但刘某提出需要担保。而在当时，李某拜托的担保人吴某正在外地出差，故在协商后，吴某给刘某发送了一个同意承担连带责任担保的手机短信。谁知限期到后，李某因生意严重亏损下落不明。在这样的情况下，刘某要求吴某还款，但吴某认为自己不应承担还款责任，最终对簿公堂。

由此，双方争论的焦点就在那一条简单的担保短信上，而社会大众对于此事的议论也围绕这点展开。部分网友站在担保人吴某的一边，他们认为，手机短信不属于“书面形式承诺”，吴某不应承担还款责任，应先冻结贷款人的财产，如果资不抵债，贷款人又死掉才能让担保人承担责任！

法院审理则认为，根据法律规定，当事人之间为了实现一定目的，通过电子邮件和电子数据交换所明确相互权利义务关系的协议，包括手机短信。因此，吴某通过手机短信表示愿意担保，而刘某亦同意由吴某担保，双方便形成了合意，担保合同即已成立。在李某无法还款时，刘某有权向吴某主张连带责任，遂法院判决吴某偿还刘某10万元。

（本文由作者根据网络资料改写：新华报业网—扬子晚报，2009-10-06）

讨论：

1. 你认为吴某应该承担还债责任吗？
2. 你认为短信担保可以作为一种新型证据参加诉讼吗？

3.1 国家无线电管理“十二五”规划

无线电技术是当代发展最迅速、应用最广泛、最引人瞩目的高新技术之一。无线电技术的广泛应用促进了社会生产力的提高和发展方式的转变，在推动经济社会发展和国防建设、改善人民生活等方面发挥着越来越重要的作用。无线电频谱资源作为国家重要的战略资源，是推动无线电业务发展的最关键要素，也是信息化和工业化深度融合的重要载体。正确把握“十二五”时期（2011—2015年）我国无线电管理事业发展的新特点、新变化，科学编制国家无线电管理“十二五”规划，对于推动全国无线电管理工作健康发展具有重要的战略意义。

无线电管理涵盖军队和地方各部门各行业。工业和信息化部按照“统一领导，统一规划，分工管理，分级负责”的原则，指导全国开展无线电管理工作。本规划是阐明国家无线电管理战略意图的指导性规划，是未来5年我国无线电管理工作的纲领性文件。

3.1.1 “十一五”回顾

“十一五”时期，全国无线电管理事业稳步发展，综合管理能力不断提升，技术设施进一步完善，无线电管理各项工作有序开展，为“十二五”时期无线电管理工作奠定了坚实基础。

1. 频率规划及配置基本适应经济社会发展和国防建设需求

从国家大局出发，统筹协调各部门各行业对无线电频谱资源的需求，为经济社会发展和国防建设提供了可靠的无线电频谱资源保障。结合我国无线电业务的发展需求和技术发展方向，完成 2006 年版和 2010 年版《中华人民共和国无线电频率划分规定》的重新修订工作。完成 2 500～2 690 MHz 部分频段国际移动通信系统（IMT）、800/900 MHz 频段射频识别（RFID）等重要技术和系统的频率规划工作。分配了第三代移动通信（3G）频率。积极做好军地频率协调工作，保障国防建设的用频需求。公安、航空、广电等专业部门制订了本部门的频率使用规划并规范了管理。协调解决高速铁路、中俄原油管道、新一代气象雷达网等国家重大工程频率需求，保证国家重大工程项目的顺利进行。积极开展我国月球探测系统和“北斗”导航定位系统与美国、俄罗斯、欧盟等国家及国际组织之间的卫星频率和轨道资源国际协调，有力保障我国权益。

2．无线电台（站）管理更加规范有序

进一步规范无线电台（站）的设置、使用和管理，不断加大对违法违规设台的查处力度，有效保证各部门各行业无线电台（站）和业务的正常运行。依据《800MHz 数字集群通信频率台（站）管理规定》和《关于蜂窝无线电通信基站设置使用管理有关问题的通知》，规范台站的设置和频率使用。民航、铁路、广电等专业部门配合无线电管理机构加强并规范了本部门台站管理。《业余无线电台呼号管理办法》规范业余无线电台管理。全国开展清理违法使用对讲机专项行政执法活动，取得积极成效。全国无线电台（站）数据清理登记工作全面完成，理清了台站数量和用频情况，为实现台站的规范化、科学化管理，维护良好的空中电波秩序夯实了基础。

3．无线电安全保障能力进一步增强

不断加大对重要台站、重要无线电业务使用频率的保护性监测力度，会同民航、铁路等相关部门建立健全保护航空、铁路等重要行业无线电频率使用的长效机制。会同广电、公安等相关部门依法查处卫星电视接收干扰等各类无线电干扰事件，及时消除干扰隐患。配合有关部门有效防范和打击利用无线电技术进行干扰的破坏活动。军地联合实施无线电管控，确保了北京奥运会、国庆 60 周年庆典、上海世博会、广州亚运会等一系列重大活动的无线电安全。积极应对四川汶川地震、青海玉树地震等重大自然灾害，及时启动应急预案，协调解决军地抗震救灾应急频率需求，出色完成无线电保障任务。部分省（区、市）无线电管理机构会同渔业、海事等部门开展了水上无线电监测工作，提高水上无线电安全保障能力。应国家相关部门要求，积极遏制在各类全国重大考试中利用无线电技术手段进行作弊的行为。

4．无线电管理法制建设取得新进展

进一步贯彻落实《中华人民共和国行政许可法》（以下简称《行政许可法》），规范行政审批行为，提高依法行政能力。2006 年《中华人民共和国治安管理处罚法》（以下简称《治安管理处罚法》）增加了对干扰无线电业务行为的处罚条款。2007 年《中华人民共和国物权法》（以下简称《物权法》）明确规定“无线电频谱资源属于国家所有”，强调无线电频谱的资源属性。2010 年 8 月国务院和中央军委颁布《中华人民共和国无线电管制规定》，为无线电管制的有效实施提供了法律依据。工业和信息化部会同财政部制定《无线电频率占用费管理办法》，强化中央财政转移支付无线电频率占用费专项资金的监督管理。《中华人民共和国无线电管理条例》的修订工作得到了积极推进。

各省（区、市）无线电管理法制建设取得积极成效。各地普遍出台无线电台（站）管理办法，云南、江苏、山东、湖北、广东以及深圳市发布了无线电管理条例。部分省（区、市）制订了《民用机场电磁环境保护规定》等地方无线电管理规章。

5. 无线电管理技术设施建设迈上新台阶

截至“十一五”期末，建成31个省（区、市）联网运行的全国无线电管理信息网，实现部分信息的共享、实时查询和传送。国家无线电管理信息系统备份中心投入运行。已建成超短波固定监测站1 024个，覆盖约15%的县级以上城市，基本满足重要区域20～3 000 MHz频段范围的监测需要。建成移动监测站420个，可搬移监测站333个，各类监测设备4 335台，增强了移动应急处置能力。全国无线电短波监测网具备对欧亚大陆和太平洋地区常规短波信号的监测能力。国家卫星监测系统基本具备对东经44度至180度之间的C/Ku频段静止轨道卫星进行轨道测试和监测的能力，可对符合定位条件的地面固定干扰源实施定位。大部分省（区、市）建成较为完善的无线电设备检测实验室，具备对在用无线电设备发射特性检测的能力，部分实验室的资质通过国际或国内相关机构的认证或认可。民航部门配备了无线电监测飞机，具备重要航线空中监测能力。广电部门建成了广播频率监测网。

6. 军地无线电管理协作不断深化

不断加强军地无线电管理协调工作，在军民共用频谱资源、维护空中电波秩序、共同完成国家重大活动无线电安全保障任务、配合军队开展电磁频谱管控重大任务等方面均取得了积极成效。完善和落实军地无线电管理联席会议制度，协调解决军地无线电管理工作重大议题，规范和细化国家无线电办公室相关职责。按照军民融合式发展的要求，建立频谱资源共享和联合管控机制。配合军队完成一系列军事演练、重大武器装备试验等重要军事活动的无线电安全保障工作。经国务院、中央军委批准，组建了中国人民解放军预备役电磁频谱管理中心和东南四省预备役电磁频谱管理大队。

7. 全国无线电管理机构建设和体制改革持续推进

全国无线电管理体制进一步理顺，整体协调能力进一步加强。截至“十一五”期末，全国无线电管理机构在编人员达到6 977人。其中，共有14个省（区、市）设立无线电管理局或无线电监督管理局，22个省（区、市）保留无线电管理委员会办公室或设立无线电管理办公室，10个省（区、市）设立副厅级以上无线电管理机构，15个省（区）实行了对地市级无线电管理机构的垂直管理。在国家和省两级无线电管理体制基础上，各地积极探索完善地市级以下行政部门的无线电管理模式。

经过“十一五”时期的发展，我国无线电管理仍面临着一些亟待解决的问题。一是频谱资源的统筹规划能力仍需进一步提高。对军地之间、不同行业部门频谱利用的统筹性和科学性相关基础研究还有待加强。二是无线电管理法制建设滞后。现行的《中华人民共和国无线电管理条例》难以适应新时期无线电管理工作的需要，各地无线电管理法规、规章体系建设有待完善。三是无线电管理技术手段能力有限。无线电监测网的监测能力仍需进一步加强，无线电管理信息化水平有待提高。四是社会守法用频意识缺位。社会上无线电知识普及不够，无线电频谱资源和无线电安全意识较为薄弱，宣传工作仍需加强。

3.1.2 “十二五”面临形势

1．频谱资源已经成为促进经济社会发展和国防建设的关键要素，重要性和稀缺性日益凸显

“十二五”时期，随着经济社会发展，对无线电频谱资源的需求将快速增长。一是新一代信息技术等战略性新兴产业的发展对频谱资源提出新的需求。“十二五”时期，国家将大力发展新一代信息技术等战略性新兴产业，并重点推进新一代移动通信网、下一代互联网和物联网的发展，促进三网融合，形成新的经济增长点。无线电频谱资源是保障新一代信息技术发展的关键要素。二是信息化的广泛普及带来频谱资源的新需求。随着信息化水平的提高，依赖于频谱资源的无线电传感网络、调度网络、监控网络、服务网络、定位网络等无线电系统将覆盖电力、能源、交通、医疗、安全、物流等诸多领域，为无线电技术的应用和发展开拓了更加广阔的空间，并将促进生产方式的巨大变革，在一定程度上无线电是实现信息无处不在的唯一手段，信息化应用不断扩大的频谱需求与无线电频谱“有限资源”的矛盾愈加突出。三是公众移动通信发展对无线电频率需求大幅上升。目前世界通信业继续朝着移动化、宽带化、多媒体化的方向发展，公众移动通信技术已由第二代移动通信（2G）向第三代移动通信（3G）过渡，再向长期演进（LTE）和第四代移动通信（4G）技术飞跃发展，与各类宽带无线接入技术共存、互补，与卫星通信技术、近距离无线电通信技术一起构成多层次的国家乃至全球无缝覆盖的无线网络环境。从目前我国相关的频率规划情况看，频谱资源供给还存在一定缺口。四是国防建设用频需求快速增长。随着国防现代化、信息化建设的加快发展，无线电技术已普遍应用于国防建设各个方面。在军队信息化条件下，通信指挥、武器制导、搜索侦察、遥控遥测等都依赖于频谱资源的保障。军队用频需求大幅提升，制电磁频谱权和制太空权已成为掌握战场主动权的关键。无线电频谱资源作为战场信息的主要载体，日益凸显其重要战略地位。

2．无线电技术和业务创新发展，对无线电管理工作提出更高要求

无线电新技术和新应用不断发展，并快速渗透到社会各个领域和民众日常生活中。物联网、云计算等新技术新业务的出现，将推动无缝网络和无处不在的信息服务深入发展，并带动更为广泛的无线电应用。无线电技术朝着宽带化、高频段和微功率方向发展，多种无线电应用共用频率，将对频谱划分、频率协调、台站管理模式等无线电管理工作提出新要求。无线电应用的不断发展、业务类型的不断丰富，必将带来各类无线电台站数量的激增，空中电磁环境将日趋复杂，维护电波秩序的任务更趋繁重。

3．国际无线电频率和卫星轨道资源日益紧张，争夺日趋激烈

随着周边国家经济社会的发展，我国与俄罗斯、越南、朝鲜、哈萨克斯坦、蒙古、缅甸等国家和地区公众移动通信、广播电视等无线电业务的频率协调任务将更加繁重。

世界各国已普遍意识到卫星无线电频率和轨道资源的稀缺性。为争取卫星频率和轨道资源使用权益，我国每年需要与俄罗斯、日本、韩国、印度尼西亚、新加坡等周边国家，以及中东、欧美等地区的其他国家和国际组织开展大量的国际协调。从全球卫星发展状况看，大部分可用、好用的卫星频率和轨道资源已经被占用，特别是通信、导航卫星的空间资源尤其紧张。实现我国卫星全球覆盖、多业务发展，拓展和维护卫星频率和

轨道资源权益的任务将更加艰巨。

4．无线电安全攸关国家安全，要求无线电管理强化安全保障和维护社会稳定

无线电安全已成为关系国家政治安全、社会稳定和军事安全的关键领域，是国家安全的重要组成部分。由于无线电波具有开放性和易受干扰的特点，重要无线电业务和台站容易成为恶意攻击或干扰的目标。无线电技术也可能成为进行破坏活动的手段之一。因此，对频率资源掌控能力和无线电安全保障提出更高要求，维护好空中电波秩序成为无线电管理工作在新形势下面临的重要课题。

3.1.3　指导思想和主要目标

1．指导思想

以邓小平理论和“三个代表”重要思想为指导，深入贯彻落实科学发展观，坚持和加强对全国无线电管理的集中统一领导，以提高无线电管理科学化水平为主线，贯彻科学管理、提升能力、依法行政、保障安全的原则，对无线电频谱资源实行统一规划、集中管理、合理开发、有偿使用，促进无线电业务在各行各业的健康发展，推动信息化和工业化深度融合，为经济社会发展和国防建设服务。

科学管理：统筹规划全国无线电频率和卫星轨道资源，协调军队及各部门各行业的需求，科学配置频谱资源，营造良好的空中电磁环境。

提升能力：在无线电监测和管控能力建设上要坚持先进性、经济性和实用性相统一，强调建设和应用并重，着力解决无线电监管难点重点问题，优化资源配置，注重管理实效。

依法行政：深入贯彻《中华人民共和国无线电管理条例》、《中华人民共和国无线电管制规定》及相关法律法规，完善依法管理工作机制。

保障安全：提升无线电安全保障和突发事件的应急处置水平，强化无线电管控能力，保障重大国事活动和重点地区的无线电安全，维护社会稳定。

2．主要目标

到“十二五”期末，建立较为完善的全国无线电频谱资源管理体系，无线电管理制度进一步健全，技术手段达到世界先进水平，无线电综合管理水平显著提高，适应经济社会发展和国防建设需求。

(1) 频谱/台站科学管理能力稳步提升。合理规划频谱资源，提高对军地各类无线电应用的频谱支撑能力，满足公众通信及民航、铁路、广电、交通等部门的频率需求。频谱资源利用率稳步提升。初步建立覆盖重点地域的电磁环境监测记录系统。全国频率/台站实现精细化管理，信息完整率和准确率达到95%以上。

(2) 技术手段达到世界先进水平。具备重点无线电业务电磁兼容分析能力。建成国家和省级无线电管理信息化综合应用平台。超短波固定监测站覆盖50%以上的县级城市。短波监测网监测定位能力进一步提高。卫星监测系统具备对C/Ku/Ka频段静止轨道卫星监测、定位能力，监测静止卫星轨道范围扩展到东经20度至东经180度。各省（区、市）无线电管理机构具备短波、微波（含卫星）频段干扰源近场定位能力。

(3) 人才队伍素质过硬。打造一支知识结构合理、专业技能强、整体素质高的无线

电管理人才队伍。全国无线电管理队伍中本科以上学历的人员比例达到 75%以上，专业技术人才队伍中高级专业技术人员比例达到 25%以上。

3.1.4　主要任务

1．统筹规划无线电频率和卫星轨道资源

统筹频率规划，加强宏观指导。根据国际相关规定和我国无线电业务的发展实际，做好“十二五”时期军地用频的统筹规划和调整工作。建立和完善无线电频率规划程序。鼓励频谱资源共享，完善频率动态管理机制并逐步实现精细化管理。建立合理有序的频率申请和退出机制，发挥频谱资源效益。各省（区、市）结合本地实际，制订本地区频率指配规划。

做好公众通信和专业系统的频率规划。根据 2010 年版《中华人民共和国无线电频率划分规定》中已划分的国际移动通信系统（IMT）频段，提出适合我国通信行业整体发展的相关频率规划方案。在国家无线电频率规划的指导下，进一步做好公安、安全、民航、铁路、交通、广电、气象、水利、电力、渔业等行业部门专用无线电应用的频率规划工作。根据技术发展和应用需求，适时对传统业务使用频率进行调整。

加强对卫星频率和轨道资源的规划。综合考虑公众卫星通信业务提供者、广播电视业务提供者、各专业部门（气象、海洋、资源、减灾、测绘等）、科研单位以及军队对卫星频率和轨道的需求，进一步提高资源的有效利用。鼓励空间业务开发利用 Ka 和 V 等高频段，缓解卫星频率和轨道资源压力。协调 L 频段气象辅助业务用频，研究在 L 频段的国内划分中增加卫星移动业务。

2．提升无线电安全保障能力

根据《中华人民共和国无线电管制规定》，制定各级无线电管制预案。加强重大突发公共事件的应急无线电管理工作，完善各级无线电管理应急预案，全面提升突发事件的应急处置能力，协助相关政府部门和机构对突发事件进行及时处置。做好无线电专项监测工作，加强无线电管理技术基础设施建设，着力提升无线电专项监测能力。制订无线电安全保障专项工作方案，保障党政军民重大活动、重要时期的无线电安全。继续加强对重要业务、重要频段的无线电监测，及时查处有害干扰，消除干扰隐患，保障无线电安全。继续做好航空、铁路等重要无线电频率保护，完善频率保护工作长效机制。

3．加强无线电台（站）管理

推进全国无线电台（站）管理制度化、规范化建设，达到台站数据完整、准确、规范、实时的要求，夯实台站管理基础性工作。充分发挥地方无线电管理机构的作用，积极稳妥地实施无线电台（站）属地化管理工作。严格执行无线电发射设备型号核准许可制度，做好在用发射设备检测工作，强化监督检查，保障各类合法台站安全运行。加强与相关部门的协作，强化对讲机、业余无线电台、水上电台等无线电台（站）管理。坚持便民利民原则，简化设台审批手续，探索新的台站管理模式。

4．加强频率协调和国际合作

加强无线电频率协调和国际交流，进一步完善《边境地区地面无线电业务频率国际协调程序》，规范边境地区无线电频率协调工作，保障我国权益。根据我国通信、广播、

定位导航、遥感和科学实验等卫星业务的发展需要，加强卫星频率和轨道资源的国际申报、维护和协调工作，规范国际、国内协调程序。积极参与无线电管理国际事务，增强我国在国际电联等国际组织中的话语权，扩大我国在国际组织中的影响，积极争取和维护我国的合法权益。

5. 加强无线电管理基础研究

加强对无线电管理基础性、前瞻性、战略性重大问题的研究，创新无线电管理发展思路，全面提高无线电管理工作的科学性。依托科研院所等支撑单位，采用课题研究、研讨等多种方式，逐步完善无线电管理基础研究体系。积极研究以认知无线电为代表的动态、高效利用频谱资源的无线电新技术发展。

6. 推动无线电管理军民融合式发展

实施军民融合的电磁频谱管理专项工程，统筹军民一体的电磁频谱管理建设，逐步实现重点区域军地电磁频谱管理系统及无线电监测设施资源的统一调配。在地方无线电管理基础设施配套能力薄弱区域加强基础设施的军地共享。国家和相关省（区、市）按照预备役部队军地共同保障的原则，建立协调机制，做好对预备役频管部队建设的保障工作。

7. 引导无线电产业持续健康发展

协同相关部门对涉及无线电产业发展的重大项目提供决策建议。结合新一代信息技术等战略性新兴产业的发展及信息化和工业化的深度融合，促进无线电技术在工业领域的应用。积极引导我国自主知识产权的无线电技术发展，支持监测、检测设备国产化。充分运用无线电设备型号核准等行政审批手段和技术检测手段，为企业提供设备认证等多种服务。继续加大对无线电设备在研制、生产、进口和使用等环节的监督执法检查力度，完善与相关部门的联合执法机制，为无线电产业营造健康、和谐的发展环境。

3.1.5 重大工程

1. 无线电频谱电磁兼容分析能力建设工程

建立频谱需求分析预测仿真系统。建设完善重要无线电系统电磁兼容分析平台，具备对公众移动通信、专用通信各类制式之间以及重点无线电业务、系统之间的电磁兼容分析能力。

2. 无线电管理信息化系统工程

建立无线电管理信息系统一体化平台。完善频率、台站、监测、设备以及地理环境等各类基础数据库，实现数据的规范化和标准化，确保数据完整性、实时性和准确性，逐步实现军地无线电管理数据共享。构建国家和省（区、市）无线电管理指挥调度平台，建设完善地（市、州、盟）无线电管理监控中心。完善网络管理和信息安全保障系统。

3. 短波监测网改造工程

改造现有短波监测网，北京、西安和乌鲁木齐监测站增加空间谱监测测向系统。适当配备高性能宽带接收设备、信号特征识别设备，提升短波监测灵敏度及测向精度。与军队短波监测网联网，拓展监测能力。各省（区、市）配备短波频段干扰源近场查找定位设备。

4．卫星监测网改造工程

改造现有卫星监测网，具备C/Ku/Ka频段静止轨道卫星监测能力，根据各卫星监测站所处位置优化完善国家卫星监测网络，协同执行国际干扰查找任务。与军队卫星监测网联网，拓展监测能力。各省（区、市）配备微波（含卫星）频段干扰源近场查找定位设备。

5．无线电设备检测系统建设工程

建立和完善适应无线电设备管理的无线电设备检测实验室。省级无线电管理机构根据需求配置设备，具备在研制、生产、进口、流通等环节的无线电设备检测能力，重点提升在用无线电设备、新设台站验收的检测能力。

6．国家无线电管理技术验证平台建设工程

建立信息系统技术验证平台，对无线电管理业务应用软件进行测试和评估。建立无线电监测技术验证平台，对短波和超短波频段的无线电监测系统及设备的性能指标进行测试和评估。具备为全国无线电管理信息系统和监测设施建设提供评测结果的能力。

7．超短波监测网建设工程

各省（区、市）因地制宜建设完善超短波监测网。合理配置高山站、城区固定站等各类监测站，逐步扩大监测覆盖范围并保障重点区域。在固定监测站覆盖不到的区域，根据需求架设小型远程遥控监测站，或配置可搬移、便携式监测设备、移动监测车，提高有效监测覆盖能力。在超大城市楼群密集区域，可建设网格化分布式超短波监测感知系统。加强边境地区和相关海域的覆盖监测能力。依托军队和民航等部门建立空中无线电监测平台。依托军队和海事、渔政等部门建立水上无线电监测平台。

8．无线电监测数据卫星链路传送平台建设工程

为保障各省（区、市）机动队伍与省指挥中心的数据传送及时有效，建立全国共享的无线电监测数据卫星链路传送平台。

3.1.6　保障措施

1．建立健全无线电管理法律法规，加强行政执法监督

推动和完成《中华人民共和国无线电管理条例》修订工作，加快建立统一完善的全国无线电管理法制环境。深入贯彻《行政许可法》等法律法规，全面规范无线电管理的行政执法和政务公开等工作。按照《中华人民共和国行政处罚法》（以下简称《行政处罚法》）等相关行政管理法律规定，明确执法责任和程序，强化执法监督。结合无线电管理工作的需要开展好专项治理活动，并联合其他相关部委共同执法，确保无线电管理行政执法的权威性。

2．建立宣传工作机制，深入开展无线电管理宣传工作

进一步强化和落实领导责任制，切实加强无线电管理宣传工作的组织领导。建立健全宣传工作机制，推动宣传工作规范化、标准化、制度化建设。面向社会加强无线电管

理宣传工作，打造宣传载体、拓宽宣传渠道、丰富宣传内容、强化宣传措施，逐步形成全方位、深层次、多角度的宣传工作格局。推进无线电管理宣传工作经常化、深入化和社会化，增强全社会的依法用频意识。在每年经费额度中划出一定比例用于宣传工作。逐步建立宣传工作表彰和奖励机制。

3．加强集中统一领导，完善机制体制建设

继续加强对通信、公安、安全、民航、铁路、交通、广电、气象、渔业等部门行业无线电管理机构的工作联系和业务指导，发挥行业部门积极性，加强集中统一领导下的无线电管理和整体组织协调能力。

各省（区、市）无线电管理机构进一步理顺关系，夯实无线电管理机制体制建设。建立无线电管理应急指挥机制和应急机动队伍，实现对辖区内重大无线电事件的快速响应。建立省级无线电干扰申诉受理中心，统一处理辖区内无线电干扰申诉。

4．加强资金使用管理，确保专款专用

严格执行国家相关政策及规定，科学有效安排中央财政转移支付无线电频率占用费专项资金，确保专款专用。努力拓宽资金渠道，积极争取地方财政的配套资金支持。在资金使用中严格贯彻执行部门预算、国库集中收付、政府采购、招投标等制度。积极推进决策科学化、民主化，健全重大建设项目、大额资金支出的决策制度和责任追究制度。加强对专项资金的稽查和绩效考核，确保专项资金安全和使用效果。

5．制定统一标准，规范无线电管理业务工作

研究制定无线电频谱工程、监测、检测和信息化等各类技术标准，为全国无线电管理工作提供标准化支持，规范无线电管理技术设施建设，提升无线电管理各项技术工作质量和水平。

6．重视人才培养，提高队伍素质

建立人才发展和培养长效机制，形成较为全面的无线电管理人才队伍。探索建立适应无线电管理发展的人才交流和引智机制，进一步完善领导干部和专业技术干部继续教育和交流制度。突出对复合型、创新型、国际型无线电管理尖端人才的培养。研究探索多种形式的激励机制，鼓励无线电管理人员参加在职学习和职业培训。建立高效、高素质的无线电管理行政执法和宣传工作队伍。继续加大对人才培养的经费投入。

7．加强协作，推进共建共享

各级无线电管理机构加强区域协作，协调行政区域边界频率使用和技术设施建设。加强军地无线电管理协作，推进技术设施的军地共建共享。充分利用民航、交通、渔业等专业部门的航空监测及水上监测手段，协调做好无线电频率管理和安全保障工作。

3.2 无线电管理概述

为了加强无线电管理，维护空中电波秩序，有效利用无线电频谱资源，保证各种无线电业务的正常进行，国务院、中央军委发布《中华人民共和国无线电管理条例》（1993年9月第128号令）。

3.2.1　无线电管理的作用与范围

1．无线电管理的作用

多年来各级无线电管理机构利用行政、法律、技术、经济的手段尽心尽责地做好保护无线电频率、保护好电磁环境的工作，为各种无线电通信业务的正常开展做出了应有的贡献，也有力地保障了遇险时求救信号的获取及救助时的通信指挥。

无线电管理工作的指导思想是为中央首脑机关、国防建设和经济建设服务的，中心是为经济建设服务。无线电管理贯彻“加强管理，保护资源，保障安全，健康发展”的方针。面对日益复杂的环境如何加强对台站的管理，加强对频率资源的管理，是与发挥无线电管理工作在应急通信中的保障作用息息相关的。回顾多年来全国无线电管理工作统一组织的对寻呼台的整顿、对高山高楼高塔设台的规范和整顿、对大功率无绳电话的清理以及目前开展的对航空频率的专项整治等，无不有力地保障了电波秩序的正常，也为紧急时的通信提供了良好的电磁环境。面对复杂的社会环境、人文环境，依法行政，秉公办事，为保护国家利益、为保护人民生命财产安全认真作好无线电管理的每项工作，也就是为加强无线电工作在应急通信的保障作用方面做了应做的工作。

近几年，无线电管理加快进行技术基础设施建设，利用先进的电子技术和信息技术，建设了无线电管理信息系统和无线电监测系统，这里包括无线电频率台站数据库、无线电管理地理信息库、由固定和移动监测设备组成的能覆盖主要行政区的无线电信号监测网等，提高了科学管理的能力和水平，较好地维护了电波秩序，也较好地保障了应急通信的畅通。但面对日益复杂的电磁环境，如何提高无线电综合管理能力，加强对应急通信的保障作用，还有许多工作要做，还需要进一步加强技术设施建设：要进一步完备数据库并及时刷新，完善已有系统的集成功能；要利用信息技术将各种数据进行融合，形成一体化的信息支持，提供决策依据；要跟踪无线电技术、通信技术的发展方向，前瞻性地进行无线电监测检测设备配置；要加强对维系安全的重点地区、要害部门的电磁环境的监测，对辖区内电磁环境的状况心中有数等。发展是硬道理，无线电管理工作要不断研究新问题，发现新情况，跟上社会的发展，科技的进步。

国防与建设离不开信息技术，离不开无线电技术，离不开无线电通信，离不开无线电管理对通信的保障。为了更好地为政府首脑机关服务，为国防安全服务，为了更好地应对突发事件，无线电管理部门要制定科学的应急通信保障预案，从人员、装备、运行机制上形成一个有机的保障体系，内部要建立严格的工作制度，常抓不懈，常备不懈，从制度上加强无线电管理工作对应急通信的保障作用。

面对越来越复杂的环境，提高人员素质，加强培训，组织演练是我们加强无线电管理在应急通信中保障作用的重要措施。应将定期开展演练形成制度，通过演练，发现自身不足，提高无线电管理人员处理复杂问题、应对无线电干扰突发事件的能力。练兵千日，用兵一时，面对不可预见的风险和紧急事件，一但出现了干扰，无线电管理工作者要能召之即来，来之能战，战之能胜，及时排除干扰，保障信息及时传递。那是与时间抢生命，与时间抢胜利的战斗。这一切靠的是有高度政治责任心的无线电管理工作者，靠的是先进的无线电测试设备，靠的是熟练掌握先进设备的高素质人才。

20 世纪下半叶以来，社会公共安全事件频发，世界各地每时每刻都在发生着各种灾难和事故，在这些重大的事件中，及时快捷的信息传递是赢得主动，减少损失，拯救生命的最基本要素，现代化的应急通信变得尤为重要。

2. 无线电管理的适用范围

在中华人民共和国境内设置、使用无线电台（站）和研制、生产、进口无线电发射设备以及使用辐射无线电波的非无线电设备，必须遵守无线电管理条例。中国人民解放军（含民兵）的无线电管理办法，人防系统的无线电管理办法，公安机关、中国人民武装警察部队和国家公安机关无线电管理的特殊规定另行规定。

具体的适用范围主要包括以下三个方面的内容：

（1）所有在中华人民共和国境内设置使用各种无线电台（站）必须受到规范。这里首先要明确"中华人民共和国境内"的准确含义是什么。确切地讲，所谓"中华人民共和国境内"，它包括中华人民共和国的领海、领水、领空和领地，它们是中华人民共和国主权和领土完整不可分割的重要组成部分，缺一不可。所以不管是什么部门、单位或者个人，也不管是来自哪个国家和国际组织，只要在中华人民共和国境内设置使用任何形式的无线电台（站），都必须严格遵守本条例的规定。这里所说的无线电台（站），除一般意义的广播电台、电视台，各长、中、短波；超短波电台、微波站、地球站外，其他如静止卫星、雷达、导航、遥测、遥控、遥感、及各种无线电设备，都应该包括在内。

（2）所有在中华人民共和国境内研制、生产、进口无线电发射设备，必须规范。这里所说的"无线电发射设备"是指能发射无线电波的各种无线电设备。但是，无线电管理机构加强对研制、生产、进口无线电设备的管理，并不是对所有的设备技术指标都要统统管起来，这既没有可能，也没有必要。无线电管理机构主要是审查研制、生产、进口的无线电发射设备是否符合国家关于无线电频率的规定，审查其频率是否在规定的业务范围之中，并且对频带的宽度、杂散辐射功率以及频率稳定度等几项技术指标进行管理，因为这些技术指标对维护空中无线电波正常秩序有着十分密切的关系，处理不当，不但这些无线电设备本身难于正常工作，更主要的是会严重干扰其他无线电业务的正常工作。所以凡在中华人民共和国境内研制、生产、进口无线电发射设备，必须遵守无线电管理条例规范。

（3）所有在中华人民共和国境内研制、生产、进口、设置使用辐射无线电波的非无线电设备，必须受到规范。所谓"辐射无线电波的非无线电设备"，主要是指工业、交通、科学、医疗等方面某些能够产生电磁辐射的设备。如电气化运输系统、送变电系统、高压电力线、各种电动机、电焊机、高频炉、热合机、医疗用的X光机及电子医疗设备等等。因为这些非无线电设备在使用时会产生电磁辐射，而这种电磁辐射很可能落在无线电业务使用的频带之内，会对无线电业务产生有害干扰。为了保障各种无线电业务的正常工作，也必须加强对这些非无线电设备的管理。

3.2.2　中国的无线电管理机构

中国的无线电管理机构如下：

（1）工业和信息化部无线电管理局（国家无线电办公室）。其主要职责是：编制无线电频谱规划；负责无线电频率的划分、分配与指配；依法监督管理无线电台（站）；负责卫星轨道位置协调和管理；协调处理军地间无线电管理相关事宜；负责无线电监测、检测、干扰查处，协调处理电磁干扰事宜，维护空中电波秩序；依法组织实施无线电管制；

负责涉外无线电管理工作。设局长和副局长若干人。处室设置：综合处、地面业务处、空间业务处、频率规划处、监督检查处和无线电安全处。

（2）国家无线电监测中心。国家无线电监测中心（国家无线电频谱管理中心）是国家无线电管理技术机构，为工业和信息化部直属事业单位。主要承担无线电监测和无线电频谱管理工作。中心下设 13 个处室、9 个国家级监测站及 2 个下属单位。现有工作人员 200 余人。

主要职责：①贯彻执行国家无线电管理方针政策和有关法律法规，研究提出无线电频谱、全国无线电监测网、全国无线电管理信息系统的规划意见，承担无线电管理政策研究、科学研究及新技术开发工作。②负责全国无线电短波、卫星监测和北京及周边地区超短波监测工作。③负责无线电频率划分、分配、指配以及卫星轨道位置协调和管理的技术工作。④负责无线电台（站）审批、监督管理的技术工作。⑤负责国家重要时期、重大活动、重大事件无线电安全的技术保障工作。⑥负责对无线电发射设备和非无线电设备的无线电波辐射的技术审查工作。⑦负责全国无线电管理信息系统建设、运行、管理的技术工作。⑧负责对各省（区、市）无线电管理工作进行技术指导。⑨承担涉外无线电管理的技术支撑工作。⑩承办工业和信息化部交办的其他事项。

（3）中国人民解放军无线电管理机构。负责军事系统的无线电管理工作，其主要职责是：①参与拟订并贯彻执行国家无线电管理的方针、政策、法规和规章，拟订军事系统的无线电管理办法；②审批军事系统无线电台（站）的设置，核发电台执照；③负责军事系统无线电频率的规划、分配和管理；④核准研制、生产、销售军用无线电设备和军事系统购置、进口无线电设备的有关无线电管理的技术指标；⑤组织军事无线电管理方面的科研工作，拟制军用无线电管理技术标准；⑥实施军事系统无线电监督和检查；⑦参与组织协调处理军地无线电管理方面的事宜。

（4）省、自治区、直辖市和设区的市无线电管理机构。在上级无线电管理机构和同级人民政府领导下，负责辖区内除军事系统外的无线电管理工作。其主要职责是：①贯彻执行国家无线电管理的方针、政策、法规和规章；②拟订地方无线电管理的具体规定；③协调处理本行政区域内无线电管理方面的事宜；④根据审批权限审查无线电台（站）的建设布局和台址，指配无线电台（站）的频率和呼号，核发电台执照；⑤负责本行政区域内无线电监测。

（5）国务院有关部门的无线电管理机构。负责本系统的无线电管理工作，其主要职责是：①贯彻执行国家无线电管理的方针、政策、法规和规章；②拟订本系统无线电管理的具体规定；③根据国务院规定的部门职权和国家无线电管理机构的委托，审批本系统无线电台（站）的建设布局和台址，指配本系统无线电台（站）的频率、呼号，核发电台执照；④国家无线电管理机构委托行使的其他职责。

3.2.3　无线电管理的原则与方针

无线电管理实行统一领导、统一规划、分工管理、分级负责的原则，贯彻科学管理、促进发展的方针。

1. 无线电管理工作必须实行统一领导、统筹规划、分工管理、分级负责的原则

统一领导、统筹规划、分工管理、分级负责是党和政府对无线电管理工作实行的一

贯政策，完全符合我国的实际。我国地域辽阔、人口众多。党政军民、东西南北、海陆空中，各类无线电设备，各种无线电业务，每时每刻都在运行。没有统一领导、统筹规划的战略考虑，没有分工管理、分级负责的基本思想，这项工作是不可能搞好的。同时，这一原则也体现了国务院领导同志提出的“无线电必须坚持国家统一管理”的指示精神和“加快立法，加强规划，加强技术手段建设”的指导思想。

1）统一领导

统一领导要体现国家无线电管理机构在国务院、中央军事委员会的领导下，统一领导全国（包括军事系统）的无线电管理工作，对无线电管理实行统一领导，主要是行使对全国无线电管理工作的组织、计划、协调、监督等，通过制定方针、政策、法规以及一些重要文件实行具体领导。凡是有关无线电管理的重要问题，如无线电管理的体制问题、组织机构建设问题、法规建设等重要问题都必须始终坚持在国家的集中统一领导下，有组织、有计划、有步骤地进行，决不允许我行我素，各自为政的现象存在。

2）统一规划

统一规划主要体现在国家对无线电频率、频段的统一划分和分配、无线电台（站）的合理布局、全国无线电监测站的统一部署、收发信区的统一划分等方面。不论哪个地区或部门，凡是需要开展无线电业务，都必须按统一规划的原则进行。

3）分工管理

分工管理主要是体现国务院、中央军委的国发[1986]102号文件《关于军队和地方分别管理军事系统和地方的无线电管理工作的精神》；当然这里所说的分工管理必须是在国家统一领导下。同时，《中华人民共和国无线电管理条例》还规定，使用无线电业务较多的国务院有关部门受国家无线电管理机构的委托，可以对本部门设置使用的无线电台进行管理，这有利于充分调动这些部门管理的积极性，对全面落实无线电管理的各项任务会产生积极的作用。

4）分级负责

《中华人民共和国无线电管理条例》规定了国家、省（自治区、直辖市）、设区的市无线电管理机构的职责，这是从我国的国情出发作出的正确规定。各级无线电管理机构，必须各负其责。无线电管理实行分级负责的原则，有利于充分发挥国家和地方的积极性，上下共同努力做好无线电管理工作。

2. 贯彻科学管理、促进发展的方针

无线电管理实行科学管理、促进发展的方针，是对过去“少设严管”方针的重大突破和发展。由于历史的原因，我国的无线电管理一直处于“封闭或半封闭”的状态。那时无线电管理主要是为国防建设和战备服务，使用无线电台（站）的只有极少数几个部门和单位。无线电管理实行“少设严管”的方针，对于那些可设可不设的无线电台（站）坚决不设，确实需要设置使用的无线电台（站）要严格管理。在新的历史条件下，无线电管理的根本目的和服务方向发生了重要变化，由过去的主要为战备和国防建设服务转变到了中心是为经济建设服务上来。如果仍然实行“少设”的方针，不但不利于无线电事业的发展，而且会严重制约我国经济建设的速度，阻碍四化的实现。但是，“严管”还是需要的，即使在今天，无线电仍然要严格管理，因为无线电管理本身就是一门科学，牵涉到很多方面的内容，而科学本身就是非常严格的。

所谓科学管理，就是改变过去那种单纯依靠行政手段进行管理的单一管理方法，实行法律的、技术的、行政的、经济的手段综合管理。无线电如果离开了技术管理，就谈不上科学管理。科学管理是手段，促进发展才是目的。只要是有利于促进无线电事业发展，有利于促进两个文明建设，有利于促进和加强无线电管理工作的各种措施和办法，各级无线电管理机构都要积极给予支持和鼓励；反之，凡是不利于无线电事业发展，甚至阻碍无线电事业的发展，有碍于经济建设的行为，各级无线电管理机构都要坚决制止和反对。

国家鼓励对无线电频谱资源的开发、利用和科学研究，努力推广先进技术，提高管理水平。对在无线电管理工作和科学研究中作出重大贡献的单位和个人，应当给予奖励。

3.3　无线电管理的具体规定

3.3.1　无线电频率的管理

1. 基本原则

“统一规划，合理开发，科学管理，有偿使用”，是国家对无线电频率管理的基本原则。《中华人民共和国无线电管理条例》第四条中对此作了明确规定。这一原则的贯彻和实行，无论是现在或将来，都将对无线电频谱的开发利用起到十分重要的作用。

1）统一规划

统一规划，是指由国家无线电管理主管部门代表国家对整个无线电频率从宏观上作出统一部署和长远计划。这种部署和规划主要是根据各种无线电业务的特点和需要，在国际电联的要求下，划分频段，分配频率，使各种无线电业务在指定的频段内充分合理利用。

2）合理开发

合理开发主要是指研究和开发尚未使用的无线电频段，增加频谱容量，同时，努力研究推广和使用新技术，使现有无线电频率得以充分的应用。

3）科学管理

科学管理指无线电频谱管理要科学化。频谱管理是无线电管理工作的核心，是无线电管理机构的中心任务。只有科学管理，才能保障无线电频谱资源充分、合理、有效的利用，才能保障各类无线电业务的正常运行。

4）有偿使用

频谱资源是一种有限的自然资源，如同土地、矿产、水一样，国家对自然资源实行有偿占用的原则，任何人要使用国家资源，都应该交纳一定的费用，收费体现了国家对频谱资源的所有权，并表明了自己在一定条件下取得国家允许使用频率的合法性。

2. 具体的管理规定

（1）国家无线电管理机构对无线电频率实行统一划分和分配。国家无线电管理机构、地方无线电管理机构根据设台（站）审批权限对无线电频率进行指配。国务院有关部门对分配给本系统使用的频段和频率进行指配，并同时抄送国家无线电管理机构或者有关的地方无线电管理机构备案。

（2）指配和使用频率，必须遵守国家有关频率管理的规定。业经指配的频率，原指配单位可以在与使用单位协商后调整或者收回。频率使用期满，需要继续使用的，必须办理续用手续。任何单位和个人未经国家无线电管理机构或者地方无线电管理机构批准，不得转让频率。禁止出租或者变相出租频率。

（3）因国家安全和重大任务需要实行无线电管制时，管制区域内设有无线电发射设备和其他辐射无线电波设备的单位和个人，必须遵守有关管制的规定。

（4）对依法设置的无线电台（站），无线电管理机构应当保护其使用的频率免受有害干扰。处理无线电频率相互有害干扰，应当遵循带外让带内、次要业务让主要业务、后用让先用、无规划让有规划的原则；遇特殊情况时，由国家无线电管理机构根据具体情况协调、处理。

3.3.2 无线电台（站）的管理

（1）设置、使用无线电台（站）的单位和个人，必须提出书面申请，办理设台（站）审批手续，领取电台执照。

（2）设置、使用无线电台（站），应当具备下列条件：

① 无线电设备符合国家技术标准；

② 操作人员熟悉无线电管理的有关规定，并具有相应的业务技能和操作资格；

③ 必要的无线电网络设计符合经济合理的原则，工作环境安全可靠；

④ 设台（站）单位或者个人有相应的管理措施。

（3）设置、使用下列无线电台（站），应当按照本条规定报请相应的无线电管理机构审批：

① 通信范围或者服务区域涉及两个以上的省或者涉及境外的无线电台（站），中央国家机关（含其在京直属单位）设置、使用的无线电台（站），其他因特殊需要设置、使用的无线电台（站），由国家无线电管理机构审批。

② 在省、自治区范围内跨地区通信或者服务的无线电台（站），省、自治区机关（含其在省、自治区人民政府所在地直属单位）设置使用的无线电台（站），由省、自治区无线电管理机构审批。

在直辖市范围内通信或者服务的无线电台（站），由直辖市无线电管理机构审批。

③ 在设区的市范围内通信或者服务的无线电台（站），由设区的市无线电管理机构审批。

依照前面规定申请设置固定无线电台（站）的，事先还应当经其上级业务主管部门同意。

设置、使用特别业务的无线电台（站），由国家无线电管理机构委托国务院有关部门审批。

（4）船舶、机车、航空器上的制式无线电台（站），必须按照有关规定领取电台执照并报国家无线电管理机构或者地方无线电管理机构备案。

（5）设置业余无线电台（站），应当按照国家有关业余无线电台（站）管理的规定办理设台（站）审批手续。

（6）位于城市规划区内的固定无线电台（站）的建设布局和选址，必须符合城市规划，服从规划管理。城市规划行政主管部门应当统一安排，保证无线电台（站）必要的工作环境。

（7）电台呼号由国家无线电管理机构编制和分配，并由国家无线电管理机构、地方无线电管理机构或者国家无线电管理机构委托的国务院有关部门指配。经国务院有关部门指配的电台呼号，应当抄送无线电台（站）所在省、自治区、直辖市无线电管理机构备案。经无线电管理机构指配的船舶电台呼号，应当抄送国务院交通主管部门备案。

（8）电台执照由国家统一印制，由国家无线电管理机构、地方无线电管理机构或者国家无线电管理机构委托的国务院有关部门核发。

（9）遇有危及人民生命财产安全的紧急情况，可以临时动用未经批准设置使用的无线电设备，但是应当及时向无线电管理机构报告。

（10）无线电台（站）经批准使用后，应当按照核定的项目进行工作，不得发送和接收与工作无关的信号；确需变更项目的，必须向原批准机构办理变更手续。

无线电台（站）停用或者撤销时，应当及时向原批准机构办理有关手续。

（11）使用无线电台（站）的单位或者个人，必须严格遵守国家有关保密规定。

3.3.3　无线电干扰与无线电管理的行政处罚

1．无线电干扰

1）概念

无线电干扰是指在无线电通信过程中发生的，导致有用信号接收质量下降、损害或阻碍的状态及事实。无线电干扰信号是指通过直接耦合或间接耦合方式进入接收设备信道或系统的电磁能量，它可以对无线电通信所需接收信号的接收产生影响，导致性能下降，质量恶化，信号误差或丢失，甚至阻断了通信的进行。因此，通常说，无用无线电信号引起有用无线电信号接收质量下降或损害的事实，我们称之为无线电干扰。

2）无线电干扰的类型

无线电干扰一般分为同频率干扰、邻频道干扰、带外干扰、互调干扰和阻塞干扰等.

（1）同频干扰，凡是无用信号的载频与有用信号的载频相同，并对接收同频道有用信号的接收机造成干扰的都称为同频干扰。

（2）邻频道干扰，干扰台邻频道功率落入接收邻道接收机通带内造成的干扰，称为邻频道干扰。

（3）带外干扰，发射机的谐波或杂散辐射在接收有用信号的通带内造成的干扰，称为带外干扰。

（4）互调干扰，互调干扰又分为发射机互调干扰和接收机互调干扰。发射机互调干扰是多部发射机信号落入另一发射机，并在此末级功放的非线性作用下相互调制，产生不需要的组合频率，对接收信号频率与这些组合频率相同的接收机造成的干扰，称为发射机互调干扰。接收机互调干扰是当多个强信号同时进入接收机时，在接收机前端非线性电路作用下产生互调频率，互调频率落入接收机中频频带内造成的干扰，称为接收机互调干扰。

（5）阻塞干扰，接收微弱的有用信号时，受到接收频率两旁、高频回路带内一强干扰信号的干扰，称为阻塞干扰，轻则降低接收灵敏度，重则通信中断。

3）无线电干扰的分级

从管理的目的出发，按干扰程度来分级，一般可分为以下几级：

（1）允许的干扰。在给定的条件下，引起接收机质量降低尚不明显，但在系统规划时应加以考虑。允许干扰的程度通常在 CCIR 的建议或其他国际协议中规定。

（2）可接受的干扰。在给定的条件下，具有较高程度的干扰，它使接收机质量有中等程度的降低，由有关主管部门来认定它是可接受的。

（3）有害干扰。已使无线电通信业务严重降低质量，引起阻塞或反复阻断。

4）无线电干扰的相关规定

（1）工业、科学、医疗设备、电气化运输系统、高压电力线及其他电器装置产生的无线电波辐射，必须符合国家规定，不得对无线电业务产生有害干扰。

（2）产生无线电波辐射的工程设施，可能对无线电台（站）造成有害干扰的，其选址定点应当由城市规划行政主管部门和无线电管理机构协商确定。

（3）非无线电设备对无线电台（站）产生有害干扰时，设备所有者或者使用者必须采取措施予以消除；对航空器、船舶的安全运行造成危害时，必须停止使用。

（4）微功率无线电设备的使用不得对其他合法的各种无线电台站产生有害干扰。

如产生有害干扰现象时，应立即停止使用，并设法消除有害干扰后方可继续使用。

（5）使用微功率无线电设备必须避让或忍受其他合法的无线电台站的干扰或工业、科学及医疗应用设备的辐射干扰，遇有干扰时不受法律上的保护，但可向当地无线电管理机构报告。

（6）使用微功率无线电设备不需办理无线电电台执照手续，但必须接受无线电管理办事机构对其产品性能指标进行必要的检查或测试。

（7）研制微功率无线电设备须按国家无线电管理机构发布的《研制无线电发射设备的管理规定》办理有关手续。

2. 无线电管理的行政处罚

为了规范无线电管理行政处罚，根据《中华人民共和国无线电管理条例》，国家无线电管理委员会制定了《无线电管理处罚规定》，1995 年 10 月 28 日发布实施。规定中所称的无线电管理处罚，是指无线电管理机构对违反《中华人民共和国无线电管理条例》规定的行为实施的行政处罚。无线电管理处罚应当遵循合法、公正、处罚与教育相结合的原则。对单位和个人（含外国机构和外国人）实施的无线电管理处罚，除有关法律、法规、规章另有规定的外，均适用本规定。公民、法人和其他组织，对受到的行政处罚享有申辩权；对行政处罚不服的，享有依法申请行政复议或者提起行政诉讼的权利。

1）行为和处罚

（1）未经无线电管理机构或者国家无线电管理机构委托或者授权的机构批准，擅自设置、使用无线电台（站）的，给予查封或者没收设备，可以并处 5 000 元以下的罚款或者吊销其电台执照。

（2）违反无线电台（站）设置使用管理规定，有下列行为之一的，给予警告，可以并处 1 000 元以下的罚款；情节严重的，予以查封或者没收设备，可以并处五千元以下罚款。

① 无线电台（站）虽经无线电管理机构批准设置、使用，但是未在规定时间内领取中华人民共和国电台执照的；

② 无线电台（站）设置、使用手续不全或者已经失效，经督促，超过规定时限仍未

办理正式手续的；

③ 船舶、机车、航空器上的制式电台未按照规定领取中华人民共和国无线电台执照或者到无线电管理机构注册登记的；

④ 业余无线电台未按照规定办理设台审批手续或者手续不全的；

⑤ 违反电台呼号管理规定，编制、使用电台呼号的

⑥ 违反电台执照管理规定，转借、涂改、伪造电台执照或者使用作废电台执照的；

⑦ 紧急情况下动用未经批准的电台，未及时报告的；

⑧ 无线电台停用或者撤销后，未在规定时间内办理有关手续的；

⑨ 销售单位进行实效发射试验，未办理临时设台手续的。

（3）研制、生产、进口无线电发射设备，有下列行为之一的，给予警告或者 1 000 元以下的罚款；屡教不改，影响严重的，予以查封或者没收设备，没收非法所得，可以并处 1 000 以上 5 000 以下的罚款：

① 研制无线电发射设备，未经国家无线电管理机构核准的；

② 研制无线电发射设备过程中未按批准文件执行，超出文件规定的范围或者规定时限的；

③ 生产无线电发射设备，未报国家无线电管理机构或者地方无线电管理机构备案的；

④ 所生产的无线电发射设备的工作频率、频段和有关技术指标不符合无线电管理规定的；

⑤ 研制、生产无线电发射设备时，未能有效抑制电波发射；进行实效发射试验时，未经国家无线电管理机构或者地方无线电管理机构批准的；

⑥ 进口的无线电发射设备，未报国家无线电管理机构或者省、自治区、直辖市无线电管理机构核准的；

⑦ 所进口的无线电发射设备的频率、频段和有关技术指标不符合国家有关无线电管理规定的。

（4）干扰合法的无线电业务，有下列行为之一的，给予警告或者 1 000 元以下的罚款；情节严重，故意干扰合法的无线电业务，造成重大通信事故的，予以查封或者没收设备，可以并处 1 000 元以上 5 000 元以下的罚款，吊销电台执照：

① 设置、使用的无线电设备不符合无线电管理技术标准及有关规定，对无线电业务产生有害干扰的；

② 自行改变无线电台核定工作项目，对其他无线电业务产生有害干扰的；

③ 因操作人员渎职、失职或者技术操作事故，造成对其他无线电业务有害干扰的；

④ 使用不合标准的工业、科技、医疗设备及其他非无线电设备，对无线电业务产生有害干扰的；

⑤ 设置、使用可能产生有害干扰的各类非无线电设施，未征求城市规划部门和当地无线电管理机构同意的；

⑥ 非无线电设备对无线电台（站）产生有害干扰，经无线电管理机构指出后，仍不采取措施予以消除的；

⑦ 非无线电设备的无线电波辐射对航空器、船舶安全航行造成危险，经指出后，仍不停止使用的；

⑧ 擅自与核准通信范围以外的其他电台（站）进行通信，影响他台工作的；

⑨ 有干扰无线电业务的其他行为的。

（5）随意变更核定项目，发送、接收与工作无关的信号，有下列行为之一的，给予警告或者 1 000 元以下的罚款；情节严重，造成严重后果的，予以查封或者没收设备，没收非法所得，可以并处 1 000 元以上 5 000 元以下的罚款，吊销电台执照：

① 擅自变更频率、呼号、台址、服务范围、工作时间、通信对象、天线参数、发射功率等的；

② 擅自转借、转让电台或者允许他人使用供自己使用的频率、呼号的；

③ 发射、接收与工作无关的信号的；

④ 擅自更换发射设备、工作方式的；

⑤ 有变更核定项目的其他行为的。

（6）违反有关频率管理的规定，有下列第①项至第⑤项行为之一的，给予警告或者 1 000 元以下罚款；有下列第⑥项、第⑦项行为之一的，予以查封或者没收其设备，没收非法所得，可以并处 1 000 元以上 5 000 元以下的罚款，吊销其电台执照：

① 使用频率超过核准的带宽，影响他台工作的；

② 拒不执行经协商后作出的调整或者收回频率决定的；

③ 不参加规定的无线电设备检测的；

④ 使用频率期满，不办理续用手续的；

⑤ 不按照规定缴纳频率占用费的；

⑥ 转让、出租或者变相出租频率的；

⑦ 擅自使用未经批准的频率的。

（7）外国人未经批准在中华人民共和国境内进行电波参数测试，获取电子信息情报的，境外的机构或者人员设置、使用无线电台（站）或者携带、运载无线电设备入境，违反《中华人民共和国无线电管理条例》和《中华人民共和国无线电管理条例》有关规定的，按照《中华人民共和国无线电管理条例》予以处罚；构成犯罪的，移交司法机关依法追究刑事责任。对境外的机构和人员的处罚，应当向上级无线电管理机构和同级人民政府外事部门报告。

2）实施处罚的机构和程序

国家无线电管理机构和省、自治区、直辖市无线电管理机构及其在设区的市或者相当于设区的市（地方、州、盟）设立的无线电管理派出机构，依照《中华人民共和国无线电管理条例》规定的职责权限，依法实施无线电管理行政处罚。

行政处罚按照下列程序实施：

（1）执法人员主动出示证件和佩戴标志；受委托的机构或者组织的人员，应当主动出示委托证明或者委托机构颁发的证件；

（2）查明违法事实，调取证据；

（3）听取当事人陈述或者申辩；

（4）向被处罚人说明处罚的理由和依据；

（5）制作行政处罚决定书并送达被处罚人；

（6）告知被处罚的单位和个人如果不服处罚决定，可以依法申请复议或者向人民法院提起诉讼。

行政处罚决定书应当写明处罚的理由、依据、处罚执行期限，当事人申请行政复议或者提起行政诉讼的期限。行政处罚决定必须加盖作出处罚决定的行政执法机构印章。

行政处罚决定书一经送达，该处罚决定即发生法律效力。

行政执法机构收缴罚没财物，必须使用国务院财政部门或者省、自治区、直辖市人民政府财政部门统一印制或者监制的罚没票据，收缴的罚没财物必须按照国家有关规定上缴。

3）行政处罚实施中的期间与送达

除法律、法规另有规定的外，《无线电管理处罚规定》中所称的期间包括法定期间和行政执法机构指定的期间。

期间以时、日、月计算。期间开始的时和日不计算在期间内。期间最后一日是节假日的，以节假日后的第一日为期间届满的日期。期间不包括在途时间。

处罚决定或者其他法律文书必须送达被处罚人；直接送达有困难的，可以委托其他行政机构代为送达或者邮寄送达。

处罚决定书或者其他法律文书直接送达的，应当送交当事人；当事人不在的，交其同住的成年亲属或者所在工作单位签收。当事人已向行政执法机构指定代收人的，交代收人签收。当事人是法人或其他组织的，交其收发部门签收。

受送达人有拒收处罚决定书或者其他法律文书的，送达人应当注明拒收的事由和日期，并由两名送达人签名或者盖章，将处罚决定书或者其他法律文书留置受送达人住所或者收发部门，即视为送达。

4）法律责任

无线电管理人员滥用职权、玩忽职守、渎职失职的，依照《中华人民共和国无线电管理条例》第四十六条的规定处理；造成重大损失的，当事人或者无线电管理机构应当依照《中华人民共和国国家赔偿法》的有关规定承担赔偿责任。

3.4　无线电管制与无线电频率划分规定

3.4.1　无线电管制规定

中华人民共和国国务院和中华人民共和国中央军事委员会第 579 号令，发布《中华人民共和国无线电管制规定》，自 2010 年 11 月 1 日起施行。

1．立法宗旨

为了保障无线电管制的有效实施，维护国家安全和社会公共利益。

2．无线电管制的概念

《中华人民共和国无线电管理规定》中所称的无线电管制，是指在特定时间和特定区域内，依法采取限制或者禁止无线电台（站）、无线电发射设备和辐射无线电波的非无线电设备的使用，以及对特定的无线电频率实施技术阻断等措施，对无线电波的发射、辐射和传播实施的强制性管理。

3．管制的实施

（1）根据维护国家安全、保障国家重大任务、处置重大突发事件等需要，国家可以实施无线电管制。

（2）在全国范围内或者跨省、自治区、直辖市实施无线电管制，由国务院和中央军事委员会决定。

（3）在省、自治区、直辖市范围内实施无线电管制，由省、自治区、直辖市人民政府和相关军区决定，并报国务院和中央军事委员会备案。

4. 管制的原则

实施无线电管制，应当遵循科学筹划、合理实施的原则，最大限度地减轻无线电管制对国民经济和人民群众生产生活造成的影响。

5. 无线电管制预案

（1）国家无线电管理机构和军队电磁频谱管理机构，应当根据无线电管制需要，会同国务院有关部门，制定全国范围的无线电管制预案，报国务院和中央军事委员会批准。

（2）省、自治区、直辖市无线电管理机构和军区电磁频谱管理机构，应当根据全国范围的无线电管制预案，会同省、自治区、直辖市人民政府有关部门，制定本区域的无线电管制预案，报省、自治区、直辖市人民政府和军区批准。

6. 无线电管制命令

决定实施无线电管制的机关应当在开始实施无线电管制 10 日前发布无线电管制命令，明确无线电管制的区域、对象、起止时间、频率范围以及其他有关要求。但是，紧急情况下需要立即实施无线电管制的除外。

7. 管制协调机构

（1）国务院和中央军事委员会决定在全国范围内或者跨省、自治区、直辖市实施无线电管制的，由国家无线电管理机构和军队电磁频谱管理机构会同国务院公安等有关部门组成无线电管制协调机构，负责无线电管制的组织、协调工作。

（2）在省、自治区、直辖市范围内实施无线电管制的，由省、自治区、直辖市无线电管理机构和军区电磁频谱管理机构会同公安等有关部门组成无线电管制协调机构，负责无线电管制的组织、协调工作。

8. 无线电管制指令

无线电管制协调机构应当根据无线电管制命令发布无线电管制指令。国家无线电管理机构和军队电磁频谱管理机构，省、自治区、直辖市无线电管理机构和军区电磁频谱管理机构，依照无线电管制指令，根据各自的管理职责，可以采取下列无线电管制措施：

（1）对无线电台（站）、无线电发射设备和辐射无线电波的非无线电设备进行清查、检测；

（2）对电磁环境进行监测，对无线电台（站）、无线电发射设备和辐射无线电波的非无线电设备的使用情况进行监督；

（3）采取电磁干扰等技术阻断措施；

（4）限制或者禁止无线电台（站）、无线电发射设备和辐射无线电波的非无线电设备的使用。

9. 管制期间

（1）实施无线电管制期间，无线电管制区域内拥有、使用或者管理无线电台（站）、无线电发射设备和辐射无线电波的非无线电设备的单位或者个人，应当服从无线电管制命令和无线电管制指令。

（2）实施无线电管制期间，有关地方人民政府，交通运输、铁路、广播电视、气象、渔业、通信、电力等部门和单位，军队、武装警察部队的有关单位，应当协助国家无线电管理机构和军队电磁频谱管理机构或者省、自治区、直辖市无线电管理机构和军区电磁频谱管理机构实施无线电管制。

10. 管制结束

无线电管制结束，决定实施无线电管制的机关应当及时发布无线电管制结束通告；无线电管制命令已经明确无线电管制终止时间的，可以不再发布无线电管制结束通告。

11. 违法处罚

违反无线电管制命令和无线电管制指令的，由国家无线电管理机构或者省、自治区、直辖市无线电管理机构责令改正；拒不改正的，可以关闭、查封、暂扣或者拆除相关设备；情节严重的，吊销无线电台（站）执照和无线电频率使用许可证；违反治安管理规定的，由公安机关依法给予处罚。军队、武装警察部队的有关单位违反无线电管制命令和无线电管制指令的，由军队电磁频谱管理机构或者军区电磁频谱管理机构责令改正；情节严重的，依照中央军事委员会的有关规定，对直接负责的主管人员和其他直接责任人员给予处分。

3.4.2 无线电频率划分规定

2010 年 8 月 13 日中华人民共和国工业和信息化部第 13 次部务会议审议通过了《中华人民共和国无线电频率划分规定》（中华人民共和国工业和信息化部令第 16 号），该规定自 2010 年 12 月 1 日起施行。

1. 立法宗旨

为了充分、合理、有效地利用无线电频谱资源，保证无线电业务的正常运行，防止各种无线电业务、无线电台站和系统之间的相互干扰，根据《中华人民共和国无线电管理条例》、国际电信联盟《无线电规则》（2008 年版）和我国无线电业务发展的实际情况，制定**《中华人民共和国无线电频率划分规定》**。

2. 适用范围

（1）在中华人民共和国境内（港澳台地区除外）研制、生产、进口、销售、试验和设置使用各种无线电设备，应当遵守本规定，并按照《中华人民共和国无线电管理条例》等规定办理相应的手续。

（2）在中国香港、澳门特别行政区内使用无线电频率，应当分别遵守中国香港、澳门特别行政区政府有关无线电管理的法律规定。

（3）中国香港、澳门无线电频率划分表由中国香港、澳门特别行政区政府分别制定和执行，相关资料和规定以中国香港、澳门特别行政区政府的法定文本为准。

（4）《中华人民共和国无线电频率划分规定》暂未列入中国台湾地区无线电频率划分表。

3．实施

《中华人民共和国无线电频率划分规定》自2010年12月1日起施行。原中华人民共和国工业和信息化部2006年10月16日公布的《中华人民共和国无线电频率划分规定》（中华人民共和国工业和信息化部令第40号）同时废止。

4．内容

《中华人民共和国无线电频率划分规定》内容分为三章：第1章为无线电管理的术语与定义：包括一般术语、有关频率管理的专用术语、无线电业务、无线电台与系统、操作术语、发射与无线电设备的特性、频率共用、空间技术术语、无线电频带和波段的命名、常用字母代码和业务频段对应表和国际电信联盟（ITU）区域划分。第2章为电台的技术特性。第3章为无线电频率划分规定：包括业务种类与划分、一般规定、无线电频率划分表、国际电信联盟无线电频率划分脚注和中国无线电频率划分脚注。

案例　移动通信基站设置纠纷案

通信运营商在设置基站时，因没有确定谁是房屋的“房东”，在情急之下与“房客”签订了基站设置协议。2003年10月，上海A公司将B公司告上法庭，要求法院判决B公司设置在本市××路218号上海市××区××旅社仓库顶的基站设置协议无效，并立即撤除该基站及附属设备，并恢复原状。

原告诉称：属于原告所有的本市××路218号房屋租赁给××区××旅社开设旅馆，经营住宿、停车。××旅社在未得到原告授权的情况下，于2001年将房屋楼顶仓库、场地出租给被告B公司，被告设置了移动通信基站及附属设备。因此，要求法院判令××旅社与B公司签订的《租赁协议书》、《天线场地、外电协议书》无效，并责令B公司立即拆除该屋顶的基站及附属设备，恢复原状。

被告B公司辩称：2001年8月，为改善××区××旅社所在地区通信紧张状况，根据《中华人民共和国电信条例》及有关规定，与××区××旅社签订了设置基站的协议书，并按约支付租金至今；安装基站是有合法程序和手续的。根据有关规定，投入运营的基站是不允许拆除的。根据1996年1月颁发的集体土地建设用地使用证，系争房屋的产权人为A公司和××区××旅社，因此认为××区××旅社有权对外出租该房屋，请法院驳回原告诉讼请求。

法院审理认为，原告A公司是争议房屋的产权人，现原告对××区××旅社出租房屋未予追认，所以××旅社与B公司签订的租赁协议无效。鉴于维护电信用户和电信业务经营者的合法权益，保障电信网络和信息的安全，根据《中华人民共和国电信条例》第四十七条规定和第四十九条规定，B公司在系争房屋安装基站及附属设施，事先已经征得该房屋使用人××区××旅社同意，且B公司设置的基站已经取得电台执照，电磁辐射也符合国家规定的标准，所以B公司的安装行为应予保护。原告要求B公司拆除基站及附属设施，应当征得B公司的同意，现B公司不同意拆除系争基站，所以原告要求B公司拆除基站的诉讼请求，法院难以支持。

因此，××区人民法院作出如下判决：一、B 公司与××区××旅社于 2001 年 8 月 14 日签订的租赁协议和天线场地、外电协议书无效；二、原告 A 公司要求被告 B 公司拆迁设置在本市××路 218 号内的移动电话基站及附属设备之诉请，不予支持。该判决下达后，双方均没有上诉，判决书生效。

（本文由作者根据以下资料改写：人民邮电报，邱志鸿，2004-0401）

讨论：

1. 本案原告诉 B 公司，要求撤除基站及附属设备一事，为何未能胜诉？
2. 本案原告虽然败诉，但物权明确，债权合同无效，他还能主张权利吗？

小结

通过本章学习，要了解**国家无线电管理“十二五”规划**的**指导思想、主要目标、主要任务、重大工程**和**保障措施。**要重点掌握无线电管理的一般规定，无线电管理是对开发、利用无线电频谱和卫星轨道资源，设置、使用无线电站，研制生产、进口、销售无线电设备等有关无线电的事务依法行使的行为和进行的活动。无线电管理是一项政府部门的行政职能。要熟悉无线电管理的作用与范围，无线电管理工作的指导思想是为中央首脑机关、国防建设和经济建设服务，中心是为经济建设服务。无线电管理贯彻“加强管理，保护资源，保障安全，健康发展”的方针。充分认识无线电管理的原则与方针，无线电管理实行统一领导、统一规划、分工管理、分级负责的原则，贯彻科学管理、促进发展的方针。无线电管理的具体规定包括无线电频率的管理和无线电台（站）的管理，“统一规划，合理开发，科学管理，有偿使用”，是国家对无线电频率管理的基本原则。要熟悉无线电干扰与有关行业的无线电管理，无线电干扰一般分为同频率干扰、邻频道干扰、带外干扰、互调干扰和阻塞干扰等，同时也有干扰级别问题。要了解卫星网络通信的无线电管理，关于设置卫星网络空间电台的管理，设置卫星网络空间电台由工业和信息化部审批。熟悉建立卫星网络和地球站的管理，**以及无线电管制与**无线电频率划分规定。

习题

1. 试述国家无线电管理“十二五”规划的主要任务。
2. 简述我国无线电管理部门的职能。
3. 试述无线电干扰的类型与分级。
4. 试述无线电管理的作用与范围。
5. 试述无线电管理的原则与方针。
6. 简述无线电台（站）的管理。
7. 简述卫星网络通信的无线电管理。
8. 试述无线电管制决定与实施。

第4章 物联网安全法律制度

本章提要

本章首先分析了物联网安全法的基本概况，然后从物联网的网络系统安全、信息安全和交易安全的规章制度和法律规范等方面详细论述了物联网安全相关的法律法规。本章着重阐述通信网与互联网的网络与信息安全，分为四部分讨论，一是通信安全，通信安全的含义，通信安全的法律规范，通信安全的管理制度；二是通信网与互联网的网络安全保护，包括通信安全的技术措施、通信安全的业务规范以及重大通信事故上报制度；三是通信网与互联网的信息安全管理，主要包括通信网与互联网的信息安全管理制度；四是应急通信保障，包括国家通信保障预案、应急通信保障体系以及应急通信预警与处置等重要问题。

引例　交通监控设备失效纠纷案

因为摄像头失效，一起交通事故无法认定责任。2011 年 3 月 17 日，一起这样的案件在郑州开审。据主审法官介绍，因监控设备失效而引发的交通事故诉讼案件在近一两年逐渐增多。2010 年 5 月 31 日，马强（化名）驾驶轿车与驾驶电动自行车的付伟（化名）在桐柏北路与棉纺路交叉口处相撞，因双方当事人陈述不一致，加上路口监控设备失效，交警二大队做出了事故无法认定责任的道路交通事故证明。付伟将马强及其车投保的中国人民财产保险股份有限公司郑州市郑汴路支公司告上法庭，要求赔偿各项损失 16 382 元。最终，在法院的协调下，双方达成初步和解协议，马强拿出 8 000 多元进行赔偿。

近两年，监控设备不能及时升级、维护不到位等问题凸显，亟需引起相关部门重视。另外有市民认为，交警部门出具的证明有待商榷，监控设备失效，交警就不能通过其他途径划分事故责任了吗?

（本文由作者根据网络资料改写：大河网—河南日报，2011-03-29）

讨论：

1. 交通监控设备是审理交通事故诉讼案件的唯一有效证据吗?
2. 你认为交通物联网中的失效设备制造商是否应该承担责任?

4.1　物联网安全法概述

4.1.1　物联网安全法基本概况

随着网络技术的发展与信息化基础设施的快速普及，世界各国物联网行业迅速崛起。然而，在各种影响物联网发展的因素中，安全性是影响物联网发展的关键因素。除了使用一些安全技术之外，还需要建立和完善相关物联网安全的法律法规，以确保物联网健康快速发展。物联网涉及的法律问题众多，作为未来服务的主要形式，其今后的发展必将出现更多、更细致的法律问题。

由于都是基于网络开展业务活动，物联网立法与无线通信和电子商务立法密不可分。2002 年 1 月 24 日，在经历了 5 年的起草工作后，联合国第 56 届大会正式通过《联合国国际贸易法委员会电子签字法》。美国为保证网络商贸安全制定的相关法律主要有与网上交易相关法律调整的基本原则、电子支付的法律制度、信息安全的法律制度、消费者权益保护的法律制度等。

我国积极参与国际合作，融合国际电子商务框架，构造适合中国国情的电子商务法律体系。我国现行的《中华人民共和国合同法》（以下简称《合同法》）对与电子商务相关的数据电文作为合法书面形式的确认、数据电文的到达时间和生效时间以及数据电文订立的合同成立地等作了相应规定。这些规定是我国第一次以法律的形式确定了关于电子商务的法律调整，虽然直接相关的内容仅有四条，但仍可以说是我国电子商务立法的一个里程碑。实际上，与物联网有关的立法最早可以追溯到 1994 年 2 月 18 日国务院颁布的《中华人民共和国计算机信息系统安全保护条例》，以及其后的《中国互联网络域名注册暂行管理办法》（国务院信息办 1997 年 6 月 3 日颁布）、《中华人民共和国计算机信息网络国际联网管理暂行规定》（国务院 1996 年 2 月 1 日颁布）。但这些相关的立法均为行政法规或规章，法律效力等级较低且规定内容不尽全面。

4.1.2　物联网安全法需解决的主要问题

网络通信技术、数字媒体技术等促进了世界各国物联网的迅速发展，物联网逐渐成为人们进行业务活动的新模式，慢慢发展成为一个新的经济增长点，越来越多的人通过互联网进行业务活动。在中国互联网络信息中心公布了第 19 次中国互联网络发展状况统计报告中显示，中国网民已达 13 700 万人，可见物联网的春天已到来。物联网的发展前景十分诱人，但物联网的安全问题已成为制约物联网发展的主要瓶颈。CNNIC2005 年公布的《中国互联网络发展状况统计报告》显示，在网上购物最大问题一项中，有 34.3%的人选择了“安全性得不到保障”，在用户选择网上银行最看重的因素中，有 47.5%的人选择了“交易的安全性”。可见，网上交易的安全性已经成为制约物联网发展的主要因素。

从物联网所面临的问题类型来看，物联网安全法需要解决的主要问题包括以下几个方面：

1. 网络系统安全

物联网的网络安全主要是指计算机和互联网、无线通信网本身存在的安全问题，也就是保障物联网平台的可用性和安全性的问题，其内容包括计算机的物理安全、系统安全、数据库安全、网络设备安全、网络服务安全问题等。物联网的快捷和便利对网络安全性提出了前所未有的要求，而网络系统中存在的各种安全隐患也成为影响物联网发展的重要障碍之一。网络系统的安全隐患主要包括黑客的袭击和计算机病毒的传递等。1986 年，我国大陆发现了第一例计算机病毒——“小球病毒”。其后，计算机病毒在全国大范围蔓延开来，给国家造成的损失也越来越大。从国家计算机病毒应急中心日常监测结果来看，计算机病毒呈现出异常活跃的态势。2008 年 10 月份，瑞星对 1 万台上网计算机的抽样调查表明，这些计算机每天遇到的挂马网站，高峰期达到 8 428 个，最低也有 1 689 个，去除单台计算机访问多个挂马网站的情况，每天平均有 30%的网民访问过挂马网站。因此，安全的网络环境是物联网发展的关键，同时物联网的发展又对网络的安全性提出了更高的要求和挑战。总之，在物联网中，传感网的建设要求 RFID 标签预先被嵌入任何与人息息相关的物品中。可是人们在观念上似乎还不是很能接受自己周围的生活物品甚至包括自己时刻都处于一种被监控的状态，嵌入标签势必直接导致个人的隐私权问题受到侵犯。因此，如何确保标签物的拥有者个人隐私不受侵犯便成为射频识别技术以至物联网推广的关键问题。而且如果一旦政府在这方面和国外的大型企业合作，如何确保企业商业信息、国家机密等不会泄露也至关重要。所以说在这一点上，物联网的发展不仅仅涉及一个技术问题，更有可能涉及政治、法律和国家安全问题。物联网系统的安全和一般 IT 系统的安全基本一样，主要有八个尺度：读取控制、隐私保护、用户认证、不可抵赖性、数据保密性、通信层安全、数据完整性、随时可用性。

2. 信息安全

信息安全问题是物联网信息在网络的传递过程中面临的信息被窃取、信息被篡改、信息被仿冒和信息被恶意破坏等问题。例如，电子传输信息在网络上传输的过程中，可能被他人非法的修改、删除或重放（指只能使用一次的信息被多次使用），从而使信息失去了真实性和完整性；因网络硬件和软件的问题而导致信息传递的丢失与谬误以及一些恶意程序的破坏而导致物联网信息遭到破坏；交易双方进行交易的内容被第三方窃取或交易一方提供给另一方使用的文件被第三方非法使用等。自 2004 年下半年以来，网页被篡改事件发生频率节节上升。据 CNCERT/CC 网络安全工作报告显示，2004 年网页篡改事件占全年网络安全事件的 46.1%。仅 2005 年 4 月，国内网页篡改事件数量就达到了 461 起。企业往往是黑客攻击的重点，根据赛门铁克的调查，2005 年企业每天受到攻击的次数从前 6 个月的平均 10.6 次，上升到 13.6 次。金融行业受到的攻击率最高，每 1 万个安全事件中就有 16 个是严重事件。随着网上窃取个人信用资料手段的改进，个人信息安全也面临巨大的挑战。2008 年是病毒、木马异常活跃的一年，大量病毒通过网页挂马方式传播。IE Oday 漏洞被利用成为 2008 年最大安全事件。2009 年"网络挂马"问题更严重，更多网站遭遇木马攻击。2011 年，恶意广告数量增速迅猛，新增钓鱼网站 45 万个。

3. 交易安全

交易安全问题是指在物联网虚拟市场交易过程中存在的交易主体真实性、资金的被盗用、合同的法律效应、交易行为被抵赖等问题。比如，物联网交易主体必须进行身份识别，如果不进行身份识别，第三方就有可能假冒交易一方的身份，破坏交易，损害被假冒一方的声誉或盗取被假冒一方的交易成果甚至进行欺诈。最新的调查结果显示，全球每天垃圾邮件的发送量已超过百亿，中国互联网用户平均每周收到垃圾邮件数量为 19.94 封，用户每周收到正常邮件（不包括垃圾邮件）为 12.94 封，每年给我国国民经济生产总值造成 63 亿元损失。人们不得不花费大量的时间和精力，进行甄别和筛选被埋在信息垃圾里面的真正有价值的邮件，而且还要时刻提防黑客电子邮件病毒的攻击。2005 年全国手机短信发送量 3 300 亿条，收入 330 亿元，比 2004 年同期增长近 40%，手机短信业务成了创业投资者的金矿，同时，也成为了垃圾信息的第二个来源，人们又不得不忍受垃圾短信的骚扰。2011 年对 1 000 余名网购被骗受害者调查，全国各地均有网民受害，近 7 成受害者被骗 500 元以下。2012 年网络病毒传播途径仍以"网络钓鱼"和"网页挂马"为主。

因此，在进一步细化《合同法》有关电子商务的条款的同时，更应在电子支付的确认、网民隐私权的保护及知识产权的网上保护等问题上进行立法研究并尽快完成相关法律的起草工作，以弥补法律框架上的欠缺。应从以下几个方面进行研究：

1）电子支付

网络交易必然会涉及到网上支付，网上支付即是电子支付，它是我国目前物联网发展的一个重点。电子支付使传统的货币有形流动转变为无形的信用信息在网上流动，对电子支付及由此产生的法律问题，我国目前尚无相关的法律予以调整。根据国外的有关经验，电子支付的法律问题的核心问题是电子签名法。电子签名法有四项原则：技术中立原则、当事人意思自治原则、最大诚信原则、合理推定原则等。

2）网民隐私权的保护

安全和保密是物联网发展的一项基本要求。网民的隐私权保护又系重中之重。网站、ISP（网络接入服务）或 ICP（网络信息服务）等泄露或不当利用客户的个人信息，造成客户的隐私权损害事件屡见不鲜。因此，制定相关的法律来确定"在线服务商"的侵权责任势在必行。根据国际惯例，对网上贸易涉及的敏感性资料及个人数据应给予法律保护，对违规行为应追究责任。

3）知识产权的保护

物联网在国内的迅速普及，使现行知识产权保护制度面临新的更加复杂的挑战。恶意抢注等与域名有关的新型知识产权纠纷已在国内出现，专利、商标等的网上保护日益突出，特别是著作权的保护更是需要更高等级的法律保护或在现行法律的修改稿有所体现。

4. 通信安全

通信即信息传递。信息是一切客观事物之间影响的总和。通信是人类社会发展的基础，是推动人类文明与社会进步的巨大动力。通信包括邮政与电信。本章所指的通信安全主要是指电信安全。通信安全主要包括两个方面：信息的传输安全和信息的存储安全。信息的传输安全是指在传输过程中的安全。信息的存储安全是指信息在静态存放状态下的安全。

我们正在进入一个全新的网络经济时代，随着信息网络技术的迅速发展，通信网络安全和信息安全问题已经成为世界性的现实问题，直接关系着国家的安全、民族的兴衰和战争的胜负。可以说，没有信息安全，就没有完全意义上的国家安全，也没有真正的政治安全、军事安全和经济安全。

为了保障通信网络安全和信息安全，维护国家利益和社会公共利益，《中华人民共和国电信条例》主要从四个方面对通信安全作了规定：

一是在维护国家安全和社会秩序方面，对含有危害国家安全、侵犯他人合法权益内容的九种信息做了明确的禁止性规定。

二是在电信网络安全和信息安全方面，针对现实中危害较大的计算机病毒、“黑客”等情况，做了禁止性规定。

三是在电信设施保护及维护电信市场秩序方面，对一些危害网络设施安全和扰乱电信市场秩序的行为，做出了禁止性规定。

四是在保护用户通信自由和通信秘密方面，明确了电信用户依法使用电信的自由和通信秘密受法律保护。除因国家安全或者追查刑事犯罪的需要，由公安机关或者人民检察院依照法律规定的程序对电信内容进行检查外，任何组织或者个人不得以任何理由对电信内容进行检查。未经批准，电信业务经营者及其工作人员不得擅自向他人提供电信用户使用电信网络所传输信息的内容。

4.1.3　确立物联网安全法的基本原则

如何保障物联网活动的安全一直是物联网安全领域研究的热点问题之一，物联网安全法律规章制度确定的基本原则主要包括以下几个方面：

1. 确保物联网的有效性

贸易信息的有效性是开展物联网的前提，并且网络信息的有效性将直接关系到个人、企业或国家的经济利益和声誉。因此，要对网络故障、操作错误、应用程序错误、硬件故障、系统软件错误及计算机病毒所产生的潜在威胁加以控制和预防，以保证贸易数据的有效性。

2. 保障网络交易的机密性

物联网作为贸易的一种手段，其信息直接代表着个人、企业或国家的商业机密。传统的纸面贸易都是通过邮寄封装的信件或通过可靠的通信渠道发送商业报文来达到保守机密的目的。物联网是建立在一个较为开放的网络环境上的，维护商业机密是物联网全面推广应用的重要保障。因此，要预防非法的信息存取和信息在传输过程中被非法的窃取。

3. 保证交易信息的完整性

物联网简化了贸易过程，减少了人为的干预，同时也带来维护贸易各方商业信息的完整、统一的问题。数据输入时的意外差错或欺诈行为，以及数据传输过程中信息的丢失、信息重复或信息传送的次序差异等，可能会导致贸易各方信息的差异。贸易各方信息的完整性将影响到贸易各方的交易和经营策略，保持贸易各方信息的完整性是EC（电子商务）应用的基础。因此，要预防对信息的随意生成、修改和删除，同时要防止数据传送过程中信息的丢失和重复并保证信息传送次序的统一。

4. 保证交易的可靠性与不可抵赖性

如何确定要进行交易的贸易方正是所期望的贸易方是保证 EC 顺利进行的关键。在传统的纸面贸易中，贸易双方通过在交易合同、契约或贸易单据等书面文件上手写签名或印章来鉴别贸易伙伴，确定合同、契约、单据的可靠性并预防抵赖行为的发生，这也就是人们常说的“白纸黑字”。在无纸化的EC方式下，通过手写签名和印章进行贸易方的鉴别已是不可能的。因此，需要在交易信息的传输过程中为参与交易的个人、企业或国家提供可靠的标识。

5. 信息服务的即时性

即时性也称即需性，是防止网络信息的延迟或拒绝服务，其威胁的目的就在于破坏正常的计算机处理或完全拒绝服务。在物联网中，延迟一个消息或消除它会带来灾难性的后果。例如，在上午 10:00 向在线的股票交易公司发一个电子邮件委托购买 1 000 股 IBM 公司的股票，假如这个邮件被延迟了，股票经济在下午 2:30 才收到这封邮件，这时股票已经涨了 15%，这个消息的延迟就使你损失了交易额的 15%。

6. 提高交易的可审查能力

根据机密性和完整性的要求，应对数据审查的结果进行记录。审查能力是指每个经授权的用户的活动的唯一标志和监控，以便对其所使用的操作内容进行审计和跟踪。当贸易一方发现交易行为对自己不利时否认物联网业务行为。例如，某股民以每股 12 元购买了 1 000 股后，行情发生了变化，每股价格降到了 10 元，于是该股民否认以前的购买行为。因此，要求系统要有审查能力，使交易的任何一方都不能对已经发生的交易行为进行抵赖。

4.1.4 物联网安全法的主要责任

1. 物联网安全的行政责任

违反物联网安全法的行政责任是指物联网法律关系的主体违反物联网安全法所规定

的义务而构成行政违法所应承担的法律责任。违反物联网安全法律的行政责任的承担方式，按照承担责任主体的不同而有所差异。国家机关违反物联网安全法律，主要是按照法定程序进行国家赔偿；国家公务员违反物联网安全法律，主要是对其进行行政处分，如果给行政相对方造成了损失，在追究责任人的同时，仍然要进行国家赔偿；计算机信息系统的使用单位和其他危害计算机信息系统安全的主体，则主要进行行政处罚。

行政处罚是国家特定行政机关依法惩戒违反行政管理秩序的个人、组织的一种行政行为，属行政制裁范畴。我国于 1996 年公布的《行政处罚法》对行政处罚的种类做出了具体规定，主要有：

1）警告

警告是对实施轻微违法行为、不履行行政义务的相对人所予以的谴责和告戒，是一种影响相对人名誉的预备罚和申诫罚。如《中华人民共和国计算机信息系统安全保护条例》第二十条、《中华人民共和国计算机信息网络国际联网管理暂行规定》第十四条、《计算机信息网络国际联网安全管理办法》第二十条、第二十一条都规定了警告的行政处罚。

2）罚款

罚款是对违反行政法律法规、不履行法定义务的相对人的一种经济上的处罚，即强迫相对人缴纳一定金额款项以损害或剥夺其某些财产权的行政处罚。例如，《中华人民共和国计算机信息系统安全保护条例》第二十三条、《计算机信息网络国际联网管理暂行规定》第十四条、《计算机信息网络国际联网安全管理办法》第二十条都有罚款的规定。

3）没收违法所得

没收违法所得是对生产、保管、加工、运输、销售违禁物品或进行其他赢利性违法活动相对人所实施的一种经济上的处罚。例如，《中华人民共和国计算机信息系统安全保护条例》第二十三条、《中华人民共和国计算机信息网络国际联网管理暂行规定实施办法》第二十二条等都有没收违法所得的规定。

4）责令停产停业

责令停产停业是对从事生产、经营活动相对人的违法行为所做的一种行之有效的处罚形式。在电子商务安全法律领域，则表现为停机整顿或停止联网。例如，《中华人民共和国计算机信息系统安全保护条例》第二十条规定，对某些违反条例的行为可以责令其停机整顿；又如，《中华人民共和国计算机信息网络国际联网管理暂行规定实施办法》第二十二条规定，对违反本办法的某些行为，由公安机关责令其停止联网。

5）扣押或吊销许可证、执照

扣押或吊销许可证、执照是限制或剥夺违反行政法律、法规的相对人特定的行为能力或某项专门权利的行为罚，也称作能力罚。例如，《计算机信息系统安全专用产品检测和销售许可证管理办法》第二十一条规定，检测机构违反本办法的规定，情节严重的，取消检测资格；又如，《中国公用计算机互联网国际联网管理办法》第十五条规定的撤销批准文件也属于这种类型的行政处罚。

6）行政拘留

行政拘留是对违反行政法律、法规，不履行法定义务的相对人在短期内限制其人身自由的一种严厉的处罚形式。由于限制其人身自由是一种严厉的处罚形式，所以《行政处罚法》规定，只有法律可以设定限制人身自由的行政处罚，并且该处罚只能由特定的机关执行。我国目前的电子商务安全法基本上都是行政法规，不能设定限制人身自由的行政处罚，但是对某些违反电子商务安全法律的违法分子，如果不能做出与其违法行为危害程度相适的限制人身自由的处罚，不足以制裁违法分子，对被侵害的计算机信息系统的使用者也是不公正的。

7）法律、法规规定的其他行政处罚

在电子商务安全法律领域，这些行政处罚主要有：通报批评，如《中华人民共和国计算机信息网络国际联网管理暂行规定实施办法》第十四条的规定；还有《中国公用计算机互联网国际联网管理办法》规定的停止接入服务等。

2. 物联网安全的刑事责任

2000年12月28日第九届全国人民代表大会常务委员会通过《全国人民代表大会常务委员会关于维护互联网安全的决定》。决定指出，为了保障互联网的运行安全，对有下列行为之一、构成犯罪的，依照刑法有关规定追究刑事责任：侵入国家事务、国防建设、尖端科学技术领域的计算机信息系统；故意制作、传播计算机病毒等破坏性程序，攻击计算机系统及通信网络，致使计算机系统及通信网络遭受损害；违反国家规定，擅自中断计算机网络或者通信服务，造成计算机网络或者通信系统不能正常运行。

为了维护国家安全和社会稳定，对有下列行为之一、构成犯罪的，依照刑法有关规定追究刑事责任：（1）利用互联网造谣、诽谤或者发表、传播其他有害信息，煽动颠覆国家政权、推翻社会主义制度，或者煽动分裂国家、破坏国家统一；（2）通过互联网窃取、泄露国家秘密、情报或者军事秘密；（3）利用互联网煽动民族仇恨、民族歧视，破坏民族团结；（4）利用互联网组织邪教组织、联络邪教组织成员，破坏国家法律、行政法规实施。

为了维护社会主义市场经济秩序和社会管理秩序，对有下列行为之一、构成犯罪的，依照刑法有关规定追究刑事责任：（1）利用互联网销售伪劣产品或者对商品、服务做虚假宣传；（2）利用互联网损害他们商业信誉和商品声誉；（3）利用互联网侵犯他人知识产权；（4）利用互联网编造并传播影响证券，期货交易或者其他扰乱金融秩序的虚假信息；（5）在互联网上建立淫秽网站、网页，提供淫秽站点链接服务，或者传播淫秽书刊、影片、音像、图片。

为了保护个人、法人和其他组织的人身、财产等合法权利，对有下列行为之一、构成犯罪的，依照刑法有关规定追究刑事责任：（1）利用互联网侮辱他人或者捏造事实诽谤他人；（2）非法截获、篡改、删除他人电子邮件或者其他数据资料，侵犯公民通信自由和通信秘密；（3）利用互联网进行盗窃、诈骗、敲诈勒索。

利用互联网实施上述所列行为以外的其他行为、构成犯罪的，依照刑法有关规定追究刑事责任。利用互联网实施违法行为，违反社会治安管理，尚不构成犯罪的，由公安机关依照《治安管理处罚条例》予以处罚；违反其他法律、行政法规，尚不构成犯罪的，由有关行政管理部门依法给予行政处罚；对直接负责的主管人员和其他直接责任人员，依法给予行政处分或者纪律处分。

3. 物联网安全的民事责任

《全国人民代表大会常务委员会关于维护互联网安全的决定》规定，利用互联网侵犯他人的合法权益，构成民事侵权的，依法承担民事责任。目前，我国电子商务安全法律责任体系尚未完全建立，现有的法律责任重行政责任和刑事责任，轻民事责任的现象仍然存在。传统交易中为了保证交易安全，一份书面合同一般都要由当事人签字或盖章，法律才确定合同的有效性。而在虚拟的网络环境中进行电子商务交易，合同以电子文本的形式表现和传递，传统的手写签字和盖章无法进行，其信用和身份只能通过电子签名和电子认证等安全保障机制来确认。为了规范电子签名行为，确立电子签名的法律效力，维护有关各方的合法权益，2004 年 8 月 28 日，年我国颁布并开始实施《中华人民共和国电子签名法》。《中华人民共和国电子签名法》赋予了电子签名与普通签名同等的法律效力，但是传统签名与数字签名具有以下不同之处：

（1）传统签名的唯一性来自于签名人的笔迹，是不可复制的，而电子签名的唯一性来自于签名人的签名制作数据，复制容易。

（2）传统签名中根据笔体来确认签名者的身份；在电子签名中，确认签名者的身份可以有很多手段，比如，利用电子手写签名，利用公钥密码学的技术等。

（3）传统签名中的墨水可以判断签名的时间；在电子签名中，利用一个公正的专业机构提供签名需要足够精确的时间，并且在整个文件上签名。

（4）传统签名文件可以分辨出原件和副本；在电子签名中，电子签名和签署的文件，都可以复制，而且没有办法分辨出原件和副本。

（5）传统签名文件能够被保存；但在电子签名中，数据电文必须妥善地存放在存储介质中，不可保存的信息不具有法律效力。

（6）传统签名文件可以被安全传输，只有接收者可以看到文件；在电子签名中，通过加密的方式保证安全传输。

（7）电子签名基于它实质是一种数据，因而无法像传统的纸面签名，可以作为证据向法庭提交。

（8）电子签名需要运用计算机系统辨别，而传统的签名只需要视觉就可直接进行比较。

4.1.5　物联网安全的法律制度规范

物联网是一种全新的贸易方式和商业模式，是未来贸易的发展方向，也是我国实现积极参与国际竞争的需要。但是，侵害消费者合法权益的问题不断出现。物联网中消费者权益的法律保护存在许多新问题，依据现有的消费者保护法，很难使网上购物消费者的权益得到真正保护，为此需要制定相关法律，以解决在线消费者保护问题。物联网相关法律法规制度的发展显得比较滞后，在短时间内不可能形成十分完善的法律制度去规范物联网运行的技术环境。在这里，我们主要选取了国内外一些重要的物联网安全相关的法律法规和制度进行介绍，以勾勒目前物联网安全方面法律制度规范的大致情形。

1. 国外电子商务和物联网安全相关的法律制度规范

欧盟、美国、日本、韩国是制定电子商务法较早且实施较为成功的国家或地区，这些国家和地区通过规定增加交易透明度、最低限度要求消费者个人数据等来保护网上购物中消费者的合法权益，如美国的《全球电子商务纲要》对网络购物规定了具体的市场环境、制度环境、交易环境。

在实施国家基础设施建设过程中，美国政府采取了一系列的措施发展加速信息基础建设。早在 20 世纪 80 年代，美国就制定了《电子通信隐私法案》、《信用卡欺诈法》、《计算机安全法》、《信息安全管理条例》等法律法规；英国于 1984 年制定了《数据保护法》。

日本于 2000 年将商业计算机软件等信息产品规定为“信息财产”并受法律保护。在 20 世纪 90 年代韩国制定了《电子交易法》、《计算机软件保护法》等法律。20 世纪 90 年代初期，互联网商业化和社会化的发展，从根本上改变了传统的产业结构和市场运作方式，电子商务出现了前所唯有的增长势头。联合国贸易法委员会在 EDI 规则研究与发展的基础上，于 1996 年 6 月通过了《联合国国际贸易法委员会电子商务示范法》，为各国制定本国电子商务法提供了框架和示范文本。

2. 我国物联网安全相关的法律制度规范

1）关于网络安全和信息安全的法律制度

20 世纪 90 年代中期至今，我国已出台了一批专门针对网络和信息安全的法律、制度及行政规章，如全国人大常委会 2000 年 12 月通过的《全国人民代表大会常务委员会关于维护互联网安全的决定》、国务院 1994 年 2 月 18 日颁布的《中华人民共和国计算机信息系统安全保护条例》、1996 年 2 月 1 日发布 1997 年 5 月 20 日修正的《中华人民共和国计算机信息网络国际联网管理暂行规定》、1997 年 2 月 16 日由公安部发布的《计算机信息网络国际联网安全保护管理办法》、2000 年 9 月 25 日发布的《中华人民共和国电信条例》、《互联网信息服务管理办法》及《网络交易平台规范服务》等。此外，1997 年修订刑法时，增加了第二百八十五至二百八十七条对计算机信息系统保护及利用计算机系统对犯罪处罚的条文。我国各级人民法院，也已经受理及审结了一批涉及信息网络安全的民事与刑事案件。

2000 年是我国网络立法较多的一年。据不完全统计，专门针对网络的立法，包括最高人民法院的司法解释，达到几十件，超过以往全部网络立法文件的总和，调整范围涉及网络版权纠纷、互联网中文域名管理、电子管理、网上新闻发布、网上信息服务、网站名称注册、网上证券委托、互联网保密管理等许多方面。过去进行网络立法的部门主要是公安部、工业和信息化部等少数几个部门，2000 年则明显增加 ，文化部、教育部、国家工商局、中国证券监督委员会以及一些省、市地方政府均在各自职权范围内，颁布了有关网络的法律文件。这些立法及管理活动对推进我国网络健康发展起到了积极作用。

网络信息安全问题的解决有赖于技术的不断创新，但仅依靠技术手段还远远不够。技术性规范的法律化，以及法律规范特有的制裁机制和补偿机制对于网络信息安全的实现是不可或缺的。自国务院发布《中华人民共和国计算机信息系统安全保护条例》有关网络安全管理的第一部法律文件以来，迄今已初步形成以行政法规和部门规章为主体包括宪法、法律、司法解释、地方性法规和规章等多层次规范性文件的网络安全管理法律体系。但是，我国现行的法律制度在保障网络信息安全方面还存在诸多缺漏，完善相关立法、健全网络信息安全的法律保障系统已是当务之急。当前，我国的电子商务安全法律法规主要分为互联网技术相关的法律法规和互联网提供内容相关的法律法规了两个方面。如《中华人民共和国计算机信息系统安全保护条例》、《计算机信息网络国际联网安全保护管理办法》、《电子认证服务管理办法》、《商用密码管理条例》等。

2）涉及交易安全的法律制度

我国现行的涉及交易安全的法律制度主要有四类：综合性法律，主要是民法通则和刑法中有关保护交易安全的条文；规范交易主体的有关法律，如公司法、国有企业法、集体企业法、合伙企业法、私营企业法、外资企业法等；规范交易行为的有关法律，包括经济合同法、产品质量法、财产保险法、价格法、消费者权益保护法、广告法、反不正当竞争法等；监督交易行为的有关法律，如会计法、审计法、票据法、银行法等。

我国法律对交易安全的研究起步较晚，且长期以来注重对财产静态权属关系的确定和保护，未能反映现代市场经济交易频繁、活泼、迅速的特点。虽然在上述四类法律制度中体现了部分交易安全的思想，但大都没有明确的物联网交易安全的法律法规。因此，研究并借鉴国外的电子商务法律、规定或规则，立足于我国的本土资源，这是有效构建适宜我国物联网安全健康发展的法律环境及证据制度所必需的。

4.2　物联网的网络安全法律制度

4.2.1　物联网的网络安全

网络应用系统是物联网最基本的构架，网络安全是实现物联网的基础，而一个通用性强、安全可靠的网络协议则是实现物联网安全交易的关键技术之一，它也会对物联网的整体性能产生很大的影响。随着全球互联网技术的飞速发展和广泛应用，网络安全问题日益突出，全世界由于信息系统脆弱而导致的经济损失逐年上升。由于互联网相对比较开放，运行在网上的设计和软件又各种各样，难免存在一些安全漏洞，给形形色色的信息破坏之徒以可乘之机，他们充分利用可能存在的安全漏洞窃取机密信息，删改网络系统文件，肆意破坏数据，甚至导致系统崩溃。当前电子商务的网络安全隐患主要表现在以下四个方面：

（1）系统安全性漏洞。物联网的构建主要是以系统的软硬件为基础，所以，网络故障、操作错误、应用程序错误、硬件故障、系统软件错误以及计算机病毒都可以使系统不能正常工作。

（2）跨平台数据交换引起数据丢失。在同一个物联网系统中，因为多个操作系统，不同的计算机设备，不同传输物质等兼容性问题所引起的数据丢失是跨平台数据交换引起的数据丢失。

（3）人为带来的数据被篡改。物联网起步不久，安全性措施还不完善，这正是网络攻击的焦点，网络黑客正式利用物联网中的种种安全漏洞对信息进行修改和窃取，甚至修改系统，对整个系统造成毁灭性的破坏。

（4）拒绝服务攻击。特别是分布式拒绝服务攻击对网络服务系统进行干扰，改变其正常的作业流程，执行无关程序使系统响应减慢甚至瘫痪，使合法用户被排斥而不能进入计算机网络系统或不能得到相应的服务。

4.2.2　物联网网络安全的基本原则

由于物联网交易双方是通过互联网进行交易活动的，而互联网的开放性和互联性又使其必然存在各种安全隐患。因此，保证网上交易高度的安全性和可信性是物联网亟待解决的问题。作为全方位的、整体的物联网网络安全防范体系也是分层次的，不同层次反映了不同的安全问题，根据网络的应用现状情况和网络的结构，我们将物联网的网络安全性原则分为以下几个方面：

1．物理环境的安全性

该层次的安全包括通信线路的安全、物理设备的安全、机房的安全等。物理层的安全主要体现在通信线路的可靠性（线路备份、网管软件、传输介质）、软硬件设备安全性（替换设备、拆卸设备、增加设备）、设备的备份、防灾害能力、防干扰能力、设备的运行环境（温度、湿度、烟尘）、不间断电源保障，等等。

2．操作系统的安全性

该层次的安全问题来自网络内使用的操作系统的安全，如 Windows NT，Windows 2000 等。主要表现在三个方面，一是操作系统本身的缺陷带来的不安全因素，主要包括身份认证、访问控制、系统漏洞等；二是对操作系统的安全配置问题；三是病毒对操作系统的威胁。

3．网络的安全性

该层次的安全问题主要体现在网络方面的安全性上，包括网络层身份认证、网络资源的访问控制、数据传输的保密与完整性、远程接入的安全、域名系统的安全、路由系统的安全、入侵检测的手段、网络设施防病毒等。

4．应用的安全性

该层次的安全问题主要由提供服务所采用的应用软件和数据的安全性产生，包括 Web 服务、电子邮件系统、DNS 等。此外，还包括病毒对系统的威胁。

5．管理的安全性

安全管理包括安全技术和设备的管理、安全管理制度、部门与人员的组织规则等。管理的制度化极大程度地影响着整个网络的安全，严格的安全管理制度、明确的部门安全职责划分、合理的人员角色配置都可以在很大程度上降低其他层次的安全漏洞。

4.2.3　物联网网络系统的安全管理机制

1．互联网出入信道的安全监督

省、自治区、直辖市公安厅（局）和地（市）、县（市）公安局，应当有相应机构负责国际联网的安全保护管理工作。具体工作如下：

（1）公安机关计算机管理监察机构应当掌握互联单位、接入单位和用户单位的备案情况，建立备案档案，进行备案统计，并按照国家有关规定逐级上报。

（2）公安机关计算机管理监察机构应当督促互联单位、接入单位及有关用户建立健全安全保护管理制度。监督、检查网络安全保护管理以及技术措施的落实情况。公安机关计算机管理监察机构在组织安全检查时，有关单位应当派人参加。公安机关计算机管理监察机构对安全检查发现的问题，应当提出改进意见，做出详细记录，存档备查。

（3）公安机关计算机管理监察机构发现含有非法内容的地址、目录或者服务器时应当通知有关单位关闭或者删除。

（4）公安机关计算机管理监察机构应当负责追踪和查处通过计算机信息网络的违法行为和针对计算机信息网络的犯罪案件，对违反《计算机信息网络国际联网安全保护管理办法》第四条、第七条规定的违法犯罪行为，应当按照国家有关规定移送有关部门或者司法机关处理。

2．计算机信息系统安全专用产品检测和销售许可

国家对计算机信息系统安全专用产品的销售实行许可证制度。《计算机信息系统安全专用产品检测和销售许可证管理办法》规定，计算机信息系统安全专用产品，是指用于保护计算机信息系统安全的专用硬件和软件产品。中国境内的安全专用产品进入市场销售，实行销售许可证制度。公安部计算机管理监察部门负责销售许可证的审批颁发工作和安全专用产品安全功能检测机构（以下简称检测机构）的审批工作，地（市）级以上人民政府公安机关负责销售许可证的监督检查工作。经省级以上技术监督行政主管部门或者其授权的部门考核合格的检测机构，可以向公安部计算机管理监察部门提出承担安全专用产品检测任务的申请。公安部计算机管理监察部门对提出申请的检测机构的检测条件和能力进行审查，经审查合格的，批准其承担安全专用产品检测任务。

检测机构应当履行下列职责：严格执行公安部计算机管理监察部门下达的检测任务；按照标准格式填写安全专用产品检测报告；出具检测结果报告；接受公安部计算机管理监察部门对检测过程的监督及查阅检测机构内部验证和审核实验的原始测试记录；保守检测产品的技术秘密，并不得非法占有他人的科技成果。

公安部计算机管理监察部门对承担检测任务的检测机构每年至少进行一次监督检查。被取消检测资格的检测机构，两年后方准许重新申请承担安全专用产品的检测任务。已经取得销售许可证的安全专用产品，生产者应当在固定位置标明“销售许可”标记。任何单位和个人不得销售无“销售许可”标记的安全专用产品。销售许可证只对所申请销售的安全专用产品有效。当安全专用产品的功能发生改变时，必须重新申领销售许可证。销售许可证自批准之日起两年内有效。期满需要延期的，应当于期满前 30 日内向公安部计算机管理监察部门申请办理延期手续。

4.2.4　物联网网络系统安全的法律法规

1．美国网络安全的相关法律

2003 年 2 月，美国正式通过了《网络空间安全国家战略》。该战略分为综述、优先方面、结束语和附录四大部分，对美国网络空间面临的威胁和脆弱性进行了阐述，明确指出制定和实施网络空间安全保护计划的指导方针，提出了五大优先发展方面和 47 项行动建议，并规定了联邦政府有关部门在网络安全保护中的基本职责，也为州和地方政府、私人企业和机构以及普通公民指明了在改善网络安全方面的行动方向。该战略号召美国全民参与到他们所拥有、使用、控制和交流的网络空间安全保护中，以实现“保护美国关键基础设施免遭网络攻击、降低网络的脆弱性、缩短网络攻击发生后的破坏和恢复时间”三大战略目标。

2002 年 7 月 15 日，美国众议院通过《加强网络安全法》。该法案的内容主要涉及打击计算机犯罪和重组科学技术办公室两大方面。其目的是为了反击电子入侵，打击计算机恶意攻击，加强网络安全。2002 年 12 月 4 日，当时的美国总统布什签署了一项关于儿童的网络安全法，加强了儿童在浏览因特网时的安全防范工作。根据这项法律，美国有关部门建立专门针对 13 岁以下的儿童网站，这些网站不能与其他外部网站相连接，其内容不包含任何有关性、暴力、污秽言语及其他成人内容，但可以设立诸如聊天室等功能。布什表示，这些网站将会像图书馆里的儿童阅览区一样安全，家长们可以放心孩子在那里浏览网站的内容。

2. 我国网络安全相关的法规

为了满足物联网在网络安全上的要求，我国涉及网络安全的法律、行政法规和规章主要包括以下几项：

1）维护互联网安全的决定

《全国人民代表大会常务委员会关于维护互联网安全的决定》指出，各级人民政府及有关部门要采取积极措施，在促进互联网的应用和网络技术的普及过程中，重视和支持对网络安全技术的研究和开发，增强网络的安全防护能力。有关主管部门要加强对互联网的运行安全和信息安全的宣传教育，依法实施有效的监督管理，防范和制止利用互联网进行的各种违法活动，为互联网的健康发展创造良好的社会环境。从事互联网业务的单位要依法开展活动，发现互联网上出现违法犯罪行为和有害信息时，要采取措施，停止传输有害信息，并及时向有关机关报告。任何单位和个人在利用互联网时，都要遵纪守法，抵制各种违法犯罪行为和有害信息。人民法院、人民检察院、公安机关、国家安全机关要各司其职，密切配合，依法严厉打击利用互联网实施的各种犯罪活动。要动员全社会的力量，依靠全社会的共同努力，保障互联网的运行安全，促进社会主义精神文明和物质文明建设。

2）互联网出入信道的管理制度

《中华人民共和国计算机信息网络国际互联网管理暂行规定》中规定，我国境内的计算机互联网必须使用国家公用电信网提供的国际出入信道进行国际联网。任何单位和个人不得自行建立或者使用其他信道进行国际联网。除国际出入口局作为国家总关口外，信息产业部（现为工业和信息化部）还将中国公用计算机互联网划分为全国骨干网和各省、市、自治区接入网进行分层管理，以便对入网信息进行有效的过滤、隔离和检测。从事互联网业务的单位和个人应当接受公安机关的安全监督、检查和指导，如实向公安机关提供有关安全保护的信息、资料及数据文件，协助公安机关查处通过互联网的计算机信息网络的违法犯罪行为。

互联单位、接入单位及使用计算机信息网络的法人和其他组织应当履行下列安全保护职责：负责本网络安全保护管理工作，建立健全安全保护管理制度；落实安全保护技术措施，保障本网络的运行安全和信息安全；负责对本网络用户的安全教育和培训；对委托发布信息的单位和个人进行登记，并对所提供的信息内容按照规定进行审核；建立计算机信息网络电子公告系统的用户登记和信息管理制度；发现有关规定的违法行为，应当保留有关原始记录，并在24小时内向当地公安机关报告；按照国家有关规定，删除本网络中含有非法内容的地址、目录或者关闭服务器。

使用公用账号的注册者应当加强对公用账号的管理，建立账号使用登记制度。用户账号不得转借、转让。涉及国家事务、经济建设、国防建设、尖端科学技术等重要领域的单位办理备案手续时，应当出具其行政主管部门的审批证明，并采取相应的安全保护措施。

3）市场准入制度

《中华人民共和国计算机信息网络国际联网管理暂行规定》规定了从事互联网经营活

动和从事非经营活动的接入单位必须具备以下条件：依法设立的企业法人或者事业单位；具备相应计算机信息网络、装备以及相应的技术人员和管理人员；具备健全的安全保密管理制度和技术保护措施；符合法律和国务院规定的其他条件。

4）计算机病毒防治管理办法

计算机病毒是指编制或者在计算机程序中插入的破坏计算机功能或者毁坏数据，影响计算机使用，并能自我复制的一组计算机指令或者程序代码。公安部公共信息网络安全监察部门主管全国计算机病毒的防治工作。地方各级公安机关具体负责本行政区域内的计算机病毒防治管理工作。

任何单位和个人不得制作计算机病毒。任何单位和个人不得有下列传播计算机病毒的行为：故意输入计算机病毒，危害计算机信息系统安全；向他人提供含有计算机病毒的文件、软件、媒体；销售、出租、附赠含有计算机病毒的媒体；其他传播计算机病毒的行为。任何单位和个人不得向社会发布虚假的计算机病毒疫情。任何单位和个人应当接受公安机关对计算机病毒防治工作的监督、检查和指导。

从事计算机病毒防治产品生产单位，应当及时向公安部公共信息网络安全监察部门批准的计算机病毒防治产品检测机构提交病毒样本。计算机病毒防治产品检测机构应当对提交的病毒样本及时进行分析、确认，并将确认结果上报公安部公共信息网络安全监察部门。对计算机病毒的认定工作，由公安部公共信息网络安全监察部门批准的机构承担。

计算机信息系统的使用单位在计算机病毒防治工作中应当履行下列职责：建立本单位的计算机病毒防治管理制度；采取计算机病毒安全技术防治措施；对本单位计算机信息系统使用人员进行计算机病毒防治教育和培训；及时检测、消除计算机信息系统中的计算机病毒，并备有检测、消除记录；使用具有计算机信息系统安全专用产品销售许可证的计算机病毒防治产品；对因计算机病毒引起的计算机信息系统瘫痪、程序和数据严重破坏等重大事故及时向公安机关报告，并保护现场。

从事计算机设备或者媒体生产、销售、出租、维修行业的单位和个人，应当对计算机设备或者媒体进行计算机病毒检测、消除工作，并备有检测、消除的记录。

3. 系统安全管理制度

为确保系统的安全性，除了采用上述法律规定的限制外，还必须建立严格的内部安全机制。对于所有接触系统的人员，按其司职设定其访问系统的最小权限。按照分级管理原则，严格管理内部用户账号和密码，进入系统内部必须通过严格的身份确认，防止非法占用、冒用合法用户账号和密码。建立网络安全维护日志，记录与安全性相关的信息及事件，有情况出现时便于跟踪查询。定期检查日志，以便及时发现潜在的安全威胁。对于重要数据要及时进行备份，且对数据库中存放的数据，数据库系统应视其重要性提供不同级别的数据加密。安全实际上就是一种风险管理。任何技术手段都不能保证 100%的安全。但是，安全技术可以降低系统遭到破坏、攻击的风险。决定采用什么安全策略取决于系统的风险要控制在什么程度范围内。

4. 网络经营者的责任

网络经营者包括网络基础设施经营者、接入服务提供者、主机服务提供者、电子公告板系统经营者和信息搜索工具提供者。《计算机信息网络国际联网安全保护管理办法》规定了经营国际互联业务的单位和个人的安全保护责任。如这些单位和个人负责所属互联网络的安全保护管理工作，履行安全保护职责，并接受公安机关监管。计算机网络系统运行管理部门必须设有安全组织或安全负责人，其基本职责包括：保障本部门计算机网络的安全运行；规定安全管理的方案和规章制度；定期检察安全规章制度的执行情况，负责系统工作人员的安全教育和管理；收集安全记录，及时发现薄弱环节并提出改进措施；向安全监督机关和上一级主管部门报告本系统的安全情况。每个工作站和每个终端都要建立健全网络操作的各项制度，加强对内部操作人员的安全教育和监督，严格网络工作人员的操作职责，加强密码和授权管理，及时更换有关密码；重视软件和数据库的管理维护工作，加强对磁盘文件的发放和保管，禁止在网上使用非法软件。

4.2.5　关于电信市场秩序的规定

下面列举了四项扰乱电信市场秩序的行为。

（1）采取租用电信国际专钱、私设转接设备或者用其他方法擅自经营国际或者中国香港特别行政区、中国澳门特别行政区与中国台湾地区电信业务。随着电信技术的迅速发展和我国的对外开放，社会通信的需求迅速增大，国际通信得到迅速增长。同时也应当看到，我国目前的国际通信资费标准明显高于国内通信业务的资费。例如，按照现行资费标准，我国打往美国的国际电话费是每分钟 15 元人民币，我国内地（不含广东省）打往中国香港、中国澳门的电话费是每分钟 5 元人民币，而内地长途电话费的最高限是每分钟 1 元人民币。另外，国家给广东省一些特殊资费标准，即广东各地（不含深圳）打往香港的电话费为每分钟 3.45 元人民币，广东各地（不含中山、珠海）打往澳门的电话费为每分钟 3.45 元人民币；深圳打往香港的电话费为每分钟 2.25 元人民币，中山打往澳门的电话费为每分钟 2.25 元人民币，珠海打往澳门的电话费为每分钟 1.65 元人民币。可见，同样的通话时间相比较，经营国际及中国港、澳、台地区通信业务的收益远远高于一般国内电话的经营收益。而且，由于经济的发展和国际交往的增多，国际通信的总需求会越来越大。

正是看到这一巨大的通信市场需求和经济利益，近年来我国境内非法经营国际及中国港、澳、台地区电信业务的违法犯罪活动呈上升趋势。其非法经营的主要表现手段有：第一，与香港地区的机构或人员相互勾结，利用香港打到内地不同地区电话费的价格差异，私设转接平台，租用电信企业的市内电话线，非法从事国际长途及港、澳、台地区电话转发业务；第二，租用电信企业的国际专线非法经营国际传真业务，发展用户；第三，租用国际专线经营国际来话业务，赚取中国电信企业应当收取的国际电话结算费用。例如，按照正常情况，从美国打到中国境内的任何国际长途电话，均需通过中国电信企业的国际线路到达最终用户，而根据国际间的协议，美国电信公司应当按通话时间向中国电信企业支付一定数额的结算费用。但租用国际专线经营国际来话业务的行为，使得国际来话不再直接通过中国电信企业的国际通路，而是加装一些设备，绕过正常通路，从旁路进入中国境内用户，使中国电信企业无法收取应当收取的结算费用。这种利用专线经营国际来话的行为，仅某地初步调查一条 2 Mbit/s 专线一年的来话业务就高达数千万分钟，按正常结算价计算，一年给国家造成的损失就高达亿元。

（2）盗接他人电信线路，复制他人电信码号，使用明知是盗接、复制的电信设施或码号。“盗接他人电信线路”，是指在他人的电信线路上另外接线装机利用他人合法租用的电信线路进行通话或获取其他电信服务的行为。其目的是非法与他人合法使用的电信线路连接，无偿使用合法用户的电话或其他电信线路，进行盗打电话或进行其他电信活动如上互联网等，损害他人利益，进而破坏电信市场秩序。需要说明的是，电信线路属于电信设施，其所有权归属于建设该线路的电信企业或其他建设单位，但进入最终用户家门后的线路材料属于用户，它是电信企业电信线路的延伸。利用电路传输信息属于电信企业的业务范围，用户对电信线路的租赁使用权，其来源是基于与电信企业订立的服务协议。

电信网码号是指电信业务经营者在提供电信与信息服务时使用的用户编号和网络编号。这里的“复制他人电信码号”主要是指利用技术手段破译或者直接获得他人移动电话号码等电信码号后进行复制。我国以前使用的移动电话主要是模拟技术和数字技术两种。按照我国有关规定，一部移动电话只能有一个电话号码。但是模拟移动电话存在一个技术缺陷，就是其码号可以很容易被盗取并复制，一个合法号码可以被复制多个，供多部移动电话使用，而最终只有一个合法用户承担话费。几年前因移动电话被复制、盗打导致电信用户和电信企业遭受巨大经济损失。

“使用明知是盗接、复制的电信设施或码号”的情形，是指行为人明知是盗接的电信设施或者是复制的电信码号，但仍然进行使用的行为。

（3）伪造、变造电话卡及其他各种电信服务有价凭证。电信服务是一种社会服务，除了一些公益性服务（如匪警、火警、医疗急救、交通遇险报警等）依法不收取费用外，其他电信服务依法是要收取费用的。在电话服务中，经营者收取服务费用的方式有两种，一种是信用消费方式，即用户先接受服务，然后按照与经营者的约定在一定时间内交纳服务费用；另一种是预付费方式，即用户在接受电信服务之前先行购买电信服务，然后按照预付的方式和期限接受经营者提供的服务。随着技术的发展，电话业务服务领域出现了各种不同服务内容的电话卡，电话卡消费属于预付费业务的一种。

“电话卡”是指电信业务经营者发行的标明用户交纳电话服务费用的一种卡片式凭证。根据不同的划分标准，可以将电话卡划分为不同的种类。如磁卡和集成电路卡（即 IC 卡）、密码记账卡（如通常人们使用的“200”、“300”电话卡），还有通过 IP 技术得以实现话音通信的 IP 电话卡等。

“其他各种电信服务有价凭证”是指上述电话卡之外的其他电信服务的有价凭证，如互联网服务提供商发行的“上网卡”等，它也是经营者进行电信服务收取费用的一种凭证。

各种电话卡和其他电信服务有价凭证由于其具有价值和使用价值，因此也成了不法分子伪造、变造的对象。“伪造”是指仿照真卡或者其他各种电信服务有价凭证的式样、票面、图案、颜色等特征，用技术手段进行制造，冒充真电话卡或其他电信服务有价凭证的行为。前些年我国出现了大量伪造磁卡的违法犯罪行为，行为人利用技术手段加工制作磁卡出售、贩卖，冒充真卡使用，给电信企业造成巨大经济损失。近年来随着技术的发展，磁卡电话机使用已经减少，针对磁卡的违法犯罪行为也相对减少。“变造”是指在真电话卡或其他电信服务有价凭证的基础上加工、改造，使真卡或其他凭证数量增多、数额增大的行为。例如，有人将已经作废的磁卡进行充磁，继续使用，即属变造行为。

（4）以虚假、冒用的身份证件办理入网手续并使用移动电话。身份证是我国公民法定的身份证明文件，其所载明的各种信息表明了公民个人的身份状况。我国电信企业开办移动电话业务，要求用户办理入网手续时，应当使用本人的身份证，其目的是为了便于管理和防范恶意拖欠手机话费的行为。移动电话因其使用方便，可以到外地漫游，倍受用户的青睐，但同时也成为不法分子注意的对象。由于目前移动电话的省际漫游话费一般需要1～2个月才能结算出来，有些人就利用这种"时间差"，利用伪造的身份证或者冒用他人身份证入网，意图无偿使用，损害电信企业的合法权益。目前，因为省际间尚未联网实时监控，"恶意高额久费"尚不能完全杜绝，由此给电信企业造成的损失十分惊人。

针对当前以虚假、冒用的身份证办理入网手续并使用移动电话的行为大量存在，并给他人或者电信企业造成巨大经济损失，扰乱电信市场秩序的实际情况，最高人民法院在2000年5月24日司法解释中明确规定："以虚假、冒用的身份证办理入网手续并使用移动电话，造成电话资费损失数额较大的，依照刑法第二百六十四条之规定，以诈骗罪定罪。"这为司法机关依法打击针对移动电话进行的犯罪活动提供了明确的依据。

4.3　通信网与互联网的信息安全管理

4.3.1　电信业务经营者建立健全电信安全保障制度的规定

电信业务经营者建立健全电信安全保障制度包含以下几层含义：

首先，电信业务经营者应当建立健全自己内部的电信安全保障制度，实行安全保障责任制。由于电信网络和信息安全的极端重要性，因此要求，电信业务经营者必须建立健全自己的电信安全保障制度。

为了维护电信安全，电信业务经营者应当建立健全包括以下几个方面在内各种的安全保障制度：一是建立网络设施建设安全保障制度。例如，在电信网络建设中建立严格采购制度，如采购电信线路、网络设备，接外连接接口及路由器等软硬件设施时，应当按照国家标准或主管机关规定的信息安全规范，提出信息安全需求，并列入采购规格，在采购合同中明确写明安全性能保障条款。在发展及应用加密技术时，应当采用国家密码管理主管部门认可的密码产品等。二是建立软件使用管理制度。在复制及使用软件方面，建立必要的管理制度；建立必要的事前预防及保护措施，监测及防止计算机病毒及其他恶意软件，确保系统正常运作。三是建立严格的安全技术措施保障制度。例如，对公众提供连线服务的信息系统，应当根据资料及系统的重要性及价值，采用资料加密、身份鉴别、电子签章、防火墙及安全漏洞检测等不同安全等级的技术或措施，防止资料及系统被侵入、破坏、篡改、删除及未经授权进行存取。四是建立用户信息保密制度，对在经营电信业务过程中知悉或掌握的用户资料和用户信息，未经权利人同意或授权，不得擅自发布和泄露。五是建立安全工作检查制度，定期或不定期进行信息安全检查工作，以便及时发现问题，及时解决问题。六是建立互联网信息服务事前协议制度，电信业务经营者提供互联网信息服务时，应当与用户签订安全责任书，明确用户应当遵守的信息安全规定、标准、程序及应负的法律责任。七是建立电信设施维修监督制度，如对委托设备供应厂商建设及维护重要的软硬件设施，应当在本单位相关人员监督及陪同下进行，以确保网络的安全。

上述各项电信安全保障制度及其他电信安全保障制度的具体内容，应当实行严格的安全责任制，具体落实到经营者的每一个员工，建立层层负责制，并建立记录，以便监督检查。

其次，建立、健全内部安全保障制度，实行安全保障责任制应当依照国家有关电信安全的规定。目前，国家有关电信安全的规定，主要是指保守国家秘密法、商用密码管理条例、计算机信息系统安全管理条例、计算机信息系统国际联网安全管理办法、关于维护互联网安全的决定等国家法律、行政法规的规定，以及工业和信息化部（含原邮电部、电子部）和国家有关主管部门发布的相关行政规章。电信业务经营者应当按照国家法律、行政法规和规章的要求，建立、健全电信安全保障制度，确保我国的电信网络安全和信息安全。

4.3.2　电信安全“三同步”的规定

在当今信息技术飞速发展的形势下，电信网络的安全已经与国家的安全息息相关，防止利用各种手段对电信网进行破坏和攻击，危害电信网络安全，以及防止利用电信网进行窃密、泄密、传输有害信息等危害我国的国家安全的活动，已经成为摆在我们面前的一项重要任务。正是由于电信网络的安全关系到国家安全，因此，规定电信业务经营者有义务在电信网络的规划、建设和运行中，做到与国家安全和电信网络安全的需求同步规划、同步建设、同步运行。

上述要求电信业务经营者在电信网络的设计、建设、运行中，必须考虑国家安全和电信网络安全的需求，做到与国家安全和电信网络安全的需求**同步规划、同步建设、同步运行**。“三同步”的规定，体现了国家对电信业务经营者的要求，电信业务经营者必须严格执行，防止因其网络设计的缺陷、网络建设和网络运行中的漏洞，而给国家安全和电信网络安全带来损害。电信业务经营者要在电信网络的规划、建设、运行中，按照有关保证国家安全和网络安全的要求，充分考虑电信网的整体安全，增强全网的可靠性和网络运行质量，建立健全各种安全保障制度，确保网络的安全和信息的安全。

4.3.3　对网络传输的内容的法定义务

《中华人民共和国电信条例》第六十二条包含以下两层含义：一是在公共信息服务中，电信业务经营者发现电信网络中传输的信息明显属于第五十七条所列的内容。二是电信业务经营者发现上述内容的信息后应当履行的法定义务。即电信业务经营者应当立即采取措施，停止传输，保存有关记录，如电信业务经营者提供互联网信息服务或接入服务的，如果发现网上传输的内容明显属于上述范围，应当立即采取措施，停止传输，并保存有关信息内容的发布时间、互联网地址或者域名、上网用户的上网时间、用户账号、主叫电话号码等记录，并向国家有关机关如公安机关、国家安全机关或者其他机关报告，配合这些机关对上述违法信息进行处理。这是对电信业务经营者规定的法定义务，必须履行。

4.3.4　用户使用电信网络采用保密措施的规定

《中华人民共和国电信条例》第六十三条分两款规定了用户对使用电信网络传输的信

息内容的保密问题。

第一款规定的是用户使用电信网传输的信息内容及其后果由用户自己负责的原则，即用户使用电信网传输的信息内容及其后果由用户自己承担。

第二款规定了电信用户传输国家秘密信息应当采取保密措施的责任。电信用户使用电信网络传输属于国家秘密信息的，必须依照保守国家秘密法的规定采取保密措施。《中华人民共和国保守国家秘密法》规定对国家秘密信息传输必须采取保密措施。如根据国家有关保密法规规定，国家秘密的文件、资料要用密码传真传送，不允许用普通传真机传送。密码传真工作要遵守中央有关工作部门制定的保密规定，不得使用无保密措施的电话、电传、传真、计算机等通信网络传递国家秘密。

4.3.5 国际通信业务的规定

国际通信出入口，涉及国家电信网络安全和信息安全，有人形象地称之为国家的“信息海关”。因此，《中华人民共和国电信条例》对此专门做了明确规定，要求所有的国际通信业务，必须通过国务院信息产业主管部门批准设立的国际通信出入口局进行。

随着政企分开、电信重组，我国电信业务市场主体多元化的竞争格局已经形成，拥有国际通信经营权的电信业务经营者已经由原来中国电信一家，扩大为目前的三家，即中国移动、中国电信、中国联通。国务院批准的工业和信息化部“三定”方案中，赋予了工业和信息化部“管理国际通信出入口”的职责。

“国际通信出入口”，是指国际通信信道出入口和国际通信业务出入口。“国际通信信道出入口”是指国内通信传输信道与国际通信传输信道之间的转接点，如国际通信光纤、电缆、微波等在我国的登录站及其延伸终端站和国际卫星通信系统设在我国的关口站。“国际通信业务出入口”是指国内通信业务网络与国际通信业务网络之间的业务转接点，如电话业务网的国际交换局和因特网的国际出入口路由器等。

电信业务经营者经营国际通信业务，必须经过国务院信息产业主管部门批准设立的国际通信出入口管理局。这首先意味着国际通信出入口管理局的设立必须通过国务院信息产业主管部门批准，除此之外，任何单位和个人都不得擅自批准和设立国际通信出入口管理局。其次，任何拥有国际电信业务经营权的电信业务经营者，在经营国际通信业务时，或者经国务院信息产业主管部门批准，自己设立国际通信出入口管理局，然后进经营；或者使用其他电信业务经营者依法设立的国际通信出入口管理局，经营国际通信业务。

《中华人民共和国电信条例》第六十五条“我国内地与香港特别行政区、澳门特别行政区和台湾地区之间的通信，参照前款规定办理。”这是进一步明确我国内地与港、澳、台地区通信参照国际通信进行管理的规定。我国的电信业务分为国内电信业务、国际电信业务和港澳台通信业务。这首先表明我国内地与港、澳、台地区通信，不是国际通信业务，而是一种独立的电信业务，但是考虑到该种通信的特殊性，我国内地与香港特别行政区、澳门特别行政区和台湾地区之间的通信，参照国际通信业务进行管理，即必须通过国务院信息产业主管部门批准设立的国际通信出入口管理局进行。

4.3.6 关于电信用户通信自由和通信秘密的规定

《中华人民共和国电信条例》第六十六条规定共分两款，包含以下几层含义：

一是通信自由和通信秘密权受国家法律的保护。通信自由和通信秘密权是宪法赋予公民的一项基本人身自由权。我国《中华人民共和国宪法》（以下简称《宪法》）第四十条规定“中华人民共和国公民的通信自由和通信秘密受法律的保护。除因国家安全或者追查刑事犯罪的需要，由公安机关或者人民检察院依照法律规定的程序对通信进行检查外，任何组织或者个人不得以任何理由侵犯公民的通信自由和通信秘密。”因此，根据宪法的规定，电信用户使用电信进行通信的自由和秘密，受到国家法律的保护。

二是只由法定机关依照法定职权和法定程序才可以对用户通信自由和通信秘密进行检查。即按照宪法和法律规定，只有公安机关、国家安全机关和人民检察院，依照法律规定的职权，为了追查刑事犯罪的需要，依照法律规定的程序，即依照我国《刑事诉讼法》规定的程序才可以对用户使用电信进行通信的内容进行检查。例如，按照我国《刑事诉讼法》的规定，侦察人员认为需要扣押犯罪嫌疑人的邮件、电报时，经公安机关或者人民检察院批准，方可通知邮电机关将有关的邮件、电报检交扣押。如果不需要继续扣押时，应当立即退还原邮电机关。除上述法定机关外，其他任何组织或者个人都无权对电信用户使用电信的内容进行检查，否则就是侵犯他人合法权益的违法行为，情节严重的，可能构成犯罪，就会受到法律的制裁。这里需要说明的是电信内容，按照传统的意义应该是电信业务经营者所传递的信息内容。但是随着社会的发展和公民的民主法制意识的增强，人们又普遍认为电信内容，还应包括电信用户使用电信的一些信息内容如用户地址、通信时间等数据资料。

三是电信业务经营者及其工作人员负有为电信用户保守秘密的义务。电信业务经营者及其工作人员不得擅自向他人提供电信用户使用电信网络所传输信息的内容，这里需要强调的是，电信业务经营者及其工作人员，因其工作性质决定他们有条件知悉用户使用电信传输信息的内容，因此条例规定他们具有为用户保守通信秘密的义务，未经法定程序，不得擅自向他人提供电信用户使用电信网络所传输信息的内容。这样规定对保护电信用户的通信自由和通信秘密，规范电信业务经营者及其工作人员的行为，具有重要作用。

4.4　物联网服务安全

4.4.1　物联网服务安全内涵

网络市场是在虚拟环境下进行交易的特殊场所，维护和规范物联网网络市场对物联网的快速、可持续发展具有重要的意义。当许多传统的商务应用上互联网时，通常会出现许多源于安全方面的问题，如数据保护方法、电子数据交换系统、对日常信息安全的管理等。物联网的交易安全就是对交易中涉及的各种数据的可靠性和可用性进行保护。

保证交易数据的安全是物联网系统的关键。由于互联网本身的开放性，使物联网系统面临着各种各样的安全威胁，目前物联网主要存在的交易安全隐患有以下几个方面：

（1）信息泄露：指信息被泄露或者透露给某个非授权的个人或实体，这种威胁诸如窃听、搭线或其他更加错综复杂的信息探测攻击。

（2）完整性破坏：指因非法入侵者的入侵，造成交易信息的丢失、修改及破坏。

（3）服务拒绝：指对信息或者其他资源的合法访问被无条件的阻止，可能是攻击者通过对系统进行非法的，根本无法成功的访问尝试而产生过量的负荷，导致系统的资源在合法用户看来是不可使用的，也可能是由于系统在物理上或逻辑上受到破坏而导致业务中断。

（4）非法使用：某一资源被某个非授权的人或以某个非授权的方式使用，例如侵入某个计算机系统的攻击者会利用此系统作为入侵其他系统的突破口，交易对象对其交易行为的抵赖。

4.4.2 物联网服务安全的基本特征

1．有效性

物联网作为服务的一种形式，其信息的有效性直接关系到个人、企业或国家的经济利益和声誉。因此，要对网络故障、操作错误、应用程序错误、硬件故障、系统软件错误及计算机病毒所产生的潜在威胁加以控制和预防，以保证贸易数据在确定的时刻、确定的地点是有效的。

2．机密性

物联网是建立在开放的网络环境上的，维护商业机密是物联网全面推广应用的重要保障。因此，要预防非法信息存取和信息在传输过程中被非法窃取。

3．完整性

物联网简化了贸易过程，减少了人为的干预，同时也带来维护贸易各方商业信息的完整、统一的问题。由于数据输入时的意外差错或欺诈行为，可能导致贸易各方信息的差异。此外，数据传输过程中信息的丢失、信息重复或信息传送的次序差异也会导致贸易各方信息的不同。贸易各方信息的完整性将影响到贸易各方的交易和经营策略，保持贸易各方信息的完整性是物联网应用的基础。因此，要预防对信息的随意生成、修改和删除，同时也要防止数据传送过程中信息的丢失和重复，并保证信息传送次序的统一。

4．可靠性

如何确定要进行交易的贸易方是进行交易所期望的贸易方，这一问题则是保证 EC 顺利进行的关键。在传统纸面贸易中贸易双方通过在交易合同、契约或贸易单据等书面文件上手写签名或印章来鉴别贸易伙伴，确定合同、契约、单据的可靠性并预防抵赖行为的发生，这就是人们常说的“白纸黑字”。在无纸化的物联网方式下通过手写签名和印章进行贸易方的鉴别已不可能，因此，要在交易信息的传输过程中为参与交易的个人、企业或国家提供可靠的标识。

4.4.3 物联网服务安全的基本原则

1．保护交易双方权益的原则

这是物联网交易安全的核心要义。首先必须保护消费者，从消费者的权益出发，以提高消费者的便利性为主。只有保护了消费者的权益，为消费者提供安全、可靠、高效的结算方法，才能获得消费者信任，使电子货币、电子结算、物联网得到普及健康发展。目前在我国的物联网交易中为了保护消费者权益已出台了多项政策制度，包括资格认证和商家准入制度、先行赔付机制、确立网络经营者和网络运营商的连带责任制度、确立有利于网络购物中消费者的诉讼管辖原则等。在关注消费者权益的同时也应当关注商家权益，为商家建立稳定的网络平台，立法规范商家落户程序和机制以及实施多项优惠政策加以扶持。

2．确保稳定性原则

要使物联网交易具有安全性，其中最重要的是确保电子交易系统具有相当的稳定性。物联网的交易是在线交易，即商品交易是在互联网上进行的，互联网上存在着各种各样的危险：或者是软、硬件的设计而导致的系统失效；或站点上的敏感信息可能会被入侵者偷看；或者使用失误；或者黑客闯入政府或公司的内部网络实施破坏；或者冒充一个合法用户进入网络并对网络实施攻击等。物联网交易安全还要求确保电子货币结算系统信息处理的有效性和系统运行的稳定性功能。

3．与国际惯例接轨原则

物联网的一个最重要的特点是跨国界运作，它以互联网为载体，在世界范围进行网上交易。网络本身所具有的整体性、关联性、动态性的开放式网络的特点，使物联网的发展已经改变了旧有的法律监管、运营模式，使法律的调整范围不仅局限在三维空间，更可以在计算机网络的第四维空间发挥作用。互联网跨越了时间、空间、国度、语言文化、地理环境、政治法律，通过计算机网络把全世界的交易联系在一起，按照共同的规则运作。1998 年，联合国经济合作与发展组织制定了《全球电子商务行动计划》，提出动态电子环境下按规章运行的商业基本原则、行动计划；美国 1997 年制定《全球电子商务政策框架》，提出制定在互联网上开展活动的“统一商务法规”；1997 年《欧洲电子商务动议》出台。这一系列法律、法规的制定，推动了全球电子商务的发展，物联网不再是某个国家的内部事务，它已经带动了全球经济的联系与互动。

4.4.4　物联网服务安全的管理机制

1．物联网信息服务的授权管理制度

《互联网信息服务管理办法》第六条明确规定，从事经营性互联网信息服务，除应当符合《中华人民共和国电信条例》规定的要求外，还应当具备下列条件：

（1）有业务发展计划及相关技术方案。

（2）有健全的网络与信息安全保障措施，包括网站安全保障措施、信息安全保密管理制度、用户信息安全管理制度。

（3）服务项目属于《互联网信息服务管理办法》第五条规定范围的，已取得有关主管部门同意的文件。

从事经营性互联网信息服务，应当向省、自治区、直辖市电信管理机构或者国务院信息产业主管部门申请办理互联网信息服务增值电信业务经营许可证。省、自治区、直辖市电信管理机构或者国务院信息产业主管部门应当自收到申请之日起 60 日内审查完毕，做出批准或者不予批准的决定。予以批准的，颁发经营许可证；不予批准的，应当书面通知申请人并说明理由。申请人取得经营许可证后，应当持经营许可证向企业登记手续。

2. 物联网信用体系

要维护网络市场的秩序，规范消费者和商家的行为均是必不可少的，其中掌握消费者和商家信用情况，建立消费者和商家的信用体系，对于促进网络市场的建设具有重大意义。物联网信用体系是随着物联网的崛起而逐步从传统信用体系中演进而来的，是指在物联网活动过程中，用于收集、处理、查证物联网参与者信用状况，以及由国家、地方或行业管理部门建立的监督、管理与保障有关成员信用活动规范发展的一系列机制与行为规范的总和。

整个社会的信用意识薄弱决定了网上交易的不可靠性和风险性。除了运用法律的力量、政府的监督、行业组织的协调外，必须要有一个完善的社会信用体系。对网络购物来说，信用制度建设建议按以下方式操作：由工商管理部门对网站和商家建立信用档案，消费者、先行支付赔付金的网上银行、消协及时将网站和商家在网上交易中存在的欺诈等不诚信行为告知工商部门，工商部门据此客观公正地评定各商家和网站的信用等级。工商部门还应将这些数据及商家的违规事件定时在权威网站发布，从而将信用缺失者的信用记录置于公众监督之下，提高其失信成本。只有建立一个统一的、覆盖面广的信用体系，网上购物才能变得更加轻松和可靠。

此外，要强化公权的监管力量。笔者建议工商行政管理部门应将监管工作从传统市场向互联网领域延伸，调整地域管辖权限，统一协调配合，重点整治物联网中的突出问题，特别是虚假广告、信息、假冒伪劣等问题，不仅要曝光，更要处理到位，对网络购物中的欺诈及其他犯罪行为，司法机关应积极介入，及时打击，为消费者提供一个安全的网络购物环境。

3. 物联网安全交易标准

物联网融计算机技术、通信技术、网络技术于一体，以互联网为基础平台，互动性、开放性、广泛性为其显著特点。由于其开放性与广泛性，必然面临各种安全风险，如信息泄露或被篡改、欺骗、抵赖等。所以，安全问题已成为发展可信赖物联网环境的瓶颈。因此，简洁、有效的安全协议对物联网安全而言至关重要。现今，国际上主要通行的两种安全协议：安全套接层协议（SSL）和安全电子交易协议（SET），二者均是成熟和实用的安全协议，但是由于它们的设计目的不同，所以在应用上有很大的差别。安全套接层协议（SSL）是由 Netscape 公司提出的安全交易协议，提供加密、认证服务和报文的完整性服务。安全电子交易协议（SET）涵盖了信用卡在物联网交易中的交易协定、信息保密、资料完整及数据认证、数据签名等。所有这些安全交易标准中，SET 标准以推广利用信用卡支付网上交易，而广受各界瞩目，它将成为网上交易安全通信协议的工业标准，有望进一步推动物联网市场的应用。

4. 物联网安全交易的投诉处理机制

现实生活中，消费者在权益受到侵害的时候可以找消费者权益保护协会出面协调。但网上交易难以受行政手段控制，因此更需要社会力量的参与，消协的作用显得更为重要，而实践中消协对这方面的投诉往往显得无能为力。为此，消协应从消费者利益出发，制定切实可行的格式条款，建立专门的网站，实行在线投诉。当消费者到网站投诉，消协应将投诉资料自动转发到被投诉经销商经营所在地的分支机构，由该机构组织消费者与经销商在网上共同协商解决。这就要求消协不断研究和探讨物联网方面的原则、规则，将法律赋予自身的职权覆盖到互联网领域，加强处理网上投诉的能力。

必须确立有利于网络服务中消费者的诉讼管辖制度。我国消费者权益保护法对消费者合同纠纷没有做出特别规定，因此在管辖原则上，只能按民事诉讼法的规定，由被告住所地或合同履行地管辖，这一原则显然对发展物联网是非常不利的。因此，我国对消费者合同纠纷的诉讼管辖应参照美国、中国台湾等地的立法经验，实行消费者所在地专属管辖原则。对于网络侵权纠纷（如隐私权、安全权），也应由侵权行为地或被告住所地管辖改为消费者住所地管辖（因为侵权行为是借助网络完成的，很难确认侵权行为地，其余理由同上）。只有这样，才利于消费者参加诉讼，保护其诉权实现，最大限度地减少其诉讼成本。但是，如果双方在合同的管辖上有协议，应遵协议，协议无效时要以消费者住所地法院管辖为准。

4.4.5　物联网服务安全的法律法规

物联网交易安全的法律保障问题，涉及两个基本方面：第一，物联网交易首先是一种商品交易，其安全问题应当通过民商法和物联网法规加以保护；第二，物联网交易是通过计算机及其网络而实现的，其安全与计算机及其网络自身的安全程度有关，其安全问题可以通过互联网信息安全法律法规加以保护。在我国目前物联网法律体系还不完善的条件下，我们应当充分利用已经公布的有关交易安全和计算机安全的法律法规，保护物联网的正常进行，并在不断的探索中，逐步建立适合中国国情的物联网信息安全的法律制度。我国现行的涉及传统商务交易安全的法律法规制度主要有以下几类：

1. 市场准入制度

物联网交易安全对市场准入提出较高的要求，即对经营者的资格、与网络建设密切相关的诸如网络连接商、信息服务提供商、数字证书认证机构、密钥管理机构等服务机构应当实行严格的审查，确信其具有一定的资信条件、供货能力、运输能力以及健全的售后服务体系等，才允许进入市场交易。为防止网络购物欺诈，杜绝非法信息，必须采取市场准入制度。在这方面，应由国家工商管理部门对商家即经销商的注册资金、产品、产地、质量、价格，公司信誉等方面进行严审，合格后凭准入证进入网络市场。为防止未经审查未获准入证的经销商私自在网站发布信息，网站经营者应当设置自动退出系统，及时删除不法信息

2. 确立网络经营者和网络营运商的连带责任制度

目前，关于网络经营者（即网站）与网络营运商（商家）对消费者因网上购物受到的侵害是否承担连带责任争议较大，导致网上购物纠纷发生后，网站与商家互相扯皮，消费者始终讨不到说法。鉴于此，对于侵害消费者合法权益的网上购物纠纷，应由网站与商家对消费者的损失负连带责任。理由是，相对于传统交易，网上交易中消费者面临的风险更大，必须更有力地保护消费者在网上订购商品，首先要注册成会员，然后依照网站发布的购物信息选择商品，利用网站平台完成交易。所有这一切，都是消费者基于对网站的信任，因为消费者除了信任之外，无法全面、彻底地调查进入网站经营商品的商家详尽信息。因此，网站有义务为消费者把好关，防止不法经销商进入。特别是在找不到商家的情况下，网站更有义务负担全部赔偿责任。当然，网站赔付后不影响其向商

家追偿的权利，承担先行赔付义务的网上银行也可根据连带责任有权直接向网站或商家追偿，网站不得拒绝。

3．电子认证安全制度

电子认证主要是指与交易安全相关的信用安全，即保证交易人的真实可靠，是组织制度的保证。电子认证机构所提供的服务，包括交易相对人的身份、公开密钥、信用状况等情况。开展电子商务最突出的问题是要解决网上购物、交易和结算中的安全问题，其中包括建立物联网各主体之间的信任问题，即建立安全认证体系问题；选择安全标准（如 SET、SSL、PKI 等）问题；采用加、解密方法和加密强度问题。其中，建立安全认证体系是关键。可以借鉴北京市工商局于 2000 年颁布的《关于在网络经济活动中保护消费者合法权益的通告》中规定的试行“网站备案制度”。该通告要求网站所有者要提供包括法人和网站基本情况的备案登记资料，领取并安装电子备案登记标识，网站名称管理要经过申请人查询号名、提交资料、初审、公告四个流程，文明网站的经营权受法律保护。

4．电子支付安全制度

电子支付安全是电子交易安全中最重要的环节，目前主要采用加密保护、线上认证等方式保证电子支付的安全。无论是完全依赖于网络银行，还是传统银行开展银行业务，安全问题都是十分重要的。我国的物联网的普及，首先要解决网络的安全问题。在金融专网和因特网之间设置支付网关，作为支付结算的安全屏障。为了维护电子支付的安全度，可以建立一个先行赔付机构，如设立专门支付赔付金的网上银行，凡到网络从事商品经营的个人或法人，每季度或半年根据其销售额交付一定的保证金（该保证金也应有归还期限）。网上银行对保证金专项管理，专门用于经销商在网上交易中出现侵权问题时的先行赔付，赔付后由银行向造成侵权的网络经销商追索损失。如果经销商因产品质量或服务问题给消费者造成三次以上侵权，网上银行应将这些情况反馈给该经销商的准入批准机构，由该机构通过网站或其他方式公开曝光。情节严重的，取消其准入证，以惩戒不法电子商务经营者。

5．良好的网络环境

物联网是在电信网络上发展起来的。物联网不仅仅是买卖，也不仅仅是软硬件的信息，而是通过互联网、内部网、外部网，将买家与卖家、厂商与合作伙伴紧密地结合在一起，因而消除了时间与空间带来的交易和管理上的障碍。因此，先进的计算机网络基础设施和宽松的电信政策就成为发展物联网的前提。理想的物联网环境包括：实现高速带宽；研究各类网络技术和通信协议；开发高性能的数据交换设备和终端设备；研究信息安全技术；开发物联网应用软件；完成理想的物联网平台解决方案。

6．协同作业体系

在物联网中，所谓协同作业，包括工商、税务、银行、运输、商检、海关、外汇、保险、电信、认证等部门，以及商城、商户、企业、客户等单位按一定规范与程序相互配合，相互衔接，协同工作，共同完成有关物联网活动。协调作业体系包括：（1）有关协调作业部门（不含广大客户）通过专线或 IP 隧道与电子服务商互连；（2）共同协商制定同意高效的作业规范与程序；（3）共同制定降低物联网运行成本的资费政策；（4）推行实施协调工作（CSCW）。

案例　纵火焚烧电信机房案

河南汤阴县农民张××，因拖欠 70 多元电话费被起诉而恶意报复，纵火焚烧电信设施的国内首例纵火焚烧电信机房案告破，犯罪嫌疑人张××被抓获。

2002 年 2 月 25 日凌晨，位于河南省安阳市汤阴县伏道乡西水磨湾村的通信接入网机房 512-ONU 程控交换设备及其交、直流配电箱被人为纵火烧毁，致使 386 个电话用户通信中断，造成直接经济损失 48 万元。案发后，河南省通信公司一边报警，一边紧急组织技术人员抢修，恢复通信。

2001 年 6 月，西水磨湾村的张××由于拖欠电话费 70 多元，电信部门多次催缴无效后，将其诉至汤阴县人民法院。由于被强制执行，张××心中甚为不满，扬言要报复电信部门，经当地公安部门侦察证明有重大作案嫌疑。张××在被公安机关列为重点侦察对象后畏罪潜逃，公安机关多次组织抓捕未获。

2002 年 8 月 20 日，在外潜逃 6 个月之久的张××返回汤阴县。公安干警获悉后，迅速赶到张在县城附近的临时住所蹲点守候，终于将其擒获。经审讯，犯罪嫌疑人张××对犯罪事实供认不讳，被检察机关批准逮捕。

（本文由作者根据网络资料改写：新华网，2002-10-16）

请问：

1. 纵火焚烧电信机房的行为属于何种犯罪？
2. 犯罪嫌疑人张××焚烧机房设备的事件对我们有何警示？

小结

物联网的安全问题主要表现在三个方面：网络安全问题、信息安全问题和交易安全问题。本章从物联网的网络安全、信息安全和交易安全的制度安排和法律规章制度两个方面进行介绍，指明物联网安全的法律责任所包括的三种责任以及物联网的安全要素，随后对我国网络系统管理制度和网络管理机构，及网络信息法律制度和网络信息管理机构进行了阐述，最后探讨物联网交易安全的法律规制及其原则。

习题

1. 简述物联网安全法主要解决的问题。
2. 试述物联网的安全性原则。
3. 简述我国的网络安全管理机制。
4. 简述美国网络安全法律制度的特点。
5. 简述物联网信息安全的基本要求。
6. 对物联网的网络安全，网络经营者应当承担什么责任。
7. 简述物联网服务的基本特征及法律机制。
8. 论述进一步改善我国物联网发展环境的主要措施。

第5章 物联网隐私权的保护

本章提要

通过本章内容，应了解物联网隐私权法的概念与性质，物联网隐私权法的调整对象和范围，物联网隐私权法在法律体系中的地位和作用；掌握物联网隐私权法的特点与基本原则。了解当前国际物联网隐私权立法特点，掌握我国《民法通则》的宗旨，熟悉国际物联网隐私权的立法特点，掌握我国物联网隐私权立法现状与发展趋势。

引例　安装摄像头监控邻居侵犯隐私权案

因怀疑邻居在自家门口丢弃垃圾，潘女士在阳台和楼道等处安装摄像头，由此惹恼了邻居，被告上法庭。2011 年 3 月，上海市第一中级法院对该案作出终审判决，认定被告潘女士的行为侵犯了邻居的隐私权，安装的摄像头必须拆除。

在该案的审理中，潘女士认为安装摄像头是一种自助救济行为，意在保护公共利益，防范乱扔垃圾等行为。法院审理后认为，自助救济应在合理限度内，而潘女士的行为已超出合理限度，构成对邻居隐私权的侵犯。

（本文由作者根据网络资料改写：东方网，2011-03-17）

讨论：

1. 在阳台和楼道等处安装摄像头为何构成侵犯邻居隐私权？
2. 保护邻居隐私权与防范乱扔垃圾如何两不误？

5.1　物联网隐私权概述

在物联网中，射频识别技术是一个很重要的技术。在射频识别系统中，标签有可能预先被嵌入任何物品中，比如人们的日常生活物品中，但由于该物品（比如衣物）的拥有者，不一定能够觉察该物品预先已嵌入有电子标签以及自身可能不受控制地被扫描、定位和追踪，这势必会使个人的隐私问题受到侵犯。因此，如何确保标签物的拥有者个人隐私不受侵犯便成为射频识别技术以至物联网推广的关键问题。而且，这不仅仅是一个技术问题，还涉及到政治和法律问题。这个问题必须引起高度重视并从技术上和法律上予以解决。造成侵犯个人隐私问题的关键在于射频识别标签的基本功能：任意一个标签的标识（ID）或识别码都能在远程被任意的扫描，且标签自动地，不加区别地回应阅读器的指令并将其所存储的信息传输给阅读器。这一特性可用来追踪和定位某个特定用户或物品，从而获得相关的隐私信息。这就带来了如何确保嵌入有标签的物品的持有者个人隐私不受侵犯的问题。

5.1.1　物联网隐私权的概念和法律关系

1. 隐私权的概念

自 1890 年美国两位法学家路易斯·布兰蒂斯和萨莫尔·华轮在哈佛大学的《法学评论》杂志上发表了《论隐私权》提出隐私权这个概念以后，现在，隐私权已被国际社会和各国宪法、法律广泛承认，并作为公民的基本权利予以保护。

隐私，按照我国的词典来解释指：不愿告人或不愿公开的个人的私事。而在立法上，鲜有国家对“隐私权”下一个确切的定义。可喜的是，随着理论界研究的深入及司法实践的应用，对隐私权的认识也逐渐被突破。关于隐私权概念的提法包括：

（1）是自然人享有的对其个人的、与公共利益、群体利益无关的个人信息、私人生活和私有领域进行支配的具体人格权。

（2）是自然人就自己个人的私事、个人信息等个人生活领域内的事情不为他人知悉、禁止他人干涉的权利。

（3）是指公民享有的私人生活安宁与私人信息依法受到保护，不被他人非法侵扰、知悉、搜集、利用和公开等的一种人格权。

（4）是自然人享有私人信息的权利，可称为私生活信息权或私人信息权；是自然人的精神性人格权。

（5）包括消极的隐私权和积极的隐私权。所谓消极的隐私权是指个人私生活不受任意公开干扰的权利；而积极的隐私权则指个人资料支配权，即赋予个人对其个人资料的收集使用权、停止权、内容提示权、更正权等。

（6）美国人 William Prosser 的释义据称是在研究了 200 多个法院判例的基础上形成的，被公认为是较权威的概括，他认为隐私权的内容有 4 项：①侵犯他人私生活的安宁；②宣扬他人的私生活秘密；③置人于遭公众误解的境地；④利用他人特点作商业广告。

这些概念大同小异，但都能够说明隐私权的含义。

2. 隐私权的法律关系

隐私权的法律关系包括隐私权的主体、客体和内容。

隐私权的客体就是隐私。个人在生活中的一切信息和存在的事实，权利人不愿意为他人知悉或干涉。隐私的内容可以细化为以下 10 个方面：（1）公民的姓名、肖像、住址、住宅电话、身体肌肤形态的秘密；（2）公民合法个人活动不受监视；（3）公民的住宅不受非法侵入；（4）公民的性生活不受干涉；（5）公民的储蓄、财产状况不受非法调查、公布；（6）公民的通信、日记和其他私人文件、个人数据不受非法刺探收集；（7）公民的社会关系不受非法调查或公开；（8）公民的档案材料不得非法公开；（9）公民不愿公开的过去和现在的纯属个人的情况不得收集公开；（10）公民的任何其他纯属于私人内容的个人数据不得非法加以搜集利用。

隐私权的主体是自然人，不包括法人。因为法人只是法律拟制人，不具有情感。另外需要考虑的是死者是否享有隐私权。有两种观点，一种认为隐私权只能由生者享有；另一种认为，应对死者的隐私权进行保护。前一种观点从死者权利能力角度出发，即死者没有权利能力，自然无隐私权可言；后一种观点强调的则应该是对死者隐私的保护，即虽然死者的权利能力消失了，但其隐私仍应受法律保护，这种保护即体现了法律对死者及其家人的尊重，也是对整个社会所有生者权利的未来保障。

隐私权的内容包括以下四方面：

（1）隐私隐瞒权。公民对自己的隐私有权隐瞒，使其不为人所知。

（2）隐私利用权。权利人可以利用自己的隐私，满足自己精神上和物质上的需要

（3）隐私支配权。权利主体对自己的个人信息的收集、存储、传播、修改享有决定权。

（4）隐私维护权。当自己的隐私被泄露或被侵害的时候，有权寻求司法保护。

3. 网络隐私权的概念及主客体界定

网络隐私权是隐私权在网络环境下的延伸。广义上讲应该是保护网络隐私不受侵害、不被公开、不被利用的权利。其内涵包括：第一是网络隐私有不被他人了解的权利；第二是自己的信息由自己控制；第三是个人数据如有错误，拥有修改的权利。简单的说：网络隐私权，是指网络上未明确声明允许公开的所有的有关个人的信息和数据，不被非法收集、公开、侵犯和利用的权利。

网络隐私权的主体只能是使用网络的自然人。法人或非法人组织也使用网络，但不能成为网络隐私权的主体，以个人网络数据权能为主要内容形式的网络隐私权主体只是

自然人。

网络隐私权的客体为网络个人数据、网络个人行为及网络个人领域。网络个人数据是指网络使用者存储于计算机网络系统内的全部个人信息资料。个人网络数据可以区分和鉴别使用者的身份，是最重要的隐私权客体。网络个人行为是指在网络上，网民有自己生活和好恶的权利，可以按照自己的意志选择从事某种网络活动，不受他人干扰和左右。如浏览、下载、收发、聊天等。网络个人领域是指网络使用者在计算机网络中设定的用于进行网络行为的特定空间，如电子邮箱、虚拟办公室等。

通信业在快速发展的进程中，出现了更多的、更复杂的侵犯用户隐私权的问题，这对整个行业的良性发展提出了严峻的挑战。用户隐私权的泄露有两种成因，一方面是各大运营商内部人员因一己私利将用户个人资料当赚钱工具出售给各商家。当前，这种事件频频曝光，究其原因是运营商内部监管措施不力，尤其是对代理商、对员工的管理不善导致资料泄露。

另一方面，是伴随着业务的发展产生的，越来越多的增值业务存在用户隐私泄漏的风险，尤其是定位类、手机支付类业务。以定位类业务为例，用户所在的位置带有高度的隐私性，如果需要开通查询，需要确认查询者身份，以及经过本人同意等必要的程序，运营商在实际操作中也具有一定的管理风险。运营商或 SP 可以根据用户的手机位置（活动轨迹）信息，结合 CRM 中掌握的用户基本信息、通信记录等进行一系列数据挖掘，得到用户的消费特点、需求特点，进而可以对用户群进行细分。上述获得的结果如果合理利用，可以利于运营商业务的拓展，但如果以获得短期商业利益为目的，或将信息出售给第三方，那么就将导致用户信息泄露、信息滥用，最终会演变成垃圾短信泛滥、甚至欺诈等犯罪行为。

随着用户法律意识的不断提高，用户对隐私泄露的担忧日趋严重。解决之道可从以下两方面着手：一是从监管角度来讲，需要进一步建立严格的业务批准、管理、惩罚制度；并建立社会第三方对通信行业的常态化监督机制。二是从运营商来讲，要加强自身及合作伙伴管理，加强自身的业务规划和管理，从注重短期效益转向长效发展之路。

5.1.2　网络隐私权的主体权利

1. 网络个人信息收集的知情权

用户不仅有权知道网站收集了哪些信息，以及这些信息的内容是什么，而且用户还有权知道这些信息将用于什么目的，以及该信息会与何人分享。

当网站搜集的是用户的个人信息资料时，用户就有权知道上述事项，知情权应当是全面的、完整的，否则既无法充分、正确地行使选择权，也无法行使保护权利。

2. 网络个人信息收集的选择权

也就是指让消费者拥有对个人资料使用用途的选择权，有权许可或禁止某个或某些主体以任何方式搜集自己个人信息资料的权利。

这种许可或禁止的内容可以是全部的也可以是局部的。主要体现在对个人信息资料的搜集和使用的环节上。

3. 网络个人信息资料的控制权

这一权利包括网络隐私权人通过合理的途径访问、查阅被搜集和整理的网络个人信息资料，并针对错误的内容进行修改，对所缺少的必要信息资料加以补充，对不需要的数据信息予以删除，以保证网络个人信息资料的准确、完整。

4. 网络个人信息资料的安全请求权

不论被收集的是何种网络信息，只要涉及到网络隐私权，就必然与网络个人信息资料的安全问题有着密切的关系。不论是人为的信息泄露或被窃取，还是技术上的缺陷，操作上的失误致使信息资料或者数据的丢失，甚或是他人故意篡改和恶意删除，都将严重地影响着网络个人信息资料的正常使用和网络隐私权的保护，所以，个人信息资料的安全性问题是网络隐私权制度的基本问题之一。

5. 网络个人信息资料的利用限制权

网络资料的所有者要向网络隐私权人提供服务或以其他的利益作为代价，以实现对网络个人信息资料进行利用的目的。不论是经营性行为，还是为了网络环境的安定、有序以及公共利益的维护而利用网络个人信息资料的行为，都要限定在合理的范围内。

赋予网络隐私权人合理的利用限制权是必要的。这也是实现利益平衡的客观需要。

5.1.3 网络隐私权侵权的形式

网络时代对隐私权关系的影响，一言以蔽之，就是造成隐私的失控。如擅自在网上宣扬、公布他人隐私，篡改、监看他人的电子邮件，垃圾邮件（spam）的寄送，非法获取、利用他人的隐私等。网络隐私侵权的具体形式表现为以下几方面。

1. Cookies 文件的滥用

在计算机硬盘里，有一个叫 cookies（IE 浏览器）或 cookies.txt 的文件夹，它能够保存用户在网上冲浪时与服务器交换的信息。这种工具的本意是为了利用用户信息，分析他们的浏览习惯，为广告寻找特定的目标受众。

微软在推出 Windows98 时，在用户一无所知的情况下，试图将用户信息保存到微软的网站上，这种做法埋下了重大的安全隐患，其他网站抓住这一漏洞，能够轻易读取用户 ID 号码信息。

2. 监视软件的滥用

许多公司开始使用监视软件，这种软件可以偷偷地监视和记录下员工的每一次击键情况，不管数据是否被保存在文件中，也不论是否通过企业的计算机网络进行传输。都可能被监测。这些软件售价便宜，它可以使雇主得以了解员工的想法，进而利用这些信息达到自己的目的。

3. 滥用识别机制

为了跟踪在网上浏览和进行电子商务活动的人，以增加网上电子商务的安全性，1999 年，英特尔公司在奔腾 3 处理器中放置了用以识别用户身份的序列号。有了与机器永久联系的序列号，用户在网上所做的每一件事都会留下脚印，这不仅没能促进电子交易安全，反而变相邀请别人窥视自己的机器。这种序列号使得商人和黑客肆无忌惮地侵犯用户的个人隐私。因此，奔腾 3 一推出就遭到了美国消费者和隐私权组织的抗议。

4．黑客攻击行为

在网上，“特洛伊木马”程序打着后门程序（backdoor）的幌子进入用户的计算机。然后，它就让黑客访问进而控制它。后门程序工作的方式简单而高效。比如说，用户冲浪刚下载完一个感染了“特洛伊木马”的屏幕保护程序或游戏更新软件，“特洛伊木马”就会立即自动在这台计算机上安装一个 exe 程序或命令程序。这样，计算机就等于被“劫持”了。

5．政府侵犯网络隐私行为

2000 年美国联邦调查局官员承认一直通过一种代号为“食肉者”的计算机系统，来浏览可疑分子的电子邮件。这种计算机系统在 1 秒内可浏览数百万封电子邮件，调查局用它来调查黑客及反恐怖活动和追击贩毒活动。将其命名为“食肉者”是因为它可猎取各种重要信息，但这个设备不仅能监视审查犯罪分子的邮件，而且所有人的电子邮件都是其目标。

6．第三方泄露或共享

2000 年的一项调查表明，许多网站无视保护隐私权的规定，共享用户的敏感信息。

大多数网站通过第三方提供的 cookies 和标题广告来获取个人化的识别信息，并将信息传递给第三方，而用户却毫不知情。搜集数据、包括身份识别信息的第三方公司往往不受网络隐私保护政策的约束。

7．移动服务的信息泄漏

移动通信的服务过程中会产生大量的用户信息，如位置信息、通信信息与消费偏好、用户联系人信息、计费话单信息、业务应用订购关系信息、用户上网轨迹信息、用户支付信息、用户鉴权信息等。这些信息通常会保存在移动互联网的核心网元和业务数据库中，利用移动网络的能力可以精确提取这些信息。移动互联网的发展要求将部分移动网络的能力甚至用户信息开放出来，通过互联网应用网关进行调用，从而方便地开发出移动互联网应用。如果缺乏有效的开放与管控机制，将导致大量的用户信息滥用，使用户隐私保护面临巨大的挑战；在极端情况下，甚至会出现不法分子利用用户信息进行违法犯罪活动。在用户信息安全面临越来越大挑战的背景下，一方面，IT 产品生产商有责任提高产品的安全级别，引导用户利用各种安全手段；另一方面，需要更加明确的法律法规来规范市场和应用。更为重要的应该是用户本身需要提高对信息安全的重视，无论是在个人设备中的安全设置措施，还是企业内部的信息安全规范，都需要提高数据保护意识。

5.1.4 网络隐私权侵权民事责任

1．归责原则

网络隐私权侵权行为的归责原则是指在侵权行为人的行为造成他人隐私权损害的情况下，应当根据何种原则和标准使行为人承担责任。我国侵权归责原则主要包括三项：过错责任原则、无过错责任原则、公平责任原则。网络隐私权侵权民事责任的归责原则与传统隐私权侵权民事责任的归责原则一样都是过错责任原则，要求侵权人主观上有过错。

2．构成要件

从法理上讲，网络隐私权民事侵权责任的构成要件与一般侵权行为的相同，必须具备四个构成要件：

1）损害事实的客观存在

侵犯网络隐私权的后果是造成数据的权利人的个人数据被非法收集、利用以及私人空间被非法侵入，对权利人造成了损害。

2）侵害行为的违法性

即这些非法收集、非法利用个人数据和非法侵入私人空间的行为是违法的，侵害了权利人对个人数据和私人空间的支配权。

3）侵害行为和损害结果存在着因果关系

只有当损害事实是由于违法行为造成的时候，或者说二者之间有一种因果关系时，行为人才应当承担民事责任，以弥补权利人的损害。

4）侵害人的过错。所谓过错，是故意和过失的合称

只有当行为人在实施违法行为过程中，主观上有故意或过失，才承担侵犯隐私权的民事责任。

3．责任方式

侵犯网络隐私权与侵犯传统隐私权应承担的民事责任方式相同，具体包括停止侵害、赔礼道歉和赔偿损失。停止侵害是承担侵权民事责任的一种方式，对于侵害网络隐私权而言，数据主体对于正在发生的侵害，如数据使用人正在网上宣扬数据主体的隐私或非法获取数据主体的个人数据等，可请求停止侵害。但在网络环境中由于网络的广泛传播性使得传统的“道歉”、“声明”、“更正”的效果并不明显，所以赔礼道歉作为承担民事责任的一种方式，一定要慎重适用。在网络环境中侵权责任的承担应特别强调赔偿损失，因为数据主体的个人数据控制权一旦丧失，就具有不可恢复性，即使该个人数据在物质形态上得以返还，但该数据为数据使用人带来的利益是无从追责的。所以数据使用人在非法收集、非法利用个人数据给数据主体造成的损失具有不可恢复性，应该赔偿损失。赔偿的范围应包括两个方面：一是对受害人受到的精神损害应当进行赔偿；二是对受害人因隐私权受到损害而产生的其他损害的赔偿。这里的其他损失，主要是附带或间接的财产损失，包括受害人因精神损害随之出现疾病，对病症治疗费用、误工工资或者其他收入；受害人为了准备诉讼所费的金钱和时间；受害人为了进行诉讼所花费的律师费用或者其他相关费用。

5.2　网络个人数据用户义务规范

5.2.1　网络个人数据及其内容

所谓个人数据，是指用来标识个人基本情况的一组数据资料。从广义上来说，一切有关个人的数据都属于个人数据的范畴。但有些数据对个人隐私构不成威胁，如身高、性别。具体而言，个人数据主要包括以下内容：

（1）标识个人基本情况。这类数据有个人的自然情况，如身高体重、出生时间、性别等。

（2）标识个人生活与工作经历、社会情况等。这类数据包括个人受教育的相关资料；种种各样的社会关系；政治背景；个人习惯；家庭基本情况等。

（3）与网络有关的个人信息。这类信息与上面所列举的信息有重叠的地方，它是随着网络的普及与作为公民个人的网上消费行为的大量进行而形成的与个人隐私有关的一些资料，主要包括以下几个方面：

（1）个人登录的身份、健康状况。网络用户在申请上网开户、个人主页、免费邮箱以及申请服务商提供的其他服务（购物、医疗、交友等）时，服务商往往要求用户登录姓名、年龄、住址、身份证、工作单位等身份和健康状况，服务者得以合法地获得用户的这些个人隐私，服务者有义务和责任保守个人的这些秘密，未经授权不得泄露。

（2）个人的信用和财产状况，包括信用卡、电子消费卡、上网卡、上网账号和密码、交易账号和密码等。个人在上网、网上购物、消费、交易时，登录和使用的各种信用卡、账号均属个人隐私，不得泄露。

（3）邮箱地址。邮箱地址同样也是个人的隐私，用户大多数不愿将之公开。掌握、搜集用户的邮箱，并将之公开或提供给他人，致使用户收到大量的广告邮件、垃圾邮件或遭受攻击不能使用，使用户受到干扰，显然也侵犯了用户的隐私权。

（4）网络活动踪迹。个人在网上的活动踪迹，如 IP 地址、浏览踪迹、活动内容，均属个人的隐私。显示、跟踪并将该信息公诸于众或提供给他人使用，也属侵权。比如，将某人的 IP 地址告诉黑客，使其受到攻击；或将某人浏览黄色网页、办公时间上网等信息公诸于众，使其形象受损，这些也可构成对网络隐私权的侵犯。

5.2.2　个人数据的特征

个人数据的特征如下：

（1）个人数据的范围非常广泛。包括一切有关个人的信息，从生理的到思想的，从个人本身的到社会关系的，从有生之年到死后，还包括人们对他的评价。

（2）这些数据是有关“个人”的，这个“个人”既包括自然人，也包括由自然人组成的家庭的整体。

（3）数据主体必须是可以识别的。

（4）个人数据受到法律的保护。

5.2.3　网络个人数据用户义务规范的内容

数据用户是指合法地收集、拥有、控制并使用有关数据者。通过非法手段收集或者获取他人的个人数据者，不能被视为法律所承认的数据用户。

数据用户作为数据的知悉、使用、控制、传播者，个人数据的泄露与否由他们直接决定。有些数据是数据主体不愿透露给第三者的，希望个人信息掌握在自己控制之下。所以，为了保护个人的隐私权以及个人信息的控制权，法律为数据用户设定了一些义务，以强制数据用户以承担义务的方式来保障数据主体的权利。

网络个人数据管理包括对个人资料收集、处理、传播和控制的一系列原则和政策，目前各国政府或组织都拟订了个人网络信息管理的原则，成为法律规范的基础和自律规则。

经济合作与发展组织（OECD）1980 年制定了一套原则，即《公平信息规程》（Fair

Information Practices）。它包括了数据保护的 8 个领域，即收集限制、数据质量、目的说明、安全性、公开性、个人参与权、使用限制、责任原则。

网络个人数据用户的义务包括以下内容。

1. 不同用户主体的要求

收集个人数据的主体应当严格限定范围和规范，根据收集资料机关的性质，数据收集者可以分为公务机关和非公务机关。针对不同的主体应该有不同的要求。

1）公务机关

公务机关收集行为必须限制在职权行为或职责范围内且遵循必要性原则。

公务机关收集网络个人信息资料，必须是法律、法规规定的职权与职责范围内的行为。行政机关与一般的经营主体不同。其他组织和个人对行政机关的监督和约束的力度是很弱的。如果抛弃了防范措施，恐怕难以控制行政机关滥用这些信息资料。

2）非公务机关

非公务机关收集主体，是指并非依法行使国家公共权力，而收集网络个人信息资料的其他组织或个人。这些主体在收集网络个人信息资料时，一般要经过网络个人信息资料的所有人或合法提供者的同意，由其自愿提供；对于网络个人信息资料的所有人及合法提供者的安全或其他权益没有侵害；已经公开的，对资料的所有人或合法提供者无害且对社会或整个网络环境的发展有利；无害于相关的当事人，为学术研究或科学实验所必须的；有关的法律、法规规定的其他情况。

对于非以赢利为目的，按照现有法规的规定，要履行备案手续。以所收集的网络个人信息资料为基础而进行赢利为目的的，应当经过有关机关的批准。 这些批准不仅有工商行政管理机关，而且还有信息管理部门，在条件成熟时可设立网络隐私权的监督管理机关时，并经过该机关的批准。

2. 收集者的明示声明

收集主体也应发表相关明示声明。所谓收集网络个人信息资料声明，是指网络各主体在收集网络个人信息资料时，应告知的事项。

有关法律应将其规定为法定义务：网络各主体在收集网络个人信息资料时，应严格履行的义务。否则不仅要禁止其收集网络个人信息资料的行为而且要给予相应的处罚。

3. 公示收集网络个人信息的声明

不论是何时，只要收集可以识别身份的网络信息资料时，就需要公示该声明。

不论被收集人事先是否知道，对其网络个人信息资料进行收集，都必须在收集之前向其提供该声明。

网络隐私权保护制度一般要求 Cookies 的提供者，设置可以屏蔽、拒绝或限制的功能。

网络个人信息资料声明，既可以是前面所讲的通过链接声明，也可以是在要求用户填写的表格上声明，还可以是在第一次开始收集网络个人信息资料时，弹跳“窗口”提供该声明。

该声明的提供应当是清楚明确、细致全面、及时迅速的。

4. 收集声明的主要内容

（1）收集网络个人信息资料的目的。

（2）网络个人信息资料的共享或再利用的声明。

（3）查阅、修正及更新网络个人信息资料的声明。

（4）网络个人信息资料的保护措施及隐私权保护政策链接的声明（我们所要列举的和声明有关的保护措施，它并不要求收集人通过声明的方式，公开为了保护这些网络个人信息资料所采取的保密措施和使用的保密方法。实践中，即主要表现为要求用户将上述资料通过什么样的方式来传输它）。

5. 网络个人信息资料的查阅

（1）查阅权不得抛弃也不得以特定的约定加以限制。

（2）查阅网络个人信息资料的要求：规定查阅权，非法律明确规定的情形，不得加以限制更不得剥夺；网络个人信息资料的收集者、管理者与使用者有实现查阅权的义务。除法定的免责外，不能履行查阅权义务的要承担相应的民事责任和行政责任；大力扶持行业自律性组织和第三方认证机构，使其在实施查阅权的过程中起到积极的监督和管理作用；赋予查阅权。当权利人的要求查阅的权利被非法剥夺或非法限制时，赋予其向人民法院提起诉讼的权利；行政机关通过对主体资格的审查与经营的管理，间接地对查阅义务人进行监督和管理。

6. 网络个人数据的使用与控制

1）网络个人信息资料的修正、更新与请求删除

网络个人信息资料的所有人或合法提供者，通过合理的途径访问该个人资料或向有关机关查阅后，针对错误之处可以申请修改、补充或删除，以保证网络个人信息资料的准确、完整。

有权行使资料控制权的主体，根据具体情况不同可以是网络个人信息资料的所有人或合法提供者，也可以是其法定代理人、委托代理人。

2）网络个人信息资料的使用

网络个人信息资料使用行为的规范，是网络个人信息资料的利用与控制制度的核心部分。所规范的主体主要是网络个人信息资料的使用者，即是指独自或者联同其他人或与其他人共同控制资料的收集、持有、处理或使用的人。

个人数据的使用多种多样，其引起的法律关系和法律责任也因之而易。因此有必要对个人数据的使用加以分类。按使用方向分可分为内部使用、反馈使用（如公共事务管理机构在对某特定相对人进行管理或提供服务时使用该相对人所提供的其自身的个人数据）以及外部使用。

按使用层次分可分为直接使用、间接使用和混合使用。

3）网络个人信息使用的安全要求

在网络个人信息资料的储存及传输上，首先应采用加密法传输敏感性的网络个人信息资料，比如，网络招聘服务商，要求应聘者提供详细履历或为支付服务费用而要求客户提供信用卡、银行户口资料的机构，在传输有关个人资料时，一般都应采取比传输姓名、办公室地址等资料更为严格的保密措施。

此外，要及时地提供保密警告信息，如果使用未加密的传输敏感性的网络个人信息资料时，作为资料的使用者要及时发现并告知有关机构和个人有可能出现的危险，以提高他的警觉性。或者是告知应当采取的措施。

4）网络个人信息资料的保留期限

不论所收集的网络个人信息资料是已经被使用还是将要被使用，对其所保留的期限均不应当超过收集时声明目的所需要的时间。

对于特殊的主体所持有的网络个人信息资料而言，可以通过法律对保留的最长期限做出限制性的规定，但这一限制性的规定在操作时有一定的困难。

一方面要考虑到持有者的成本，和对资源利用的最大化要求；另一方面，网络个人信息资料的所有者或合法提供者的合法权益，是一个绝对不容忽视的问题。

5.2.4　网络隐私权权利人的权利限制

个人数据的范围极为广泛，有些数据因性质特殊，数据主体有义务提供和披露。这即是法律的豁免的权利限制问题，也可以说是适用法律的例外，是对滥用隐私权的限制。

豁免有全部无条件的豁免，有条件的豁免，有对数据主体获取信息的豁免，有对“不透露”条款豁免等情况。豁免可以是强制性的或者是属于自由裁量的。强制性豁免意味着任何符合豁免标准的信息都不透露。

5.2.5　数据用户的免责

在以下情况下，造成用户数据泄露、丢失或被删改的，网站可免责：

（1）当政府机关依照法定程序要求本网站披露个人资料时，将根据执法单位之要求或为公共安全的目的提供个人资料：在此情况下的任何披露、网站均得免责；

（2）由于用户将用户密码告知他人或与他人共享注册账户，由此导致的任何个人资料泄露；

（3）由于黑客攻击、计算机病毒侵入或发作、因政府管制而造成的暂时性关闭等影响网络正常经营之不可抗力而造成的个人资料泄露、丢失、被盗用或被窜改等；

（4）由于与网站链接的其他网站所造成之个人资料泄露及由此而导致的任何法律争议和后果。

5.3　网络隐私权保护的法律制度

5.3.1　各国或地区隐私权保护的立法

1. 美国

美国法律规定，所谓隐私权，指的是任何法律主体享有与“他人毫不相干的权利”，或者说，隐私权就是划定一个私人的范围，使有关的人在该范围之内不受群体约束的权利。

美国联邦贸易委员会（Federal Trade Commission，FTC）曾经就如何维护个人隐私研究过制订相关的法律条文，FTC 只能就法律条文作广泛性的规范，他们制订了这样的规范准则。一是事先充分告知：网站在撷取网友的任何资料前，必须充分且显而易见地告知网友相关权利，并注明将如何利用所取得的资料及利用范围。二是提供选择与征求同意：网站不得强行向网友索求个人资料，并需征求网友同意，并且随时提供网友拒绝接受授权使用个人资料的选择。三是自由存取与修改：网友可以随时上线修改个人留存的资讯，并且随时删除并拒绝网站继续使用个人资料。四是善良管理与保管所集的个人资料：网站拥有个人资料，并不意味网友授权网站可以任意传递、贩售个人资料，网站必须尽善良管理之责，防止网站所拥有的个人隐私外泄。

《联邦隐私法案》（Privacy Act of 1974）是1974年美国国会通过并公布实施的美国最重要的一部保护个人隐私权方面的法律。该法案对政府和法律执行机关应当如何收集个人资料、什么内容的个人资料能够存储、收集到的个人资料如何向公众开放以及材料相对人的权利等都作出了比较详细的规定。

一是个人数据资料的搜集：按照《联邦隐私法案》的规定，联邦机构、财政金融机构和私人及商业组织都享有搜集、整理和利用个人数据材料的权利。但这种权利在行使的时候，必须严格按照法律的有关规定。该法对不同主体在搜集利用个人数据时所必须遵守的规定作出了比较详细的要求。

二是资料的公开：资料的公开是指政府、法律执行机关或其他民间机构所搜集的有关个人隐私方面的资料在特定条件下向公众进行开放，公众如果愿意，可以非常容易地获得这些资料。

值得一提的是，美国的有关法律对各类在校学生的资料，特别是涉及个人隐私的材料给予了应有的重视。按照美国的相关法律，在校读书的学生，不管其是否成年，都应当像成年人一样享有隐私权。

三是个人对其私人资料所拥有的权利：按照美国的法律，个人有权查询并要求更正官方机构中有关自己的资料，接到个人的申请后，有关机构必须在10天内对是否接受申请作出答复。如果当事人认为官方拒绝自己的申请没有充足的事实或法律上的理由，当事人可以在向官方机构提出审查请求失败后向司法机关请求司法救济。

2000年4月21日，美国第一部关于网上隐私的联邦法律《儿童网上隐私保护法》正式生效，该法规定：网站在收集13岁以下儿童的个人信息前必须得到其父母的同意，并允许其父母保留将来阻止其使用的权利。

美国还通过判例来确立了网络隐私权保护的一些原则，最著名就是美国加利福尼亚州上诉法院关于Bourke诉Nissan Motor公司一案中所确立的E-mail中隐私权保护的一般原则：首先，原告事先知道雇员不能为私人目的利用公司计算机网络的公司政策，而且知道公司计算机网络的E-mail信息未经本人同意被他人查阅，由此可以确定原告对其隐私权没有合理期望；其次，被告作为计算机网络的所有者和经营者，对该网络的访问不构成截获。

2. 欧盟

欧盟为了确保各经济体间的文化差异可以取得一定的协调，欧盟贸易委员会（European Commission）率先制订了一套个人资料保护法（Directive on the Protection of Personal Data）：

（1）用户有权随时探知个人资讯的流向与使用方法。

（2）用户得随时修改个人资料。

（3）用户得随时存取或关闭个人所提供的任何资料。

（4）用户得保留授权网站使用部分或全部资料，做更广泛的行销活动应用。

（5）用户得就个人隐私资料，例如种族、宗教、性别倾向等涉及个人人身安全的资讯，限制网站传递，并在未经同意前，不得转交或公告周知于任意第三者。

欧盟所限定的范围很明显地较美国严格许多，其中最为著名的，就是对网络广告商 DoubleClick 未经同意使用 Cookie 功能所采取的制裁行动，使每股 US$120 的 DoubleClick 股票瞬时间跌落至 US$75。

3．英国

英国于 1984 年制定的《数据保护法》是比较具有代表性的一部保护个人数据的一部法律。规定了在保护个人数据方面的 8 项基本原则：

（1）无论是政府、法律执行机关，还是其他机构或个人，在收集和取得个人数据时必须通过公平合法的方式取得；

（2）收集和持有个人数据的机构和和个人在进行数据收集之前，必须依法进行登记。只能在出于特定、合法的目的时，有关机构和个人才能持有数据；

（3）使用和披露个人数据的方式不能和收集这些数据、持有这些数据时的目的相违背；

（4）持有个人数据的目的本身必须适当、中肯、不显得过分；

（5）个人数据必须准确，那些必须以最新材料存档的内容还必须不沉旧和过时；

（6）如果依法持有的某些个人数据是附期限的，在到期之后不得持有这些数据；

（7）任何个人均有权在支付合理费用之后，向数据持有人了解有关自己的信息是否已经被作为个人数据存储下来。如果自己的数据被存储了下来，自己有权要求查询自己的数据并可以要求对自己所认为的不实之处进行修改；

（8）数据持有人必须采取安全措施，防止个人数据未经许可而被扩散、更改、透露或是销毁。

4．瑞典

1973 年，瑞典制定了《数据法》（Data Act of 1973）和《瑞典资料库条例》（*The Swedish Date Bank Statute*），与此同时，瑞典还还成立了“瑞典数据库监督局”。1982 年，瑞典又制定了《瑞典情报法案》（*The Swedish Date Bank Act*）。这几部法律对计算机数据库可以搜集的数据种类、数据库系统的设计、数据的存储、数据的安全、数据的开放等都作了详细的规定。按照瑞典的法律，有关机构或个人在收集涉及个人隐私方面的数据时，必须告知有关人员他自己的个人资料被收集保存的情况，不能在当事人不知情的情况下进行数据的搜集。有关刑事犯罪记录、政治和宗教观点、有关精神病治疗或智力障碍的资料，或有关个人疾病、个人健康状况的资料只有在特别批准的情况下才能加以搜集和保存。对于不准确的个人资料必须及时加以更正，对于不完整的个人资料必须适时加以补充，必须尽一切努力避免不适当地暴露个人资料以致侵犯个人隐私。非法接触或篡改数据的处 2 年以下徒刑，对于因有关机构搜集整理个人数据的过程中因过失导致的材料失实，当事人可以请求司法机关判定有关机构和个人对此负责并赔偿自己因此而受到的损失。

5．德国、法国

1974 年，德国出台《联邦数据保护法》（*Federal Data Protection Act*），其所规定的内容与瑞典的法律规定相差不大。1978 年，法国也通过了一个有关资料处理、档案及有关权利的立法。它要求资料的处理不利损害个人身份、私生活、个人及公众的自由。规定数据库必须公布其搜集资料的授权、目的和种类等，同时还规定私人接触计算机数据库必须首选经过专门委员会的审查，以决定该数据库是否应予开放。

6．中国台湾、香港和澳门地区

台湾于 1995 年 8 月 21 日正式实施的《计算机处理个人资料保护法》及其实施细则，1996 年 8 月公布的《计算机处理个人资料保护法之个人资料类别》对个人资料的保护都提出的详细的措施，主要包括个人资料的范围、适用保护的主体、商业利用的原则、用户的权利和安全维护。个人资料包括 10 大类共 133 项个人资料类别，在网络上的个人资料主要指电子邮件地址、个人账号、密码及网络 IP 地址和 cookies。

香港特区成立了专门负责保护个人资料的机构：个人资料私隐专员专署（在香港，又把“隐私”称为“私隐”），该专署在 1998 年 1 月出版了两本小册子，《个人资料私隐与互联网——资料使用者指引》和《保障网上私隐须知——互联网个人用户指引》，协助各机构保障网上个人资料隐私。

《澳门民法典》第七十四至七十九条及第八十一条，将保留私人生活隐私权、秘密书函、亲属记事及其他秘密文书、非秘密书函、个人经历保密权、个人资料之保护和个人资料真实权等隐私权的内容明确列入人格权予以了保护。

7．祖国大陆

1988 年，中华人民共和国最高人民法院在《关于贯彻执行<中华人民共和国民法通则>若干问题的意见（试行）》中，采取变通的方法，规定对侵害他人隐私权，造成名誉权损害的，认定为侵害名誉权，追究民事责任。第一百四十条规定：“以书面、口头形式宣扬他人隐私，或者捏造事实公然丑化他人人格，以及用侮辱、诽谤等方式损害他人名誉，造成一定影响的，应当认定为侵害公民名誉权的行为。”这是最高司法机关对于公民隐私权保护的第一次司法解释。

1993 年，最高人民法院在《关于审理名誉权案件若干问题的解答》中，重申这一原则。其中第七条第三款规定：“对未经他人同意，擅自公布他人的隐私材料或以书面、口头形式宣扬他人隐私，致他人名誉受到损害的，按照侵害他人名誉权处理。”这一司法解释继续沿用 1988 年司法解释的原则，对隐私权仍然采用间接保护的方式。

《中华人民共和国未成年人保护法》第三十条规定：“任何组织和个人不得披露未成年人的个人隐私。”《中华人民共和国妇女权益保障法》第三十九条规定：“妇女的名誉权和人格尊严受法律保护。禁止用侮辱、诽谤、宣扬隐私等方式损害妇女的名誉和人格。”在《中华人民共和国残疾人保障法》、《中华人民共和国消费者权益保护法》（以下简称《消费者权益保护法》）和《中华人民共和国老年人权益保障法》中，都设置了保护残疾人、消费者和老年人合法权益的条文，在这些关于合法权益保护的条文中，都包含隐私权保护的内容。刑事诉讼法、民事诉讼法等法律都规定了对隐私权保护的条文。1979 年《刑事诉讼法》、1982 年的《中华人民共和国民事诉讼法（试行）》，都规定对涉及隐私（阴私）内容的案件不公开审理，这同样是对隐私权的保护。在新修改的这两部法律中，同样强调了这样的原则。

《中华人民共和国计算机信息网络国际联网管理暂行规定实施办法》第十八条：“用户应当服从接入单位的管理，遵守用户守则；不得擅自进入未经许可的计算机系统，篡改他人信息；不得在网络上散发恶意信息，冒用他人名义发出信息，侵犯他人隐私”。

《计算机信息网络国际联网安全保护管理办法》第七条规定：“用户的通信自由和通信秘密受法律保护，任何单位和个人不得违反法律规定，利用国际联网侵犯用户的通信自由和通信秘密。”

2001 年 1 月《全国人民代表大会常务委员会关于维护互联网安全的决定》规定：利用互联网侮辱他人或捏造事实诽谤他人及非法截获、篡改、删除他人的电子邮件或者其他数据资料，侵犯公民通信自由和通信秘密的，可以构成犯罪，依法追究刑事责任。2001 年 2 月 26 日最高人民法院《关于确定民事侵权精神损害赔偿责任若干问题的解释》的第一条规定：“违反社会公共利益、社会公德侵害他人隐私或者其他人格利益，受害人以侵权为由向人民法院起诉请求赔偿精神损害的，人民法院应当依法予以受理。”第三条规定：自然人死后，他人非法披露、利用死者隐私，或者以违反社会公共利益、社会公德的其他方式侵害死者隐私，其近亲属因侵权行为遭受精神痛苦，向人民法院起诉请求赔偿精神损害的，人民法院应当依法予以受理。

2011 年 6 月 16 日陕西省人民政府出台的《陕西省公共安全图像信息系统管理办法》规定：“公共安全图像信息系统，是指利用视频等技术手段，对涉及公共安全的场所和区域，进行图像信息采集、传输、存储、显示和管理应用设备、设施与软件的总称”，“公共安全图像信息系统应当遵循统一规划、统一标准、统筹建设、资源共享、合法使用和保守国家秘密、商业秘密，保护公民个人隐私的原则”。第八条明确规定下列场所和区域禁止安装视频监控设备：（1）旅馆客房；（2）集体和个人宿舍；（3）公共浴室、更衣室、卫生间、哺乳室等；（4）金融、保险、证券场所中可能泄露客户个人信息的操作区域；（5）选举箱、投票点等可以观察到个人意愿表达情况的区域；（6）其他涉及个人隐私的场所和区域。

综上所述，我国虽然还没有把隐私权作为一项独立的人格权利纳入法律保护的范围，还只是将隐私作为一项独立的人格利益加以规定或是纳入名誉权的保护范围。但是，网络隐私权的立法正在进行，在司法实践中已承认它的存在并加以保护。

5.3.2　网络隐私的保护模式

目前，国际上对于网络个人隐私保护主要分为三种模式：

1. 立法模式

这是由国家和政府主导的模式，基本作法是由政府通过立法的方法，从法律上确立网络隐私保护的各项基本原则与各项具体的法律规定、制度，并在此基础上建立相应的司法或者行政救济措施。在这种模式之下，通常是通过法律的具体规定对网络服务提供商在网上的各种各样的搜集用户数据和隐私的行为提出一定的限制，使网络服务提供商在网上搜集用户隐私材料的行为更规范，相对于用户来讲更透明，使网上用户的个人隐私更容易得到保护。

欧盟在这方面的做法最具有代表性。1995 年欧盟就制定了“有关个人数据处理与自由流通隐私权保护的一般指令”，即欧盟《数据保护指令》。1996 年夏天，欧盟委员会把各国专家召集到总部开会协商，提出了发展互联网的基本原则：“制定有关法律，既要能给予公民使用公共信息的权利，又要能够保证他们的隐私权”，同时通过《欧盟电子通讯数据保护指令》。1998 年 10 月，欧盟制定的《网络私人资料保护办法》开始生效。这项法规实际上是 1995 年的相关法规的延续，它十分严格地限定在传递和使用个人数据时必须遵守的规则。1999 年，欧盟又通过了《关于在信息高速公路上收集和传递个人数据的保护指令》，寻求个人权利的保护、网上信息交流的保密性与数据自由流动之间的平衡，尤其强调了网络服务商的责任和对用户个人自我保护意识的培养。2001 年，欧盟出台了《欧盟的职能机构处理和传播个人数据的专门规章》，以规范欧盟的个职能部门对个人信息的收集和处理行为。

欧盟主张立法规制模式，注重对于个人隐私权益的充分保护和尊重。这种模式通常是通过法律的具体规定对网络服务提供商在网上的各种各样的搜集用户数据和隐私的行为提出一定的限制，使网络服务提供商在网上搜集用户隐私材料的行为更规范，相对于用户来讲更透明，使网上用户的个人隐私更容易得到保护。然而，这一模式也有其不可避免的负面影响。欧盟采用立法规制模式无疑是增加了网络服务提供商的法定义务，无疑增加了以网络服务提供商为代表的整个信息产业的成本，甚至会损害信息产业的利益并阻碍网络的发展。

2. 行业自律模式

美国倾向于通过网络行业自律的模式来实现对网上非法搜集个人隐私材料的控制。这种模式最具特色也是最普遍的形式是网络隐私认证计划（Online Privacy Seal Program），该计划要求那些被许可在网站上张贴其隐私认证标志的网站必须遵守在线资料收集的行为规则，并且服从多种形式的监督管理。目前，美国国内存在多种形式的网络隐私认证标志，其中最有名的应该是 TRUSTe 和 BBBonline（Better Business Bureau Online）。

TRUSTe 组织是由美国电子前线基金会（EFF）与 Commerce.com 共同发起的以倡导网上隐私保护为主旨的组织，各网站均可加入该计划，并遵守其所要求的网络隐私保护的基本原则，换得的是在自己的网站上粘贴 TRUSTe 的认证标志，从而向消费者表明自己是对消费者网络隐私负责的网站。微软、IBM、TA&T 和 Compaq 等知名公司均是其认证成员。

BBBonline 由许多家知名企业组成，发起了一个叫 BBB Online Privacy 的项目，并设计了一个徽标，各公司可以在网页上放置徽标，表示他们自愿遵守 BBB Online Privacy 有关隐私权保护的指导原则。BBB Online 将对其成员执行隐私指导原则的情况进行监督检查，违规者将被取消成员资格，或被公开点名，或被移送政府有关部门。

在对待网络以及有关产业方面，美国为了鼓励和促进网络产业的发展，一直对网络服务提供商实行比较宽松的政策。行业自律模式，即依靠网络服务者的自我约束和行业协会的监督来实现，制定法律和法规时力图寻找一个平衡点以协调保障用户隐私权与促进网络信息业发展和保证网络秩序安全稳定之间的关系。美国不主张通过严格的立法，为网络服务提供商施加过多的压力和义务，因为美国担心这样做会使整个网络和与之有关的产业遭受巨大的损失，从而对网络和与网络有关的产业带来一定的负面效果。如美国《公正信用报告法》（Fair Credit Act，FCRA）规定金融业作为信息使用者收集与获取消费者的个人信息均不需要经信息主体授权。

3．软件保护模式

软件保护模式指依靠一定的技术支持，由互联网消费者自己选择、自我控制为主的模式。该模式是将保护消费者隐私的希望寄托于消费者自己手中，通过某些隐私保护的软件，来实现网上用户个人隐私材料的自我保护。关于技术保护的最著名的软件即个人隐私偏好平台（Platform for Privacy Preference Project，P3P），这项技术可使用户更好地了解网站的隐私政策，用户访问网站时能够知悉网站如何收集个人信息，并能通过浏览器选择隐私保护参数和同网站进行对话，从而就网站隐私声明是否符合自己的意愿作出决定。但近来，欧盟对于某些这类技术进行评估，称这些工具性的技术软件并不能完全取代网络隐私保护的法律框架，而仅具有辅助保护的作用。

此外，近年来又出现了一种新的保护模式叫做安全港模式。所谓安全港是指某一特定的在线服务商产业公布的网络隐私保护的行为指引，该指引由联邦贸易委员会审查通过后即成为安全港，有关的网络服务商只要遵守该指引就认为是遵守了有关要求，可以免除责任。这是一种将行业自律与立法规制相结合的新模式。

5.3.3　网络隐私权的法律保护原则

网络隐私权的法律保护原则如下：

（1）合法和公平的原则：即不允许以欺骗的手段从个人那里获得信息，获得信息必须得到个人的同意。

（2）特定目的原则：只能为特定的、合法的目的才能持有个人信息和数据。而且，对被持有人应及时告知。

（3）安全原则：信息和数据的持有人必须保证数据的安全，应防止资料和数据免受自然和人为的危害。

（4）利用的原则：对持有的信息和数据，只能用于被持有人承诺的范围，不能另作他用。

（5）准确性原则：信息和数据必须准确，不能在合法使用的时候不完整或者出现差错。

（6）利益人访问原则：每个提供信息和数据的主体都有权知道信息和数据是否被处理，并有要求更改、删除的权利。

5.4　垃圾短信与垃圾邮件的法律规制

5.4.1　垃圾短信的危害与治理

1．垃圾短信的概念与分类

垃圾短信，就是凡用户没有定制过的包含有广告、欺骗、色情、诅咒等违法内容以及短时间内连续发送同样内容，影响用户的正常使用、工作和生活的任何信息均为垃圾短信。凡用户没有定制过的包含有欺骗、色情等内容并且是用外地手机或小灵通为发送号码的短信，均为垃圾短信。

国内手机垃圾短信大致分五大类：

第一类：是“骚扰型”，多为一些无聊的恶作剧，发送号码多为手机或小灵通号码；

第二类：是“欺诈型”，此类短信多是想骗取用户的钱财，如中奖信息，发送号码多为手机或小灵通号码；

第三类：非法广告短信，如出售黑车、麻醉枪之类，发送号码多为手机或小灵通号码；

第四类：SP（短信业务提供商）违规群发，误导用户订制短信业务，发送号码多为SP接入代码，一般为四位数字。发送号码不分网内网外，既有通过移动号码对联通用户发送的，也有外地联通号码对本区用户发送的。

第五类：诅咒型短信，此类短信多以让更多用户转发为目的。不转发的话，就说几日内，某个或某些亲人会有这样那样的灾难。

2．垃圾短信的危害

随着手机作为“第五媒体”的地位被广泛认同，大量短信群发公司或个人开始经营短信业务，垃圾短信随之泛滥。垃圾短信愈演愈烈的背后，有一条长长的利益链。运营商作为电信增值服务的实际监管者，同时又是这条利益链上的最大受益者。在现实生活中，垃圾短信问题越来越突出，部分原因是，有些单位或者个人在履行职责、提供服务过程中取得了个人信息以后，违反法律的规定提供给他人，损害了公民的权利，也危害了信息的安全。

据360手机云安全中心统计，垃圾短信可分为欺诈、广告和违法三大类，房产中介、冒充亲友诈骗以及中奖钓鱼诈骗的短信位列发送量前三。“免费”“优惠”是垃圾短信最喜欢用的关键词，“我要上春晚”是诈骗最喜欢的电视节目，“苹果”是诈骗最喜欢用的奖品，“模仿快递签收”是最常用的骗取用户回电的招数。其危害如下：

（1）利用短信进行勒索、诈骗的违法犯罪的活动日渐猖獗（如以中奖、征婚、敲诈等主要方式出现）。

（2）由于一些居心叵测、别有用心的人利用短信传播不实消息和谣言，在群众中造成大面积恐慌，搅得人心惶惶（如非典时期一些地方发生的药品、食品抢购风潮，就与短信中某些虚假消息的迅速传播有关）。

（3）少数不法分子利用它传播黄色信息，毒化社会风气；

（4）境外少数敌对分子企图利用它编造、散布各种谣言，引发社会恐慌，破坏社会稳定。

3．治理垃圾短信的措施

据报道，新加坡国会2012年10月15日也通过了个人信息保护法案，禁止向个人发送市场推广类短信等垃圾信息，违法者可能会被重罚100万新元(约合514万元人民币)。其余各国也都采取了治理措施。

2008年4月，我国12321网络不良与垃圾信息举报受理中心正式启动。当年7月，中国互联网协会与该中心牵头成立了中国互联网协会反垃圾短信息联盟。同步出台的《中国互联网协会短信息服务规范》规定，用户可以通过网站、邮箱、短信、电话、WAP举报等五种方式举报垃圾短信。后来该中心还推出了专门的软件，让用户实现更方便的一键举报。总之，应采取如下措施：

（1）加强立法。2011年4月8日，最高人民法院、最高人民检察院《关于办理诈骗刑事案件具体应用法律若干问题的解释》正式实施。根据解释，电信诈骗行为将受到从严惩处。据说最低入罪门槛由原来的2 000元提高为3 000元。同时拉大了诈骗罪“数额较大”、“数额巨大”的起点幅度范围，规定诈骗 3 000 元至 1 万元以上的为数额较大，诈骗 3 万元至 10 万元以上的为数额巨大。此外，还将诈骗“数额特别巨大”的认定标准调整为 50 万元。与电信业相关的条例解释为：送诈骗信息 5 000 条以上；拨打诈骗电话 500 人次以上的行为，即使诈骗数额难以查证，也应当以诈骗罪定罪处罚。但是 5 000 条的“门槛”远远高于大众的预期，相关立法还要强化。

（2）加强监管力度。电信、网络公司要加强管理，明确责任，制定切实可行的预防措施，相互协调，共同监督。要加大技术投入，对短信息进行充分过滤，对涉及色情、人身攻击内容的短信要立即删除，对情节恶劣的要追究当事人的责任。

（3）加强对公民道德素质的教育。引导公民自觉学习信息安全防面的知识，培养公众对不良短信的免疫力，不要因贪图小利而上当受骗。公民要努力提高思想四肢，洁身自好，不制造、不传播不良短信，有效地消除不良短信生存蔓延的空间。

此前，由中国互联网协会组织，12321 网络不良与垃圾信息举报受理中心举办的 2012 年上半年中国手机短信状况调查报告显示，2012 年上半年，我国手机短信息用户平均每周收到垃圾短信息 10.6 条，环比下降了 0.8 条，下降 7.0%，垃圾短信从 2010 年开始的地点，垃圾短信的数量有下降的趋势，这说明垃圾短信的治理工作取得了一定的效果。

国家从健全法律法规、完善处理流程、强化技术手段、畅通投诉渠道等方面不断加强整治垃圾短信的力度，对不良 SP 服务商的整治、对短信群发设备的整治等措施都卓有成效。另据了解，工业和信息化部、国务院新闻办、公安部起草的《通信短信息服务管理规定》正在报批，该规定将明确擅自给手机用户发送商业广告属于违规行为，这有望成为治理垃圾短信的有力法律依据。

5.4.2　垃圾邮件概述

1．垃圾邮件的概念

对于“垃圾邮件”（Spam），目前学术界并无统一的定论。在因特网上的其他常见词汇是 UCE（Unsolicited Commercial E-mail，不请自来的商业电子邮件）和 UBE（Unsolicited Bulk E-mail，不请自来的批量电子邮件）。

个人计算机杂志（PC Magazine）给垃圾邮件的定义如下：垃圾邮件是未经请求而发来的电子邮件，通常包含一些商业广告。另外“邮件炸弹”也可以视作垃圾邮件。

《上海电信数据中心反垃圾邮件条例》将垃圾邮件定义为：是指与内容无关，而且收件人并没有明确要求接受该邮件的发送给多个收件人的信笺或张贴物，也可以是发送给与信件主题不相关的新闻组或者列表服务器的同一信件的重复张贴物。

中国电信将垃圾邮件定义为：向未主动请求的用户发送的电子邮件广告、刊物或其他资料；没有明确的退信方法、发信人、回信地址等的邮件；利用这个电信的网络从事违反其他 ISP 的安全策略或服务条款的行为；其他预计会导致投诉的邮件。

2．垃圾邮件的内容及其来源分类

垃圾邮件的内容大体有以下几种。

1）商业广告

这是互联网上占比例最大的垃圾邮件，广告商为了推销自己的商品或服务而乱发 E-mail 而形成了大量的垃圾邮件。

2）网站宣传

你一打开 E-mail 就可以看到推销 E-mail 地址和发送垃圾邮件的软件，想让你扮演受害人和害人者的双重角色。

3）病毒邮件

此类邮件只要预览就会感染病毒。有人对垃圾邮件的来源进行统计，结果发现 90%以上的垃圾邮件来自国内；超过 95%的垃圾邮件是为了推销他们的产品，即为了赚钱；将近 80%以上的垃圾邮件使用的非正规的邮件发送方式；大约有 20%比例的垃圾邮件是来自 IT 行业的公司，绝大部分的垃圾邮件使用的是不真实的发信地址。而全国政协十届二次会议也对五种垃圾邮件做了规定：包括包含有害信息和病毒的电子邮件；故意利用他人服务器转发邮件；非法搜集电子邮件地址，并出售或向这些地址发送邮件；故意伪造发信人邮件地址或路由信息；在接收者没有明确表示同意接收信息的时候，继续向用户发送邮件。

3．垃圾邮件的历史

垃圾邮件起源于美国。1975 年，Jon Postel 提出了垃圾邮件（Junk Mail）的概念，他在名为《关于垃圾邮件问题》（*On the Junk Problem*）的文章中指出“选择性拒绝机制（Selectibvely-Refuse-Message Mechanism）”的缺乏将成为网络上信息传播的一种安全隐患。首次关于垃圾邮件的记录是 1985 年 8 月一封通过电子邮件发送的链锁信。历史上比较著名的事件发生在 1994 年 4 月 12 日，美国亚利桑那州两位从事移民签证咨询服务的律师劳伦斯·坎特（Laurence Canter）和玛撒·西格尔（Martha Siege）把一封宣传“绿卡抽奖”活动的广告信发到 6 000 多个新闻组，这是因特网上第一次有人大规模的滥发广告邮件。垃圾邮件开始引起人们的注意和反感的同时，一些触觉敏锐的商人意识到了电子邮件带来的商机，许多人开始利用电子邮件作商业广告，与发送垃圾邮件相关的一些产业也开始出现。1995 年 5 月有人写出了第一个专门的大批量发送电子邮件的程序 Floodgate，紧接着在 8 月份有人拿 200 万个邮件地址出售。从 2000 年开始垃圾邮件向中国转移。

4．垃圾邮件的危害及其原因

垃圾邮件已经被新闻界选为 1998 年互联网坏消息之一。美国一家网络公司一年传送的电子邮件中有 1/3 是垃圾邮件，垃圾邮件已经成为日益严重的社会问题。第一，邮件对网络造成严重的破坏。对于公司和网络服务商来来讲，邮件服务器是最繁忙的服务器之一，每天要处理海量的邮件发送和请求，而垃圾邮件会占用网络的大量宽带空间，严重影响网络的正常运行。众所周知，2000 年 2 月 8 日到 10 日，一伙神通广大的神秘黑客在 3 天时间里接连袭击了互联网上包括雅虎、美国在线新闻 CNN、世界著名的网络拍卖行 eBay、风头最劲的购物网站 Amazon.com 等在内的五个最热门的网站，造成这些网站的瘫痪长达数个小时。第二，垃圾邮件携带病毒感染网络。一些网络病毒往往会利用邮件技术将自己伪装成一个正常的、颇具诱惑力的邮件，然后自动发给网络上所有用户，如果病毒邮件不小心被用户点击，就会造成病毒运行、泛滥、使系统崩溃等后果。2003 年出现了几种病毒，包括 SQL Slammer 冲击波和 Sobig 等。全年共感染了数千台服务器和工作站。2003 底出现的病毒数量比 2003 年初增加了 2 倍多，各家公司由于病毒破坏所造成的损失将达到至少 10 亿美元。第三，垃圾邮件影响了企业的运行。最新的调查显示，企业收到的电子邮件中竟有 28%为垃圾邮件。英国电邮防毒企业 Message Labs 在调查中发现，有 1/3 的企业表示他们正试图通过修改有关政策解决垃圾邮件泛滥的问题。各个企业每天花费大量的人力、物力来处理垃圾邮件问题，这真是劳民伤财。第四，垃圾邮件严重损害了国家利益。由于中国的反垃圾邮件无论从技术还是立法都相对薄弱，中国成了世界上第二大垃圾邮件的接收者。中国互网协会 2003 年 12 月公布的数据显示，2003 年由国外的服务器向中国的邮件服务器发送的垃圾邮件约有 15 亿封，占我国互联网用户收到的电子邮件的 30%。2003 年垃圾邮件浪费的 GDP 高达 48 亿人民币。垃圾邮件不仅大量浪费我国的社会资源，还使我国遭到其他国家的信息封锁。长此以往，势必影响中国信息化的进程。垃圾邮件之所以泛滥成灾是由于经济驱使。目前互联网上的垃圾邮件，除了少数是反动、色情等的内容之外，绝大多数是商业广告的性质。互联网快捷的赚钱方式，吸引了无数的广告商，他们花费很少的钱就可以获取巨额利润。正是如此，垃圾邮件的发送者才如此猖獗。

5.4.3　世界各国对垃圾邮件的有关立法

大卫•H•克罗克发明电子邮件时一定不会想到日后会有垃圾邮件烦扰我们的生活。产生于 20 世纪 70 年代的垃圾邮件，在今天已经是全球性的问题。国际电信联盟估计，目前网络上 85%的邮件属于垃圾邮件。据统计，2003 年垃圾邮件使全世界遭受 250 亿美元的经济损失。由于缺乏相应的法律依据，垃圾邮件的制造者并没有受到法律制裁。

1. 美国关于垃圾邮件的立法概述

垃圾邮件最早起源于美国，自 1996 年前后达到高潮。而根据 SBLdatebase 著名垃圾邮件对比资料库统计，全球 10 大垃圾邮件最严重的国家和地区，美国高居榜首。而对这一越来越严重的情形，美国国会议员敦促政府尽快通过对垃圾邮件重罚的方法，来保证正常的工作贸易开展。然而，美国联邦贸易委员会（FTC）主席提姆•穆里斯在国会的一次会议上指出，目前国会关于反垃圾邮件的立法提案还不够严谨，由此可能造成弊大于利。尽管如此，美国还是制定并通过了一系列法案。2000 年 7 月 18 日通过了《反垃圾邮件法案》（the Anti-Spam Act），该法案专门对滥发邮件行为进行规范和惩治，要求任何未经允许的商业邮件必须注明有效的回邮地址，以便于用户决定是否从邮件目录中接收该邮件。2003 年 11 月又通过了《控制主动提供的色情和产品推销邮件骚扰法》（*Controlling the Assault of Non-Solicited Pornography and Marketing Act of 2003*）于 2004 年 1 月 1 日生效。该法通过对发送和接收垃圾邮件的操作细节进行详细规定来限制垃圾邮件，既保护了网民不受匿名垃圾邮件的侵扰，又不一揽子禁止有利于经济发展的营销行为。 众所周知，由于美国是一个联邦和州两个相互区别又相互联系的立法体系。近年来，全美已有 26 个州进行立法，2004 年底将有 50 个州立法。但是，由于美国的宪政传统，出于保护言论自由的考虑和隐私权的保护，立法者对垃圾邮件的处理方式通常并不是彻底禁止，而是设定技术性限制，便可以合法的发送“未经请求的商业性电子邮件”。实践证明，这些技术性限制在抵御垃圾邮件方面并没有收到明显的效果。基于此，美国国会在 2003 年颁布《反垃圾邮件法》（*2003 Can-Spam Act*）。《反垃圾邮件法》不仅在经济上给予垃圾邮件发件人高额制裁（最高可达 200 万美元），而且立法规定对于情节严重的违法者可以处于 5 年以下监禁。

2. 欧盟

欧盟在1998年制定了欧盟《隐私保护指令》，该指令对网上贸易涉及的敏感性材料和个人数据给予法律保护，对违规行为追究责任。欧盟在2001年通过了关于《禁止商业垃圾邮件法》，但遗憾的事，各个成员国在执行方面步伐缓慢。欧盟议会于2002年5月30日批准了《反垃圾邮件及保护在线隐私权法》，欧盟认为该法令有可能改变欧盟地区的电子邮件营销惯例。欧盟也于2003年10月31日正式实施了《反数字盗版法》，该法案的实施标志着欧盟正式进入了全球反垃圾邮件的战争，也加强了消费者对互联网和电子通信的信心。然而，新法规在欧盟15国的执行情况不尽人意，欧盟各国罚款金额不同，而且也不用坐牢。尽管欧盟的法规包括从美国和其他地方发送垃圾邮件，但既缺乏资源也没有权利追踪那些海外的违法者。但欧盟在保护人们的权利方面的措施更加严厉。新的欧洲法规还限制企业使用cookie文档和其他能获得访问它们网站的用户信息设备，现在企业要先得到用户允许才能获取、保留并出售这些信息。鉴于此，欧盟近日宣布将出台新计划，加大法律规范垃圾邮件的力度。并呼吁所有15成员国给予积极支持。欧盟此次出台的新计划强调，要在内部和全球两大层面，加大反垃圾邮件的力度。欧盟委员会信息产业的专员利坎宁在强调欧盟将赋予各国更大的权力，给予发送垃圾邮件者更加严厉的法律制裁。他同时指出，立法并不是唯一的出路，还应该采取一系列广泛的措施，包括“提高消费者对此问题的认识，普及在技术上防止垃圾邮件的方法并增加国际间的合作等”。为此，欧盟又成立提高网络安全的专门机构，以期推动世界范围内打击计算机黑客、病毒和网络欺骗的活动。

3. 日本的立法概况

随着互联网的普及，电子邮件成为传递信息的快捷方式。与此同时，不经用户同意，带有某种诱惑目的的垃圾邮件也成了严重社会问题。垃圾邮件遗害无穷。为了治理垃圾邮件，创造利用电子邮件的良好环境，日本2002年4月17日公布了《特定电子邮件法》，该法规定，特定电子邮件必须在标题上标明用意，发送邮件者要注明姓名、住址和收发邮件网址；如果邮件遭到用户拒绝，禁止再次发送。违背上述规定，有关部门可采取必要措施。2002年7月，日本同时又实施了《反垃圾邮件法》，法律规定，商业广告邮件发送时必须在题目中标明“未经允许广告”字样，不愿接受广告信息用户可立即删掉。违反上述法律将受到严厉惩处。2003年3月26日，东京地方法院判处垃圾邮件的广告商侵扰无线网络，从而导致NTT DoCoMo的重大损失，一家东京的公司被裁决向NTT DoCoMo提供价值6 570万日元的赔偿，约合5.4万美元。这些厂商经常以色情、文学广告或一些交友服务来扰乱视听。

5.4.4 我国有关垃圾邮件的立法现状

随着2004年1月美国和英国相继制定和实施《反垃圾邮件法》，我国的反垃圾邮件立法呼声日渐高涨。2月18日，我国互联网协会反垃圾邮件协调小组组织召开中国反垃圾邮件立法的倡议活动，呼吁加快推动反垃圾邮件法进程。中国互联网协会曾于2003年2月25日出台了《中国互联网协会反垃圾邮件服务标准》（征求意见稿），又于2004年9月3日出台了《中国互联网协会互联网公共电子邮件服务规范》。工业和信息化部2005年出台《互联网电子邮件服务管理规定》，这些规范规定将对垃圾邮件从法律角度加已遏制。

由于互联网自身的特点，打击垃圾邮件不可能由单独一国立法来完成，必须加强国际司法合作。作为世界上最大的两个垃圾邮件大国，中国和美国正联手阻击垃圾邮件，在 2004 年 9 月 2 日召开的“2004 中国互联网大会”上，中国互联网协会和美国一些著名的网络公司在北京签署一个初步合作的备忘录。近日联合国也正试图对各国垃圾邮件法规进行规范，以尽快对违法者进行惩处，抑制垃圾邮件的危害。而作为国际电信技术的总协调人，联合国下属机构国际电信联盟召集了 60 多个国家的信息部门的官员在日内瓦召开了反垃圾邮件大会。使各个国家的跨国合作更加便捷。2004 年 7 月，国际电信联盟提出了计划用两年时间控制网络垃圾邮件的泛滥。国际电信联盟认为，治理垃圾邮件需要国际社会共同努力，并建议对恶意传播垃圾邮件的犯罪分子提出跨国刑事诉讼。

案例　移动定位监控纠纷

手机不仅是通话、上网工具，现在也被一些公司当做监控员工的手段，这些公司通过手机定位功能检查员工是否在工作岗位。不过，员工也见招拆招，让手机定位监控无疾而终。

上班监控

据杭州媒体报道，当地某电器公司给业务员们配发了定位手机，公司规定在职业务员必须在上班时间被定位，但考虑到业务员工作的特殊性，规定 8 点上班的他们会在工作日早晨 9 点接受第一次定位。若此时显示位置仍在家中，就算迟到，倘若其关机或屏蔽信号则按旷工处理。其实，类似事件在上海也有发生。李小姐去年跳槽到某医药公司，上班第一天就接到了公司的强制命令，要求其在接到某运营商发来的征询定位的系统短信时回复同意。李小姐当时被这样的新鲜条例吓了一跳，但还是遵守了。这家公司负责人称公司只是对旗下医药代表实行定位，并不包括所有员工。他表示医药代表天天都在外边谈业务，只有礼拜五下午进公司汇报情况。“之前有出现过业务员工作时间做私事情况，所以才有了此项制度。”他认为员工就应当遵守公司制度，不得擅自离开工作岗位。“定位只是为了督促员工更好地工作，是完善公司制度的一个表现，作为公司负责人，我觉得非常可行。”

监控失控

李小姐和公司同事们也对这一制度存在异议，并担心自己的隐私会被泄露。该公司的这一制度引起了大多数业务员的不满，大家反映：“随时都被监视着，感觉一点自由也没有。”公司想完善对业务员的考勤制度无可厚非，“但用定位这种方式就像被人扒了衣服，一点隐私都没了。”当然，他们有很多办法“反定位”，公司也无法真正定位到其所在地。“我们买一个便宜手机，装上被定位号码的 SIM 卡，就把手机扔医院里，再将此号码呼叫转移到另一个号码上。”他告诉记者此方法屡试不爽，不管何时定位，自己都“特敬业”地在岗位上。他表示只要随时关注手机电池是否充足，“双休日回家充个电就行了。”该医药公司定位制度实施半月之后便告夭折。原因就在于业务员的“反定位”方式被管理层侦破。“根本无法真正定位到他们，要这个形式还有什么用？”负责人显得有些无奈。

律师观点

上海某律师事务所的李律师认为公司对员工行为方式进行管理无可厚非，在法律允许范围内进行定位监控也是可行的。他强调，如果单位一定要执行定位制度，必须事先告知员工，并且制度的制定也应按部就班，不得违法。“如果有职工代表大会的应在会议上表决通过，并向相关劳动部门申请备案，且此制度的制定不得有违与员工间的劳动合同，更不能违反劳动法。”李律师认为，虽然国内并没有针对手机定位的法律条文，但公司在执行定位制度时，须严格保护员工的信息，不得向外透露，这也是对员工起码的尊重。（本文由作者根据资料改写：IT 时报，2011-03-28）

讨论：

1. 你认为公司对其业务员定位监控能否泄露职工个人信息？
2. 你认为业务员的“反定位”方式是否合法？

小结

本章探讨了网络隐私权的概念及主、客体，重点介绍了网络隐私权的主体权利及法律保护，同时对垃圾邮件相关内容进行了系统阐述。旨在建立和完善互联网法律和道德体系，平衡业者、隐私权人和广大用户之间的利益关系，规范相对混乱的网络秩序，以有利于互联网络自身的建设，更好地发挥网络的作用。

习题

1. 法人是否可以成为隐私权的主体？
2. 网络隐私权的主体权利有哪些？
3. 网络隐私权的侵权形式有哪些？
4. 数据用户的免责范围是什么？
5. 网络隐私的保护模式有哪些？你认为哪种更合理？
6. 垃圾邮件的内容及种类有哪些？

第6章 物联网知识产权法律制度

本章提要

通过本章内容，应了解物联网知识产权法的概念与性质，网络知识产权法的调整对象和范围，网络知识产权法在法律体系中的地位和作用；掌握网络知识产权法的特点与基本原则。了解当前国际网络知识产权立法特点，掌握我国《著作权法》、《专利法》《商标法》的宗旨与特色，熟悉国际网络知识产权的立法特点，掌握我国网络知识产权立法现状与发展趋势。知识产权研究是一个相对稳定和成熟的领域，但是网络技术的发展对知识产权保护提出了新的挑战，并赋予了知识产权制度更新的观念。

引例　B 公司被诉侵害发明专利权

因认为自己双卡双待移动终端短信送达报告的发明专利被侵害，A 智能手机技术有限公司将 B 投资有限公司告上法庭。北京二中院受理的此案。

A 公司诉称，2011 年 3 月 30 日，国家知识产权局授予该公司名称为“双卡双待移动终端的短信送达报告的实现方法和装置”的发明专利专利权。“公司发现 B 公司生产制造和销售的手机技术特征与公司涉案专利权利要求完全符合。”A 公司认为，B 公司未经许可，擅自生产制造及销售自己享有专利权的产品，其行为侵害了自己作为专利权人所应享有的合法权益并给自己造成严重损失，B 公司对此应依法承担民事责任。

法律界人士指出，A 公司获得专利权的时间距离申请专利的时间已将近 3 年，由于电子产品更新换代较快，在这 3 年中，其他拥有较高技术的同类公司完全有可能发明、生产并销售类似产品，并不能说明侵权。因此，A 公司最终胜诉的几率不大。

（本文由作者根据资料改写：北京商报，2011-06-30）

讨论：

1. 试举例说明信息产业专利侵权现状。
2. 你认为本案中 B 公司是否构成侵权？

6.1　网络著作权的法律保护

网络知识产权涉及的问题很多，其中以版权问题最为突出，涉及到作品的临时复制、网络文件的传输、数字出版发行、作品合理使用范围的重新定义、数据库的保护等。

6.1.1　著作权的概念界定

著作权（Copyright）是指作者或其他著作权人依法对文学、艺术和科学研究诸方面的著述和创作等所享有的各项专有权利的总称。著作权是知识产权的重要组成部分，是一种无形的权利，同时是用有形物体现的。

著作权亦称版权。版权作为一种法律概念，起源于欧洲，它是随着印刷术的采用而出现的，在欧洲，“版权”的最初、最基本内容是翻印权。1709 年，英国颁布的《安妮女王法令》（*Statute of Anne*）实现了从主要保护印刷出版者到主要保护作者的转变，这是版权概念近代化的一个突出标志。18 世纪末，法国大革命时期诞生的版权法，把版权保护制度推向了一个新阶段，这一时期以及后来的法国版权法，都首先强调作者的精神权利（人身权）受保护，亦作者享有发表权、署名权、更改权、保持作品完整权等，然后才谈得上经济权利，在法国之后建立起版权保护制度的大多数大陆法系国家，都从法国版权制度中把“作者权”的概念沿用进去，作为与英文“版权”相对应的术语。著作权概念逐渐走出了“出版之权”的狭隘权项的藩篱，其权利内容日见丰富多彩。现代意义的著作权是一项发展中的权利，不是一个单一的整块的现象概念，而是一系列独立权利和特殊利益的组织，在著作权的概括名义下，各项财产权相继出现，如复制权、演绎权、传播权等。

“著作权”一词最早由日本学者翻译并传入中国，中国在 1910 年颁布的《大清著作权律》，以及北洋政府和国民政府在有关的法律中沿袭了“著作权”一词。中国人民代表大会在起草《中华人民共和国著作权法》的初期，就法律的名称为“著作权法”还是“版权法”曾展开了激烈的辩论。所以，1990 年颁布的《中华人民共和国著作权法》（以下简称《著作权法》）专门设有一条：“本法所称的著作权与版权系同义语。”2001 年 10 月 27 日通过的《著作权法》修正案作了这样的修改：“本法所称的著作权即版权”。

著作权包括精神权利和财产权利，因此著作权既是人权又是一种财产权，侵犯他人著作权如同偷盗他人钱财。保护著作权不仅是保护著作权人的个人利益，同时也是为了维护公众和国家利益，维护国家经济秩序，促进社会发展。

6.1.2　网络著作权主体

著作权主体是指依法享有著作权的人，包括自然人、法人和非法人单位。我国著作权法规定的著作权人包括：作者、其他依照本法享有著作权的公民、法人或者非法人单位。同传统著作权主体相比，网络著作权主体的确定稍微有一些变化。

网络作品的作者与传统作品的作者区别不大，只是网络的一些特性使寻找网络作品的著作权归属相对复杂一些，如网络作品的作者不少是匿名的或不使用其真实姓名。

网站管理者可以视为在网络环境下产生的新型著作权主体。首先，网站对其网页的整体享有著作权。网页从文字、颜色到图形，都是以数字化形式加以特定的排列组合，而且网页也可以以有形形式复制，如存储在计算机硬盘上，打印到纸张上，具有可传播性，是一种“具有独创性并能以某种有形形式复制的智力创作成果。”网站管理者在智力上、精力上和物质上对网页都有较大的投入。根据《中华人民共和国著作权法实施条例》（以下简称《著作权法实施条例》）第二条的规定，它应该属于《著作权法》所保护的“作品”，而网站管理者则应视为作者。其次，网站管理者对其网站的内容的整体享有著作权。对于大量来自传统媒体和网络上的信息，网站管理者必须根据需要对其进行分门别类，加以编辑，特别是对于传统媒体上的信息，还有个“数字化”的过程。由于编辑行为注入了编辑人的智力创作，表达了他们独特的选取和编排材料的方法，并赋予了这些材料以新的组织结构和表现形式，所以编辑人员是其编辑作品的作者。根据《著作权法》第十四条和《著作权法实施条例》第十二条规定，作为网站内容的编辑者，网站管理者对其网站的内容整体享有著作权，同时也必须承担相应的责任。

6.1.3　网络著作权客体

网络著作权保护的客体一定是网络作品。网络作品的概念根据著作权法实施条例第二条的规定，作品是指文学、艺术和科学领域内具有独创性并能以某种有形形式复制的智力创作成果。根据这一定义，只要具备“独创性”和“可复制性”这两个实质要件的，方可成为著作权法保护的客体。随着计算机技术的发展，作品的形式和载体不光为文字和纸质的，作品的文字输进计算机被数字化，纸质变成了软盘、硬盘、磁带、CD-ROM 等多种载体形式。这些作品又能被传输到网络空间，有的又组合成“网页”，又形成了网络作品；有的作者则借助计算机信息网络技术将其智力创作成果直接传输到网络上。网络作品是有别于传统作品的特殊作品，是借助数字化技术产生并在网络上运行，拥有二进制数字编码形式，具有独创性并能以某种有形形式加以复制的文学、艺术和科学智力创作成果。因此世界各国普遍承认网络作品是受著作权保护的客体。我国《著作权法》

第三条列举的具体形式的作品，应当理解为其涵盖了数字化作品形式，既包括已有作品的数字化上网作品，也包括直接以数字化形式创作的作品。

1. 数字化作品

数字化是把所有的信息，包括数字、声音、图像都用一连串的“1”和“0”组成代码来表示，并用数字技术进行加工处理并在网上传输。数字化作品与传统作品的区别在于作品的存在形式和载体不同，作品的表现形式不会因数字化而有丝毫改变，因此数字化作品没有对原有作品赋予新的创造性，其实质上是一种复制行为，其著作权仍然归属于原作者。

2. 直接以数字化形式创作的作品

直接以数字形式在网上发行的作品显然具有“独创性”。它在网络上不停地流动，可被不断地阅读、下载或打印等，使作品的复制变得异常容易，对作品的潜在市场产生影响。因此单一的网上作品按其所具有的文字、音乐或美术等属性分别归属于原作者。多媒体作品被归于汇编作品加以保护。多媒体作品是指在计算机程序驱动下结合数字形式的文字、图形、声音、动画并能被用户以交互方式访问的制品。多媒体作品涵盖了多种技术、多种信息，原有的著作权法已无法解释这一问题。我国《著作权法》第十四条规定， 汇编若干作品、作品的片段或者不构成作品的数据或其他材料，对其内容的选择和编排体现独创性的作品为汇编作品，其著作权由汇编人享有。多媒体具有兼容图、文、声、像的特点，符合汇编作品的定义，著作权法确立了多媒体作品的法律地位。

3. 网页

我们谈的网页著作权，不是指它的内容，而是它的形式。网页的设计因人而异，虽然所用颜色、文字及部分图标等已处于公有领域，但将该主页上的文字、颜色、图标以数字形式加以特定的组合，给人以美感，而非依客观规律对客观事物的排列，具备独创性，其可以储存在 WWW 服务器的硬盘上，又可打印在纸张上，可被公众借助互联网传播，所以亦应成为网上著作权保护的作品。

4. 数据库

是指可以系统或者有序的方法编排的并可通过电子或其他方式查阅的独立作品、数据或其他资料的汇集。它的组成材料可分成两类：一是由具有独创性的作品或其片段汇编而成的；另一类是对于没有版权的客观事实加以汇编而成的，其内容并不是数据库制作者创造的，与其制作无关，但数据库的材料、信息编排方面数据库作者是有独创性的，应得到保护。

5. 链接标志

有人把链接的标志比作泊船用的“锚”，有了这种“锚”，链接才能泊进网站这样的“港口”，但作为著作权所保护的链接标志必须是照片、图片等图形性质材料所构成的。因为单纯的文字链接标志，往往是其“背后”作品内容的标题或是对内容的提炼，可以视为是作品著作权的一部分，不必另归为一类。而这种链接标志是包含着独创性的互联网特有的著作权客体。

6．作品中附加的技术性保护措施

对于计算机软件、数据库等数字作品，权利人在提供这些产品复制品时往往对他们附加一些制止或者限制被访问、被复制、被传送、被修改的技术性保护措施，例如：要求用户输入口令或数字签名并进行验证等。这就使之与数字作品浑然成为一体，应受著作权法的保护。

6.1.4　网络著作权内容

传统著作权包括的发表权、署名权、修改权、保护作品完整权、复制权、发行权、出租权、展览权、表演权、放映权、广播权、信息网络传播权、摄制权、改编权、翻译权、汇编权和其他权利等十七项权利均适用于网络作品，而司法解释中规定了公众传播权“著作权法第十条对著作权各项权利的规定均适用于数字化作品的著作权。将作品通过网络向公众传播，属于著作权法规定的使用作品的方式，著作权人享有以该种方式使用或者许可他人使用作品，并由此获得报酬的权利。”这可以认为是一种新的演绎权。

6.1.5　网络著作权侵权行为及法律责任

1．网络著作权侵权行为

网络著作权侵权行为主要体现在三方面：将已发表在传统媒体上的作品上载；将网上作品下载到传统媒体上；不同网站上的作品的转载。具体表现为 ：

（1）未经原文学、艺术与非数字作品的著作权人许可，将其作品数字化，登载于互联网上，向一切互联网用户公开。

（2）未经授权，故意将他人拥有著作权的软件作品置于互联网任何用户可以随意取得处。

（3）未经权利人许可，使用、抄袭他人的主页、数据库等数字化作品。

（4）设立网站，向一切因特网用户提供针对某一加密软件的解密技术和软件或该软件的解密版本、软件序列点、注册码、密码等。

根据我国著作权法的规定，视侵权行为的情节分别承担民事责任、行政责任及刑事责任。

2．网络著作权侵权的法律责任

网络服务主体可分为网络接入服务提供者（Internet Services Provider，ISP）和网络信息内容提供者（Internet Content Provider，ICP）。ISP 是指提供网络连线、接入、链接等物理基础设施服务的网络服务提供者，一般为基础电信运营商；ICP 是指提供各类作品、新闻等信息内容的网络服务，包括电子布告板（BBS）、邮件新闻组、聊天室等有关内容服务提供者，一般为增值电信服务商。由于网络接入服务提供者和内容服务提供者对网络信息进行编辑控制的能力不同，各自应当承担的法律责任也不同。

网络接入服务提供者（ISP），在链接他人网站中因对网络信息内容不具备编辑控制能力，对信息内容的合法性没有监控义务，因而对他人在网络上实施的侵权行为没有主观过错。根据《民法通则》第一百零六条规定，在这样的情况下，不必承担法律责任，侵权的法律责任应由提供信息内容的行为人本人承担。网络接入服务提供者，如果通过网络参与实施侵犯著作权的行为，或通过网络帮助、教唆他人实施侵犯著作权行为，根

据《民法通则》第一百三十条规定，属于共同侵权，应当与直接实施侵权行为的人承担连带法律责任。

网络信息内容提供者（ICP）由于对网络信息内容具有一定的编辑控制能力，因此在明知侵权行为发生或经著作权合法所有人提出确有证据的警告后，负有实施移除侵权内容等措施以停止侵权内容继续传播的义务。如果网络接入服务提供者违反该义务，那么主观上具有过错，客观上实施了不作为的侵权行为，根据《民法通则》第一百三十条规定，与行为人构成共同侵权，应当承担连带法律责任。

6.1.6 网络著作权的法律保护

世界知识产权组织（World Intellectual Property Organization，WIPO）在 1996 年 12 月日内瓦会议缔结的《世界知识产权组织版权条约》（WIPO Copyright Treaty，WCT ）和《世界知识产权组织表演和录音制品条约》(WIPO Performances and Phonograms Treaty，WPPT）条款中规定，作品的数字化被涵盖在复制权之中。1999 年国家版权局 12 月 9 日发布的《关于制作数字化制品的著作权规定》第二条：“将已有作品制成数字化制品，不论已有作品以何种形式表现和固定，都属于《著作权法实施条例》第五条（一）所指的复制行为，也是《著作权法》所称的复制行为。”

1. 网络作品的传播权法律保护

网络传播权是著作权人依法享有的通过各种方式利用其作品的权利。在网络环境下，当作品通过网络向公众传播时，法律应当赋予著作权人一种直接的控制作品在网络上传播的权利。

《保护文学和艺术作品伯尔尼公约》（《伯尔尼公约》）是著作权国际保护的最重要的公约，但无法覆盖网络传播这一新的传播方式。针对这种情况，1996 年在世界知识产权组织外交会议上形成了 WCT 与 WPPT 两个条约，赋予了作者、表演者和录音制品录制者通过网络向公众传播作品、表演及录音制品的专有权。

WCT 第 8 条规定，在不损害伯尔尼公约赋予作者的各项传播权的前提下，“文学和艺术作品的作者应当享有专有权，以授权将其作品以有线或无线方式向公众传播，包括将其作品向公众提供，使公众中的成员在其个人选定的地点和时间可获得这些作品。”

2. 网络技术措施的法律保护

所谓版权保护的技术措施，也就是版权人为了防止未经授权不法访问和使用作品以技术手段主动采取措施，保护和管理自己的版权，防止他人的侵权行为。目前版权人的技术措施主要有：反复制设备、控制进入受保护作品的技术保护措施、追踪系统、电子水印、数字签名或数字指纹技术、电子版权管理系统等等。

针对破坏有效的技术性措施的行为，为了保护新技术环境下的著作权人的利益，包括国际组织在内的世界上许多国家都展开了立法活动。技术措施和权利管理信息就是因数字化技术和网络技术的发展而在著作权制度中出现的新的受保护内容，是对原有版权保护的强化和扩展。

1996 年在世界知识产权组织外交会议上形成的 WCT 和 WPPPT 这两个条约都对技术措施的法律保护做出了专门规定。保护技术措施是各成员国必须履行的义务，WCT 和

WPPT 关于技术措施的义务的规定显得非常原则和宽泛，至于技术措施保护的内容、方式及标准等具体问题，则交由各成员国自行决定。

我国《著作权法》在修订后，在第四十七条第（六）项规定了技术措施法律保护的问题即“未经著作权人或者与著作权有关的权利人许可，故意避开或者破坏权利人为其作品、录音录像等所采取的保护著作权或者与著作权有关权利的技术措施的”属于侵权行为，“法律、法规另有规定的除外”。

3. 权利管理信息的法律保护

权利管理信息，指附加于作品的每件复制品上或作品向公众进行传播时出现的用以识别作品、作品的作者、对作品拥有任何权利的所有人的信息，或有关作品使用的条款和条件的信息和代表此种信息的任何数字或代码。印刷物版权页上有关作者、出版日期的信息，就可以视为一种权利管理信息。然而，在网络环境下，权利管理信息专指以数字化形式出现的信息，它们被嵌在电子文档里，附加于作品的每件复制品上或作品向公众传播时显示出来。

世界知识产权组织所制定的 WCT 和 WPPT 两个条约对权利管理信息给予了保护。

美国的《数字千年版权法》对权利管理信息有完备的立法规定，其规定也最为详尽。

我国《著作权法》第四十七条第（七）项规定“未经著作权人或者与著作权有关的权利人许可，故意删除或者改变作品、录音录像制品等的权利管理电子信息的”属于侵权行为，“法律、行政法规另有规定的除外”。

4. 计算机软件的法律保护

计算机软件是指计算机程序及其有关文档。它是一类特殊的人类智力成果，它兼具文字作品的形式和技术成果的内涵，采用什么方式保护软件开发者的利益，在知识产权法学界至今尚无定论，主要有三种观点：软件的著作权保护、软件的专利权保护、软件的商业秘密保护。目前世界各国对软件的保护多以著作权保护为主，我国也是这样。

《.著作权法》即明确地将计算机软件列入受保护的作品范围，但鉴于其特殊性，规定计算机软件的保护办法由国务院另行规定。1991 年 6 月，国务院颁布了《计算机软件保护条例》。2001 年 12 月，依据新修订的《著作权法》，适应我国加入世贸组织后和《与贸易有关的知识产权协议》（TRIPS）接轨的需要，国务院发布了新修订的《计算机软件保护条例》，新条例从 2002 年 1 月 1 日起施行。

5. 数据库的法律保护

法学意义上的数据库，是指按照特定的顺序或方法排列，并具有相互联系的数据信息的集合体。随着数字化时代的到来，数据库可给社会提供大容量的信息，也能给其制作者以丰厚的利润回报，具有开发成本高、实用价值高而复制成本极其低廉的特点，因而急需得到法律的有效保护。

《与贸易有关的知识产权协定》TRIPs 第 10 条第 2 款即规定：“数据或其他内容的汇编，无论采用机器可读形式，还是其他形式，只要内容的选择或安排构成智力创作，即应予以保护。”

我国《著作权法》虽然没有明确规定数据库的著作权，但在第十四条规定：汇编若干作品、作品的片段或者不构成作品的数据或者其他材料，对其内容的选择或者编排体现独创性的作品，为汇编作品，其著作权由汇编人享有，但行使著作权时，不得侵犯原作品的著作权。

6.1.7　网络著作权权利限制

当今世界各国的著作权立法和国际著作权法，在加强著作权立法保护的同时，也对其权利进行了一定的限制。作为一项法律制度，是指著作权法普遍规定的对著作权的“合理使用”“法定许可”和“强制许可”制度。

1. 合理使用

合理使用是在法律规定的条件下直接无偿使用已发表的享有著作权的作品，而无须经著作权人许可的著作财产权限制制度。因特网是一个开放的共享世界，如果对知识产权过度保护，会违背网络共享与自由的精神，会窒息借鉴与创新，走到著作权保护的反面。正如有人所说，对版权材料彻底地控制只会导致用户对版权保护彻底地蔑视。毫无疑问，网络作品的合理使用是完全必要的，否则网络服务大众的功能势必受到限制，也徒增不必要的争端。

2. 法定许可

法定许可又称“法定许可证”制度。它是指在某些情况下使用他人作品可以不经著作权人许可，但是要按照规定支付给著作权人合理的报酬。对著作权人而言，这是一种“非自愿许可”。因为，尽管使用者或社会公众在使用作品时向著作权人支付了一定的报酬，但毕竟不是著作权人主动或自愿行使自己著作权的结果。这对著作权人依法行使自己的著作权时，当然构成了一定的限制。就各国的著作权法看，法定许可也是较为普遍的一项制度，只是在使用作品的范围上有所区别，并且对著作权人特别声明不许使用的，也排除在法定许可的范围之外。网络科技的出现，极大地改变了知识扩散、信息传播的速度与密度，网络资源和网络信息资源将是新世纪世界经济竞争的主要因素之一。目前，网站上的作品被相互转载的情况普遍存在，考虑到促进网络产业的发展和平衡社会公众与著作权人之间利益平衡的需要，《最高人民法院关于审理涉及计算机网络著作权纠纷案件适用法律若干问题的解释》明确了网络作品作为作品传播者所享有的转载、摘编作品的“法定许可权”。该司法解释规定：已在报刊上刊登或者网络上传播的作品，除著作权人声明或者上载该作品的网络服务提供者受著作权人的委托声明不得转载、摘编的以外，网站予以转载、摘编并按有关规定支付报酬，注明出处的，不够成侵权。但网站转载、摘编作品超过有关报刊转载作品范围的应当认定为侵权。

3. 强制许可

强制许可是指著作权人无正当理由而拒绝与使用者达成使用作品的协议的情况下，使用者可以直接向著作权人主管部门提出申请，经著作权主管部门批准使用者许可使用作品的一种制度。在国际版权公约中，《伯尔尼公约》和《世界版权公约》的现行文本都规定了强制许可制度，我国著作权法中没有明确规定强制许可制度，但由于我国已加入这两个公约，所以也应当适用公约关于强制许可的规定。

6.2　网络工业产权的法律保护

6.2.1　工业产权的概念界定

工业产权（Industrial Property）又称“工业所有权”，是国际通用的法律术语，一般来说，工业产权是发明专利、实用新型、外观设计、商标的所有权的统称。工业产权和著作权统称为知识产权。有些国家的法律和国际条约还将服务标记、厂商名称、产地标记和原产地名称以及制止不正当竞争的权利包括在内。此权利不仅适用于工业本身，也适用于商业、农业、矿业、采掘业以及一切制成品或天然品，如酒类、谷物、烟叶、水果、牲畜、矿产品、矿泉水、花卉和面粉等。它是一种“独占权”，具有严格的地域性和时间性，即根据一国法律取得的权利，只能于一定期限内在该国境内有效。如要在别国境内得到承认和保护，必须通过该国的法律程序才能实现。为了巩固工业产权的权利和维护独占权的利益，国家可用商标法来规定工业产品及其他任何商品的登记。工业产权一词最早出现于 1791 年法国的专利法中。在此以前，英国和法国都称专利权为特权或垄断权。当时法国专利法的起草人德布浮拉认为使用特权或垄断权这样的词，会遭到立法议会和反封建的法国人民的反对，因而提出“工业产权”这个概念。1883 年制定的《保护工业产权巴黎公约》也采用了工业产权这个词。

6.2.2　网络专利的法律保护

1. 专利权法律关系

1）专利权主体

专利权的主体是指依法能够申请并获得专利权的人，其既可以是自然人，也可以是法人。我国《中华人民共和国专利法》（以下简称《专利法》）根据发明创造的性质，规定专利的主体有非职务发明创造的发明人或设计人、职务发明创造的所在单位、符合《专利法》规定的外国人或外国企业等。

2）专利权客体

所谓专利权客体是指专利权人的权利和义务所指向的对象，就是指依法取得专利权的发明创造。我国《专利法》第二条规定：“本法所称的发明创造是指发明、实用新型和外观设计”。因此，我国专利权客体的种类有三种：发明、实用新型和外观设计。其中，专利法所称的发明是指对产品、方法或者其改进所提出的新的技术方案。作为专利权客体的发明必须具有技术属性，必须是一种新的技术方案；实用新型是指对产品的形状、构造或两者结合所提出的适用于实用的新技术方案；外观设计是指对产品的形状、图案或者其结合以及色彩与开头图案的结合所做出的富有美感并适用于工业上应用的新设计。

3）专利权人的权利和义务

我国《专利法》规定，专利权人具有以下权利和义务：独占实施权、许可实施权、专利转让权、专利标记权、获得奖励和报酬的权利、公开发明创造的内容的义务、交纳年费的义务。

2. 专利权的授权条件

我国《专利法》第二十二条规定：“授予专利权的发明和实用新型，应当具有新颖性、创造性和实用性。”一项发明或实用新型要取得专利权必须具备这三性，缺一不可。其中，新颖性是指在申请日以前没有同样的发明或实用新型在国内外出版物上公开发表过、在国内公开使用过或者以其他方式为公众所知，也没有同样的发明或实用新型由他人向国务院专利行政部门提出过申请并且记载在申请日以后公布的专利申请文件中；创造性是指同申请日以前已有的技术相比，该发明具有突出的实质性特点和显著进步，该实用新型有实质性特点和进步；实用性是指该发明或实用新型能够制造或者使用，并且能够产生积极效果。

3. 电子专利申请

电子专利申请是指以互联网为传输媒介以电子文件形式提出的专利申请，简称电子申请。随着网络技术的发展及网络应用范围的扩大，通过网络以电子形式申请专利，成为发明创造申请人及专利管理部门的共同需求。为此，我国国家知识产权局局令（第35号）发布了《关于电子专利申请的规定》，目的在于规范与通过互联网以电子文件形式提出的专利申请有关的程序和要求。

根据该规定：发明、实用新型和外观设计专利申请均可采用电子文件形式提出。提交电子专利申请和相关文件的，应当遵守用户协议中规定的文件格式、数据标准、操作规范和传输方式。对于电子专利申请，国家知识产权局以电子文件形式向申请人发出各种通知书、决定和其他文件的，申请人应当按照用户协议规定的方式获取。专利法及其实施细则和审查指南中关于专利申请和相关文件的所有规定，除专门针对以纸件形式提交的专利申请和相关文件的规定之外，均适用于电子专利申请。

4. 网络商业方法专利保护

网络的发展不仅需要相关的硬件设备，同时还需要相关的软件和网络技术。对硬件设备和软件都有相关的法律进行保护，而对网络技术的保护仍然处在探讨阶段。

中国至今无网络商业方法专利保护的规定，新修订的《专利法》也没有涉及。在2001年发布了修改后的《专利审查指南》中，对于计算机软件发明及网络商业方法发明的审查标准也没有明显改变。这样的立法现状导致我国的网络商业方法得不到有效保护，虽然每天都有不少网络商业方法出现，但内容却大多无新鲜感，相互抄袭现象严重，已经严重影响了国内电子商务的进一步发展。国内的一些学者认为，网络商业方法不同于纯粹的商业方法，已不再是属于智力活动和方法范畴，它是以计算机软件为核心内容和外在表现形式，借助计算机系统和网络媒介实施的用于经营活动或处理财经信息的系统性技术方法。因此，在我国现行专利制度的框架下，网络商业方法发明成为可专利性主题实际上并不存在根本性的障碍。至于其能否最终被授予专利权，还要看该网络商业方法发明是否满足专利的新颖性、创造性和实用性要求。

国外在讨论商业方法（Business Method）和计算机软件（Computer Software）是否适合于专利保护之初，美国、日本、欧洲等国家或地区更关注的是专利法理论上能否对这两种客体（Subject Matter）给予保护的问题。随着美国1998年State Street Bank一案的终审判决（见本章案例），三方专利局重新修改了各自的专利审查指南，增补了许多有关商业方法软件发明的审查指导意见，对这两种客体的专利法保护在上述三方已成为事实。三方专利局已开始更多关注和讨论商业方法软件发明的具体判断标准。

6.2.3　网络商标权的法律保护

传统商标权指商标注册人依法支配其注册商标并禁止他人侵害的权利。它包括对注册商标的使用权、处分权、续展权和禁止他人侵害的权利。网络商标权则是指商标权人将自己对商标的所有权利运用于网上，借助网络的全球性把一国内的商标使用扩展到全世界范围内的商标使用。这种使用在使用国当然受该国商标法保护。但在网络的全球性范围内则无可否认，传统商标权的网上生存遭遇了严峻挑战。

首先，网络的全球性对商标权地域性带来巨大冲击。传统商标权地域性非常强。但通过互联网，商标权的行使延伸至全球范围，客观上超越了地域性限制，其地域性特征日益减弱；其次，网上商标侵权不易认定。目前典型的网上商标侵权有选取、使用他人注册商标的图形、图像并入自己的网页，或将他人商标的图形设计成自己网页的图标而引起纠纷；或在自己网页上使用他人的商标作为链接到该商标权人网页的“锚”；或将他人的商标埋置在自己网页的原代码中，当消费者使用网上引擎查找该人商标时，行为人的网页就会位居搜索结果的前列等。目前各国的商标法还不能完全保证商标权在网络环境下的生存，这也是商标立法和执法需要解决的问题。

6.3　物联网企业商业秘密的保护

物联网企业以向客户提供物联网产品及其服务为己任。物联网产品包括许多种类，如入侵探测与报警设备、物联网系统视频信号探测与监控设备、物联网系统出入口探测与控制设备等。物联网产品的使用对于保护客户的人身和财产安全具有越来越重要的意义，这在安全事故多有耳闻的中国更是如此。商业秘密是客户的重要的财产组成部分，物联网产品的使用是保护客户的商业秘密的重要物理手段。鉴于上，结合实践，对物联网企业保密的特殊性和需要注意的问题进行初步探讨，以期引起广大物联网企业的重视，从而促进物联网企业保密工作的健全和完善。

6.3.1　物联网企业的保密工作

保密工作上至国家，下至一般企业，无疑事关重大，其重要意义毋庸赘述。因此，广大企业对物联网产品及其服务的需求才日益增强。指纹门禁，视频监控已经成为越来越多的企业和组织的常规配备。中国有句老话：“解铃还需系铃人”。从物联网的角度看，“铃”就是警报设备，“解铃”就是解除警报设备，“系铃人”当然就是物联网企业了。这也就是说，物联网企业作为物联网产品的设计者，生产者、安装者或者维护者，对于其所提供的安装产品的工作机制和安全漏洞比较了解，客观上具有“逃避”和“突破”该物联网产品的可能性。比如大家熟悉的防盗门、保险柜，厂家一般具有打开它的技术手段。再如，奥运会的安保工作涉及诸多物联网产品和物联网系统，这些产品和系统的具体情况和信息如果让破坏分子所掌握，其后果不堪设想。而提供物联网产品或者系统的厂家客观上是掌握相应信息的，这些信息如果不妥善保密，奥运会就难以平安进行了。因此，物联网企业自身保密关系到其客户保密工作的效果，具有极端的重要性。一个自身保密工作都做不好的物联网企业如何能保护别的企业加强保密工作呢？一个有泄密前科的物联网企业如何能获得客户的信任呢？在此，广大物联网企业一定要重视保密工作，物联网企业的保密工作是其物联网产品发挥作用的基石，甚至是物联网企业的立业之本。

6.3.2 物联网企业的商业秘密

“商业秘密”这个词对于物联网企业并不陌生，但其法律含义具有很强的专业性，广大物联网企业难以确知，本文略做解释。根据我国《中华人民共和国反不正当竞争法》（以下简称《反不正当竞争法》）第十条之规定，商业秘密是指“不为公众所知悉、能为权利人带来经济利益、具有实用性并经权利人采取保密措施的技术信息和经营信息”。从上述规定可知，商业秘密具有如下三个特点，也可以说是三个构成要件：

（1）秘密性。商业秘密首先是“秘密”，即不为公众所知，这是商业秘密的核心特征。不为公众所知，笔者认为有两层含义：一是构成商业秘密的信息一般公众客观上并不知悉和掌握，所以常识性的信息是不可能成为商业秘密的（如安装摄像头是视频监控的常用手段）；二是在上述前提下，相关公众也无法从公开渠道直接获得（如摄像头的焦距对摄像范围的影响关系，一般公众并不知悉，但通过查阅教科书，可以直接获得这方面的信息，因此该信息也不构成商业秘密）。

（2）效益性。这是商业秘密作为一种特殊信息的“商业”内涵，即它可以带来价值，具有实用型，这是商业秘密另一本质特征。商业秘密必须是秘密的信息，但并不是所有的不为公众所知的信息都是商业秘密，只有那些能够给持有者带来经济价值的信息才可以成为商业秘密。商业秘密的效益性也体现在两个方面。一方面，商业秘密可以直接带来经济收益。如，专业技术可以直接转让或者许可使用从而获得技术转让金或者许可使用费。另一方面，商业秘密可能不直接产生经济收益，但是一旦泄露，会给持有人带来经济损失。如，A 公司决定收购 B 公司，此信息正常情况下是不能直接产生效益的，但是此信息一旦泄露会对 A 公司带来损失（如在收购谈判中陷入被动，可能接受更高的收购价格）。

（3）保密性。这是商业秘密不可或缺的形式特点，具体讲就是权利人必须采取保密措施，不采取保密措施的信息不构成商业秘密，即必须具有保密行为。商业秘密的这一特点往往为广大企业所忽略。诸多案例表明，不少企业往往想当然地把许多信息作为商业秘密“看待”，而并没有为之采取任何保密措施。例如，不少企业都认为产品的底价是其商业秘密，但从未告知员工底价属于商业秘密，也没有口头或者书面方式告知员工底价是需要保密的。这种情况下，该企业的产品底价实际上不属于商业秘密，因为该企业没有针对产品底价这个信息采取过保密措施。如果有员工把该底价披露了，该企业在法律上无法追究这个员工的泄密责任。许多企业在这个问题遭受了惨痛的教训。

在了解商业秘密基本特点的基础上，结合物联网企业的具体特点，对于物联网企业商业秘密的范围具体归纳如下：

1. 物联网企业的技术信息

凡是符合上述三个特点的信息都是物联网企业的技术信息。在此，特别强调两方面的信息要作为商业秘密保护：一是物联网产品，特别是防侵入性物联网产品的具体工作机理；二是物联网产品具体不足和漏洞。这些信息一旦泄露，容易为不法分子所利用，从而让物联网产品失灵，不仅会给物联网企业的具体客户带来损失，而且会从根本上损害物联网产品的市场，其损害可能殃及整个物联网领域。一般行业的状况是一旦商业秘密泄露，竞争对手会受益。因此，这些信息的保护不仅涉及自身利益，也涉及其他物联网企业的利益。在此问题上，广大物联网企业可谓一荣俱荣，一损俱损。因此，物联网企业技术秘密保护的特殊意义应该引起广大物联网企业的格外关注。

2．物联网企业的经营信息

一般而言，不为公众所知的经营性信息都可以是物联网企业的商业秘密，如底价信息、财务信息、销售渠道、经营策略、激励机制等等。在此，要特别强调的是物联网的客户资料，特别是某个客户具体物联网产品的使用和安装信息。这个信息一旦泄露，对于客户的损失很大，很可能导致客户所购入的物联网产品被不法分子所突破从而造成严重损失。试举一例，A 物联网企业为 B 客户安装了一套视频监控系统，A 物联网企业自然掌握该套视频监控系统的具体信息，如摄像头的具体位置。这些信息 A 物联网企业要严格保密。否则，一旦泄露，就容易让不法之徒发现监控死角从而导致监控失灵。

综上，我们不难看出，物联网企业的商业秘密的范围不仅涉及不让竞争对手获知的技术信息和经营信息，也包括不让“不法分子”获知的技术信息和经营信息，这也从根本上决定了物联网企业的保密不仅为了自身的利益和安全，也为了从根本上为了保护客户的利益和安全。物联网企业应该格外重视商业秘密的保护，采取一系列保密保密措施防止其商业秘密泄露和披露。

6.3.3 物联网企业的保密措施

法律规定了保密措施是商业秘密得到法律保护的必要条件，但何谓保密措施？保密措施多种多样，基本上分为两个大的方面：法律措施和技术措施，下面结合业务实践介绍如下：

1．法律措施

法律措施是指物联网企业为了保护其商业秘密而采取的具有法律意义的举措和方法，主要有三个方面：

（1）建立、健全保密制度。有无专门的保密制度往往是企业是否采取保密措施的重要标志。保密制度的主要功能是规范物联网企业内部不同主体之间在保密事宜上的权利义务。保密制度的内容一般包括保密机构的设置和权限划分；保密信息的范围；涉密文件的分级管理；涉密的文件处理和保存等。保密制度作为物联网企业内部管理制度一定要向员工公示，这一点往往为企业所忽略。公示方式可以根据企业的情况确定具体方式。如，要求员工书面阅读确认；使用局域网的企业，书面通知员工阅读电子版的保密制度；员工培训时讲解公司的保密制度等。

（2）（员工）保密协议书。物联网企业要与员工签订保密协议书。保密协议书的主要内容是设定员工的具体保密义务，保密范围，泄密的法律责任等。物联网企业与员工签订是证明采取其采取保密措施的标志性措施。一般来说，物联网企业一旦与员工签订了保密协议，法律上就视为企业就相关的技术信息和经营信息采取了保密措施。实践中，有企业在劳动合同中设定保密条款，不再另行签订保密协议。这种做法也可以作为采取保密措施的依据，由于物联网企业属于保密性较强的企业，最好与员工签订专门的保密协议。

（3）对外合作中的保密协议和保密条款。物联网企业之间的合作和交易往往涉及单方或者相互披露商业秘密，此中情况下要签订保密协议书，或者在合作合同中设定保密条款，具体约定双方的保密义务。不签订保密协议也不设定保密条款情况下，企业向合作伙伴披露商业秘密在法律上一般视为公开该商业秘密。

2. 技术措施

物联网企业往往给客户提供物联网产品，提高客户保护包括其商业秘密在内的人身和财产的安全水准，自身也要发挥技术优势，采取技术措施防止商业秘密的外泄。技术措施涉及方方面面，企业可以根据自身情况具体设计技术保密手段和措施。如，对于研发人员，工作环境要相对封闭，不能提供外网接入，禁止或者限制移动存储介质的使用，禁止或者限制无线传输等措施等，防止研发资料泄露。

值得强调的是，企业采取了上述法律措施和技术措施客观上并不一定全完全防止商业秘密泄露。保密是一项综合性系统工程，涉及到许多深层次的问题。如企业的凝聚力，企业薪酬待遇和激励机制，企业的发展前景等都会影响员工保密的主动性和效果。因此，物联网企业要做好保密工作，除了采取上述的基本保密措施外，还要从自身情况出发，在企业文化，激励机制等方面增加投入，从根本提供员工保密的自觉性，积极性和责任心。

6.3.4 物联网企业的知识产权保护

近几年网络知识产权纠纷案件却不断受到媒体的关注。侵权行为无处不在。这样的状况对于致力于产品技术研发、维护市场洁净环境的企业来说，实在是巨大的威胁。

在市场竞争中，保护研发型物联网企业的知识产权就是很必要的，从物联网企业自身而言，应该要有这个意识和行动。保护研发型企业的知识产权，很多情况下都是由企业自身来完成。如何做好知识产权保护？为了物联网行业的健康发展和企业的健康运营需要从以下几个方面来努力：

首先，物联网企业应该重视知识产权保护的问题。中小企业的规模较小，设立一个专门的知识产权部门的可能性比较小，但是应该有比较熟悉这方面的人才。此外，还可以寻找好的知识产权代理机构，让其根据企业的实际情况给出一些比较中肯的意见，保护企业的知识产权。

其次，物联网企业应在做好知识产权申请工作，加大知识产权保护力度。这个申请并不只是一个简单的过程。从之前的事例可以看到，有的企业虽然提起诉讼，但是由于申请专利时没有注重技巧的应用，使得诉讼功亏一篑。

另一方面，专利权利要求书和说明书至关重要。一些技术性很强的专利产品在被侵权后很难胜诉，就是因为在“被控侵权产品是否与涉案专利的必要技术特征相同或等同，是否落入涉案专利的保护范围”上难以断定。《专利法》第二十六条第三款规定，“说明书应当对发明做出清楚、完整的说明，以所属技术领域的技术人员能够实现为准。”以及《专利法》第二十六条第四款规定，“权利要求书应当以说明书为依据，说明要求专利保护的范围。”权利说明书既要保护专利，又不能限制其他人利用现有技术进行新的发明和创造。因此，法律在对专利权人提供合理保护的同时要为社会公众提供足够的法律支持，均衡保护专利权人的权利和社会公众利益两方面的需求，不能顾此失彼。基于这一原则，专利法规定了公开审查制度。物联网产品原理复杂，所以在确定专利保护范围时，法律规定以权利要求书的实质内容为基准，在权利要求书不清楚时，可以借助说明书和附图予以澄清。

就物联网企业而言，申请专利时的权利要求书和说明书至关重要。权利要求书和说明书对这些高新技术方案的描述要有严格的上位概念和它的各个次级上位概念，权利要求的范围应该是以实施例为核心，结合说明书中关于技术方案的描述和本专业普通技术人员所具有的专业知识，概括出一个合理的保护范围，权利保护的要求范围既不能过宽，也不能过窄。从司法保护上看，对涉及专利侵权产品的诉讼，判断被控侵权产品否是与涉案专利的必要技术特征相同或等同，涉及到专业技术问题及案件的事实问题，前者需要借助本领域专业技术人员的判断，后者需要法官判断是否落入涉案专利的保护范围。被侵权企业在诉讼中可以请求法院对专业技术问题进行鉴定，采纳专业技术人士的论证结论。

除此之外，保护知识产权还可以与其他一些措施共同实施，共同构筑物联网企业知识产权保护网。首先要加快信息的研发进程，加大加密强度；再有就是可以有效地降低物联网产品的销售价格，在性价比上与侵权产品竞争。除了通过向法院提出诉讼解决途径外，还可以进一步拓展配合和帮助包括工商、技监、版权，海关、税务等行政执法机关对侵权行为进行查处，寻求及时、迅速的行政手段的法律保护，从而构筑物联网产品知识产权行政管理保护的网络体系。

除了做好自身的知识产权保护之外，物联网企业还应该注意不要侵犯他人的知识产权。物联网企业有很多都是中小企业，通常都是对一级开发商的核心技术进行开发生产。这些小企业对知识产权意识模糊，有时侵犯别人专利还不知道。因此，这就要求物联网企业在开发新产品之前检索数据库，看看是否已经有类似的专利。这样既可避免侵犯他人的知识产权，也避免研发后不能投入生产从而造成浪费。

6.4　域名的法律保护

6.4.1　域名的内涵

1．域名的概念

关于域名（Domain Name）的概念，立法上并未有统一的规定，学术界对此也有不同的理解。诸如：“域名是指与因特网上数码地址相应的字母数字混合语符列”；“域名，又称网址，是一个通过计算机登上因特网的人在因特网上的地址”；“域名是联接到国际互联网上的计算机的地址，它们是为了便于人们发电子邮件或访问某个网站而设计的”；“域名，其实是因特网协议（IP）地址的一种容易记忆的字符串，它对应的是纯数字的地址”；“域名就是指 Internet 用户用以确定其在网上的位置，并与其 IP 地址相对应的名称”等。根据中国互联网络信息中心（CNNIC）的解释，“从技术上讲，域名只是因特网中用于解决地址对应问题的一种方法。可以说只是一个技术名词，从商界看，域名已被誉为企业的网上商标”。那么，从法律角度来讲，域名是指域名所有人拥有的用于计算机定位和身份识别的网络地址。

2. 域名的结构及其主要类型

根据现行域名规则，一个完整的域名通常由左右两部分构成，左边是由TCP/IP协议种类 （例如超文本网络协议HTTP）和万维网代码所构成的无识别性的通用前缀部分，右边是由英文中的句点“．”依次隔开的顶级（一级）、二级、三级甚至四级域名代码所构成的域名代码部分，如HYPERLINK“http://www.pku.edu.cn”（北京大学域名），HYPERLINK“http://www.microsoft.com”（微软公司域名）。一个域名中最后一个“．”右边的部分称为顶级（一级）域名代码，最后一个“．”左边的部分称为二级域名代码，二级域名代码左边的部分依次分别为三级、四级等域名代码。一个域名从整体上看，从右向左、由循序降级的多级别域名代码所组成，域名的区别性或识别性主要来于注册人的自用域名代码，如http://www.pku.edu.cn中的三级域名代码pku和http://www.microsoft.com中的二级域名代码microsoft等。根据现行域名管理规则，顶级域名代码主要有两类：一类为国别域名代码，分别对应各个国家或地区，如中国为cn，美国为us，日本为jp，中国香港为hk等；一类为类别顶级域名代码，具体分为com（工商业实体）、net（网络服务实体）、org（非营利组织）、mil（军事机构）、edu（教育机构）、gov（政府机构）等。在类别顶级域名代码下注册的域名通常为两级域名代码结构，而在国别顶级域名代码下注册的域名通常为三级或四级域名代码结构。根据《中国互联网络域名注册暂行管理办法》，在中国的国别顶级域名代码下，对应有6个二级类别域名代码和34个二级行政区域域名代码，前者分别为ac（科研机构）、com（工商、金融企业）、edu（教育机构）、gov（政府部门）、net（互联网、接入网络的信息中心和运营中心）及org（非营利组织），后者则分别对应着34个省级行政区域单位，如bj（北京）、sh（上海）、mo（澳门）等。

3. 域名的性质

关于域名的性质，即域名是否为一种独立的权利？一直存在着较大的争论。迄今为止，尚无一个国家的立法对此有明确规定。与立法上的不确定状态相适应，理论界就此问题也未达成过一致意见，目前主要存在以下几种观点。

第一种观点认为，域名是一种商务活动标识，它与商标、商号有联系又有区别，不能概括地说它是或不是一项单独的权利。第二种观点认为，域名可以成为知识产权的客体，但目前将之独立作为一种权利的依据还不充分。理由为：与商标等相比，域名的价值仅在于作为一种计算机容易记忆的字符串，其本身自始即缺乏显著的区别性，其构造至今仍是一种纯技术领域的问题，其标识作用主要来自于其在现实社会中的商标性使用与广告宣传，而非其本身单纯地在网络环境下使用的结果。第三种观点主张，域名是一项独立的知识产权，可称之为域名权，应对之予以独立的法律保护。其理由为：域名是经过人的构思、选择或创造性劳动产生的智力成果，其构成并非都是像通讯地址或电话号码一样具有机械唯一性，即使是那些创作高度很低的仅翻印公司或个人名称的缩写字母也有其特别的含义，与著作权、专利等传统知识产权相比，域名构成知识产权的条件以区别性要求并不违反现有知识产权原理，故可将之归为一种新的知识产权。第四种观点认为，域名不享有权利，因为法律尚未对其作出专门性规定。

4. 域名的法律特征

域名的法律特征主要有三：

1）标识性

域名的设计与使用初衷是为了用识别性标记来区分网络上的计算机，以方便网络寻址和信息传输，故标识性应为其基本特征之一。但域名的标识性与商标等传统标记的标识性又有不同，后者存在有较高的显著性要求，域名的识别则为计算机识别，只需存在细微的差别即可，体现了较强的技术性特征。

2）唯一性

域名的唯一性是绝对的、全球性的，这是由网络覆盖的全球性和网络 IP 地址分配的技术性特征所决定的。商标、商号等传统标识可因行业、商品等的不同而存在不同主体拥有相同标识的情形，域名的唯一性则不因行业、商品等的不同而有任何不同。根据世界上达成的 TCP/IP 通信协议的规定，因特网上的每台计算机都有一个全球唯一的统一格式的地址，即 IP 地址，每个 IP 地址对应的域名也是全球唯一的。

3）排他性

域名的排他性是其唯一性的延伸与保证。在任一个注册机构注册的域名均具有全球的通用效力，同时，“先申请先注册”的域名注册原则保证了一个域名只能被成功注册一次，这些使得域名必然产生全球范围内的排他性。

6.4.2　域名的法律保护

1．IAHC 报告

国际特别委员会（International Ad Hoc Committee）于 1997 年 2 月公布了“国际特别委员会最终报告：关于国际顶级域名的管理和运营”（简称“IAHC 报告”）。“IAHC 报告”主要是关于改革国际顶级域名“.com”、“.org”和“.net”的注册和管理体制的。“IAHC 报告”包含了许多很有价值的新思想，尤其是提出了建立全球性域名纠纷处理机制的构想，以解决域名纠纷所涉及的复杂的法律冲突的问题。根据“IAHC 报告”的要求，1997 年 5 月国际特别委员会还公布了与知识产权有关的全球性域名纠纷处理规则，建议设立纠纷处理小组，对二级域名与他人的“世界知名标志”相同或近似所引发的纠纷进行裁决。

2．美国的“域名白皮书”

1998 年 1 月，美国商务部下属的国家通讯与信息管理局公布了“改进国际互联网域名与地址的技术管理的建议”（即“域名绿皮书”）。1998 年 6 月，美国国家通讯与信息管理局在“绿皮书”的基础上，公布了“关于管理国际互联网域名和地址的政策性声明”（即“域名白皮书”）。

“域名白皮书”的主要内容包括：建立一个新的民间的非营利性的公司，管理域名系统；通过竞争性机制筛选合适的公司担任域名注册机构，促进域名管理体制的民间化和市场化；保护商标权人的利益，促进域名纠纷的解决；建议世界知识产权组织主办一次商标权人与其他网络用户之间公平、公开的磋商和讨论，协调各方的利益，为新的域名管理组织提供制订未来政策的依据。

“域名白皮书”有两个最直接的贡献。一是建议世界知识产权组织出面组织有关各方进行磋商，以便对建立全球性的域名纠纷解决机制提出设想。二是促使新的域名系统管理组织 ICANN 成立，使域名系统的改革付诸实践。ICANN（互联网名称与编码分配管理机构，Internet Corporation for Assigned Names and Numbers），是一个非营利性的私营组织，其主要功能在于分配 IP 地址，管理域名系统及提供稳定的互联网根服务器等。ICANN 的目的在于确保互联网的稳定运行，促进竞争，实现全球互联网社会的广泛参与，并通过一系列措施有效地防止了美国对它的操纵。

3. “WIPO 最终报告”

世界知识产权组织（World Intellectual Property Organization，WIPO）于 1998 年 12 月 23 日公布了“WIPO 阶段性报告”，“报告”指出，关于域名系统改革的磋商有 5 项指导性原则。（1）互联网具有全球性，并有多种功能。各方利益的代表都应当被允许参加到磋商进程中来。因此，知识产权的保护不能脱离开互联网是多功能的全球媒体这一背景。（2）磋商的目的并不是要创立一种新的知识产权，或者为知识产权在网络空间的提供更高水平的保护，而是将现行的公认的知识产权保护标准适用于新兴的受多国法律管辖的互联网以及指导网上信息流通的域名系统。（3）域名系统的改革不能以牺牲人权（例如言论自由）等其他权利为代价来维持知识产权的保护标准。（4）域名系统的改革不能干预互联网的正常运行，不能给自动的域名注册过程施加不合理的限制。（5）互联网技术还在不断扩展，因此域名系统的改革不能妨碍进一步的技术进步。

“WIPO 最终报告”对改革域名系统主要提出了 3 方面的建议，包括采取预防措施防止域名与知识产权发生冲突的建议，在受多国法律管辖的网络空间建立统一的域名纠纷处理程序的建议，以及在网络环境下给予驰名及知名商标以特殊保护的建议。

4. 域名的国内保护

《中国互联网络域名注册暂行管理办法》已经于 2004 年 11 月 5 日由信息产业部（现为工业和信息化部）第 30 号令公布，自 2004 年 12 月 20 日起实施。是目前中国域名管理与保护的基本法律依据。根据《中国互联网络域名注册暂行管理办法》规定，工业和信息化部是我国域名的管理机构，负责制定中国域名的设置、分配和管理的政策及方办法；选择、授权或撤消顶级与二级域名的管理单位；监督、检查各级域名注册服务情况。中国互联网络信息中心（China Internet Network Information Center，CNNIC），作为一个非盈利性机构，根据《中国互联网络域名注册暂行管理办法》制定《中国互联网络域名注册实施细则》，并负责管理和运行中国顶级域名.cn。

6.4.3 域名同商标权的冲突

1. 域名与商标权利冲突的种类

域名与商标在现实中的冲突基本分为两类，一种是将他人注册商标用于域名注册而产生的域名权与在先商标权的权利冲突；一种是将他人域名用于商标注册而产生的商标权与在先域名权的权利冲突。

1）将他人注册商标用于域名注册

根据抢注人域名使用目的的不同，可分为善意域名使用和恶意域名使用，相应地域名抢注分为善意域名抢注和恶意域名抢注两种。善意域名抢注是善意的，其目的不是为了损害商标权人的合法权益。具体分为：

（1）非商业性善意域名抢注。

域名注册人以非营利为目的，注册使用与他人注册商标相同的域名，如一个人以自己的名字先注册了非商业性个人网站的域名，但其名字恰好是某一公司的注册商标。

（2）商业性善意域名抢注。

可分为：①巧合雷同。一般这些注册商标知名度小，注册人也不知道其商标，而将其商标注册为域名。②同一域名的标识部分有数个商标权人。即不同的民事主体针对相同的标识在不同的商品或服务范围内各自享有商标权，因注册域名而发生冲突。

而关于恶意域名抢注，世界知识产权组织下的定义是指若域名持有人持有的域名与异议人所持有的商品或服务商标完全一致或极其相似，且域名持有人对域名本身并不享有任何合法的权利和利益，则域名的注册和使用均为恶意。具体分为两种情况：

（1）只注不用：也就是不在商品或服务流通领域中使用。这类注册人通常将其注册的域名本身视为商品，通过向商标所有人、持有人或其竞争对手出售、出租或转让，以期获得利益。

（2）既注又用：也就是在流通领域中使用。一般是将别人的知名商标注册为自己的域名，“搭便车”创造其取得的利益机会，造成普通消费者产生域名权人与商标权人之间存在着某种联系的误认而损害社会公众的利益，损害商标权人的利益。

2）将他人域名用于商标注册

商标以所有人或者使用人向市场提供的商品和服务的类别为基础。申请商标注册，如以他人的域名为商标，商标法不予制止，这就在现实中发生将他人域名用于商标注册的现象。它又分为三种：

（1）反向善意抢注，指以他人拥有的具有独创性和知名度不高的域名，在不具有恶意的情况下注册为自己商标的情形，即巧合雷同。

（2）反向恶意抢注，指以他人拥有的富有独创性和高知名度的域名恶意注册为自己的商标的情形。

（3）商标滥用行为，指普通商标权人企图扩大普通商标禁止权的范围，而在域名注册上获得对其普通商标特殊保护的行为。

2. 域名与商标权冲突的主要原因

域名是互联网日新月异发展的结果，是电子商务突飞猛进的产物，域名的使用显然对传统的商标权提出了严峻的挑战。

1）内因

所谓内因是指一个具体事物或系统内部所包括的各要素间既对立又同一的关系。域名的识别功能所具有经济商业价值的日益增长是引起域名和商标权冲突的内部原因。

在互联网上，域名不仅仅只有识别 IP 地址的作用，而且还能更方便、快捷地识别用户，以便快速地开展电子商务业务。各商业组织已越来越意识到网站作为发展电子商务的基本手段的巨大潜力，意识到具有一定识别功能的域名在互联网这一虚拟世界能给自己带来的访问量和点击率就意味着声誉的扩大、市场的拓展和消费群的递增。商家已将互联网视为一个势在必得的获利领地。因此商家总是希望把那些能吸引消费者和广大用户的商标及其他特有标志性词语作为域名，扩大影响。与此同时，商家在广告宣传中常将域名作为一项内容，展示给公众宣传自己的产品和服务，域名在此意义上，潜藏着巨大的经济商业价值和广告效益。

2）外因

所谓外因是指一个具体事物或系统与其他事物或系统之间既对立又统一的关系。外因是加速或延缓事物发展的条件，使事物的发展显示特定的外貌。域名与商标权冲突的外因主要有以下几方面：

第一，域名观念淡薄。一些企业在最初没有意识到域名的作用，没有看到域名具有的商业价值，只是一味地追求"驰名商标"或"知名品牌"。如春兰集团、同仁堂、中国嘉陵、五羊本田、清华同方等我国著名企业商标、商号等被广东公众信息技术有限公司在互联网上注册为域名。另外，"3721 网站"在为国内知名企业和品牌登记中文网址时发现，1999 年上市公司中，业绩排行前百名的公司中，90%以上都不拥有以自己公司的汉语拼音命名的国际顶级域名；宝钢集团、上海大众等一些知名企业，网上域名均遭到了抢注。

第二，制度不健全。域名与商标分别由不同部门核准注册，进行管理，这本身就给域名和商标发生冲突提供了便利条件。首先，域名注册服务遵循"先申请先注册"原则（《中国互联网络域名管理办法》第十六条），且域名具有绝对的唯一性，就使得域名注册与不同领域的商标注册发生交叉并产生冲突。其次，制度的"漏洞"使投机者有机可乘。根据《中国互联网络域名管理办法》第二十条规定："域名注册申请者应当遵守国家有关互联网络的法律、行政法规和规章，遵守域名注册管理机构制定的域名注册相关规定，并提交真实、准确、完整的域名注册信息"。但同时第二十二条又规定"因持有或使用域名而侵害他人合法权益，责任由域名持有者承担。"即域名注册管理机构对申请人所申请的域名注册信息是否"真实、准确、完整"，是否使用了他人的注册商标实际根本就不去审查，那么这一规定就使得域名注册的审核制度在保护注册商标专用权方面形同虚设，域名与商标权冲突再所难免。再次，对于一个域名注册人究竟可以注册多少个域名，最多不得超过多少个，我国现行制度对此没有任何限制，这就加剧了域名与商标权的冲突。

第三，域名技术系统分配方法上存在着局限性。现在顶级域名是由美国政府控制的 ICANN 来定义的，其中通用顶级域名对用户开放的只有三个：.com、.org、.net。顶级域名和二级域名都是公用部分，只有三级域名才能体现注册人的个性，空间狭窄。

3. 抢注域名可能承担的法律责任

虽然域名抢注未必一定构成侵权，但这样的做法确实会损及被抢注者的商业利益，因此，仍有可能承担法律责任。

抢注驰名商标要承担法律责任。各国都对驰名商标实施特殊保护，把他人的驰名商标抢注为域名，无论抢注者是否使用该域名，都可被判违反联邦《反商标淡化法》，因而承担一定的法律责任。

抢注企业名称也可能承担法律责任。《巴黎公约》第一条规定，企业名称属于工业产权的保护对象，各国法律也都确立了企业名称权的法律地位。把他人企业名称抢注为域名，可能要负冒用他人企业名称的法律责任，将被责令停止侵权行为，赔偿被抢注人因该抢注行为遭受的损失，没收非法所得，以及被罚款等。我国《企业名称登记管理规定》规定，企业名称应当使用汉字，不得包含汉语拼音字母（外文名称中使用的除外）和数字；民族自治地区的企业名称可以同时使用本民族自治地区通用的民族文字；外商投资企业、有对外业务的企业，具备法人资格，经登记主管机关核准，可以使用外文名称，但是必须与中文名称一致。域名是用字母、数字、连字符号组成的字符串，因此，在我国判断把他人企业名称抢注为域名的行为是否构成侵权的关键是企业除了在企业名称登记主管机关注册了中文名称外，是否还就与目对应的英文名称或中文名称的拼音字母做了注册。

6.5　TRIPs 规定的其他知识产权的法律保护

世界贸易组织（World Trade Organization，WTO）于 1995 年 1 月正式成立，WTO 法律制度主要由协议的正文和六个附件组成，共 21 个最后文件，与贸易有关的知识产权协定（Agreement on Trade-related Intellectual Property Rights，TRIPs）是附件之一，构成 WTO法律制度的重要组成部分。

6.5.1　TRIPs 对商业秘密的保护要求

TRIPs 第 39 条是对商业秘密的具体保护要求。对于名称问题，通常称为“trade secrets”或“commercial secrets”，TRIPs 原文中称为“unclosed information（未披露信息）”，包括生产方法、化学配方、绘图、图形、销售方法、经销方法、合同形式、商业计划表、价格协议细节、消费者情况介绍、广告策略、供应商或顾客花名单、计算机软件和数据库。

TRIPs 首先明确商业秘密是反不正当竞争保护的一部分，《巴黎公约》1967 年文十条之二提到的要求，适用于商业秘密。保护要求是：（1）本联盟成员国必须对各该国国民保证予以取缔不正当竞争的保护；（2）凡在工商业活动中违反诚实经营的竞争行为即构成不正当竞争的行为；（3）特别禁止下列情况：①采用任何手段对竞争对方的企业、商品或工商业活动造成混乱的一切行为，②在经营商业中利用谎言损害竞争对方的企业、商品或工商业活动的信誉的，③在经营商业中使用会使公众对商品的性质、制造方法、特点、使用目的或数量发生混乱的表示或方法。

其次，TRIPs 对商业秘密的构成和含义做了具体的界定。即“符合下列三个条件的信息构成未披露信息：（1）在一定意义上其属于秘密，就是说该信息作为整体或作为其中内容的确切组合，并非通常从事该信息领域的人门所普遍了解或容易获得的；（2）因其属于秘密而具有商业价值；（3）合法控制该信息之人，为保密已经根据有关情况采取了合理措施。”我国《反不正当竞争法》规定了四个要件 ，除了以上的三个要件即新颖性、秘密性、价值性外还规定了构成商业秘密的信息还应具有实用性，这主要是基于促进商业秘密传播和使用的考虑。有的学者认为，这一条件在司法和执法实践中，容易被解释为：阶段性（为最终完成的）技术成果不受保护。这种规定可能对技术开发者是不利的。

第三，TRIPs 对商业秘密侵权的情况在条文和角注中也做出了列举式界定，即“自然人和法人均应有可能防止他人未经许可而以违背诚实商业的方式，披露获得或使用合法处于其控制下的该信息。”“‘以违背诚实信用的方式’应至少包括诸如违约、泄密及诱使他人泄密的行为，还应包括通过第三方以获得未披露的信息（无论该第三方已知、或因严重过失而不知该信息的获得将构成违背诚实商业行为）。”

我国《反不正当竞争法》第十条“经营者不能采用下列手段侵犯商业秘密：（一）以盗窃、利诱、胁迫或者其他不正当手段获取权利人的商业秘密；（二）披露、使用或者允许他人使用以前项手段获取的权利人的商业秘密；（三）违反约定或者违反权利人有关保守商业秘密的要求，批露、使用或者允许他人使用其所掌握的商业秘密；第三人明知或者应知前款所列违法行为，获取、使用或者批露他人的商业秘密，视为侵犯商业秘密。”

第四，“当成员要求以提交未披露过的实验数据或其他数据，作为批准采用新化学成分的医药用或农用化工产品上市的条件时，如果该数据的原创活动包含了相当的努力，则该成员应该保护该数据，以防不正当的商业使用。同时，除非出于保护公众的需要，或除非已采取措施保证对该数据的保护、防止不正当的商业使用，成员均应保护该数据以防其被泄露。”

6.5.2　TRIPs 对协议许可证中限制竞争行为的控制

TRIPs 第 8 节是关于对协议许可证中限制竞争行为的控制的规定，包括一条（第 40 条）三款。第一款规定“与知识产权有关的某些妨碍竞争的许可证贸易活动或条件，可能对贸易具有消极影响，并可能阻碍技术的转让与传播。”第二款规定“这类活动包括诸如独占性反授条件、禁止对有关知识产权的有效性提出异议的条件、或强迫性的一揽子许可证。”

第二款规定成员可以在其国内立法中具体说明在特定场合可能构成对知识产权的滥用，从而对竞争有消极影响的许可证贸易和活动；成员可以在与本协议其他规定一致的前提下，顾及该成员的有关法律及条例，采取措施防止或控制这类活动。

那么出现争议如何解决呢？该条第三款规定，“如果任何一成员有理由认为，作为另一成员国之国民或居民的知识产权所有人正在从事违反本成员的有涉本节内容之法规的活动，同时前一成员又不希望损害任何合法活动、也不妨碍各成员作终局决定的充分自由，又能保证对其域内法律的遵守，则后一成员应当根据前一成员的要求与之协商。在符合其域内法律、并达成双方满意的协议意识要求协商的成员予以保密的前提下，被要求协商的成员应对协商给与充分的、真诚的考虑，并提供合适的机会，并应提供与协商之问题有关的、可公开获得的非秘密信息，以及该成员能得到的其他信息，以示合作。”该条第四款继续规定“如果一成员的国民或居民被指控违反另一成员的有涉本节内容的法律与条款，因而在另一成员境内被诉，责另一成员依据本条第三款之相同条件，根据后一成员的要求，提供与之协商的机会。”

我国规定，如果技术引进合同中含有下列 9 种限制性贸易条款中的任何一种，审批机关都可以不批准该合同：（1）要求受方接受同技术引进无关的附带条件，包括购买不需要的技术、技术服务、原材料、设备或产品；（2）限制受方自由选择从不同来源购买原材料、零部件或设备；（3）限制受方发展和改进所引进的技术；（4）限制受方从其他来源获得类似技术或与之竞争的同类技术；(5)双方交换改进技术的条件不对等；(6)限制受方利用引进的技术生产产品的数量、品种或销售价格；（7）不合理的限制受方的销售渠道或出口市场；（8）禁止受方在合同期满后，继续使用引进的技术；（9）要求受方为不使用的或失效的专利支付报酬或承担义务。

欧共体委员会于 1984 年曾通过一个对共同体国家均有约束力的立法性文件《专利许可证条例》，1989 年又通过了一个《know-how 许可证条例》。这两个条例于 1995 年 7 月修订后合并为一个《技术转让条例》开始适用。这个条例主要从许可证的许可人、被许可人各自的义务及共同义务方面，规定了哪些许可证条款属于合法的，那些属于含“限制性贸易做法”的条款，亦即非法条款。此外，条例还规定了它的适用范围，以及欧共体委员会可对许可证合同行使的某些权力。

案例 通信巨头频遭专利纠纷案

2011 年通信行业知识产权纠纷不断，先是 1 月份 A 公司以盗用商业秘密、版权侵权、违反合同为理由起诉 B 公司。到了 3 月底，C 公司在英国、德国和意大利对 D 公司提起专利侵权诉讼。4 月，D 公司则在中国正式提出针对 C 公司中国通信有限公司侵犯 D 公司部分专利权的诉讼和对 C 公司拥有专利的无效申请。2011 年 4 月 28 日，A 公司在欧洲对 D 公司提起诉讼，指控其侵犯了 A 公司的专利权和商标权，D 公司也随即作出反击，在中国和欧洲向 A 公司提起侵权诉讼。几个月时间内，五大巨头中的四家都卷入了知识产权纠纷，受到了舆论的极大关注。

专利至关重要

知识产权对于不同领域的影响作用是有区别的，公认的通信和医药是受知识产权特别是专利影响最大的领域。通信领域之所以受到专利的巨大影响，原因就在于通信的目的就是实现互联互通，统一的标准是它的核心。这种情况下如果在技术标准下部署有专利，就无异于拥有了必经之路的收费站。例如 CDMA 技术的先行者美国高通公司就向采用其技术而未使用其芯片的企业收取销售收入 5%的专利费，即使诺基亚、博通和德州仪器这样的通信巨头对此也没有办法，只能是以专利许可费率过高为理由，在 2005 年向欧盟委员会提出反垄断行为调查，和解也是付出几十亿美元的代价。

A 公司：以自主知识产权支持销售是关键

B 公司是 A 公司在美国的重要合作伙伴，2000 年双方签订协议，由 A 公司设计、优化、制造产品并出售给 B 公司，由 B 公司以自身商标来转售。就 A 公司研发并提供给 B 公司的技术，双方签订有多份协议。此次 A 公司起诉 B 公司的直接原因为，A 公司的直接竞争对手 E 公司通信将收购涉及相关业务的 B 公司网络业务部门。打个比方，A 公司的事情更像是恋爱十年，分手后财产要分清楚，索要个青春损失分手费。已故著名知识产权学者郑成思先生总结知识产权的最大特点就是无形，并且可以无损传播。A 公司如果不进行相关诉讼，技术秘密等知识产权的损失只能白白承担。A 公司要到和解费用应该算是填平了损失。

2011 年 4 月 13 日晚，A 公司与 B 公司宣布就所有未决知识产权诉讼达成和解。按照披露的信息，在向 A 公司支付转让费后，B 公司得以将与 A 公司之间的商业合同转移给 E 公司，从而使 E 公司能获得及使用 A 公司的保密信息。这也意味着 E 公司收购 B 公司无线资产消除了最后的障碍，通信设备市场集中度将进一步提高。不过 A 公司后续失去了 B 公司的海外销售渠道，如何另寻出路才是问题关键。A 公司面临选择，是另寻渠道，还是以自主品牌打市场。当初以 B 公司为渠道，规避知识产权风险是重要的考虑，今后以自主品牌打市场，对知识产权能力的考验愈加严峻。

目前 A 公司在多个国家取得了重大突破，所以此次诉讼很可能是 A 公司未来发展战略转变的契机，建立自身销售渠道，更多地以 A 公司商标来销售经营。失去贴牌渠道，对于 A 公司应该是成长中的阵痛，脱离了拐棍才能真正自主奔跑起来。实际上这些年，我们已经看到了 A 公司在这方面的努力。2009 年 2 月，A 公司加入 WiMAX 的 OPA 开放专利联盟，成为 WiMAX 专利联盟的许可方。这对于我国通信设备制造商突破专利壁垒、拥有自主知识产权具有重要意义。

D 公司：考验数量更考验质量

如果将 A 公司的知识产权诉讼比喻为分手后索要分手费，那么 D 公司的知识产权诉讼可以比喻为上车后买票，希望买到打折票，知识产权收费很多都是这种先上车后买票型。中国通信产业的发展有一个从落后到迎头赶上的过程。举个例子，最早在中国申请 CDMA 技术的是 1990 年美国高通公司的申请，而国内公司也开始就 CDMA 技术申请专利则要到 1997 年，其中有 7 年的空档期，这是历史发展阶段的遗留问题。在知识产权的空白期需要支付知识产权成本也是正常的。从目前各方面的消息看，C 公司是就 GSM 和 WCDMA 等对 D 公司展开诉讼。在通信领域购买专利许可并不丢人，多方互相许可也是常有的事。但要讨价还价都要有筹码，对于 D 公司而言目前考验其能力的就是所积累的几万件专利的含金量，因为专利重视数量，更重视质量。

高技术的通信领域利润丰厚，我国企业凭借固有的产品性价比优势，已经在市场上获得很大的成功。知识产权的较量成为面对的实际问题，我国企业在前几年也充分认识到这一问题，积极扩展专利数量，如今到了检验这些专利含金量的时候。现在，包括大唐、烽火、亨通等更多的国内公司也在走出国门，走向世界，如同 A 公司和 D 公司一样，它们在走出国门之后也将不可避免地遇到知识产权方面的竞争。作为后来者，唯有分析借鉴先行者的经验，坚持自主创新并尊重他人的创新成果，才能少走弯路，加快国际市场的拓展步伐。

（本文由作者根据网络资料改写：通信世界网，2011-04-28，王雷）

讨论：

1. 你认为通信行业中外知识产权纠纷增加反映了什么趋势？
2. 通信企业走出国门遇到知识产权方面的纠纷应如何处理？

小结

通过本章的学习，应该掌握网络著作权的法律保护，包括著作权的概念界定、网络著作权主体、网络著作权客体、网络著作权内容、网络著作权侵权行为及法律责任、网络著作权的法律保护、网络著作权权利限制等重要内容。要熟悉网络工业产权的法律保护，包括工业产权的概念界定、网络专利的法律保护、网络商标权的法律保护等。另外，也要掌握物联网企业商业秘密的保护，了解物联网企业的保密工作、物联网企业的商业秘密、物联网企业的保密措施、物联网企业的知识产权护等实际内容。熟悉域名的法律保护，包括域名的内涵、域名的法律保护、域名同商标权的冲突。最后，要了解 TRIPS

规定的其他知识产权的法律保护，如 TRIPS 对商业秘密的保护要求和 TRIPS 对协议许可证中限制竞争行为的控制等。

习题

1. 网络著作权客体包括哪些？
2. 什么样的行为可以构成网络著作权侵权？
3. 网络环境下合理使用制度如何协调冲突？
4. 专利权的授权条件是什么？
5. 什么是电子专利申请？
6. 网络商业方法是否具有可专利性？
7. 如何认定驰名商标？
8. 域名是否属于一种独立的知识产权？

第7章 物联网接入法律制度

本章提要

本章重点阐述电信设备进网许可制度，电信设备进网管理由于电信产品的特殊性，世界各国对电信设备尤其是电信终端设备和无线电通信设备普遍实行进网审批制度。电信设备进网许可制度实行的范围和标准各国有所不同。电信设备进网程序规定包括电信设备进网申请与审查、电信设备进网许可与标志等内容。理解电信设备进网后监督，重点了解电信企业的责任，掌握电信主管与检测部门的职责。

引例 “红月”网络游戏虚拟财产纠纷案

河北承德的一位网络游戏玩家李××，在近两年的时间里，在“红月”游戏中练级练到了 934 级，离 1 000 的顶级只差一步，成为一个拥有许多高级装备的知名玩家。但是，李××没想到自己的快乐很快会被烦恼代替。2003 年的 2 月 17 日，他上线到游戏里一看，所有东西全被劫空了。李××丢失的是游戏中的虚拟装备，也就是游戏中人物的武器、服装和药品等道具。为了追讨自己游戏里丢失虚拟装备，在现实中把游戏运营商告上了法庭。

作为全国首例网络游戏虚拟财产纠纷案，引起了新闻媒体的广泛关注，在社会各界也备受瞩目。2003 年 12 月 18 日，经过三次开庭后，北京市朝阳区人民法院做出一判决。

法院判令：（1）×××科技有限公司对李××丢失的虚拟装备生化装备 10 件，毒药 2 个，生命水 2 个，战神甲一件恢复。（2）返还李××购买爆吉卡的价款 420 元。（3）赔偿李××交通费 800 元，证人出庭作证的交通住宿费 340 元。（4）驳回李××的其他诉讼请求。

（本文由作者根据网络资料改写：网络游戏新闻网，2003-12-22）

讨论：

1. 北京市朝阳区人民法院对本案的判决有何法律依据？
2. 本案的判决对我国网络游戏立法有何意义？

7.1 物联网接入法律制度概述

7.1.1 互联网接入

1. ISDN

目前在国内迅速普及，价格大幅度下降，有的地方甚至是免初装费用。两个信道 128 kbit/s 的速率，快速的连接以及比较可靠的线路，可以满足中小型企业浏览以及收发电子邮件的需求。而且还可以通过 ISDN 和 Internet 组建企业 VPN。这种方法的性价比很高，在国内大多数的城市都有 ISDN 接入服务。

2. ADSL

非对称数字用户环路，可以在普通的电话铜缆上提供 1.5～8 Mbit/s 的下行和 10～64 kbit/s 的上行传输，可进行视频会议和影视节目传输，非常适合中、小企业。可是有一个致命的弱点：用户距离电信的交换机房的线路距离不能超过 4～6 km，限制了它的应用范围。

3. DDN 专线

这种方式适合对带宽要求比较高的应用，如企业网站。它的特点也是速率比较高，范围从 64 kbit/s～2 Mbit/s。但是，由于整个链路被企业独占，所以费用很高，因此中小企业较少选择。这种线路优点很多：有固定的 IP 地址，可靠的线路运行，永久的连接等等。但是性能价格比太低，除非用户资金充足，否则不推荐使用这种方法。

4. 卫星接入

目前，国内一些互联网服务提供商开展了卫星接入互联网的业务。适合偏远地方又需要较高带宽的用户。卫星用户一般需要安装一个甚小口径终端（VSAT），包括天线和其他接收设备，下行数据的传输速率一般为 1 Mbit/s 左右，上行通过 PSTN 或者 ISDN 接入 ISP。终端设备和通信费用都比较低。

5. 光纤接入

在一些城市开始兴建高速城域网，主干网速率可达几十 Gbit/s，并且推广宽带接入。光纤可以铺设到用户的路边或者大楼内，可以以 100 Mbit/s 以上的速率接入。适合大型企业。

6. 无线接入

由于铺设光纤的费用很高，对于需要宽带接入的用户，一些城市提供无线接入。用户通过高频天线和 ISP 连接，距离在 10 km 左右，带宽为 2～11 MBit/s，费用低廉，但是受地形和距离的限制，适合城市里距离 ISP 不远的用户，性价比很高。

7. cable modem 接入

目前，我国有线电视网遍布全国，很多的城市提供 cable modem 接入 Internet 方式，速率可以达到 10 MBit/S 以上，但是 cable modem 的工作方式是共享带宽的，所以有可能在某个时间段出现速率下降的情况。

以上 7 种国内可以得到的接入方式，各有优点和缺点，有自己的适用范围。

硬件条件：一台计算机、一条电话线、一个调制解调器。

7.1.2　无线接入概述

世界信息产业随着技术的不断进步和需求的日益增长，电信网络得到了飞速的发展。特别是随着骨干网的强劲发展，作为公用通信网重要组成部分的用户接入网，即所谓“最后一公里”也日益成为人们关注的焦点。目前各种技术和运营方式层出不穷，在各种接入技术中，宽带无线接入系统具有建网快、见效早、带宽大的优点，除了可供新兴电信运营商快速独立提供业务外，它还是已有本地网的业务经营者弥补现有有线网络不足的重要手段，在用户相对分散的用户群区域、急需语音和数据业务的地区以及有地理障碍的地区占有日益重要的地位。对于尚未建成有线接入网的地区，无线接入可作为过渡手段迅速满足用户多种接入需求，一旦有线接入网建成后，无线接入系统可以移往别处使用。

（1）宽带无线接入系统按使用频段通常分为 MMDS（多通道多点分配业务）和 LMDS（本地多点分配业务）。MMDS 系统通常工作在 3.5 GHz 频段，LMDS 系统通常工作在 26 GHz 频段，相比高频段的 LMDS 系统，3.5 GHz 无线接入系统具有覆盖距离远，不受雨、雪等天气影响，初始投资少，业务开展快捷灵活，投资回收周期短等明显优势，是电信运营商迅速抢占市场，开展业务的重要接入手段。

（2）ZXBWA-3E 宽带无线接入系统是中兴通讯自主研发的 3.5GHz 宽带无线接入系统产品，为用户提供电路业务、专线业务及分组业务接入，实现多种业务，如集团用户综合解决方案、无线智能化酒店、小区及网吧接入、GSM（或 CDMA）基站传输和 IP 超市等。ZXBWA-3E 为运营商实现了城域网中各种综合业务的延伸，扩大了业务的经营范围，增加了业务收入。

（3）中兴通讯 ZXBWA-3E 宽带无线接入系统具有电路业务和数据业务混传功能，可提供多种业务接口，具有初始投资少，覆盖距离远，业务开展快捷灵活，投资回收周期短，不受雨、雪等天气影响等优势，通过3.5 GHz频段开展宽带无线的接入，是目前阶段最符合运营商实际情况的一种最理想的宽带无线接入技术

7.1.3 工业产品生产许可证

工业产品生产许可证是生产许可证制度的一个组成部分，是为保证产品的质量安全，由国家主管产品生产领域质量监督工作的行政部门制定并实施的一项旨在控制产品生产加工企业生产条件的监控制度。该制度规定：从事产品生产加工的公民、法人或其他组织，必须具备保证产品质量安全的基本生产条件，按规定程序获得“工业产品生产许可证”，方可从事产品生产。没有取得“工业产品生产许可证”的企业不得生产产品，任何企业和个人不得销售无证。

1. 适用范围

“工业产品生产许可证申请书”（以下简称“申请书”）适用于企业发证、换证、迁址、增项等的工业产品生产许可证申请。集团公司与其所属单位一起取证的，集团公司与所属单位分别填写“申请书”。增项包括增加产品单元、增加规格型号、产品升级、增加集团公司所属单位等。

2. 具体内容

1）封面

（1）产品类别：填写列入工业产品生产许可证产品目录的产品名称。

（2）产品名称：填写实施细则的工业产品生产许可证产品名称。

（3）企业名称：填写企业营业执照上的注册名称，并加盖公章。

（4）联系电话：填写有效的企业联系电话。

（5）联系人：填写企业负责办理工业产品生产许可证工作的人员姓名。

（6）申请类别：根据企业申请的情况分别在发证、迁址、增项、其他后面的“□”中打“√”，集团公司增加所属单位在“增项”后的“□”打“√”。

（7）申请日期：填写企业的实际申请时间，用大写数字填写，如：“二零零五年七月十五日”。

2）申请企业基本情况

（1）企业名称、住所、经济类型等：填写企业营业执照上的注册名称、住所、经济类型等。

（2）生产地址：填写申请企业的实际生产场地的详细地址，要注明省（自治区、直辖市）、市（地）、区（县）、路（街道、社区、乡、镇）、号（村）等。

（3）年总产值、年销售额、年缴税金额、年利润：填写企业上一年度实际完成情况，新投产、实际生产期未满一年的企业，该四项指标可不填写。

3）申报产品基本情况

（1）涉及国家产业政策的情况：对照国家产业政策的要求，按企业实际情况填写，不会填写可咨询本地从事相应业务的咨询公司或质量技术监督局相关人员（负责生产加工环节和食品进出口环节的监管）。

（2）产品单元、产品品种、规格型号：按照产品《中华人民共和国工业产品生产许可证管理条例实施办法》或咨询本地生产许可证代办机构了解填写情况。

（3）一次申报产品数量多的申请企业可附页，附页注明“申报产品基本情况附页”。

4）集团公司所属单位明细

（1）本表适用于集团公司取证的情况。集团公司和其所属单位一起申请工业产品生产许可证的，由集团公司填写与其一起申请的所属单位的情况。非集团公司企业此表可不填。

（2）与集团公司关系：填写子公司、分公司、生产基地及其他情况。一页不够，可以增加页数，附页注明“集团公司所属单位明细附页”。

7.1.4 许可证合同的法律辨析

根据《中华人民共和国工业产品生产许可证管理条例》应当持照生产的产品，厂家未获得许可证出售的产品合同如何定性？是无效还是违约还是可撤销？事后获得的许可证有追溯力吗？如下式上述问题的法律依据。

1．是否构成违约

首先构成违约的前提是合同为有效合同。违约与否顾名思义要看当事人是怎么约定的，如果对产品应当取得生产许可证在合同中进行了约定的话，提供没有生产许可证的产品就构成违约。

2．是否为可撤销的合同

《合同法》第五十四条规定了可撤销合同的种类，即因重大误解订立的；或者为在订立合同时显失公平的。而且撤销与否要经过法院或仲裁机构的裁决。未获得许可证并不直接导致合同为可撤销的合同。

3．是否为无效合同

《合同法》第五十二条的第五项规定：“违反法律、行政法规的强制性规定”，合同无效。根据《最高人民法院关于适用〈中华人民共和国合同法〉若干问题的解释（二）》的第十四条的规定，上述《合同法》第五十三条的“强制性规定”，指的是效力性强制性规定。即，该司法解释又将强制性规定区分为效力性强制规定和管理性强制规定，违反效力性强制规定，合同无效；违反管理性强制规定，合同未必无效。至于两者区别，是个相当复杂的问题，有很多见解，其中比较有说服力的观点为：

（1）法律、法规明确规定违反强制性规定将导致合同无效或者不成立的，该规定属于效力性规定。

（2）法律、法规虽然没有明确规定违反强制性规定将导致合同无效或者不成立的，但违反该规定以后若使合同继续有效将损害国家利益和社会公共利益，也应当认定为该规范为效力性规范。

（3）法律、法规没有明确规定违反强制性规定将导致合同无效或者不成立的，违反该规定以后若使合同继续有效并不损害国家利益和社会公共利益，而只是损害当事人的利益，在这中情况下，该规范就不属于效力性规范。

那么，本例中，违反《中华人民共和国工业产品生产许可证管理条例》（行政法规）

是否为“违反行政法规的效力性强制性规定”呢？结合上面的分析，因为《中华人民共和国工业产品生产许可证管理条例》并没有明确规定未取得生产许可证的合同无效，因此如果不存在其他事由，而仅仅是没有取得工业许可证的话，并不直接导致合同的无效。

最后，2008 年金融危机时，最高院公布的《最高人民法院关于当前形势下审理民商事合同纠纷案件若干问题的指导意见》的 15 条，可看出最高院在此问题上的立场。

（4）正确理解、识别适用《合同法》第五十二条第（五）项中的“违反法律、行政法规的强制性规定”，关系到民商事合同的效力维护以及市场交易的安全和稳定。人民法院应当注意根据《最高人民法院关于适用〈中华人民共和国合同法〉若干问题的解释（二）》第十四条之规定，注意区分效力性强制规定和管理性强制规定。违反效力性强制规定的，人民法院应当认定合同无效；违反管理性强制规定的，人民法院应当根据具体情形认定其效力。

7.2　电信设备进网许可制度

《中华人民共和国电信条例》规定，国家对电信终端设备、无线电通信设备和涉及网间互联的设备实行进网许可制度。接入公用电信网的电信终端设备、无线电通信设备和涉及网间互联的设备，必须符合国家规定的标准并取得工业和信息化部颁发的进网许可证。电信设备生产企业应当在其生产的获得进网许可的电信设备上粘贴进网许可标志。进网许可证证书包含证书编号、申请单位、生产企业、设备名称、设备型号、产地、备注、证书签发日期、证书有效日期。电信新设备层出不穷，给电信设备进网管理工作带来了新问题，标准滞后的现象导致新设备出现时往往没有成熟的行业标准。但原有的《电信设备进网管理办法》没有进一步的详细规定。新设备的不断涌现在一定程度上给进网工作造成了无章可循的难题，也给新设备生产企业带来了困惑。针对这些问题，《电信新设备进网试验管理暂行办法》对在电信新设备的申请受理、进网检测、专家评审、进网试验、进网试用批文的换发等方面都作了明确规定，以保证电信新设备在符合国家产业政策和不影响网络安全畅通的条件下能顺利地进网试验。另外，《电信新设备进网试验管理暂行办法》还对希望承担电信新设备进网检测工作的检测机构作出了严格的规定。随着通信事业的快速发展，生产电信设备的厂家日益增加，竞争也日趋激烈，有些厂家忽视了对电信设备质量的控制，甚至出现了申请时样品合格而获证后降低质量的弄虚作假现象，这对电信设备进网管理提出了新的挑战。《电信设备证后监督管理办法》就是为了更好地解决这些问题，把证后监督管理进一步规范化、流程化。《电信设备证后监督管理办法》对电信设备生产企业的质量保证体系、电信设备产品质量、进网标志的监督抽查都作了明确的规定，还详细规定了监督抽查时抽样的原则和程序，对于抽查中出现不合格产品的生产企业予以相应处罚并向社会公布。在全国性的整顿和规范市场经济秩序工作中，工业和信息化部按照国务院的统一部署也成立了整顿和规范经济市场秩序领导小组，主要对通信产品和服务市场进行专项整治，重点是在电信运营市场和电子信息产品市场监管、规范方面抓好落实。

7.2.1　电信设备进网管理概述

电信设备是指利用有线、无线电、光学或其他电磁系统，发送、接收或传递语音、文字、数据、图像或其他任何性质、信息的设备。电信设备进网管理就是国家信息产业主管部门通过实施电信设备进网许可制度，对接入电信网使用的电信设备进行监督管理的一项制度。

由于电信产品的特殊性，世界各国对电信设备尤其是电信终端设备和无线电通信设备普遍实行进网审批，只是采取的形式不同罢了。例如美国、加拿大、澳大利亚、新加坡，中国香港、台湾等经济实体在电信法规中都明确规定电信终端设备和无线电设备必须经过政府主管部门批准；部分经济实体还对网络互连互通设备规定也须经政府批准，如俄罗斯、韩国等。部分法制完善、经济充分自由化的发达经济实体则由政府授权的第三方机构实施认证，如日本、欧盟。从电信设备管制的发展看，从由政府批准逐步过渡到第三方认证是一个趋势，欧盟甚至已经开始实施生产厂商的自我认证。我国市场经济刚刚起步，法制不完善，当前对电信设备实施政府管制是必要的，实行电信设备进网许可制度正是政府实施电信设备管制的重要手段。

从 1989 年开始，作为国务院电信主管部门的原邮电部陆续对电话机、传真机、用户交换机、移动电话机等电信终端设备实行进网许可制度。1998 年工业和信息化部成立后，对包括电信终端设备在内的各种电信设备统一实行了进网许可制度。进网许可制度对于对于保证电信网的通信质量和网络安全畅通，起到了重要作用。但是以往实行的电信设备进网许可制度是由部门根据国务院规定的职责制定的，不具有法律和法规的效力，因此在实施过程中存在诸多困难，尤其是在执法监督方面。

我国政府机构改革工作正在深入进行，国家明确要求政府部门要加强执法监督职能，减少行政审批职能。在这种情况下，国家能够对电信设备规定实行进网许可制度是十分难得的，充分体现了国家对电信设备管理的重视。为了贯彻国家关于减少审批工作的精神。《中华人民共和国电信条例》规定减少了实行进网许可制度的电信设备种类和数量，将实行进网许可制度的电信设备限定在接入到公用电信网使用的电信终端设备、无线设备和涉及网间互联的设备范围，而不是对所有的电信设备都实行进网许可制度。

为了保证公用电信网的安全畅通，加强电信设备进网管理，维护用户和电信业务经营者的合法权益，我国出台了一系列法规、规章，主要有：2000 年 9 月 25 日施行的《中华人民共和国电信条例》，在第四章第二节专节规定了电信设备进网；2001 年 4 月 29 日，工业和信息化部修订的《电信设备进网管理办法》，内容包括总则、进网许可程序、进网许可证和进网许可标志，监督管理、罚则及附则共六章三十九条，全面规定了电信设备进网审批管理的机构、程序及法律责任。另外，原信息产业部也出台了许多具体的配套管理规定，如《电信设备进网检测产品取样管理规定》、《移动电话机市场秩序专项整治方案》、《电信设备证后监督管理办法》(修订版)、《电信新设备进网试验管理暂行办法》、《进网电信终端设备改型管理规定》、《电信设备进网检测产品取样管理规定》、《移动电话机试用规定》、《电信设备进网专家评审管理规定》、《电信设备进网检测机构授权管理规定》、《关于进一步加强移动电话机进网管理的通知》、《电信设备进网检测工作管理规定》、《电信设备进网生产质量保证审核办法》等。

7.2.2　电信设备进网许可制度的内容

1. 实行进网许可的电信设备范围

《中华人民共和国电信条例》第五十四条规定，国家对电信终端设备、无线通信设备和涉及网间互联的设备实行进网许可制度。这是我国第一次以国家行政法规的形式确定电信设备进网许可制度，体现了对电信设备实行进网许可管理的重要性，为国务院信息产业主管部门执行进网许可制度提供了依据，确立了进网许可证的法律地位和权威性。

电信终端设备是指连接在公用电信网的末端、为用户提供通信功能的电信设备。例如人们常见的电话机、移动电话机、传真机、调制解调器设备等。

无线电通信设备是指连接在公用电信网上，以无线电为通信手段的电信设备。例如移动通信基站等。

涉及网间互联的设备指的是涉及不同电信经营者网络之间或者不同电信业务网络之间实现互连互通的电信设备。例如交换机、路由器、IP 电话网关、光传设备等。

之所以对电信终端设备、无线电通信设备和涉及网间互联的设备这三类设备实行进网许可制度，主要考虑到电信终端设备是用户购买和使用的，其质量不好不但影响电信网络的畅通，还直接损害用户的利益；对接入公用电信网的无线电通讯设备，其质量好坏除关系到电信网的通信质量外，无线电波产生的电磁干扰会影响其他无线电系统和电子设备的正常工作；随着电信市场开放和各种新业务的出现，已经出现多家电信经营者和多种电信业务网络并存的局面，不同经营者的网间和不同业务类型的网间的的互联互通问题越来越突出，这就要求涉及网间互联的设备必须执行统一的标准。由此可见对电信终端设备、无线电通信设备和涉及网间互联的设备实行进网许可管理是十分必要和重要的。

对未实行进网许可制度的其他的电信设备并非不重要，只是不采取颁发进网许可证的方式，生产企业可以自愿向质量认证机构申请产品质量认证；另外，未实行进网许可制度的电信设备往往是供电信运营者使用的，电信运用者为保证电信网的通信质量会对这些设备进行质量监督的，也就是说可以由电信运营者自行管理。

2. 实行进网许可的电信设备必须符合标准

接入公用电信网使用的电信终端设备、无线电通信设备和涉及网间互联的设备必须取得进网许可证，没有进网许可证不得接入公用电信网和在国内销售。接入公用电信网的电信终端设备、无线电通信设备和涉及网间互联的设备必须符合国家规定的标准。

电信网的特点是全程全网，联合作业，电信网上的各个电信设备不是孤立存在的，而是通过网络联系在一起的，它们之间必须能构保证互联互通，设备之间不能互相干扰而影响正常通信。另外电信设备的质量不仅影响网络的畅通，严重时甚至会对网络和信息安全造成危害。为了保证国家电信网的互连互通和通信质量，维护国家电信网的完整性、统一性和先进性，保证用户通信的正常进行，要求接入电信网使用的电信设备必须符合国家规定的标准。

国家规定的标准包括国家标准和通信行业标准，凡是已有国家标准的应执行国家标准，没有国家标准的执行行业标准。根据国际惯例，一般将涉及人身、电信网络安全和电磁兼容性等方面的标准作为强制性标准，其他标准作为推荐性标准，但由于电信网的特殊性，电信条例规定了电信设备必须符合国家规定的标准，即也包括了推荐性的电信标准。

电信设备进网许可管理工作的核心内容就是确保电信设备符合国家规定的标准。国务院信息产业主管部门在审核颁发进网许可证时严格按照国家规定的标准进行审查，对电信设备颁发进网许可证一方面说明获得进网许可证的电信设备符合国家规定的标准，起到认证的作用；另一方面说明国务院信息产业主管部门准许这种电信设备接入公用电信网使用，起到许可的作用。因此对接入公用电信网使用的电信终端设备、无线电通信设备和涉及网间互联的设备要求符合国家规定的标准和取得进网许可证是不可分的。实行进网许可制度正是为确保电信设备符合国家规定的标准而采取的有效手段。

电信终端设备、无线电通信设备和涉及网间互联的设备包含了繁多的设备，而且新设备不断出现，因此应对实行进网许可制度的电信设备制定和公布目录，以便生产厂商、电信经营者和用户知道哪些电信设备是需要办理进网许可证，以及从什么时候开始要实行进网许可证管理。

根据《中华人民共和国产品质量法》规定，国务院产品质量监督部门主管全国质量监督工作。实行进网许可制度的电信设备目录由国务院信息产业主管部门会同国务院产品质量监督部门制定和公布。

7.2.3 电信设备进网管理系统

依据《中华人民共和国电信条例》，国家对电信终端设备、无线电通信设备和涉及网间互联的设备实行进网许可制度。为了使电信设备进网管理工作更加规范，从 1999 年开始，在工业和信息化部电信管理局的领导下，工业和信息化部电信设备认证中心用 3 年的时间建立了标准化、系统化、多功能的网络与信息系统——电信设备进网管理系统。该系统的建成，使电信设备进网审批工作的全部流程实现了电子化，提高了进网审批工作的效率，增强了进网审批工作的透明度。

该系统以微软公司的 Visual Studio.NET 为开发工具，以 SQL Server 2000 为数据库平台，采用先进的浏览器/服务器（B/S）结构进行开发。Visual Studio.NET 是一套完整的开发工具，用于生成 ASP Web 应用程序、扩展标记语言（XML）Web services、桌面应用程序和移动应用程序。随着互联网、电子商务及电子政务的普及，进网管理系统以更适用于 Web 的 Visual Studio.NET 来开发，能更好地实现 B/S 结构。作为数据库平台的 SQL Server 2000，支持行级锁及内置函数，有较高的标准数据转入/转出速度，SQL Server 2000 对 XML 的支持，对 B/S 结构的系统框架实施有很大的好处。B/S 是一种三层结构的系统，第一层客户端是用户与整个系统的接口，可以向后台发送请求；这个后台就是第二层的 Web 服务器，它将启动相应的进程来响应这一请求，如果客户端提交的请求包括数据的存取，Web 服务器还需与数据库服务器协同完成这一处理工作；第三层的数据库服务器，负责协调不同的 Web 服务器发出的请求及数据库管理。图 7-1 为进网管理系统的网络结构。

如图 7-1 所示，客户端不直接和中心数据库相连，而由应用服务器连接，在外界应用与中心数据库之间有天然的屏障，从而能最大限度地保证数据的安全性及完整性，且数据计算和数据处理集中在中间层部件，实现了分布计算功能，不同的业务被分摊到不同的服务器上分别进行运算。此种结构设计极大地减轻了中心数据库的负担，提高了系统的性能。这套系统应用至今，从未出现过数据库死锁的现象。另外，这种 B/S 系统，维护或升级都只在服务器端（包括应用服务器和数据库服务器）进行，对于客户端无须改动，从而减少了系统的维护费用、降低了升级风险，升级的同时也不影响日常工作与业务的进行。

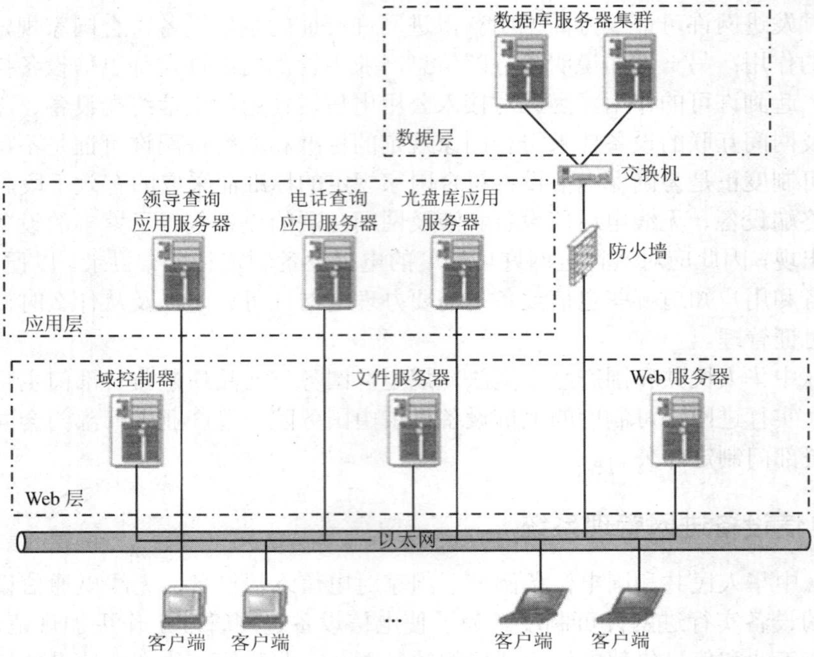

图 7-1　进网管理系统的网络结构

电信设备进网管理系统包括三套信息系统：电信设备进网审批系统、电信设备进网管理网站系统和电信设备认证中心与部授权的各检测中心联网系统。

其中，电信设备进网审批系统主要用来实现电信设备进网审批流程的计算机化管理，同时存储与电信设备进网相关的全部资料信息。该系统启用至今，共受理电信设备进网申请 27 000 余次，收录电信生产企业信息 6 000 余份，收录进网许可证书信息 27 000 余份、进网许可标志信息 16.7 亿条，扫描企业提交的申请材料近 70 万页。

电信设备进网管理网站系统主要为电信设备制造企业提供网上申请产品进网和政策信息查询的服务，并且为普通消费者以及省管局、技监、工商等各部门提供查询电信设备进网标志真伪的服务。该网站是工业和信息化部下属的政府职能网站的子网站，要求能够 7×24 小时提供服务。近年来网站访问量不断增加，2010 年，已达到 40 余万人次。

电信设备认证中心与部授权的各检测中心联网系统主要用于增强各检测中心与进网审批部门之间的联系，使检测报告可以通过网络直接上传到认证中心数据库中，并对进网设备目录所依据的标准进行意见征求和发布。随着受理业务的不断增加，检测工作量越来越多，检测数据量越来越大，预计到 2010 年，年检测量将达到近 6 000 份。

综上所述，基于 Web 的电信设备进网管理系统利用目前先进实用的计算机技术和网络通信技术，为越来越多的用户提供丰富、便捷的服务。作为政府职能部门对外服务的窗口，电信设备认证中心正在努力推进电信设备进网认证工作的规范化、法制化和现代化进程，用现代化信息技术建立标准化、系统化、多功能的网络与信息系统，实现资源共享，提高整体工作水平和工作效率。进网管理系统的应用，加强了政务信息的公开和进网管理政策的公示；加强了进网审批流程的公正性、透明性以及对电信设备市场的监管力度；从标准化、集成化角度出发，突出了高安全可靠性和整体先进性，逐步实现远程办公自动化，在构建信息化和谐社会中迈出了坚实的一步。

7.2.4　电信设备进网程序规定

1. 电信设备进网申请与审查

1）申请条件

（1）电信设备生产企业申请电信设备进网设备许可必须符合国家法律法规和政策规定。

电信设备进网许可的申请人一般是电信设备生产企业，对境外生产企业有其在中国境内的法定代表或代理向国务院信息产业主管部门提交申请，申请书中应对企业及设备情况做介绍，并附送检测报告。申请电信设备进网许可的生产企业应当具有法人资格，其经营范围应当涵盖电信设备，对外资企业还应具有内销资格，生产企业应当具有完善的质量保证体系。

（2）申请进网许可的电信设备，必须符合国家标准，通信行业标准以及原信息产业部的规定。

检测报告是反映电信设备符合标准程度的重要依据，也是国务院信息产业主管部门审查电信设备能否进网使用和颁发进网许可证的重要依据。申请进网许可证的电信设备必须符合国家标准或者行业标准，出具检测报告的机构必须是国务院产品质量监督部门认可的检测机构，除此之外的检测机构出具的检测报告不予承认。检测机构应当具有相应的检测能力和检测设施，并符合国际标准化组织 ISO/IEC 导则 25《校准和检测实验室资格的通用要求》，对电信设备进行检测必须依据国家标准或者行业标准。

（3）电信设备生产企业应当具有完善的质量保证体系和售后服务措施。

质量认证是依据产品标准和相应技术要求，经认证机构确认并通过颁发认证证书和认证标准来证明某一产品符合相应标准和相应技术要求的活动。根据《中华人民共和国产品质量法》和《中华人民共和国标准化法》规定，国家鼓励企业进行产品质量认证，企业根据资源可以向国务院产品质量监督部门认可的或者国务院产品质量监督部门授权的机构认可的认证机构申请产品质量认证。如果产品质量认证机构是国务院质量监督部门认可的检测机构，生产企业的质量体系能够保证所产生的电信设备的质量，则国务院信息产业主管部门可以根据生产企业所获得的产品认证证书，直接颁发进网许可证。

随着我国市场经济的发展，法制的逐步完善，生产企业对产品质量的意识逐步提高加强，越来越多的生产企业主动申请产品质量认证，政府对产品质量的监督职能将加强，而对产品质量认证的职能将交给中介机构。对电信设备由政府审批转到第三方认证已成为国际趋势，对获得产品质量认证证书的电信设备经国务院信息产业主管部门审查合格后直接颁发进网许可证，为进网许可制度向质量认证制度过渡打下基础。

2）生产企业应提交的申请材料

根据《电信设备进网管理办法》第八条规定，生产企业申请电信设备进网许可，应当向信息产业部现为工业和信息化部授权的受理机构提交以下申请材料：

（1）电信设备进网许可申请表。申请表应当由生产企业法人代表或其授权人签字并加盖公章。境外生产企业应当委托中国境内的代理机构提交申请表，并出具委托书。

（2）企业法人营业执照。境内生产企业应当提供企业法人营业执照。受境外生产企业委托代理申请电信设备进网许可的代理机构，应当提供企业法人代理机构有效执照。

（3）企业情况介绍。包括企业概况、生产条件、仪表配备、质量保证体系和售后服务措施等内容。对国家规定保修、包换和包退的产品，还应提供履行有关责任的文件。

（4）质量体系认证证书或审核报告。通过质量体系认证的，提供认证证书；未通过质量体系认证的，提供工业和信息化部授权的质量体系审核机构出具的质量体系审核报告。

（5）电信设备介绍。包括设备功能、性能指标、原理框图、内外观照片和使用说明等内容。

（6）检测报告或产品认证证书。应当是国务院产品质量监督部门认可并经工业和信息化部授权的检测机构报告或者认证机构出具的产品认证证书。

申请进网许可的无线电发射设备，应当提供工业和信息化部颁发的“无线电发射设备型号核准证”。无线电通信设备、涉及网间互联的设备或新产品应当提供总体技术方案和试验报告。前列申请材料中证书、执照类材料应当提供原件和一份复印件，或者盖有发证机构证明印章的复印件；其他材料必须使用中文。

3）对申请的审查

信息产业部现为工业和信息化部电信管理局（以下简称电信管理局）负责对电信设备进行全国统一进网审批，颁发进网许可证工作。经电信管理局授权，电信设备进网受理部门承担电信设备进网申请的受理工作。地区电信管理机构负责本辖区内电信设备进网的监督管理工作。

自受理机构收到完备的申请材料之日起60日内，工业和信息化部电信管理局对生产企业提交的申请材料进行审查。另外，由于实行进网许可的制度的电信设备包括无线电设备和涉及网间互联的电信设备等重要设备，这些设备技术复杂，影响较大，须组织专家进行评审，经专家评审通过的，方可颁发进网许可证，专家评审工作也应在规定的60日内进行。

国务院信息产业主管部门对电信设备进行审批时依据以下条件：

（1）产品符合国家产业政策及有关规定；

（2）产品符合国家标准或行业标准；

（3）企业具有完善的质量保证体系。

对符合以上条件的则颁发进网许可证，对不符合以上条件的不予颁发进网许可证，并应向生产企业做出书面答复。

国务院信息产业主管部门审核的材料主要包括以下的内容：

（1）企业法人营业执照；

（2）生产企业介绍（企业概况、生产条件、仪表配备）；

（3）质量保证体系和售后服务措施；

（4）电信设备介绍（功能、性能指标、总体技术方案或原理框图、设备外观和内部结构照片、用户操作手册等）；

（5）电信设备检测报告或产品质量认证证书。

生产企业通过质量体系认证的，其提供检测机构检测的样品由生产企业按照规定数量自行选取。

生产企业未通过质量体系认证的，其提供检测机构检测的样品由省、自治区、直辖市通过通信管理局按信息产业部现为工业和信息化部规定的抽样办法执行，并由省、自治区、直辖市通信管理局组织经信息产业部现为工业和信息化部授权的质量体系审核机构进行质量体系审核。

申请进网许可的无线电通信设备、涉及网间互联的设备或者新产品，应当在中国境内的电信网上或者信息产业部现为工业和信息化部指定的模拟实验室网上进行至少 3 个月的试验，并由试验单位出具试验报告。

工业和信息化部现为工业和信息化部电信管理局组织专家对前项电信设备总体技术方案、试验报告、测试报告、检测报告等进行评审，根据专家评审意见，经复查符合条件的，颁发进网许可证。

生产企业对获得进网许可证的电信设备进行技术、外型改动的，须进行检测或重新办理进网许可证。

对获得进网许可证的电信设备外型改动较小，生产企业要求减免测试项目的，可以将改动前后的照片、电路原理图、改动说明和改动后的样品等交检测机构进行审核。检测机构向工业和信息化部现为工业和信息化部电信管理局出具审核意见，检测机构审核认为可以减免测试项目的，经信息产业部现为工业和信息化部电信管理局同意，可以减免测试项目。

实行进网许可制度但尚无国家标准、行业标准的电信新设备，由生产企业自行将样品送到检测机构，检测机构根据国际标准或者企业标准进行检测，并出具检测报告。

工业和信息化部现为工业和信息化部电信管理局对检测报告和有关材料进行审查，在符合国家产业政策和不影响网络安全畅通的条件下，批准进网试验，待国家标准、行业标准颁布后再按程序办理进网许可证。

我国与其他国家或地区政府间签署电信设备检测实验室和检测报告相互认可协议的，按协议规定执行。

2. 电信设备进网许可与标志

工业和信息化部现为工业和信息化部电信管理局对生产企业提交的申请材料经审查符合条件的，颁发进网许可证并核发进网许可标志。

进网许可证是对特定企业和特定型号的电信设备颁发的，证书的持有人为电信设备生产企业。进网许可证的内容一般包括：颁发进网许可证的依据，获得批准的电信设备的名称、型号、产地及该电信设备的生产企业名称，颁发进网许可证的日期、有效期等。为了向用户表明电信设备已获得进网许可，并让用户知道获得进网许可的电信设备的型号和进网许可证号等信息，需要在获得进网许可的电信设备上加上特殊标识明示，这个标识就是进网许可标志。进网许可标志由工业和信息化部现为工业和信息化部统一印制和核发，粘贴在获得进网许可的电信设备上。进网许可标志属于质量标志。

未获得进网许可和进网许可证失效的电信设备上不得加贴进网许可标志。

进网许可证和进网许可标志不得转让、涂改、伪造和冒用。

进网许可证的有效期为 3 年。生产企业需要继续生产和销售已获得进网许可的电信设备的，在进网许可证有效期届满前 3 个月，应当重新申请办理进网许可证，并附送一年内的送样检测报告或产品质量监督抽查报告，原证交回。

电信设备进网许可证中规定的内容发生变化的，生产企业应当重新办理进网许可证。

获得进网许可证的生产企业应当向其经销商以及需要进网许可证复印件的用户提供复印件，复印件上应当有生产企业负责人签字并加盖公章。生产企业应当对复印件编号登记。

生产企业应当在获得进网许可的电信设备包装上和刊登的广告中标明进网可证标号。

7.3 广播电视设备器材入网许可制度

7.3.1 概述

为保证广播电视节目信号安全、优质、高效播出与传输，维护广播电视用户合法权益，规范广播电视设备器材入网认定管理，国家对拟进入广播电台、电视台、广播电视传输覆盖网和监测、监控网的有关设备器材实行入网认定准入制度。国家广播电影电视总局（以下简称广电总局）负责全国广播电视设备器材入网认定（以下简称入网认定）管理工作。地方各级广播电视行政部门依照本办法负责本行政区域内的入网认定管理工作。

广播电台、电视台、广播电视传输覆盖网和监测、监控网运营单位不得使用未获得广电总局颁发的有效入网认定证书的广播电视设备器材。广电总局指定入网认定适用技术标准，统一印制、颁发入网认定证书。

7.3.2 入网认定

入网认定遵循企业自愿申请原则。申请入网认定的单位应当具有完善的质量保证体系和售后服务措施。下列广播电视设备器材应当进行入网认定：

（1）有线电视系统前端设备器材；

（2）有线电视干线传输设备器材；

（3）用户分配网络的各种设备器材；

（4）广播电视中心节目制作和播出设备器材；

（5）广播电视信号无线发射与传输设备器材；

（6）广播电视信号加解扰、加解密设备器材；

（7）卫星广播设备器材；

（8）广播电视系统专用电源产品；

（9）广播电视监测、监控设备器材；

（10）其他法律、行政法规规定应进行入网认定的设备器材。

申请入网认定，应向广电总局提出申请并提交下列材料：

（1）入网认定申请书；

（2）有效质量体系认证证书的复印件或符合 GB/T 19000（ISO9000）系列标准的企业质量保证体系的有关文件；

（3）产品的技术资料，包括产品使用说明书、功能介绍、性能指标、原理框图及设备外观照片、产品的企业标准以及企业标准和相关国家标准或行业标准区别的说明等；

（4）企业法人营业执照复印件，委托代理机构申请的，并应提供委托书和代理机构的有效证明复印件；

（5）实行生产许可证管理的产品，生产企业应当出示生产许可证复印件；

（6）有关商标注册的证明复印件。

申请时尚未公布国家标准、行业标准的广播电视设备器材新产品，申请单位除提交上述申请材料外，还应提供相应的技术方案。

7.3.3 审核管理

广电总局或委托地（市）级以上广播电视行政部门对受理的申请单位进行质量保证体系审核，审核合格的，对其入网认定产品进行抽样、封样。封样产品送广电总局指定的检测机构进行检测。对已获得质量体系认证证书的申请单位，经广电总局确认，在申请入网认定时可以免予质量保证体系审核。

对已获得质量体系认证证书并在产品质量监督抽查中合格的申请单位，在申请入网认定时，经广电总局确认，可由该单位送样检测。

检测机构收到封样产品后，对照抽样凭证进行核查，并依据相关标准进行检测，1 个月内出具检测报告（按检测标准要求测试时间需超过 1 个月的除外）。对申请时尚未公布国家标准、行业标准的广播电视设备器材新产品，经检测合格的，申请单位应当进行入网试验检验或在广电总局规定的试验系统中进行试验检验，试验检验时间不得少于 3 个月。试验检验完成后，应当向广电总局提交有效的试验检验报告。广电总局对抽样凭证以及检测、检验报告等进行全面审查，根据行政许可法的规定作出决定。对符合条件的，颁发入网认定证书；对符合条件但申请时尚未公布国家标准、行业标准的，颁发广播电视入网认定试用证书。对不符合条件的，做出不予认定决定并书面通知申请单位。不符合条件的申请单位 3 个月后方可重新提出入网认定申请。

网认定证书的有效期为 3 年，入网认定试用证书的有效期为 1 年。入网认定证书有效期届满申请换证的，应在有效期满前 3 个月提出申请，并按本办法的规定重新办理。广电总局发放新的入网认定证书时，应收回并注销原入网认定证书。已获入网认定证书的单位，企业名称、法定代表人等发生改变，但产品本身、产品名称、产品型号和企业质量保证体系未改变的，应凭原入网认定证书并持有关证明材料向广电总局申请办理变更手续；产品本身、产品名称、产品型号以及企业质量保证体系发生改变的，应重新办理入网认定申请。入网认定证书不得伪造、涂改、出租、出借、倒卖和转让。生产单位可在获得入网认定证书的广播电视设备器材外包装上标注入网认定证书编号和有效期、产品名称、型号、产地等符合国家有关规定的中文标识的质量标志。

7.3.4 监督管理

广电总局定期向社会公布获得入网认定证书的广播电视设备器材目录。广电总局对获得入网认定证书的广播电视设备器材进行质量跟踪、抽查检测，并向社会公布抽查结果。检测机构承担的入网认定检测业务应当与其取得的检测资格、检测能力和检测范围相符。指定检测机构的检测资格、检测能力不再适合进行入网认定检测的，广电总局根据情况取消、变更检测指定。检测机构对检测结果负责，检测样品一律返回申请单位。检测机构应当依法保守秘密。省级广播电视行政部门每年年底前对本行政区域内获得入网认定证书的广播电视设备器材生产企业和产品进行年度检查，并于次年 1 月底前，将年度检查情况汇总报广电总局。获得入网认定证书的生产企业，应当保证产品质量不低于通过入网认定时的水平。

7.3.5　罚则

广播电台、电视台、广播电视传输覆盖网和监测、监控网运营单位违反本办法（广电设备入网管理办法），擅自使用未获得入网认定证书的设备器材的，由县级以上广播电视行政部门依法查处；对由此造成播出安全事故或经济损失的，应追究有关责任人的责任，对由此导致重大播出安全事故、严重影响广播电视用户权益的，同时追究单位负责人的责任；构成犯罪的，依法追究刑事责任。

已获得入网认定证书的单位有下列情况之一的，由县级以上广播电视行政部门予以警告，并由广电总局向社会公告：

（1）产品质量明显下降，不能保持认定时质量水平的；

（2）质量保证体系及管理水平不能达到认定时水平的；

（3）发生产品设计、工艺有较大改变等情况，不事先申报，仍在产品销售中使用原认定证书的；

（4）不落实售后服务的。

已获得入网认定证书的单位有下列情况之一的，由县级以上广播电视行政部门予以警告，可处 1 万元以上 3 万元以下罚款，并由广电总局向社会公告；造成经济损失的，责令其赔偿；构成犯罪的，依法追究刑事责任。

（5）产品质量严重下降，用户反映较大，发生严重质量事故或造成严重后果的；

（6）涂改、出租、出借、倒卖和转让入网认定证书的。

违反本办法，伪造、盗用入网认定证书的，由县级以上广播电视行政部门予以警告，责令其停止违法行为，处 1 万元以上 3 万元以下罚款，并由广电总局向社会公告。自公告之日起，3 年内不受理其入网认定申请；构成犯罪的，依法追究刑事责任。

入网认定的管理部门、质量体系审核人员、检测机构在入网认定中不认真履行职责，徇私舞弊、玩忽职守、弄虚作假或利用职务之便泄露申请单位秘密的，依法追究有关责任人的行政、法律责任，广电总局视情况取消对有关机构业务的指定；构成犯罪的，依法追究刑事责任。

检测机构出具虚假检测报告、证明材料、错误数据或不按标准进行检测造成严重影响或损失的，广电总局将取消对其检测任务的指定；构成犯罪的，依法追究刑事责任。

7.4　安防终端设备入网规范

7.4.1　安防终端设备入网现状

随着安防系统在各行各业受到普遍重视，企业、区、校园、机场、交通、商业建筑等企业级安防系统得到了大力应用，为用户安全防范发挥了积极的作用。纵观当前企业级安防系统的现状，急需解决以下几方面的问题：

（1）安防子系统如视频监控系统、门禁一卡通系统、报警系统等都是相互独立的，不能满足安防整体管理的需要。迫切需要实现安防系统的“一体化、集成化”的管理，实现整个安防系统的相互联动，使整个安防系统成为一个有机的整体，以充分提高企业级安防的技防水平。

（2）系统组成模式混杂，模拟、数字到高清等多种监控模式混用很难实现系统融合。企业级安防用户需要从实际应用为向导，需要安防系统具备良好的兼容性、扩展性和稳定性，合理选用构架，并实现各种模式的综合集成和应用管理。

（3）现有视频监控图像品质分辨率低，重点部位不仅需要解决视频监控系统中“看的见”的问题，更要满足监控图像“看的清”的要求，以获取清晰的人员面部特征、车辆车牌及事件细节等信息，从而提高企业的视频监控的品质。

（4）目前具备分支机构的企业级用户安防平台大多不能联网管理，各自为政，上级部门不能实时有效地了解各分支机构的安防管理情况和各类紧急事件，迫切需要实现多级平台的联网管理应用，提高整体安防管理水平。

（5）对重点敏感部位需要更好的安防监控技术手段，需要对各种事件如盗窃、破坏、入侵和其他可疑行为及时发现和处理。需要应用视频智能分析技术使传统的被动监控的模式转化为主动监控，根据自身安防需要设置各种规则，对各种可疑事件和行为进行分析报警，并联动视频图像记录行为过程，提高安防应用水平。

对于一般企业来说，企业的安防监控系统主要集中在视频监控、门禁、防盗报警系统的集成，而由于企业在成本方面的预算有限，实现全数字监控尚有一丝难度，因此大部分都采用模数混合的方式搭建监控系统。

7.4.2　产品质量认证制度

我国终端设备产品质量认证缺失现象，要求改进认证制度。对于企业不能积极主动进行产品检测和认证的现象，企业认为现行的证书获取制度有待改进。现在产品的检测由多家机构来进行，而企业获得的检测和生产登记批准书在不同的地区有不同的认可度，有的地区不认可，有的地区认可。而那些不认可的地区，企业为了进入当地市场，不得不再次花钱申请批准书，这些无疑增加了企业的负担。

现在认证制度导致一些企业不愿意对一些新产品进行认证。主要表现为认证制度不能给予认证产品一定周期的市场反馈过程。产品认证是否必不可少，取决于相应的市场环境。为了防范风险和不必要的麻烦，通常根据法律法规规定或者市场需要，被要求一定要进行的型式检验和生产等级批准书，公司会去申办。但是，如果不是法律法规明确要求的某些认证，他们会取决于产品的销售情况。因为如果一款产品都没有在市场上进行销售，就是申请了这种认证也会觉得浪费。认证机构应该给新品一个市场反馈时间。一款新品出来，客户反应如何，市场能否接纳都是未知数，他们厂家心中也没有底，这样的情况，认证部门能够给予一定的时间周期，待厂家确定新品的市场情况后再做认证。

对于重视品牌建设的企业，产品的认证是其品牌建设的重要体现。坚持严格的产品认证，首先基于企业要打出品牌的长远目标，其次利于品牌的延续性，让那些不做认证的企业在市场面前稍纵即逝，另外，产品认证后，对消费者来说是个质量保障，相信通过国家检测认证的产品，质量上会有保证。

行业认证冷漠的情况，为行业的发展带了不少的负面影响，不仅延缓了行业品牌竞争力的提高，导致行业产品质量的徘徊，更为消费者带来了安全隐患。认证的不规范导致行业内缺乏共同遵守的规矩，二是企业能节省费用就节省费用，造成市场混乱，最终影响了消费者的使用习惯，导致山寨产品横行。

7.4.3　安防终端设备产品标准化建设

规范是所有事物稳定健康发展的前提。在安防行业快速发展的时代，视频监控系统作为安防行业的主营业务更需要规矩来协助这个市场的发展，行业必须要逐步实现标准化才能使市场可以持续稳定的发展下去。

随着计算机技术、多媒体技术、网络与通信技术的发展，视频监控产品以其直观、方便、适用广泛等特点而被越来越广泛地应用。专用的系统如交通监控管理、金融文博安保系统，电信运营商提供的监控系统如家庭网络监控、平安城市监控等。无论是哪种系统，目前的发展都非常的迅速。但是整个系统的标准化都显得滞后，目前的视频监控主要是小规模的应用影响还不大，但是开展大规模运营级的应用就显得非常困难。这一现实使诸如多系统互联互通、信息资源共享、安全管理、媒体传送、存储管理等许多技术没有统一到一起，迟滞了技术与市场的发展，应当引起足够的重视。

从 2010 年开始中国安防市场高清监控的需求增多使得其发展也在加快，视频监控产品所占据的市场比例也越来越大。高清视频监控在安防行业发展的道路上也有了很大的进步，但高清监控巨大的数据量使得编码压缩、传输、存储等环节产生了更多的统一技术标准的问题，相对于其他信息化行业的分支，安防行业目前的标准化程度是相当落后的。这体现在视频编解码技术的标准化、联网不同的信令和接口之间的标准化、业务应用和管理之间的接口标准化等各个层面，在整个产业中，则体现在不同厂家对于不同层次之间接口的标准化，这恐怕是制约现阶段联网监控和行业化解决方案发展最大的因素。面对着日益扩大着的高清视频监控市场，视频监控标准化即将成为安防行业发展上的一个急需解决的问题。只有解决了这些问题才能使高清视频监控市场真正得以顺利发展。

对于视频监控产品的生产厂商来说，产品如果有了标准化可以大大促进企业与企业之间的合作与交流；有了统一的标准，各个厂商再也不用担心自己的产品无法在其他品牌的平台上应用或者某个产品被垄断影响自身发展等问题。标准化的建立不仅大大的减少了产品开发工作量，也降低了施工的成本，从而带动行业整体的发展。

对于视频监控产品采购商来说，标准化的建立促使用户可以在众多品牌中选择符合自己需要的产品，不会受制于品牌、厂家的影响。我们的日常生活中常常会发生，随着科技的进步或市场竞争的变化，当初所购买的某品牌的产品现在已经在市场上停产，这时用户不得不更换其他的产品或系统。而如果有了标准化的产品，用户就不用担心市场上产品的变更造成的损失，这将更好地确保用户投资和系统符合未来发展趋势，整体的投资从而就可以有效的降低了。

这么多年来，视频监控一直是安防行业持续发展的业务之一，它是一个综合的影音视频多媒体业务平台，将会给用户带来全新的体验，为运营商创造新的收入增长空间，为新技术的发展提供平台。所以标准的建立必将成为大旗导引着市场可以朝着统一的方向朝气蓬勃的发展。

7.4.4　安防终端设备产品监管

由国家质量技术监督局和公安部颁发的《安全技术防范产品管理办法》自 2000 年 9 月 1 日起施行。

为了保证安全技术防范产品质量，加强安全技术防范产品行业的监督管理，防止国家、集体、个人财产以及人身安全受到侵害，根据质量技术监督法律法规和国务院赋予的职责，制定《安全技术防范产品管理办法》。

《安全技术防范产品管理办法》所称安全技术防范产品，是指用于防抢劫、防盗窃、防爆炸等防止国家、集体、个人财产以及人身安全受到侵害的并列入《安全技术防范产品目录》的专用产品。《安全技术防范产品目录》由国家质量技术监督局、公安部共同制定并公布。

质量技术监督部门是产品质量监督管理的主管部门，具体负责安全技术防范产品质量国家监督管理工作。公安机关是安全技术防范工作的主管部门，在质量技术监督部门指导下，具体负责安全技术防范产品质量行业监督管理工作。

1. 安全技术防范产品的管理

对安全技术防范产品的管理，分别实行工业产品生产许可证制度、安全认证制度；对未能纳入工业产品生产许可证制度、安全认证制度管理的安全技术防范产品，实行生产登记制度。对同一类安全技术防范产品的管理，不重复适用上述三种制度。

实行工业产品生产许可证制度的安全技术防范产品的管理，按照国家有关工业产品生产许可证制度的规定执行；实行工业产品生产许可证管理的安全技术防范产品，未取得工业产品生产许可证的，禁止生产和销售。

实行安全认证制度的安全技术防范产品的管理，按照国家有关安全认证制度的规定执行；实行安全认证强制性监督管理的安全技术防范产品，未获得安全认证的禁止销售和使用。

实行生产登记制度的安全技术防范产品，未经公安机关批准生产登记的，禁止生产和销售。

生产实行生产登记制度的安全技术防范产品的企业，应当持下列材料到所在地的地市级公安机关提出申请：

（1）生产登记申请书；

（2）营业执照；

（3）符合法定要求的产品标准；

（4）法定检验机构出具的产品检验报告或者鉴定证明。

2. 审核批准

地市级公安机关应当在接到生产登记申请材料之日起 15 日内完成初审。初审合格的，报省级公安机关复审；初审不合格的，退回申请并说明理由。省级公安机关应当在接到地市级公安机关报送的企业生产登记申请材料之日起 7 日内完成复审。复审合格的，做出批准登记决定，填发生产登记批准书，并将批准登记书送地市级公安机关，由地市级公安机关通知提出申请的生产企业；复审不合格的，做出不批准登记决定，并将不批准登记决定和理由书面通知地市级公安机关，由地市级公安机关通知提出申请的生产企业。

销售安全技术防范产品的单位或者个人，应当进行进货验证，验明生产企业的产品质量检验合格证明和工业产品生产许可证证书或者安全认证证书或者生产登记批准书。生产、销售安全技术防范产品的企业，必须严格执行质量技术监督法律法规的有关规定，保证产品质量符合有关标准的要求。

3．检验与抽查

安全技术防范产品质量检验机构必须经省级以上质量技术监督部门或者会同公安机关审查认可并考核合格，在授权的产品质量检验范围内从事检验活动。

安全技术防范产品质量国家监督抽查由国家质量技术监督局组织实施，行业监督抽查由国家质量技术监督局批准后由公安部组织实施，地方监督抽查由地方质量技术监督部门组织实施或者会同地方公安机关组织实施。安全技术防范产品质量日常监督检查由地方质量技术监督部门和公安机关在各自的职责范围内依法组织实施，并避免重复检查。

4．法律责任

违反本办法规定，有下列行为之一的，由县级以上公安机关责令其限期改正；拒不改正的，根据情节轻重予以警告或者处以 1 万元以下罚款；有违法所得的，处以违法所得 1 倍以上 3 倍以下、最高不超过 3 万元罚款：（1）未经公安机关批准登记，擅自生产实行生产登记制度的安全技术防范产品的；（2）销售实行生产登记制度的安全技术防范产品，但该产品未经公安机关批准生产登记的。

对安全技术防范产品生产、销售、检验活动中的质量违法行为的行政处罚，由县级以上质量技术监督部门依据有关法律、法规、规章的规定执行。

当事人对行政处罚不服的，可以依法申请行政复议或者提起行政诉讼。

质量技术监督部门和公安机关的工作人员，在安全技术防范产品管理工作中滥用职权、玩忽职守、徇私舞弊的，由有关部门按照干部管理权限，予以行政处分；构成犯罪的，依法追究刑事责任。

7.5 电信设备进网后监督

7.5.1 电信企业的责任

1．电信企业的义务

获得进网许可证的生产企业应当及时向所在的省、自治区、直辖市通信管理局备案，并接受其监督管理。

获得电信设备进网许可证的生产企业应当保证电信设备获得进网许可证前后的一致性，保证产品质量稳定、可靠，不得降低产品质量和性能。

获得进网许可的电信设备及外包装必须标有国家规定的中文标识；产品必须附有中文说明和保修卡；对国家规定保修、包换和包退的产品，还应有相应的凭证。

实行进网许可制度的电信设备未获得进网许可的，电信业务经营者不得使用。

用户有权自主选择电信终端设备，电信业务经营者不得拒绝用户使用自备的已经取得进网许可的电信终端设备。

2. 电信企业违反义务应承担的法律责任

（1）销售未获得进网许可的电信终端设备的，由省、自治区、直辖市通信管理局责令改正，并处 1 万以上 10 万以下罚款。

（2）伪造、冒用、转让进网许可证，编造进网许可证编号或粘贴伪造的进网许可标志的，由省、自治区、直辖市通信管理局没收违法所得，并处违法所得 3 倍以上 5 倍以下罚款；没有违法所得或者违法所得不足 1 万元的，处 1 万元以上 10 万元以下罚款。

（3）生产企业获得进网许可证后降低产品质量和性能的，由产品质量监督部门依照有关法律法规予以处罚。

（4）生产企业未在获得进网许可的设备外包装和刊登的广告中注明进网许可证编号的，由信息产业部（现为工业和信息化部）或省、自治区、直辖市通信管理局责令改正，并给以警告。

（5）生产企业有下列行为之一的，由信息产业部（现为工业和信息化部）给予警告；情节严重的，信息产业部（现为工业和信息化部）取消其申请进网许可证的资格或不再受理其进网许可申请：

① 申请进网许可时提供不真实申请材料的；

② 不能保证电信设备获得进网许可证前后的一致性；

③ 售后服务不落实，对国家规定包修、包换和包退的产品不履行相应义务的；

④ 不按照规定向省、自治区、直辖市通信管理局备案，或不参加年检的。

（6）电信业务经营者拒绝用户自备的获得进网许可的电信终端设备进网的，由省、自治区、直辖市通信管理局责令改正，并向电信用户赔礼道歉，赔偿电信用户损失；拒不改正并赔礼道歉、赔偿损失的，处以警告，并处 1 万元以上 10 万元以下的罚款；情况严重的，责令停业整顿。

7.5.2　电信主管与检测部门的职责

一、电信主管部门的职责

为加强对电信设备获得进网许可后的监督管理，维护消费者的合法权利，保证网络与信息安全，信息产业部（现为工业和信息化部）于 2005 年 10 月 1 日起施行《电信设备证后监督管理办法》，对已获得电信设备进网许可证（含试用批文）的获证后企业及电信设备实施证后监督，在证书的有效期内，信息产业部（现为工业和信息化部）和省、自治区、直辖市通信管理局对获证企业的质量保证体系，电信设备的质量、售后服务、进网标志的使用，持续符合电信设备进网许可条件等情况进行监督管理。信息产业部（现为工业和信息化部）定期向社会公布获得进网许可证的电信设备和生产企业。获得进网许可证的生产企业应当及时向所在的省、自治区、直辖市通信管理局备案，并接受其监督管理。省、自治区、直辖市通信管理局于每年 12 月 31 日前，对本行政区域内获得进网许可的电信设备和生产企业进行年度检查，并于第二年 1 月 31 日前，将年度检查情况汇总报工业和信息化部电信管理局。对获证企业施行警示制度，并给予相应处罚。

对有下列情形之一的，信息产业部（现为工业和信息化部）及各省、自治区、直辖市通信管理局将对该获证企业施行黄色警示，令其提出有效解决方案、限期整改，并提供合格的整改书面报告。

（1）该企业在质量保证体系监督抽查中被评为“不合格”的；

（2）电信设备质量监督抽查结论为“不合格的”；

（3）不依法履行售后服务的责任和义务，消费者投诉强烈、造成社会负面影响的；

（4）该企业在证后监督中不予配合的；

（5）未按规定到所在省（自治区、直辖市）通信管理局备案、未参加年度检查、或年度检查不合格的；

（6）降低产品质量和性能、损害消费者利益的其他行为。

对施行黄色警示整改不见效的获证企业，依据《电信设备进网管理办法》第三十二条规定，给予警告。

对有下列情形之一的，工业和信息化部及各省、自治区、直辖市通信管理局将对该获证企业施行橙色警示，令其提出有效解决方案、限期整改，并提供合格的整改书面报告。

（1）该企业在连续两次的质量保证体系监督抽查中被评为“不合格”的；

（2）该企业连续两次的电信设备质量监督抽查结论为“不合格”的；

（3）不依法履行售后服务的责任和义务，消费者投诉强烈、造成社会恶劣影响的；

（4）在3个月内造成3次以上（包括3次）电信运营重大事故的；

（5）不能按照工业和信息化部关于网络与信息安全的要求，及时对电信设备进行必要的技术升级、改造的；

（6）产品质量和性能持续降低、损害消费者利益、对国家网络与信息安全构成隐患的其他行为。

对施行橙色警示整改不见效的获证企业，依据《电信设备进网管理办法》第三十二条规定，给予警告，或依据《中华人民共和国电信条例》的规定予以处罚。

对有下列情形之一的，工业和信息化部及各省、自治区、直辖市通信管理局将对该获证企业施行红色警示，令其提出有效解决方案、限期整改，并提供合格的整改书面报告。

（1）在1个月内造成3次以上（包括3次）电信运营重大事故的；

（2）不能按照工业和信息化部关于网络与信息安全的要求，对电信设备进行必要的技术升级、改造，造成严重后果的；

（3）产品质量和性能严重降低、严重损害消费者利益、对国家网络与信息安全构成严重隐患的其他行为。

对施行红色警示整改不见效的获证企业，依据《中华人民共和国电信条例》的规定，或会同国家相关部门依据国家相关法律、行政法规的规定予以处罚。构成犯罪的，依法追究刑事责任。

国务院信息产业主管部门或者省、自治区、直辖市电信管理机构工作人员玩忽职守、滥用职权、徇私舞弊，构成犯罪的，依法追究刑事责任；尚不构成犯罪的，依法给予行政处分。

2. 检测部门的职责

1）检测部门的职责

任何单位不得对已获得进网许可证的电信设备进行重复检测、发证。

电信设备检测机构和产品质量认证机构必须执行国家标准、行业标准和工业和信息化部规定。检测机构和产品质量认证机构及其工作人员不得弄虚作假，不得利用职务之便剽窃或泄露生产企业的技术秘密。

2）检测部门的法律责任

违反规定，对已获得进网许可证的电信设备进行重复检测、发证的，由工业和信息化部责令改正。

检测机构、产品质量认证机构有下列行为之一的，工业和信息化部对其出具的检测报告或认证证书不予承认；情节严重的，工业和信息化部取消其授权：

（1）弄虚作假，有作弊行为的；

（2）不按照规定标准进行检测或认证的；

（3）不按工业和信息化部规定出具检测报告或认证证书的。

从事电信设备进网许可申请受理、检测、审批及有关的工作人员滥用职权、徇私舞弊或利用职权之便剽窃、泄露生产企业技术秘密的，依法给予行政处分。构成犯罪的，依法追究刑事责任。

7.6　社会公共安全视频图像信息系统的管理

近年来，各省市都颁布了《社会公共安全视频图像信息系统管理办法》该些《办法》对在新形势下加强城市管理、提高政府公共服务能力、全力推进平安社会建设具有十分重要的意义。实施社会公共安全视频图像信息系统建设，对公共复杂场所、要害部位和重点区域实施严密监控，是新时期有效预防和打击违法犯罪、提高动态社会条件下城市管理水平的必然要求。

1. 正确定位，确保共建共享

公共视频系统不仅是一个动态治安监控系统，而且通过这一系统，可以建立起信息高度互联共享的跨部门、跨地区联动机制，对各类影响城市管理的行为综合施策，从而大大提高城市公共管理和服务的质量与效率，提升政府行政效能。由公安机关牵头对政府建设的公共视频系统进行资源整合，实现跨部门信息共享；公安机关在一定条件下可以与社会投资建设的公共视频系统进行链接，从而确保实现公共视频系统的共建共享，达到统一指挥、整体联动、高效运转的目的。

2. 科学规划，界定安装范围

公共视频系统的安装范围必须严格限定在公共场所，这是确定安装范围时必须遵守的底线。为此，严格、科学界定了公共视频系统的安装范围，并充分考虑建设和管理成本，结合城市管理和治安防控的需要，规定了 10 类应当建设公共视频系统的公共场所和区域：一是国家机关和电台、电视台、报社等新闻单位的要害部位；二是电信、邮政、金融单位和国家重点建设工程单位的要害部位；三是研制、生产、销售、储存危险物品单位的要害部位；四是大型能源动力设施、水利设施和城市水、电、燃气、热力供应设施的要害部位；五是高速公路、国省干道、城市道路、地铁、轻轨的重要路段和要害部位；六是重要科研单位、学校、医院、旅游景区、公园、机场、港口、码头、车站、停车场、公共汽车的要害部位；七是大型物资储备单位、大型文化体育场所、大型广场、重点文物保护单位、博物馆、档案馆、会展中心、市政地下通道、步行街、住宅小区等的公共通道和出入口；八是大型商业网点、大型餐饮场所、大型影剧院、娱乐场所、旅馆、互联网上网服务营业场所的公共通道和出入口；九是易发或者频发刑事、治安案件的地段和区域；十是其他法律、法规规定建设的场所和区域。

3. 统一规范，明确建设要求

为切实解决视频系统建设缺乏统一标准，自成体系，难以实现共享和功能发挥的问题，充分考虑视频管理功能和性能的先进性和发展前景，为实现公共视频系统标准化建设、规范化管理提出了明确要求。

(1)明确了公安机关会同有关部门编制本行政区域内公共视频系统建设规划的程序。并规定，城市主要出入口、大型广场和城市道路重要路段、重要交通路口等公共场所和区域的公共视频系统由政府组织建设和维护。其他应当建设公共视频系统的公共场所和区域由所有者与使用者或经营者约定建设和维护的责任主体；没有约定的，由所有者负责。公共场所和区域所有权属于国家的，由其使用者或者经营者负责。其他任何单位和个人不得擅自在涉及公共安全的场所和区域建设公共视频系统。

(2) 建设公共视频系统应当符合国家、行业和地方的强制性标准，鼓励采用先进标准。市质量技术监督行政主管部门会同市公安、经济信息、交通等行政主管部门共同制定本市公共视频系统建设和维护标准。

(3) 规定，新建、改建、扩建建设项目应当安装公共视频系统的，公共视频系统应当与项目主体工程同时设计、同时施工、同时投入使用。

(4) 规定公共视频系统建设单位可以自主选择合格的视频监控产品和视频监控系统的设计、施工和维修单位。相关行政主管部门不得指定产品的品牌和销售单位，不得指定设计、施工和维修单位或者利用职权牟取不正当利益。

(5) 规定公共视频系统建设单位应当将公共视频系统设计技术方案和检测、验收的有关材料送公安机关备案。本办法实施前已建成的公共视频系统，其使用单位应当自本规定实施之日起规定期间内向公安机关备案。

4. 依法使用，保障个人隐私

由于公共视频系统安装在公共场所，并实行 24 小时全天候监控，因此，如何确保国家机密、商业秘密和个人隐私不被泄漏传播，是广大市民最为关心的问题。为实现维护公共利益与保障人权的统一，明确规定了禁止安装公共视频系统的场所和区域：一是旅馆和饭店客房、娱乐场所包房；二是集体和个人宿舍；三是浴室、更衣室、卫生间、哺乳室等；四是金融、保险、证券机构内可能泄露客户个人信息的操作区域；五是选举箱、投票点等附近可以观察到个人意愿表达情况的区域；六是其他涉及个人隐私的场所和区域。还规定，公共场所安装的公共视频系统应当设置明显的标识，这既能保障公众隐私权、知情权等合法权利，也能有效预防和震慑违法犯罪行为。

同时，为保障公共视频系统的合法使用，也规定了公安机关和其他行政主管部门使用信息资料的权限和程序，其中，根据维护公共安全的需要，公安机关调取、接入或者直接使用相关单位的公共视频系统，应当经县级以上人民政府公安机关负责人批准；其他行政主管部门因执法工作需要查阅、复制或者调取本部门以外的公共视频系统的信息资料，应当依据有关法律法规的规定执行。

此外，为确保信息资料的安全，明确要求，公共视频系统使用单位一要建立信息保密、值班监看、运行维护、安全检查等制度；二要对公共视频系统的监看和管理人员进行培训和监督管理，并将监看人员的个人基本信息送公安机关备案；三是不得擅自准许与视频信息监看工作无关的人员进入监看场所；四是对信息资料的录制人员、调取人员、调取时间、调取用途以及去向等情况进行登记；五是发现涉及公共安全的可疑信息或者因工作需要移动公共视频系统设施、设备的，应当及时向公安机关报告；六是定期维护保养公共视频系统，保持图像画面清晰；七是公共视频系统应当全天运行，不得无故中断，如因故障中断运行的，应当立即修复；八是信息资料的有效存储期一般不少于 30 日；涉及公共安全的重要信息资料交由公安机关储存，有效存储期不少于 2 年。并作出了八项禁止性规定，严禁任何单位、个人影响和危害公共视频系统正常运行。

5. 明确责任，加大处罚力度

进一步强化了对违法行为的责任追究和处罚力度。

案例　复制磁卡盗窃案

两个年轻人为发财非法复制电话磁卡近 200 张，金额近 2 万元，犯罪嫌疑人刘某、张某因涉嫌盗窃罪被上海市虹口区人民检察院依法批准逮捕。

湖南来沪的刘某长得斯斯文文，逢人便吹嘘自己是某某学院的大学生。由于他一直在社会上闲荡，难免经济上困顿。经人指点和自己一番摸索，善于动手的刘某很快掌握了使电话磁卡获得“新生”的秘诀。自 1999 年 3 月以来，他先后复制不同定额的电话磁卡百余张，复制金额 15 000 元。

刘某卖掉了一些磁卡，有时还用磁卡代替现金付饭钱。为了扩大经营，刘某想到了小兄弟张某，张某来自陕西，今年 21 岁，在一家个体饭店做厨师。刘某在那儿吃饭时认识了张某。当张某听说了刘某的本事时，忙奉上拜师费。刘某便把操作步骤教给了张，张在上班之余，也开始干起了这营生，当张某在新客站将复制的 19 张电话磁卡出售时，被公安局人赃俱获。

警方利用张某的线索，很快将刘某抓获。刘某不相信这么快就被识破，大叫道：“别搞错，我姓刘。”公安人员一脸认真地回答道：“不错，就找你。”

犯罪嫌疑人必将依法受到处理。为遏制高智能犯罪，虹口区人民检察院已向有关方面发去了检察建议书，建议加强防范。

讨论：

1. 犯罪嫌疑人刘某、张某复制电话磁卡被以盗窃罪起诉，有何法律根据？
2. 两个年轻人为发财竟然走上邪路，你可从中吸取哪些教训？

小结

通过本章学习应重点掌握电信设备进网许可制度，电信设备是指利用有线、无线电、光学或其他电磁系统，发送、接收或传递语音、文字、数据、图像或其他任何性质、信息的设备。电信设备进网管理就是国家信息产业主管部门通过实施电信设备进网许可制度。电信设备进网管理，即电信设备进网的审批许可制度，电信设备进网许可制度实行的范围和标准各国有所不同。要熟悉电信设备进网程序规定，包括电信设备进网申请与审查，电信设备进网许可与标志等内容，进网许可证是对特定企业和特定型号的电信设备颁发的，证书的持有人为电信设备生产企业。了解电信设备进网后监督，工业和信息化部和省、自治区、直辖市通信管理局对获证企业的质量保证体系，电信设备的质量、售后服务、进网标志的使用，持续符合电信设备进网许可条件等情况进行监督管理。区分电信企业的责任，重点了解电信主管与检测部门的职责。

习题

1. 试述电信设备进网许可制度的目的与意义。
2. 试述电信设备进网标志的规定。
3. 简述电信设备进网程序规定。
4. 试述电信设备进网后监督有何意义。
5. 简述电信主管与检测部门的职责。

第8章 物联网传感与识别的法律问题

本章提要

本章主要讲述物联网传感与识别的法律问题，首先了解物品编码制度，然后重点熟悉物联网传感的法律问题，掌握物联网传感的法律风险、了解传感器和无线传感网以及物联网传感的法律对策。重点掌握物联网识别技术的法律风险，熟悉RFID系统的风险隐患、RFID系统的安全问题、RFID系统的隐私问题、RFID系统的安全控制等。熟悉物联网识别的法律问题，了解RFID面临的攻击手段、安全与隐私问题的解决方法等。

引例　国土视频监控网

2011 年 6 月 9 日下午，国土资源部召开基本农田保护区、国土资源领域违法行为易发区视频监控网建设专题会议。会议提出，要在现有基础上继续总结经验，并在有条件的地区扩大试点。

近年来，四川省峨眉山市国土资源局、天津市国土资源和房屋管理局、北京市国土资源局、江西省赣州市矿产资源管理局、安徽省池州市国土资源局、浙江省台州市路桥区等先后建设视频监控网（点），通过现代科技手段，创新管理方式，加强基本农田保护，及时发现国土资源领域违法行为，实现对基本农田保护区、国家重点矿区、国土资源领域违法行为易发区 24 小时不间断监管。

会议听取了部执法监察局、天津市国土资源和房屋管理局对有关情况的汇报，并对天津等地区视频监控系统建设的经验予以了肯定。会议认为，视频监控网具有实时、直接、不间断、远程可控等特点，可弥补执法车巡查、卫星遥感在执法监察方面的不足。不仅加强了基本农田保护力度，强化了国土资源执法监察，同时运用现代科技创新了国土资源管理手段。

会议强调，已建立监控网点的地区，要在现有工作的基础上研究、总结、完善和提高。同时，要在有条件的地区扩大试点：一是要界定清试点的范围，选定国土资源领域违法行为易发区、基本农田保护示范区以及重点矿区作为试点；二是要以推广应用为目标，充分考虑有关成本。与此同时，要按扩大试点的目标，进一步研究试点的方案等。

（资料来源：中国国土资源网，2011-06-10）

讨论：

1. 国土资源部利用视频监控网对其行使执法监察权有何帮助？
2. 试分析通过物联网技术手段，实现不间断监管，可及时发现哪些国土资源领域违法行为？本案例主要涉及哪些新出现的物联网法律问题？

8.1　物品编码制度

8.1.1　物品编码的概念

1. 物品编码

物品通常是指各种有形的物理实体与无形的服务产品。物品既包括可运输物品，也包括不可运输物品，既有生活资料，也有生产资料。物品在不同领域可有不同的称谓。例如，产品、商品、物资、物料等。物品编码是指按一定规则对物品赋予易于计算机和人识别、处理的代码。物品编码是人类认识事物、管理事务的一种重要手段。特别是计算机的产生和广泛应用，物品编码作为信息化的基础，其重要性更加突出。

20 世纪 80 年代我国成立了国家标准局信息分类编码研究所，专门负责编码的研究和相关国家标准的制定。经过 20 多年的努力，我国已经发布实施了上百个与物品分类编码相关的国家标准。1988 年，国务院授权成立中国物品编码中心，统一组织、协调、管理我国的物品编码工作，逐步在开放流通领域建立了一套完整的商品条码标识体系，推动了我国商业流通领域信息化和现代化的发展。各行业、部门、企业也依据自身信息管理的要求，建立了满足自身管理需求的编码系统，促进了这些行业的信息化发展。

2．编码是物联网的基础

为什么要编码呢?方便、提高效率。所以物品编码是实现自动识别的一个基础，当然这里物品编码在研究方面，从细分的话，这里边的物品编码和自动识别，对一致的物品进行定义，成为定义识别，位置的物品进行分析，分析是什么物品，物联网的发展不仅仅是一种技术的发展，实际上是从信息化向智能化的发展，物品编码非常重要，我们需要有一个统一的物品编码体系，尤其是国家物品编码标准体系。统一的物品编码体系是信息互联互通的关键。

在物联网中由于编码对象复杂，实际上单一的物品编码标准，无法支持整个物联网的运行，有时候物品编码做得最成功的就是国际物品编码协会正在推行的全球统一标识系统，在产品零售、物流，资产管理等各个方面得到非常广泛的应用，现在有 120 多个国家都在推行这种编码体系，最基本的编码就是当你进入超市时候的商品条码，当你进入物流仓储用的条码，这都是属于物品编码体系里面的内容，就一个不能解决所有问题。所以物品编码中心还在推出其他的编码体系，适应于我们国内发展的，也有过去在某一个行业应用的一些编码，所以作为一个编码体系应该涵盖所有的编码应用，物联网的应用中，无论遇到什么样的编码，物联网的系统都应该能够解析它。

3．国家物品编码解析平台

因为网络不能直接识别物品编码，那么物品编码所表示的静态信息，我们应该怎么去识别？首先看到这个编码以后需要构建一个物品编码的解析平台，当然解析平台还有搜索服务，在网络中的物流供应链中，物品发生移动，出库入库都应该发现识别它，这样才能够构建透明的供应链，才能构建一个完整的物联网应用系统。到底物品编码跟 IP 地址是什么关系？IP 地址实际上是逻辑地址，但是通信编码和网络地址不能互相替代，物品编码是对物品位置的一个表示。

4．物品编码和信息安全问题

如果我们采用全球统一的物品编码就会遇到信息安全问题，我们自己做一个物品编码就没有信息安全问题了，这个是不正确的。实际上信息安全就是我们在构建我们自己安全错误，构建我们系统的时候要考虑信息安全，你用什么编码都是一样的，只要人家能攻破你网络，你用什么编码都没关系，用什么编码主要看我们解决什么问题，解决什么样的实际问题。什么效率高？物品编码和信息安全本身没有关系的，另外也有一部分人认为，利用国外编码，国际标准接轨和遇到知识产权问题。其实物品编码本身没有知识产权问题，编码只是一个规则，比如我们交通规则在马路右边走，有的国家在马路左边走，我们制定规则申请不了专利的，所以不能说某一个编码本身去申请专利，我们有的时候要做自主知识产权的编码说法不正确。物联网应用中信息安全和网络构架和管理措施有关，跟编码没有关系。

5．国际物品编码协会

原简称为 EAN，是欧洲物品编码协会（European Article Number Associtiion）的英文缩写。国际物品编码协会成立于 1977 年，在欧洲物品编码协会的基础上发展起来的，为了以示尊重，沿用了 EAN 的简称。2005 年，国际物品编码协会更名为 GSI，GSI 为国际物品编码协会的英文全称。

国际物品编码协会研究、开发、推行的GSI全球统一标识系统（简称GSI系统），是在商品条码的基础上发展而来的，它以贸易项目、物流单元、位置、资产、服务关系等的编码方法为核心，集条码、射频（RFID）等自动数据采集、电子数据交换、全球产品分类、全球数据同步、产品电子代码（EPC）等技术为一体，是服务于物流供应链的标准体系。它包括三部分的内容：编码体系、可自动识别的数据载体、电子数据交换标准协议。它在全球的贸易、物流、生产、医药、建材、产品追溯及电子商务等领域得到广泛的推广应用。

6. 产品电子码（EPC）

产品电子代码是下一代产品标识代码，它可以对供应链中的对象（包括物品、货箱、货盘、位置等）进行全球唯一的标识。EPC存储在RFID标签上，这个标签包含一块硅芯片和一根天线。读取EPC标签时，它可以与一些动态数据连接，例如该贸易项目的原产地或生产日期等。这与全球贸易项目代码（GTIN）和车辆鉴定码（VIN）十分相似，EPC就像是一把钥匙，用以解开EPC网络上相关产品信息这把锁。与目前商务活动中使用的许多编码方案类似，EPC包含用来标识制造厂商的代码以及用来标识产品类型的代码。但EPC使用额外的一组数字——序列号来识别单个贸易项目。EPC所标识产品的信息保存在EPCglobal网络中，而EPC则是获取有关这些信息的一把钥匙。EPC代码包含：

（1）标头：识别EPC的长度、类型、结构、版本号。

（2）厂商识别代码：识别公司或企业实体。

（3）对象分类代码：类似于库存单位（SKU）。

（4）序列号：加标签的对象类的特例。

其他字段也可能用作EPC的一部分，以便将不同编码系统的信息正确编码和解码成可供人识读的形式。

8.1.2 物品编码体系

1. 基础物品编码系统

基础物品编码系统由物品分类代码、物品名称代码和物品属性代码（包括属性、属性值及其代码）三部分组成。物品分类代码是依据物品通用功能和主要用途进行的分类和代码化表示。物品名称代码是对物品名称的唯一的、无含义的标识。物品属性代码是对物品本质特征属性的描述及代码化表示。

2. 基础物品编码系统的特点

基础物品编码系统是国家信息交换的公共映射基准，是国家电子商务和物品采购的总引擎。基础物品编码系统具有以下特点：

（1）物品分类代码是确定物品逻辑与归属关系的分类代码，其分类的主要依据是物品的通用功能和主要用途，无行业和地域色彩。

（2）物品名称具有明确的定义和描述；物品名称代码无含义，具有唯一性。

（3）物品属性具有明确的定义和描述；物品属性及属性值代码由物品的若干个基础属性以及与其相对应得属性值代码组成，结构灵活，可扩展。

（4）物品分类代码、物品名称代码、物品属性及属性值代码可实现科学有机的链接。

（5）基础物品编码系统与国际兼容。

3. 通用物品编码系统

通用物品编码系统是指跨行业、跨部门、开放流通领域应用的物品编码系统，是开放流通领域物品的唯一身份标识系统。它包括商品条码编码系统和采用射频识别技术的商品电子编码系统等。例如：商品条码编码系统、商品电子编码系统、其他通用物品编码等。

通用物品编码系统是全国各领域各种流通物品都可适用的物品编码系统，也是开放流通领域必须使用的编码标准。通用物品编码系统具有以下特点：

（1）编码对象涵盖多行业、多领域的物品。

（2）代码全国唯一，结构固定。

（3）代码贯穿于物品流通的整个生命周期。

（4）代码实行全国统一赋码、统一管理。

（5）代码的自动识别采用全国统一的标准化自动识别数据载体（如条码、射频标签等）实现。

（6）代码可供供应链各参与方共同使用。

（7）代码通常与国际通用的物品编码相兼容。

4. 专用物品编码系统

专用物品编码系统是指在特定领域、特定行业或企业使用的物品编码系统。专用物品编码一般由各个部门、行业、企业自行编制，只在本部门、本系统或本行业采用。专用物品编码系统都是针对特定的应用需求而产生建立的。例如：中华人民共和国海关统计商品目录（HS）、固定资产分类与代码、集装箱编码、其他专用物品编码、车辆识别代号（VIN）、动物编码等。

专用物品编码系统通常具有以下特点：

（1）代码在特定范围内统一赋码和管理。

（2）代码结构根据特定领域、特定行业或企业的需求确定。

（3）代码在特定应用范围内唯一。

（4）代码仅在特定领域、特定行业或企业使用。

5. EPC 系统的结构

EPC 系统是一个非常先进的、综合性的复杂系统，其最终目标是为每一单品建立全球的、开放的标识标准。它由全球产品电子代码（EPC）的编码体系、射频识别系统及信息网络系统三部分组成，主要包括六个方面，如表 8-1 所示。

6. EPC 编码体系

EPC 编码体系是新一代的与 GTIN 兼容的编码标准，它是全球统一标识系统的延伸和拓展，是全球统一标识系统的重要组成部分，是 EPC 系统的核心与关键。EPC 代码是由标头、厂商识别代码、对象分类代码、序列号等数据字段组成的一组数字。具体结构如表 8-2 所示，具有以下特性：

（1）科学性：结构明确，易于使用、维护。

（2）兼容性：EPC 编码标准与目前广泛应用的 EAN·UCC 编码标准是兼容的，GTIN

是 EPC 编码结构中的重要组成部分，目前广泛使用的 GTIN、SSCC、GLN 等都可以顺利转换到 EPC 中去。

表 8-1 EPC 系统的构成

系统构成	名 称	注 释
EPC 编码体系	EPC 代码	用来标识目标的特定代码
射频识别系统	EPC 标签	贴在物品之上或者 内嵌在物品之中
	读写器	识读 EPC 标签
信息网络系统	EPC 中间件	EPC 系统的软件支持系统
	对象名称解析服务（Object Naming Service：ONS）	
	EPC 信息服务（EPC IS）	

表 8-2 EPC 编码结构

标题 名称	标头	厂商识别代码	对象分类代码	序列号
EPC-96	8	28	24	36

（3）全面性：可在生产、流通、存储、结算、跟踪、召回等供应链的各环节全面应用。

（4）合理性：由 EPCglobal、各国 EPC 管理机构（中国的管理机构称为 EPCglobal China）、被标识物品的管理者分段管理、共同维护、统一应用，具有合理性。

（5）国际性：不以具体国家、企业为核心，编码标准全球协商一致，具有国际性。

（6）无歧视性：编码采用全数字形式，不受地方色彩、语言、经济水平、政治观点的限制，是无歧视性的编码。

当前，出于成本等因素的考虑，参与 EPC 测试所使用的编码标准采用的是 64 位数据结构，未来将采用 96 位的编码结构。

7. EPC 系统的结构

信息网络系统由本地网络和全球互联网组成，是实现信息管理、信息流通的功能模块。EPC 系统的信息网络系统是在全球互联网的基础上，通过 EPC 中间件、对象命名称解析服务（ONS）和 EPC 信息服务（EPC IS）来实现全球“实物互联”。

EPC 中间件具有一系列特定属性的“程序模块”或“服务”，并被用户集成以满足他们的特定需求，EPC 中间件以前被称为 SAVANT。EPC 中间件是加工和处理来自读写器的所有信息和事件流的软件，是连接读写器和企业应用程序的纽带，主要任务是在将数据送往企业应用程序之前进行标签数据校对、读写器协调、数据传送、数据存储和任务管理。

对象名称解析服务（ONS）是一个自动的网络服务系统，类似于域名解析服务（DNS），ONS 给 EPC 中间件指明了存储产品相关信息的服务器。ONS 服务是联系 EPC 中间件和 EPC 信息服务的网络枢纽，并且 ONS 设计与架构都以因特网域名解析服务 DNS 为基础，因此，可以使整个 EPC 网络以因特网为依托，迅速架构并顺利延伸到世界各地。EPC IS 提供了一个模块化、可扩展的数据和服务的接口，使得 EPC 的相关数据可以在企业内部或者企业之间共享。它处理与 EPC 相关的各种信息，例如：

（1）EPC 的观测值：What/When/Where/Why，通俗的说，就是观测对象、时间、地点以及原因，这里的原因是一个比较泛的说法，它应该是 EPC IS 步骤与商业流程步骤之间的一个关联，例如订单号、制造商编号等商业交易信息。

（2）包装状态：例如“物品是在托盘上的包装箱内”。

（3）信息源：例如“位于 Z 仓库的 Y 通道的 X 识读器”。

EPCIS 有两种运行模式，一种是 EPCIS 信息被已经激活的 EPCIS 应用程序直接应用；另一种是将 EPCIS 信息存储在资料档案库中，以备今后查询时进行检索。独立的 EPCIS 事件通常代表独立步骤，比如 EPC 标记对象 A 装入标记对象 B，并与一个交易码结合。对于 EPCIS 资料档案库的 EPCIS 查询，不仅可以返回独立事件，而且还有连续事件的累积效应，比如对象 C 包含对象 B，对象 B 本身包含对象 A。

8.1.3　物品编码标准化组织（EPCglobal）

EPCglobal 的主要职责是在全球范围内对各个行业建立和维护 EPC 网络，保证供应链各环节信息的自动、实时识别采用全球统一标准。通过发展和管理 EPC 网络标准来提高供应链上贸易单元信息的透明度与可视性，以此来提高全球供应链的运作效率。

EPCglobal 是一个中立的、非赢利性标准化组织。EPCglobal 由 EAN 和 UCC 两大标准化组织联合成立，它继承了 EAN、UCC 与产业界近 30 年的成功合作传统。

EPCglobal 网络是实现自动即时识别和供应链信息共享的网络平台。通过 EPCglobal 网络，提高供应链上贸易单元信息的透明度与可视性，以此各机构组织将会更有效运行。通过整合现有信息系统和技术，EPCglobal 网络将提供对全球供应链上贸易单元即时准确自动的识别和跟踪。

Auto-ID 中心以美国麻省理工大学（MIT）为领队，在全球拥有实验室。Auto-ID 中心构想了物联网的概念，这方面的研究得到 100 多家国际大公司的通力支持。企业和用户是 EPCglobal 网络的最终受益者，通过 EPCglobal 网络，企业可以更高效弹性地运行，可以更好地实现基于用户驱动的运营管理。

EPCglobal 为期望提高其有效供应链管理的企业提供了下列服务：

分配、维护和注册 EPC 管理者代码；对用户进行 EPC 技术和 EPC 网络相关内容的教育和培训；参与 EPC 商业应用案例实施和 EPCglobal 网络标准的制订；参与 EPCglobal 网络、网络组成、研究开发和软件系统等的规范制订和实施；引领 EPC 研究方向；认证和测试；与其他用户共同进行试点和测试。

EPCglobal 将系统成员大体分为两类：终端成员和系统服务商。终端成员包括制造商、零售商、批发商、运输企业和政府组织。一般来说，终端成员就是在供应链中有物流活动的组织。而系统服务商是指那些给终端用户提供供应链物流服务的组织机构，包括软件和硬件厂商，系统集成商和培训机构等。

EPCglobal 在全球拥有上百家成员。EPCglobal 由 EAN 和 UCC 两大标准化组织联合成立，EPCglobal 管理委员会由来自 UCC、EAN、MIT、终端用户和系统集成商的代表组成。EPCglobal 主席对全球官方议会组和 UCC 与 EAN 的 CEO 负责。EPCglobal 员工与各行业代表合作，促进技术标准的提出和推广、管理公共策略、开展推广和交流活动并进行行政管理。架构评估委员会（ARC）作为 EPCglobal 管理委员会的技术支持，向 EPCglobal 主席做出报告，从整个 EPCglobal 的相关构架来评价和推荐重要的需求。商务推动委员会（BSC），针对终端用户的需求以及实施行动来指导所有商务行为组和工作组。国家政策推动委员会（PPSC），对所有行为组和工作组的国家政策发布（例如安全隐私等）进行筹划和指导。技术推动委员会（TSC），对所有工作组所从事的软件、硬件和技术活动进行筹划和指导。行动组（商务和技术），规划商业和技术愿景，以促进标准发展进程。商务行为组明确商务需求，汇总所需资料并根据实际情况，使组织对事务达成共识。技术行为组以市场需求为导向促进技术标准的发展。工作组，是行为组执行其事务的具体组织。工作组是行为组的下属组织（可能其成员来自多个不同的行为组），经行为组的许可，组织执行特定的任务。

Auto-ID 实验室由 Auto-ID 中心发展而成，总部设在美国麻省理工大学，与其他 5 所学术研究处于世界领先的大学通力合作研究和开发 EPCglobal 网络及其应用。（这五所大学分别是：英国剑桥大学，澳大利亚阿德莱德大学，日本庆应大学、中国复旦大学和瑞士圣加仑大学。）

8.1.4 EPC 射频识别系统

1. EPC 射频识别系统组成

EPC 射频识别系统是实现 EPC 代码自动采集的功能模块，主要由射频标签和射频读写器组成。射频标签是产品电子代码（EPC）的物理载体，附着于可跟踪的物品上，可全球流通并对其进行识别和读写。射频读写器与信息系统相连，是读取标签中的 EPC 代码并将其输入网络信息系统的设备。EPC 系统射频标签与射频读写器之间利用无线感应方式进行信息交换，具有以下特点：非接触识别；可识别快速移动物品；可同时识别多个物品等。

EPC 射频识别系统为数据采集最大限度地降低了人工干预，实现了完全自动化，是“物联网”形成的重要环节。EPC 标签是产品电子代码的信息载体，主要由天线和芯片组成。EPC 标签中存储的唯一信息是 96 位或者 64 位产品电子代码。为了降低成本，EPC 标签通常是被动式射频标签。EPC 标签根据其功能级别的不同目前分为五类，目前所开展的 EPC 测试使用的是 Class1/GEN2。

2. 读写器

读写器是用来识别 EPC 标签的电子装置，与信息系统相连实现数据的交换。读写器使用多种方式与 EPC 标签交换信息，近距离读取被动标签最常用的方法是电感耦合方式。只要靠近，盘绕读写器的天线与盘绕标签的天线之间就形成了一个磁场。标签就利用这个磁场发送电磁波给读写器，返回的电磁波被转换为数据信息，也就是标签中包含的 EPC 代码。

读写器的基本任务就是激活标签，与标签建立通信并且在应用软件和标签之间传送数据。EPC 读写器和网络之间不需要 PC 作为过渡，所有的读写器之间的数据交换直接可以通过一个对等的网络服务器进行。读写器的软件提供了网络连接能力，包括 web 设置、动态更新、TCP/IP 读写器界面、内建兼容 SQL 的数据库引擎。当前 EPC 系统尚处于测试阶段，EPC 读写器技术也还在发展完善之中。Auto-ID 实验室提出的 EPC 读写器工作频率为 860～960 MHz。

3. EPC 网络

EPC 网络是一个能够实现供应链中的商品快速自动识别以及信息共享的框架。EPC 网络使供应链中商品信息真实可见，从而使组织机构更加高效地运转。通过采用多种技术手段，EPCglobal 网络为在供应链中识读 EPC 所标识的贸易项目、并且在贸易伙伴之间共享项目信息提供了一种机制。EPC 网络使用射频技术（RFID）实现供应链中贸易项信息的真实可见性。它由五个基本要素组成：产品电子代码（EPC）、射频识别系统（EPC 标签和识读器）、发现服务（包括 ONS）、EPC 中间件、EPC 信息服务（EPCIS），如表 8-3 所示。

表 8-3　EPC 网络要素

术　语	简　称	定　　义
产品电子代码	EPC	产品电子代码（EPC）是一种标识方案，通过射频识别标签和其他方式普遍地识别物理对象。EPC 数据包括可以唯一标识单个对象的 EPC 代码，以及为了能够有效的识读 EPC 标签而设定的滤值（可选）
射频识别系统		识别系统包括 EPC 标签和 EPC 识读器。EPC 标签包含微芯片以及与芯片相连的天线。EPC 代码存储在该标签中，标签应用于货箱、货盘和/或贸易项目上。EPC 标签使用射频识别技术传送 EPC 到识读器；EPC 识读器通过无线电波与 EPC 标签通信并利用 EPC 中间件传输信息到本地的信息系统
EPC 中间件		管理事件和信息的实时读取，提供告警，此外还管理那些等待传送到 EPC IS 和其他企业现有信息系统的基本信息。为保证 EPC 识读器之间以及由识读器与信息系统组成的网络之间进行有效的数据通信，EPCglobal 正在为相关服务开发软件接口标准
发现服务		使用户能够查找与特定 EPC 相关的数据并请求访问该数据的一套服务。对象名称解析服务（ ONS ）是“发现服务”的一个部分
EPC 信息服务	EPC IS	使用户能够通过 EPCglobal 网络与贸易伙伴交换与 EPC 相关的数据

因为 EPC 网络实现了供应链中贸易项信息的真实可见性，让组织运作更具效率。确切的说，通过高效的、顾客驱动的运作，供应链中诸如贸易项的位置、数目等即时信息会保证组织对顾客需求做出更灵敏的反应。EPC 标签实现了自动的，无需在视线范围内的识别。EPC 这一令人激动的技术有可能会成为商品唯一识别的新标准，但它的实现须靠市场和消费者的需求来推动 EPC 的使用，我们将长期生活在条码和 EPC 标签共存的世界中。

8.2　物联网传感的法律问题

公共安全中需要感知的对象、内容和数量非常巨大，感知之间的关联关系也错综复杂，要做到准确、及时和无遗漏，光靠人工识别基本无法做到、也不现实。物联网的智能化应用将转变传统管理模式，大幅度提高公共管理水平。物联网的发展将极大地拓宽安防、安监的范围和内涵，未来的安防、安监将会渗透进人们生活的方方面面，成为物联网的一个基本功能。

8.2.1 物联网传感的法律风险

从字面上说，物联网即“物物相连”，是把所有跟我们息息相关的东西的庞大连接，但同时它微妙地让人又感觉不到它的存在，但是，它有实现整体功能的强大能力。然而，它又不是简单的物体与物体的直接连接，其研究的重点在于“网”而非仅仅的“物”，既不是简单的物体与物体的通信，也非我们所熟知的“传感器网络”抑或是“无线网络”，它需要我们用新的眼光来审视我们现有的技术，需要发动我们的思维来实现新的融合，同时，也需要我们技术上的大的突破，从而实现整个信息科学伟大的飞跃。

当我们重新审视现有技术时，发现实现所谓的“智能化”还有一定的距离。首先是思想上还欠完善。到底我们所要实现的目标是怎样的一种状态？它能给我们带来什么便利，同时又让我们损失了什么？物联网的存在到底是给我们便利多些还是不便多些，面对一系列利弊我们应该如何抉择？其次是技术层面的问题。M2M 的实现还需要突破哪些瓶颈？我们如何进一步减少不好的影响，从而离理想的目标越来越近?现有的技术到底还差多远？

让我们从整体和细节两方面来分析这些问题。从整体上来说，有这么几项挑战：（1）大规模的布设传感器；（2）制定统一的标准；（3）数据的采集和高效利用；（4）信息的使用黏性；（5）生态系统的完整性。从细节上来说，就涉及了物联网的推广使用的方方面面，如应用的开发、体系建立、管理模式、商业运作模式等。

这就涉及一个很重要的矛盾：一方面，传感器可以提供个人化的服务，满足个人的独特需求；但同时个人的隐私也因此被曝光。互联网上已经出现了这类问题（如搜索引擎所提供的个人化的历史提示；如人肉搜索），对个人的利益和身心都有很大的影响，带来的弊端也逐渐凸显。物联网也可能会出现类似的问题，甚至更严重，因为传感器感知的几乎完全都是个人化的内容，它会知道你每天看什么书、吃什么饭、见什么人，这无异于把自己的日常生活完全暴露，它带来的危险比起互联网的弊端更严重。

因此，如果要把传感器应用到个人的日常生活中，对隐私保护的重视是非常必要的。隐私的保护同时需要法律条例的规定和技术的同步增长，信息的有用性和私密性之间不得不进行一场徒手博弈。

尽管物联网目前还存在这样或那样的问题，但就其发展前景来说，却是无限光明的，无论你想到什么，都可以同物联网联系起来或使用物联网使其变得更加容易和可靠，在这方面还需要我们展开大胆的设想。

8.2.2 传感器

1. 大规模布设传感器的问题

对于传感器网络来说，其最好的状态就是可以形成一个类似生物系统的体系，一部分传感器出现故障时，有其他的传感器可以替代，这就需要大的规模来保证。从概率上来讲，成千上万个传感器中总有几个不工作，在这种情况下，如果一个系统的性能不是从 100%降到 0，而是可以发挥绝大部分的功能，那就是一个可靠的系统。但是，实际上现在计算机还很脆弱，一台计算机在正常运转的情况下可以保证运算从头到尾都正确，但当把多台这样的计算机放在一起形成一个系统时，往往会出现一些预想不到的故障。可靠的物联网意味着大量且布置合理的传感器。传感器作为最基本的采集工具，要求被大规模地铺设，而这就带来诸多问题。首先是传感器的数量问题。大规模的使用直接需要大规模的生产，投入资本的提升，这就对整个传感器产业规模的扩大有迫切的需求，不仅仅是单一功能数量的增多，而是要面临不同需求，并要不断开发新型传感器来满足不同行业的需要，这种需求不仅仅需要在生产仪器上的数量增多和新功能的开发，最终的需要还在相关技术人员的专业素质的提升上。物联网所营造的世界是随时随地物物相连，那么就需要传感器大量的铺设，由此所带来的干扰无疑会影响传送数据的准确度，甚至会面临数据出错的危险。纵观国内，我们的传感器无论是种类还是质量都与国际水平相差甚远，没有质量作保，造价太高，就使得物联网的实现之路还很远。

2. 统一标准问题

任何一样技术的革新，标准的统一都是最关键的部分。而标准的产生跟技术的发展也是相辅相成的，新的技术的产生需要相应的标准的统一，标准的统一又为技术的发展和进步做铺垫，良好的标准对于技术的发展和促进有着不可替代的作用。

传感器和其他相关部分毕竟还是互联网的一部分，需要与互联网进行有效连接，那么，就需要标准化的组件和 I/O 接口，尤其是针对大规模的传感器的使用，不同应用需要不同的标准，一些复杂的应用场合不免会有复合功能的应用。物联网中的传输方式存在有线和无线等多种情况，针对不同的情况，如何做好标准的统一，这需要国内外的共同努力。另外，交互界面也需要标准化。交互界面是使用者对数据的直接处理，数据的传输对操作者来说完全透明。用户并不需要完全熟悉传感器的复杂原理，只需要掌握一个标准化的操作流程就可以了，如在超市，只要把一个探测器放到物品上，一按开关就能够在计算机上搜索到有关该物品的所有信息，这就是交互界面的标准化，做到这种程度时也就意味着可以做大规模的普及了。而在物联网中，交互界面标准化的特殊性在于很多情况下使用者对某一领域可能不仅仅是单一的操作，而是多种应用的综合操作，这就需要在交互界面的标准化中考虑更多的问题，而且，标准化也有利于大规模生产。

3. 数据的采集和高效利用

物联网中很明显的一个特征就是有大量数据的涌现，这其中的数据可能是由于某些专门的应用采集到的，随之而来的就是大量的冗余，如何有效采集和高效利用就成了不得不面对的问题。和任何硬件一样，传感器做到最后，终归会被大批量生产，从而变成超市里的廉价品，大量传感器的使用必定会使大量数据亟待处理。很大的可能是我们只对其中一小部分的数据有应用需求，从而不可避免地使大量数据冗余。但在硬件之外，传感器收集到的数据可以有更多的应用。对这些数据进行更有效的利用和处理将会是我们所要面临的大问题，直接关系到生产成本和高效发展。数据利用的前景非常可观，对于不同行业，都可以使用同一数据，所能带来的效益也源源不断。首先，获得这些数据的启动过程并非易事。某一行业刚开始应用时，数据自然很少，这就需要应用方提供很好的应用方式，才能吸引人们提供更多的数据，进而获得更多更好的应用，以获得更多的收益。其次，数据的所有权问题不容忽视。数据的来源可以是各个方面，数据中所包含的信息在不同领域中有不同的作用，这个问题直接牵涉到数据的处理权限，考虑到某些数据的提供者并不去期望数据可以在各个方面的利用，其中某些数据的处理权限必须多加限制，数据的所有权必须有明确的规定和规范。最后，隐私是个大麻烦。一些传感器和我们生活的空间直接相关，如放在我们手机里甚至身体上的传感器，放在车上的定位器，这些本是用来对某些操作提供信息的，可随之而来的信息泄露也不容忽视，数据隐私，尤其是个人数据或是牵涉到机密的一些数据，可能会带来大麻烦。当人们认为在过去公开的信息里自己的隐私受到威胁时，应该能够把相应的传感器关掉；当人们在某些方面应用的时候，为逃避某些责任或是隐藏动机，故意提供错误的数据，这些都是技术和法规同时应该解决的问题。

4. 信息的使用度

任何一项技术或是产品的大量普及都是基于能够带来效益下实现的，而可以重复使用占据其中很大的一方面。以智能手机为例，人们喜欢它的原因就在于它的一些非常有吸引力的功能，这些功能给人们带来娱乐和便捷，同时人们会多次的使用该功能，而不是试一次就不用了，这对于产品的推广利用是不容忽视的一部分，而且能够使用的次数也是衡量一个产品质量的一项重要标准。同样的，采集到的信息在物联网上的应用也应该具有非常大的吸引力，而不仅限于只能引发人们一次性的使用。数据在不同行业、不同领域中的应用都应该有多次重复无差别的使用，不能因为一次的处理就把采集到的数据丢弃，这样不但耗费采集的费用，而且对于能量的损耗是可想而知的。我们所要做的，就是尽力使得采集到的数据的使用达到最大化，尽可能的多次有意义的重复使用，创造更大的利益。

5. 系统的完整性

对于物联网来说，它涉及我们生活的方方面面，传感器的大量布置，传感网络的无处不在，自然需要多个领域的共同配合，不仅仅是数据的传输和共享，而是其他如硬件、固件、软件、界面等的综合应用，也就是说物物相连只是一个基本的方面，各个领域的准确通信才是正确处理的保障。由此带来的效益就是形成一条很大的产业链，涉及物联网功能的各个方面，而散碎的功能和数据信息需要一个综合的系统来把持。只有把一个完整的体系建立起来，物联网才能真正可持续地发展。在标准统一的前提下，硬件、软件、应用、兼容都有人来做，各司其职，形成一条完整的产业链，从而保证整个大的系统的正常运作，进而保证了这个产业的健康发展。

8.2.3 无线传感网（WSN）面临的攻击

无线传感器网络（Wireless Sensor Networks，WSN）是一种由大量具有无线通信功能传感器构成的动态、分布式、自组织网络，它是物联网传感层次的关键技术之一。对于一个无线传感器网络，它所面临的安全问题主要包括三个方面：一是来自于无线通信过程中的信号干扰，攻击者可以采用频率干扰的方法来破坏传感器接收信号，破坏传感器和基站之间的联系；二是来自无线自组织网络自身的脆弱性，如无线自组织网络拓扑结构变化快引起的；三是来自传感器自身，如单个传感器能源和处理能力有限引起的能源攻击和剥夺睡眠攻击。

1. 物理层的攻击

1）物理破坏

这种破坏是指攻击者可轻易捕获传感器，并直接从物理上将其破坏。但由于传感器造价低廉，且部署数目巨大（一般在成千上万个），WSN 还具有自组织和容错能力，因此，这样的破坏使 WSN 所受影响不大。

2）阻塞（Jamming）攻击

无线环境是一个开发的环境，所有无线设备共享这样一个开放的空间，所以若两个结点发射的信号在一个频段上，或者是频点很接近，就会因为彼此干扰而不能正常通信。攻击结点通过在 WSN 工作频段上不断发送无用的信号，可以使在攻击结点通信半径内的 WSN 结点都不能正常工作。这种攻击结点达到一定的密度时，整个无线网络将面临瘫痪。阻塞攻击对单频点无线通信网络非常有效。攻击者只要获得或者检测到目标网络通信频率的中心频率，就可以通过在这个频点附近发射无线电波进行干扰。阻塞攻击是一种典型的 DOS 攻击。

2. 链路层的攻击

1）冲突攻击

数据链路层为邻居结点提供可靠的通信通道，在 MAC 协议中，结点通过监测邻居结点是否发送数据来确定自身是否能访问通信信道。这种载波监听方式很容易遭到 DOS 攻击。在某些 MAC 层协议中使用载波监听的方法来与相邻结点协调使用信道，当发生信道冲突时，结点使用二进制值指数倒退算法来确定重新发送数据的时机，攻击者只需要连续发送一个字节数据，不断产生冲突就可以破坏整个数据包的发送。因为只要部分数据的冲突就会导致接收者对数据包的校验和不匹配，导致接收者发送数据冲突的应答控制信息 ACK，使发送结点根据二进制指数倒退算法重新选择发送时机。这样经过反复冲突，使结点不断倒退，就导致信道阻塞。所以，载波冲突是一种有效的 DOS 攻击方法。

2）耗尽攻击

耗尽攻击就是利用协议漏洞，通过持续通信的方式使结点能量资源耗尽。如利用链路层的错包重传机制，使结点不断重复发送上一包数据，最终耗尽结点资源。在 802．11 的 MAC 协议中使用 RTS、CTS 和 ACK 机制，如果恶意结点向某结点持续发送 RTS 数据包，该结点就会不断发送 CTS 回应，最终导致结点资源耗尽。

3. 网络层的攻击

在无线传感器网络中，大量的传感器结点密集地分布在一个区域里，消息可能需要经过若干结点才能到达目的地，而且由于传感器网络的动态性，因此没有固定的基础结构，所以每个结点都需要具有路由的功能。由于每个结点都是潜在的路由结点，因此更易于受到攻击。WSN 网络层常见的攻击手段有以下几种：

1）虚假路由信息（Bogus Routing Information）攻击

攻击者通过欺骗、更改和重发路由信息创建路由环，吸引或者拒绝网络信息流通量，延长或者缩短路由路径，形成虚假的错误消息，分割网络，增加端到端的时延。

2）选择性转发（Selective Forwarding）攻击

WSN 是多跳传输，每一个传感器既是终结点又是路由中继点，这要求传感器在收到报文时无条件转发（该结点为报文的目的时除外）。攻击者利用 WSN 这一特点，在俘获传感器后丢弃需要转发的报文。但如果完全丢弃所有报文，邻居传感器可通过多径路由收到该传感器丢弃的报文，识破该结点为攻击点。因此为避免这种情况，攻击点采用选择转发的方式，只丢弃一部分应转发的报文，从而迷惑邻居传感器。当选择转发的攻击点处于报文转发的最优路径上时，这种攻击方式尤其奏效。

3）陷洞（Sinkholes）攻击

攻击者通过一个危害结点吸引某一特定区域的通信流量，形成以危害结点为中心的“陷洞”，处于“陷洞”附近的攻击者就能相对容易的对数据进行篡改。某些路由协议的实现思想使得陷洞攻击十分容易。如在一些协议中结点需要通过端到端的确认获取各路径的可靠性等一系列指标，再决定下一跳路由。这样，攻击者就可以使用大功率设备和其他欺骗的手段，使自己成为网关结点一跳范围内的邻居，并且具有良好的链路性能，以洪泛的方式不断向外广播。攻击者附近的结点都倾向于将信息分组转发至危害结点，因为危害结点吸引了网络信息流量，所以在此基础上，可以很方便地实现其他攻击，如选择性转发信息。由于 WSN 特殊的通信方式——众多传感器结点共享一个目的网关结点，一个危害结点可以影响一个范围很广的区域，使得网络特别容易受到此种形式的攻击。

4）女巫（Sybil）攻击

WSN 中每一个传感器都应有唯一的一个标识与其他进行区分。当前具有容错功能的路由协议都是靠不同的结点分布式存储路由信息的，在不同结点之间实现从源结点到目的结点的多径路由。女巫攻击的特点是多重身份，攻击点伪装成具有多个身份标识 ID 的结点。当通过该结点的一条路由遭到破坏时，网络会选择另一条自认为完全不同的路由，由于该结点的多重身份，该路由实际上又通过了该攻击点。女巫攻击大大降低了多径选路的效果。

5）虫洞（Wormholes）攻击

最简单的虫洞攻击是将一个危害结点位于两个结点之间进行消息转发，使消息转移，并进行重送。实际的攻击往往是利用一对间隔较远的危害结点共同工作。位于网关附近的攻击者一旦建立一个位置很好的虫洞，则可能完全破坏整个 WSN 的路由。因为通过虫洞的方式可以在离网关较远的区域形成一个陷洞。这样，虫洞攻击有可能与选择性转发攻击相结合，而且如果与女巫攻击相结合，将很难被检测到，危害巨大。

6）Hello 洪泛攻击

很多路由协议需要传感器结点定时地发送 Hello 包，以声明自己是其他结点的邻居结点，而收到该 Hello 报文的结点则会假定自身处于发送者正常无线传输范围内。而事实上，若该结点离危害结点距离较远，以普通的发射功率传输的数据包根本到不了目的地。攻击者可以用信号足够强的无线设备使网络中的几乎每个结点都将它当作邻居结点，其他结点往往会认为危害结点是一条高质量的路径而将信息发送给攻击者。网络受到这种攻击后得出的路由往往使该危害结点成为报文传输的瓶颈，一些较远的结点发送的分组丢失，造成整个网络的瘫痪。

8.2.4 物联网传感的法律对策

针对上述各种攻击手段，可采用如下的一些防范对策：

1．物理层、链路层的攻击防御

针对阻塞攻击，有以下防范对策。要抵御单频点阻塞攻击，使用宽频或扩频的方法是比较有效的，在检测到所在空间遭受攻击以后，网络结点将通过统一的策略跳转到另外一个频率进行通信。但对于长时间全频持续阻塞攻击，转换通信模式是唯一能够采用的方法，光通信、红外通信等无线通信和有线通信都可备选。全频持续阻塞攻击虽然非常有效，但是实施起来较困难，所以还有一些积极的策略应对阻塞攻击。一是当攻击者使用能量有限的阻塞攻击时，WSN 可采用调整工作占空比的策略应对。二是当攻击者采用间歇式阻塞攻击时，WSN 可以用优先级策略，将高优先级数据在攻击间歇期及时转发。针对冲突攻击，可以采用纠错编码和使用信道监听和重传机制。应对耗尽攻击的方法是限制网络发送速度和对同一数据包的重传次数进行限制。

2．传统网络安全技术

1）采用数据加密技术，抵御虚假路由信息攻击

加密是一种基本的安全机制，它把传感器结点之间的通信消息转换成密文，形成加密密钥，这些密文只有知道解加密密钥的人才能识别。由于传感器结点能量、计算能力、存储空间的限制，要尽量采用轻量级的加密算法。使用一个公共密钥简单地对链路层加密，可以防止多数外部人员对传感器网络路由选择协议的攻击。由于结点不愿意接受入侵者的单个身份，女巫攻击不再相关；因而入侵者被阻止参加拓扑，使得多数选择性转发和污水池攻击不可能，链路层承认现实能被验证。加密能使一些选择性转发攻击利用虫洞更困难，但是，对阻止黑洞选择性转发却无能为力。在内部人员出现的场合或在被损害的结点处，使用一个公共密钥是完全无效的。因此，需要提供更复杂的防御机制，以对抗虫洞和内部人员攻击。

2）采用身份验证技术，抵御女巫攻击

女巫攻击使攻击者利用“叛变”结点身份加入网络，并且可使用全局共享密钥将其伪装成任何结点（这些结点可能不存在）。因此，必须对结点身份进行验证。按照传统方法可以使用公共密钥加密来实现，但数字签名的产生和验证将超出传感器结点的能力范围。一种解决方法是使用可信任的基站使每个结点共享唯一的对称密钥，两个结点使用像 Needham-Schroeder 这样的协议相互验证身份，并建立一个共享密钥。为了防止内部攻击在固定网络周围漫游并与网络中的每一个结点建立共享密钥，基站可合理限制其相邻结点的数量，当数量超过时则发送错误消息告警并采用一定的防御措施。

3．容侵策略和路由设计

无线传感器网络中的容侵路由协议（Intrusion Tolerant Routing in Wireless Sensor Networks，INSENSE）设计思想是在路由中加入容侵策略。INSENSE 的安全策略有 3 个：策略（1），一次通信路由初始化时，就建立多路径；策略（2），由基站控制路由建立和刷新；策略（3），基站提供单向认证。对要修改完善的路由协议，可以在总的路由初始化阶段加入策略（2）和策略（3），在某次通信路由建立阶段加入策略（1）。加入容侵策略后可以增强网络的健壮性，使网络具有一定的对抗攻击能力和自我修复能力。这样，即使网络遭受一定程度的攻击仍能正常工作，还能自动减少受到破坏的程度。

1）用多路径路由选择方法，抵御选择性转发攻击

即使在对陷洞、虫洞和女巫攻击能完全抵御的协议里，如果被损害的结点在策略上与一个基站相似，它就有显著的可能性去发动一次选择性转发攻击。多路径路由选择（Multiple Routing）能用来反对这类攻击，但是，完全不相交的路径是很难创建的。利用多路径路由选择允许结点动态地选择一个分组的下一跳点能更进一步减少入侵者控制数据流的机会，因此，可以提供极可能的保护。

2）在路由设计中加入广播半径限制，抵御洪泛攻击

在一些距离向量路由算法及网络分级管理策略中都提到了广播半径限制。对每个结点都限制一个数据发送半径，使它只能对落在这个半径区域内的结点发送数据，而不能对整个网络广播。这样就把结点的广播范围限制在一定的地理区域。具体实施可以在总体制定路由机制时，对结点设置最大广播半径（Rmax）的参数。加入广播半径限制后避免了高能的恶意攻击者在整个网络区域不断发送数据包，使得网络结点不得不一直处理这些数据，造成 DOS 和能源耗尽攻击。这一策略可以在一定程度上对抗洪泛攻击，特别是 Hello 洪泛。

3）在路由设计中加入安全等级策略，抵御虫洞攻击和陷洞攻击

安全等级策略采用一个安全参数 Txy 来衡量路由的安全级别，在 WSN 中考虑到能源有限性，由基站来完成监听和检测任务。这样改进后的路由就具有抗虫洞、陷洞攻击的能力。

4）采用基于地理位置的路由选择协议，抵御虫洞攻击和陷洞攻击

这两类攻击非常难对付，特别是当两者被结合使用时。虫洞之所以很难发现，是因为它们使用一条私有的、在频带外的信道，下面的传感器网络看不见；而陷洞难对付是在协议方面，因为它能利用被广告的信息创建一个路由选择协议，这些信息很难证实。检测虫洞攻击和陷洞攻击的最好方法是：避免路由选择竞争条件，仔细地设计路由选择协议，使这些攻击不那么有意义。对这些攻击有抵抗力的一类协议是地理路由选择协议（Geographic Routing Protocols）。

4. 传输网络的安全

物联网要大规模应用，必须将无线传感网和 RFID 网联起来，这就需要传输网络来完成。传输网络的安全采用传统网络安全方法。从广义上来说，凡是涉及到网络上信息的保密性、完整性、可控性、真实性和可用性的相关技术和理论都是网络安全的研究领域。网络信息的保密性（Confidentiality）是指网络信息的内容不会被未授权的第三方所知。网络信息的完整性（Integrity）是指信息在存储或传输时不被修改、破坏，不出现信息包的丢失、乱序等，即不能为未授权的第三方修改。网络信息的可用性（Availability）包括对静态信息的可得到和可操作性及对动态信息内容的可见性。网络信息的真实性（Authenticity）是指信息的可信度，主要是指对信息所有者或发送者的身份的确认。网络信息的可控性（Controllability）是指对信息及信息系统实施安全监控管理。

8.3 物联网识别技术的法律风险

8.3.1 RFID 系统的风险隐患

无线射频识别技术在带来好处的同时也带来了与安全相关的问题。RFID 系统当初的设计思想是——系统对应用是完全开放的，这是 RFID 系统出现安全隐患的根本原因。另外，在标签上执行加、解密运算需要耗用较多的处理器资源，会给轻便、廉价、成本可控的 RFID 标签增加额外的开销，因此使一些优秀的安全工具未能嵌入到 RFID 标签的硬件中，这也是 RFID 标签出现安全隐患的重要原因。

RFID 系统的威胁主要可以分为两个方面。首先是以摧毁系统为目的的普通安全威

胁，如 DOS 拒绝服务攻击，也可以通过伪装合法标签来危害系统的安全。其次是隐私相关的威胁。其一是标签信息泄露，标签泄露相关物体和用户信息，如护照、身份证、处方等。另外就是通过标签的唯一标识符进行恶意追踪。恶意追踪意味着对手可以在任何地点任何时间追踪识别某一固定标签，侵犯标签用户隐私。在不久的将来，人们必将同时携带多个标签，如在衣服、现金，甚至钥匙上，这些可以被看作是一种数字指纹允许追踪，势必给标签用户带来隐私问题。RFID 的倡导者尽量淡化隐私问题，与之同时，其反对者极力夸大其危害。因此消费者隐私问题引起了相当广泛的关注，也成为了这项技术推广的关键因素。人们对不可见以及不受自身控制的扫描和追踪感到恐惧万分。隐私权利组织甚至号召完全废除所有与人有关的相关领域的标签。最近，有些公司在受到个人隐私权利组织抵制的情况下宣布放弃 RFID 技术。这一切表明，人们需要认真地考虑隐私侵犯这个问题。

由于目前 RFID 的主要应用领域对私密性要求不高，对于安全和隐私问题的注意力太少，很多用户对 RFID 的安全问题尚处于比较漠视的阶段。到目前为止，还没有人抱怨部署 RFID 可能带来的安全隐患，尽管企业和供应商都意识到安全是个问题，但他们也并没有把这个问题放到首要议程上，仍然把重心放在了 RFID 的实施效果和采用 RFID 带来的投资回报上。然而，像 RFID 这种应用面很广的技术，具有巨大的潜在破坏能力，如果不能很好地解决 RFID 系统的安全问题，随着应用的扩展，未来遍布全球各地的 RFID 系统安全可能会像现在的网络安全难题一样考验人们的智慧。

目前针对 RFID 系统的攻击主要集中于对标签信息的截获和对这些信息的破解。在获得了标签中的信息之后，攻击者可以通过伪造等方式对 RFID 系统进行非授权使用。有研究结果表明，在不接触 RFID 设备的情况下，盗取其中信息也是可能的。另外，RFID 的加密并非绝对安全。RFID 的安全保护主要依赖于标签信息的加密，但目前的加密机制提供的保护还不能让人完全放心。一个 RFID 芯片如果设计不良或没有受到保护，则有很多手段可以获取芯片的结构和其中的数据。另外，单纯依赖 RFID 本身的技术特性也无法满足 RFID 系统的安全要求。

8.3.2　RFID 系统的安全问题

从通信的数据角度来讲，RFID 安全性能主要包括以下几个方面：

1．数据秘密性问题

一个 RFID 标签不应当向未经授权的读写器泄露任何敏感的信息。一个完备的 RFID 安全方案必须能够保证标签中包含的信息仅能被授权的读写器识别。事实上，目前读写器和标签之间的无线通信在多数情况下是不受保护的（除了采用 ISO14443 标准的高端系统）。因而未采用安全机制的 RFID 标签会向邻近的读写器泄露标签内容和一些敏感信息。由于缺乏支持点对点加密和 PKl 密钥交换的功能，因此在 RFID 系统的应用过程中，攻击者能够获取并利用 RFID 标签上的内容。同时，由于从读写器到标签的前向信道具有较大的覆盖范围，因此它比从标签到读写器的后向信道更加不安全。攻击者可以通过采用窃听技术，分析微处理器正常工作过程中产生的各种电磁特征来获得 RFID 标签和读写器之间或其他 RFID 通信设备之间的通信数据。

2. 数据完整性问题

在通信过程中，数据完整性能够保证接收者收到的信息在传输过程中没有被攻击者篡改或替换。在基于公钥的密码体制中，数据完整性一般是通过数字签名完成的。在RFID系统中，通常使用消息认证码进行数据完整性的检验。它使用的是一种带有共享密钥的散列算法，即将共享密钥和待检验的消息连接在一起进行散列运算，对数据的任何细微改动都会对消息认证码的值产生较大影响。事实上，除了采用ISO14443标准的高端系统（该系统使用了消息认证码）外，在读写器和标签的通信过程中，传输信息的完整性无法得到保障。在通信接口处使用校验的方法也仅仅能够检测随机错误的发生。如果不采用数据完整性控制机制，可写的标签存储器有可能受到攻击。攻击者编写软件，利用计算机的通信接口，通过扫描RFID标签和响应读写器的查询，寻找安全协议、加密算法及其实现机制上的漏洞，进而删除或篡改RFID标签内的数据。

3. 数据真实性问题

标签的身份认证在RFID系统的许多应用中是非常重要的。攻击者可以从窃听到的标签与读写器间的通信数据中获取敏感信息，进而重构RFID标签，达到伪造标签的目的。攻击者可以利用伪造的标签代替实际物品，或通过重写合法的RFID标签内容，使用低价物品标签的内容替换高价物品标签的内容从而获取非法利益。同时，攻击者也可以通过某种方式隐藏标签，使读写器无法发现该标签，从而成功地实施物品转移。读写器只有通过身份认证才能确信消息是从正确的标签处发送过来的，反之亦然。

8.3.3 RFID系统的隐私问题

RFID隐私问题主要有两方面，首先是标签信息泄露问题，其次是通过标签的唯一标识符进行恶意追踪问题。

1. 信息泄露

信息泄露是指暴露标签发送信息，这个信息包括标签用户或者识别对象的相关信息。如RFID图书馆通信信息是公开的，读者的读书信息其他任何人都可以获得。当电子标签应用于药品时，很可能暴露药物使用者的病理，隐私侵犯者可以通过扫描服用的药物推断出某人的健康状况。当个人信息如电子档案、生物特征添加到电子标签中时，标签信息泄露问题便极大地危害了个人隐私。美国于2005年8月在入境护照装备电子标签的计划因为考虑到信息泄露的安全问题已经被推迟。在许多应用中，RFID标签中所包含的信息关系到使用者的隐私。这些数据一旦被攻击者获取，使用者的隐私权将无法得到保障，因而一个安全的RFID系统应当能够保护使用者的隐私信息或相关经济实体的商业利益。事实上，目前的RFID系统面临着巨大的隐私安全风险。同个人携带物品的商标可能泄露个人身份一样，个人携带物品的RFID标签也可能会泄露个人身份。通过读写器能够跟踪携带缺乏安全机制的RFID标签的个人，并将这些信息进行综合和分析，就可以获取使用者的个人喜好和行踪等隐私信息。如抢劫犯能够利用RFID读写器来确定贵重物品的数量及位置等。同时，一些情报人员也可能通过读取一系列缺乏安全机制的标签的内容来获得有用的商业机密。如商业间谍人员可以通过隐藏在附近的读写器周期性地统计货架上的商品来推断销售数据。

2．恶意追踪

因为 RFID 系统后端服务器提供数据库，所以标签不用包含和传输大量的信息。通常情况下，标签只需要传输简单的标识符，人们可以通过这个标识符访问数据库获得目标对象的相关数据和信息。可以通过标签固定的标识符追踪它，即使标签进行加密后不知道标签的内容仍然可以通过固定的加密信息追踪标签。也就是说，可以在不同的时间和不同的地点识别标签，得出标签的定位信息。一旦标签的定位信息暴露也就意味着标签可以长期地被追踪。因此，可以通过标签的定位信息获得标签持有者的行踪，如得出其工作地点和到达、离开工作地点的时间。虽然其他一些技术，如视频监视、GSM、蓝牙等也允许追踪，但是标签识别装备相对价格低廉，特别是 RFID 进入老百姓日常生活以后，拥有阅读器的人都可以扫描并追踪别人。而且被动标签信号不能切断，尺寸很小，极易隐藏并且使用寿命很长，可以自动化地识别和采集数据，这就加剧了恶意追踪的问题。

8.3.4　RFID 系统的安全控制

1．RFID 芯片攻击技术

标签的攻击技术分为两大类，即破坏性攻击和非破坏性攻击。破坏性攻击和芯片反向工程在最初的步骤上是一致的。使用发烟硝酸去除包裹裸片的环氧树脂；用丙酮 / 去离子水 / 异丙醇完成清洗；氢氟酸超声浴进一步去除芯片的各层金属。在去除芯片封装之后，通过金丝键合恢复芯片功能焊盘与外界的电气连接，最后可以使用手动微探针获取感兴趣的信号。在了解内部信号走线的基础上，聚焦离子束（FIB）修补技术甚至可用于将感兴趣的信号连到芯片的表面以供进一步观察。非破坏性攻击主要针对具有微处理器的产品，其手段主要包括软件攻击、窃听技术和故障产生技术。软件攻击使用微处理器的通用通信接口，寻求安全协议、加密算法以及它们物理实现的弱点；窃听技术采用高时域精度的方法，分析电源接口在微处理器正常工作过程中产生的各种电磁辐射的模拟特征；故障产生技术通过产生异常的应用环境条件，使处理器产生故障，从而获得额外的访问途径。RFID 标签的攻击一般从破坏性的反向工程开始，其结论可以用于开发廉价和快速的非破坏性攻击手段，这是最常见的、最有效的标签攻击模式之一。

2．破坏性攻击防范

1）版图重构

破坏性攻击的一个重要步骤是重构目标芯片的版图。通过研究连接模式和跟踪金属连线穿越可见模块（如 ROM、RAM、EEPROM、ALU、指令译码器等）的边界，可以迅速识别芯片上的一些基本结构，如数据线和地址线。对于 RFID 设计来说，射频模拟前端需要采用全定制方式实现，这种采用标准单元库综合的实现方法会加速设计过程，但是也给反向工程为基础的破坏性攻击提供了极大的便利，这种以标准单元库为基础的设计可以使用计算机自动实现版图重构。

2）存储器读出技术

对于存放密钥、用户数据等重要内容的非易失性存储器，不能通过简单的光学照片获得其中的信息。在安全认证过程中，至少访问这些数据区一次，因此可以使用微探针监听总线上的信号获取重要数据。对于良好的设计，重复认证还不足以访问存储器所有的关键位置。顶层探测器网格是有效防止微探针获取存储器数据的重要手段之一，充分利用深亚微米CMOS技术提供的多层金属，在重要的信号线顶层构成探测器网格能够连续监测短路和断路。当有电时，它能防止激光切割或选择性的蚀刻获取总线的内容。根据探测器输出，芯片可立即触发电路将非易失性存储器中的内容全部清零。

3. 非破坏性攻击防范

非破坏性攻击主要针对具有微处理器的产品而言。微处理器本质上是成百上千个触发器、寄存器、锁存器和SRAM单元的集合，这些器件定义了处理器的当前状态，结合组合逻辑即可知道下一时刻的状态。许多类似系统的模拟效应可用于非侵入式的攻击。

（1）每个晶体管和连线都具有电阻和电容特性，其温度、电压等特性决定了信号的传输延时。由于生产工艺参数的分散性，这些数值在不同芯片上差异很大。

（2）触发器在很短的时间间隔内采样并和阈值电压比较（与电源相关）。采样的时间间隔相对于时钟边沿是固定的，但不同的触发器之间可能差异很大。

（3）触发器仅在组合逻辑稳定后的前一状态下建立新的稳态。

（4）在CMOS门的每次翻转变化过程中，P管和N管都会开启一个短暂的时间，从而在电源上造成一次短路。如果没有翻转的时刻，则电源电流很小。

（5）当输出改变时，电源电流会根据负载电容的充放电而变化。

和接触式IC卡不同的是，攻击RFID的黑客不能完全控制其电源和时钟线，理论上讲，RFID针对非破坏性攻击的安全性能有所改善，但是实际情形可能并非如此，RFID仍会面临一些危险。常见的攻击手段有电流分析攻击和故障攻击。

1）电流分析攻击

根据电流分析攻击实施的特点，可将其分为简单电源攻击（SPA）和差分电源攻击。原则上，RFID的电源集成在AFE的内部，似乎远离了电流分析的危险，然而实际上并非如此。对于RFID而言，功耗是芯片设计过程中的重要问题，串联方案的效率更高，更适合于集成电路设计。但是，就安全而言，并联方案是更理想的选择。通过并联泄放电路将电源幅度和纹波的变化控制在尽可能小的范围内，使电源电流消耗波动抑制在整流电路之后。这样，天线两端的交流信号就不能反应任何内部基带系统（主要是微处理器）状态的差异。

2）故障攻击

通过故障攻击可以导致一个或多个触发器处于病态，从而破坏传输到寄存器和存储器中的数据。在所知的CPU标签非破坏性攻击中，故障攻击是实际应用中最有效的技术之一。当前有三种技术可以可靠地导致触发器病态且影响很少的机器周期，即瞬态时钟、瞬态电源以及瞬态外部电场。通过简单地增加或降低时钟频率一个或多个半周期可以实施时钟故障，这样，部分触发器会在合法的新状态到来之前采样它们的输入。时钟故障有效的攻击通常和电源故障结合在一起，在接触式标签中通过组合时钟和电源波动，已经可以很可靠地增加程序计数器内容而不影响处理器的其他状态。这样，标签内的任意指令序列都可以被黑客执行，而程序员在软件编写中并没有什么很好的应对措施。大多数RFID的时钟、电源都是使用天线的交流信号整形得到的，因此通过改变交流信号谐波的幅度、对称性、频率等参数可以实施时钟—电源故障攻击。借助于RFID接触测试设备中的数字直接合成交流信号技术，可以很容易产生时钟—电源故障攻击所需的波形。

RFID 产品为了有效抵御时钟故障攻击，除了采用时钟探测器以外，更重要的是严格限制 RFID 设计的工作频率范围、载频的谐波品质因素、对称性等指标。因此，从安全角度来说，并非对 RFID 机具的适应能力越强越好。

4．RFID 系统的风险防范

在选择射频识别系统时，应该根据实际情况考虑是否选择具有密码功能的系统。在一些对安全功能没有要求的应用，如工业自动控制、工具识别、动物识别等应用领城中，如果引用密码过程，会使费用增高。与此相反，在高安全性的应用（如车票、支付系统）中，如果省略密码过程，则可能会由于使用假冒的应答器获取未经许可的服务，从而造成非常严重的疏漏。高度安全的射频识别系统对于以下单项攻击应能够予以防范。（1）为了复制或改变数据，未经授权地读取数据载体。（2）将外来的数据载体置入某个读写器的询问范围内，企图得到非授权出入建筑物或不付费的服务。（3）为了假冒真正的数据载体，窃听无线电通信并重放数据。

在标签、网络或者数据层面都有可能出现安全隐患，如果执行现行的安全标准，会带来一些问题。荷兰阿姆斯特丹自由大学的科学家称，正在取代无所不在的条码的廉价无线电芯片（RFID）不仅威胁隐私，而且很容易受到计算机病毒攻击。随着 RFID 芯片的功能越来越复杂，它们受到攻击的危险也越高。新一代计算机通常更复杂、功能更多，引发的安全问题日益突出。在此之前，不少商用系统存在的漏洞已被发现，其中包括美国大选的电子投票系统以及 Wi-Fi 网络。这些安全问题将会严重阻碍 RFID 系统的应用推广，因为公众害怕存放在 RFID 标签上的资料，会被未经授权的第三方取得。而商业方面仅仅从零售业来看，RFID 标签于零售业的应用明显能为大型零售商提供全面的消费者行为数据，令消费者陷入不利的环境或将使大型零售商形成商业优势，形成垄断的局面。因此，专家们都认为，在这项技术大规模应用之前有必要提前解决预计出现的安全隐私问题。这也是 RFID 行业呼吁建立安全机构的原因。我们面对最大现实问题是，零售商、消费品制造商等在不断推动 RFID 的应用，但是没有人真正知道，他们需要什么级别的安全，或者说，他们愿意花钱达到怎样的安全级别。英国专业市场调查公司 Datamontor Corporation 详细地调查与分析为了应对 RFID 系统的安全性风险所采取的措施，并且系统地出版了综合报告书。报告书中概括了有关 RFID 的三个主要的安全问题，即受媒体注目的消费者隐私权、在供应链中 RFID 标签认证的重要性、对制造商及零售业者而言真正造成威胁的企业间谍。

8.4　物联网识别的法律问题

8.4.1　RFID 系统面临的攻击手段

针对 RFID 的主要安全攻击手段可简单地分为主动攻击和被动攻击这两种类型。它们如图 8-1 所示。

1．主动攻击

主动攻击主要包括从获得的 RFID 标签实体，通过物理手段在实验室环境中去除芯片封装，使用微探针获取敏感信号，进而进行目标 RFID 标签重构的复杂攻击；通过软件，利用微处理器的通用通信接口，通过扫描 RFID 标签和响应识读器的探询，寻求安全协议、加密算法以及它们实现的弱点，进而删除 RFID 标签内容或篡改可重写 RFID 标签内容的攻击；通过干扰广播、阻塞信道或其他手段，产生异常的应用环境，使合法处理器产生故障，拒绝服务的攻击等。

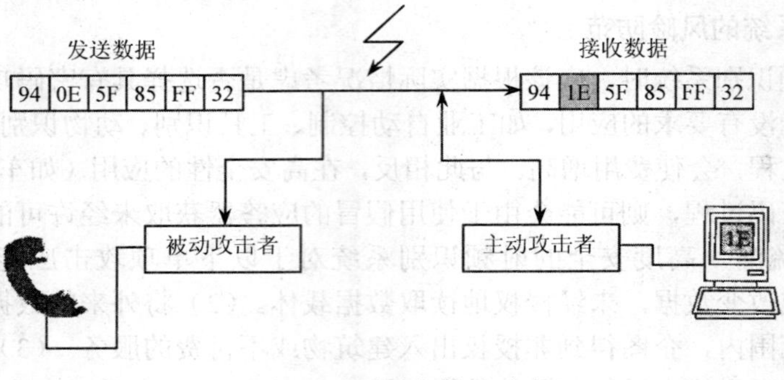

图 8-1　主动攻与被动攻击

德州仪器（TI）公司制造了一种称为数字签名收发器（Digital Signature Transponder，DST）的内置加密功能的低频 RFID 设备。DST 现已配备在数百万计的汽车上，例如最新款式的福特和丰田轿车，其功能主要是防止车辆被盗。该 RFID 设备实质就是一个隐藏在汽车发动机钥匙中的小芯片，而钥匙孔旁的一个读写器负责鉴别该芯片（钥匙）是否属于该车辆。通过其他的硬件保护，可以做到，对使用不属于该车的 DST 芯片或不含有 DST 芯片的钥匙，引擎拒绝点火。DST 同时也被 SpeedPass 无线付费系统采用，该系统现用在北美成千上万的 ExxonMobil 加油站内使用。

本质上，DST 执行了一个简单的询问 / 应答（Challenge / Response）协议进行工作。DST 芯片中含有一个密钥 ki，芯片以该密钥为参数运行一个加密函数 e，对读写器发起的随机询问 C 产生一个输出（回应），即 r=ek(C)。读写器的询问数据 C 长度为 40 bit。芯片产生的回应数据 r 长度为 24 bit，而芯片中的密钥长度也为 40 bit。密码破译者都知道，40 bit 密钥长度对于现在的标准而言太短了，这个长度对于暴力攻击法毫无免疫力。也许正是考虑到 DST 芯片密钥长度不足这一点，德州仪器公司没有公开其加密算法的实现细节，而宁愿采用隐藏细节增加所谓的安全性能。

2004 年年末，来自约翰霍普津斯大学和 RSA 实验室的研究人员示范了对 DST 安全弱点的攻击。他们成功地完全复制了 DST，这意味着他们破解了含有 DST 的汽车钥匙，并且使用它执行了相同的功能。他们的努力过程分为三个步骤。

（1）逆向工程：研究者们测定了 DST 中未公开的加密算法。他们依据下面 3 项做到了这一点。

① 从某个评测工具中得到 DST 读写器。

② 一些空白的 DST 芯片，芯片中含有密钥。

③ 一位德州仪器公司的科学家发表在互联网上的关于 DST 中加密算法的概要性描述。

对于任意的密钥 k 和询问 C，研究者利用空白芯片和读写器能够得到应答值。基于公开发表的概要性描述和试验时得到的密钥/询问数据对，研究者细致地恢复出了加密算法的细节。在整个过程中，研究者们没有采用物理方式探究 DST 的内部结构。

（2）破解汽车钥匙：在测定了加密算法之后，研究者们利用价值数千美元的硬件设备进行了破解工作。这些硬件设备包含一个拥有 16 块 FPGA 板的阵列。利用从目标 DST 中得到的两对输入/输出（询问/应答）数据（R1，C1）和（R2，C2），在平均 30 min 的时间内，他们恢复了 DST 密钥。他们是采用暴力攻击的方式取得密钥的，也就是说，他们搜索了所有可能的 240 密钥空间。

（3）仿真：研究者们建造了一个可编程的射频装置，用来模拟任意目标 DST 的输出。霍普津斯大学和 RSA 实验室联合小组示范了他们的攻击成果。利用模拟的 DST 引擎钥匙（当然，钥匙的金属部分是正式的），他们成功地“窃取”了他们自己的汽车。他们还利用自己的成果克隆了自己的 SpeedPass 加油卡，并且成功地在一个加油站使用了它。

这一成果证实，攻击者克隆 DST 芯片所需要的仅仅是一些问询/应答对。而攻击者能够在一些人流密集的区域，如大型超市、影剧院、地铁站等，从行人口袋里的 DST 装置上获得大量的问询/应答对。或者，攻击者能够采用窃听（甚至在相当长的距离上）DST 芯片和合法读写器之间通信的方式获得问询/应答对。

2. 被动攻击

被动攻击主要包括通过采用窃听技术，分析微处理器日常工作过程中产生的各种电磁特征，获得 RFID 标签和识读器之间或其他 RFID 通信设备之间的通信数据；通过识读器等窃听设备，跟踪商品流通动态等。美国 Weizmann 学院计算机科学教授 Adi Shamir 和他的一位学生利用定向天线和数字示波器监控 RFID 标签被读取时的功率消耗，通过监控标签的能耗过程，研究人员推导出了密码。由于接收到读写器传来的密码不正确时，标签的能耗会上升，功率消耗模式可被加以分析以确定何时标签接收了正确和不正确的密码位。

主动攻击和被动攻击都会使 RFID 应用系统承受巨大的安全风险。主动攻击通过物理或软件方法篡改标签内容，以及通过删除标签内容及干扰广播、阻塞信道等方法扰乱合法处理器的正常工作，是影响 RFID 应用系统正常使用的重要安全隐患。而尽管被动攻击不改变 RFID 标签中的内容，也不影响 RFID 应用系统的正常工作，但它是获取 RFID 信息、个人隐私和物品流通信息的重要手段，也是 RFID 系统应用的重要安全隐患。

8.4.2　安全与隐私问题的解决方法

1. Kill 标签

Kill 标签由标准化组织 Auto-ID Center（自动识别中心）提出。它的方案原理为商品在结账时移除标签 ID 甚至完全杀死标签。移除标签 ID，隐私侵犯者仍然可以通过大量的产品扫描，确定相关的产品种类和制造信息，因此仍然存在信息推断问题。完全杀死标签可以完美地阻止扫描和追踪，但同时以牺牲 RFID 电子标签功能以及诸如售后服务、智能家庭应用、产品交易与回收等后续服务为代价。杀死标签的访问口令只有 8 位，因此恶意攻击者仅以 28 的计算代价就可以获得标签访问权。因此简单地移除标签 ID 或杀死标签并不是一个有效的检测和阻止标签扫描与追踪的隐私增强技术。

2. 法拉第网罩

从电磁场的观念，无线电波可以被由传导材料构成的容器如法拉第网罩屏蔽。法拉第网罩是由金属网或金属箔片形成的无线电信号不能穿透的容器。外部的无线电信号不能进入法拉第网罩，反之亦然。这就意味着当人们把标签放进由传导材料构成的容器里时可以阻止标签被扫描，被动标签接收不到信号不能获得能量，主动标签发射的信号不能发出。利用法拉第网罩可以阻止隐私侵犯者通过扫描获得标签的信息。如在货币嵌入RFID标签以后，人们可以利用法拉第网罩原理的钱包阻止隐私侵犯者扫描，避免别人知道你包里有多少钱。尽管这只是一个初级的隐私增强技术，只能在部分场合下起作用，但是，当流通货币或个人护照都使用 RFID 技术的时候，法拉第网罩就可以用于个人隐私保护。

3. 主动干扰

主动干扰无线电信号是另一种另一种屏蔽标签的方法。标签用户可以通过一个设备主动广播无线电信号以阻止标签来阻止或破坏附近的 RFID 阅读器的操作。这种初级的方法可能导致非法干扰。附近的其他的合法的 RFID 系统也会受到干扰，更严重的是它可能阻断附近其他使用无线电信号的系统。

4. 阻止标签

由 RSA 实验室提出，通过阻止阅读器读取标签确保消费者隐私。它的原理如下：该方案通过采用一个特殊的阻止标签干扰防碰撞算法来实现，阅读器读取命令每次总获得相同的应答数据，从而保护标签。由于增加了阻止标签，因此使得应用成本偏高。其次，阻止标签可以模拟大量的标签 ID，从而阻止阅读器访问隐私保护区域之外的其他标签，因此阻止标签的滥用可能导致拒绝服务攻击。同时，阻止标签有其作用范围，超出隐私保护区域的标签将得不到保护。由于 RFID 系统设备本身具有很多特殊性，RFID 标签的计算资源和存储资源都十分有限，因此 RFID 系统安全协议的设计需要充分考虑各种计算、存储资源，而不能完全套用当前普通安全协议的设计分析模式。另外，目前还缺乏一个实用的、形式化的 RFID 系统攻击者模型，更缺乏针对这些协议进行的严格的形式化分析和证明。

8.4.3 射频识别中的碰撞

在 RFID 系统数据通信的过程中，数据传输的完整性和正确性是保证整个识别系统数据通信性能的关键技术。系统数据传输的完整性和正确性的降低主要有两个方面的原因，即外界的各种干扰及多个标签和多个阅读器同时占用信道发送数据产生碰撞。可以通过数据校验的方法解决外界对RFID通信过程的干扰。由于在RFID系统的应用过程中，经常会有多个阅读器和多个标签的应用场合，这就会造成标签之间或阅读器之间的相互干扰，这种干扰统称为碰撞（Collision）。为了防止这些碰撞的产生，在 RFID 系统中需要设置一定的相关命令，并通过适当的操作解决碰撞问题，这些操作过程被称为防碰撞命令或算法（Anti-Collision Algorithms）。首先介绍 RFID 系统中的碰撞。总的来说，碰撞可以分为两种，即标签的碰撞和阅读器的碰撞，下面就分别对它们进行介绍。

1. 标签的碰撞

标签含有可被识别的唯一信息（序列号），RFID 系统的目的就是要读出这些信息。如果只有一个标签位于阅读器的可读范围内，则无须其他的命令形式即可直接进行阅读。

如果有多个标签同时位于一个阅读器的可读范围内，则标签的应答信号就会相互干扰形成所谓的数据碰撞，从而造成阅读器和标签之间的通信失败。

阅读器发出识别命令后，各个标签都在某一时间作出应答，但是在标签应答的过程中会出现两个或多个标签在同一时刻应答或在一个标签没有应答完成时其他标签就做出应答，这会使标签之间的信号互相干扰，降低阅读器接收信号的信噪比，造成标签无法被正常读取。

2．阅读器的碰撞

传统上，许多 PWID 系统被设计成只带有一个阅读器的情形，但是随着 RFID 在工业中应用的增加和大范围地采用移动 RFID 阅读器，许多情形下都需要在近距离下使用多个阅读器，如仓储管理、零售、图书馆管理等。这些应用场景需要 RFID 阅读器能在一个大的范围内的任何地方阅读标签。由于阅读器和标签通信本身具有范围限制，因此必须在整个范围内配置高密度的阅读器才能满足系统要求。所有阅读器形成一个 Adhoc 网络，应用的实时性需要阅读器频繁地离开和进入这个网络，所有的阅读器周围都有一个有限空间，在这个空间范围内阅读器可以与标签进行通信，这个空间就是阅读器的询问区域。那些询问区域交叉的阅读器之间会互相干扰，经常会导致没有一个阅读器能与处在它们的询问区域内的任一个标签进行通信。甚至阅读器在询问区域没有重叠的情况下也可能相互发生操作干扰。阅读器检测到的或者导致的干扰都称为阅读器碰撞。阅读器的碰撞一般有以下三种类型。

1）阅读器间频率干扰

阅读器工作时发射无线信号的功率很大，大概为 30～36 dBm，因此它的辐射范围较大，而标签背向反射调制的工作方式决定了它返回信号的强度很小，当一个阅读器处于发射状态，而另一个阅读器处于接受状态，并且两个阅读器之间没有足够的距离时，会造成发射阅读器的发射信号对接收阅读器有很强的干扰作用，造成阅读器接收到的标签反射信号的信噪比降低，无法正常读取标签信息。这种干扰就称为阅读器间频率干扰。

2）多阅读器—标签干扰

多阅读器—标签干扰，简单地说，就是标签干扰。当一个标签同时位于两个或多个阅读器的询问区域时，多于一个阅读器同时尝试与这个标签进行通信就会发生标签干扰。两个阅读器的阅读区域是重叠的，所以从 Readerl 和 Reader2 发出的信号可能会在标签 Tag1 上发生干扰，在这种情况下，标签 Tag1 接收到的信号为两个阅读器发射信号的矢量和，是一个未知信号，因此，标签不能正确地接收阅读器的命令，也就不能做出正确的应答，这会导致 Readerl 和 Reader2 都不能阅读标签。由于阅读器碰撞，Readerl 将可能阅读 Tag2 和 Tag3，但是不能阅读 Tagl。

3）隐藏终端干扰

还有一种发生阅读器碰撞的情形，两个阅读器的阅读区域没有重叠，然而，从阅读器 Reader2 发出的信号在标签 Tag 上会干扰从阅读器 Readerl 发出的信号。这种情形也会发生在两个阅读器不在彼此的感应范围时，会导致 RFID 网络的载波侦听无效。阅读器在不同频率上、在使用距离范围内进行另一个操作便可以避免频率干扰。RFID 系统典型的操作是在自由的、可用的 ISM（工业、科学、医学）频段范围内，允许多重信道通信。然而，很多工作在 ISM 频段内的器件的操作规范都禁止对通信的信道进行外在的控制，如美国的 FCC 的第 l5 部分。因此，频率干扰只能在阅读器在使用距离范围内，在不同时间进行另一个操作才可以避免。

标签干扰只有在相邻阅读器在不同时间工作时才可以避免。标签的低性能会妨碍分辨标签与不同阅读器的通信的信号能力。因此，两个或更多可能会与同一个标签进行通信的阅读器必须工作于不同时间，以确保每个阅读器能与标签进行正确的通信。

8.4.4 射频识别的标准

1. RFID 标准化的作用

标准化是指对产品、过程或服务中的现实和潜在的问题做出规定，提供可共同遵守的工作语言，以利于技术合作和防止贸易壁垒。射频标准体系是将无线技术作为一个大系统，并形成一个完整的标准体系。

由于目前还没有正式的 RFID 产品（包括各个频段）的国际标准，因此，各个厂家推出的 RFID 产品互不兼容，造成了 RFID 产品在不同市场和应用上的混乱和孤立，这势必对未来的 RFID 产品互通和发展造成障碍，事实证明，标准化是推动 RFID 产业化进程的必要措施。

采用 RFID 的最大好处是可以对企业的供应链进行高效管理，以有效降低成本，并且这项技术还可以广泛地应用于公共安全、生产管理、物流与供应链管理、交通管理等众多领域，这些应用具有跨企业、跨行业的特点，甚至具有全球性，所以 RFID 标准就显得特别重要。例如，对于供应链管理而言，射频技术是一项非常适合的技术，但由于标准不统一，该技术现在并未得到大规模的应用。因此，为了获得期望的效果，用户迫切要求开放标准，因为标准不统一已成为制约 RFID 发展的重要因素之一。

每个 RFID 标签中都有一个唯一的识别码（ID）。这样，如果它的数据格式有很多种类且互不兼容，那么，不同标准的 RFID 产品就不能通用，这对全球经济一体化的物品流通非常不利。数据格式的标准问题涉及各个国家自身的利益和安全。目前，日本的泛在 ID 中心和美国的 EPCglobal 这两大标准组织就互不兼容。预计世界各国从自身的利益和安全出发，也会倾向于制定不同的数据格式标准。这样，由此将带来兼容问题。如何让这些标准互相兼容，即让一个 RFID 产品能顺利地在世界范围内流通，是当前亟待解决的问题。

标准化的重要意义是改进产品、过程和服务的适用性，防止贸易壁垒，促进技术合作。

射频识别技术标准化的主要目标在于通过制定、发布和实施标准，解决编码、通信、空中接口和数据共享等问题，最大限度地促进 RFID 技术及相关系统的应用。由于射频识别技术主要用于物流管理等行业，一般都需要通过电子标签来实现数据共享，因此射频识别技术中的数据编码结构、数据的读取都需要通过标准进行规范，以保证电子标签能够在全世界范围内跨地域、跨行业、跨平台使用。

2. RFID 标准化机构与产业联盟

1）RFID 国际标准化机构

与 RFID 技术和应用相关的国际标准化机构主要有国际标准化组织（ISO）、国际电工委员会（IEC）、国际电信联盟（ITU）、世界邮联（UPU）。此外，还有其他的区域性标准化机构，如 CEN；国家标准化机构，如 BSl、ANSl、DIN；产业联盟，如 ATA、AIAG、EIA 等，这些机构均在制定与 RFID 相关的区域、国家或产业联盟标准，并希望通过不同的渠道提升为国际标准。

2）RFID 产业联盟

与 RFID 技术有关的产业联盟主要是 EPCglobal 和泛在 ID 中心（Ubiquitous ID Center），下面分别对它们进行介绍。

（1）EPCglobal：EPCglobal 是由美国统一代码委员会（UCC）和欧洲物品编码（EAN）组织联合发起成立的一个独立的非营利性机构。EPCglobal 目前以推广 RFID 电子标签的网络化应用为宗旨，继承了 Auto-ID Center 组织的统一行业内企业的技术标准制定工作，并成立公司（EPCglobalInc）统一研究标准并推动商业应用，此外它还负责 EPCgobal 号码注册管理组织。全球最大的零售商沃尔玛连锁集团、英国 Tesco 等 100 多家美国和欧洲的流通企业都是 EPC 的成员，同时由美国 IBM 公司、微软、Auto-ID Lab 等进行技术研究支持。此组织除发布工业标准外，还负责 EPCgobal 号码注册管理。EPCglobal 系统是一种基于 EAN·UCC 编码的系统。作为产品与服务流通过程信息的代码化表示，EAN、UCC 编码具有一整套涵盖了贸易流通过程各种有形或无形的产品所需的全球唯一的标识代码，包括贸易项目、物流单元、位置、资产、服务关系等标识代码。EAN、UCC 标识代码随着产品或服务的产生在流通源头建立，并伴随着该产品或服务的流动贯穿全过程。EAN、UCC 标识代码是固定结构、无含义、全球唯一的全数字型代码，在 EPC 标签信息规范 1.1 中采用 64～96 位的电子产品编码；在 EPC 标签 2.0 规范中采用 96～256 位的电子产品编码。

（2）日本 UID：主导日本 RFID 标准研究与应用的组织是 T-引擎论坛（T-Engine Forum），该论坛已经拥有 475 家成员。值得注意的是，其成员绝大多数是日本的厂商，如 NEC、日立、东芝等，但是少部分来自国外的著名厂商也有参与，如微软、三星、LG 和 SKT。T-引擎论坛下属的泛在识别中心（Ubiquitous ID Center，UID）成立于 2002 年 12 月，具体负责研究和推广自动识别的核心技术，即在所有的物品上植入微型芯片，组建网络进行通信。UID 的核心是赋予现实世界中任何物理对象唯一的泛在识别号（Ucode）。它具备了 128 位（128 bit）的充裕容量，提供了 340×1 036 的编码空间，更可以用 l28 位为单元进一步扩展至 256、384 或 512 位。Ucode 的最大优势是能包容现有编码体系的元编码设计，可以兼容多种编码，如 JAN、UPC、ISBN、IPv6 地址，甚至电话号码。Ucode 标签具有多种形式，如条码、电子标签、智能卡、有源芯片等。泛在识别中心把标签进行分类，并设立了多个不同的认证标准。

3．关于制定我国 RFID 标准的基本思路探讨

1）制定我国 RFID 标准体系的目标

由于 RFID 涉及标签、读写器、中间件等软硬件产品，随着 RFID 应用的发展，它将形成一个庞大的产业。因此需要根据 RFID 技术的特点、发展趋势以及我国 RFID 产业的实际情况，制定适合我国国情的、有利于推动我国 RFID 技术和应用的发展、有利于促进我国对外经济交往的 RFID 技术标准发展规划。

在深入分析国际标准体系的基础上，依据《中国射频识别（RFID）技术政策白皮书》，提出制定我国 RFID 标准体系的研究思路和原则；在分析 RFID 系统各基本要素相互关系的基础上，建立 RFID 系统架构模型和 RFID 标准体系模型；从维护国家利益，推动我国

RFID 技术和应用发展的角度出发，从系统的和形成有机整体的角度考虑，建立我国 RFID 基础标准体系结构图和应用标准体系结构图，并分析标准体系中各个层次标准和各个标准的作用和相互关系；结合我国国情和 RFID 基础标准体系的特点，给出 RFID 标准体系优先级列表，进而为国家的宏观决策和指导提供技术依据，为与 RFID 技术相关的国家标准和行业标准的立项和制定提供指南。

2）制定我国 RFID 标准体系的基本原则

首先应该按照 GB/T 13016—2009《标准体系表编制原则和要求》制定。此外根据 RFID 系统的特点，还应该按照如下原则制定：

（1）系统性：RFID 标准体系需要协调和指导研究开发 RFID 相关技术的企业和 RFID 产品生产的单位，使 RFID 可以跨行业、跨地区进行开发和应用；需要协调和统一有关技术问题，连接系统的各个环节，确保其协同工作。制定 RFID 标准体系要从系统的角度出发，根据系统的各种组成要素从多角度综合考虑，以对 RFID 标准的研究与制定起到有效的指导。

（2）协调性：RFID 标准体系涉及众多行业和领域，需要考虑各行业和部门间的协调与合作，对已经颁布的有关行业标准进行深入研究，以确保现有、正在制定和将要制定的涉及不同行业的国家标准以及行业标准之间的协调性，还要考虑与相关标准体系的协调性。

（3）衔接性：RFID 技术应用包括前端数据采集、中间件、编码解析、住处服务等环节，各环节涉及的标准之间，尤其是相互之间连接的过程中涉及的标准要充分考虑其衔接性，以保证标准体系的配套性，从而发挥标准体系的综合作用。

（4）相关性：RFID 技术应用涉及诸多领域，各行业和技术领域标准都有着不同程度的相关性，但 RFID 标准体系不能也不应涵盖所有的标准，因此需要按照相关程度，选择那些和 RFID 直接相关的，互相影响、互相衔接的标准纳入到本标准体系中。

（5）自主性：充分考虑我国 RFID 产业和我国行业应用的现状，建立具有自主知识产权的 RFID 标准体系，促进我国 RFID 相关产业的快速发展，维护国家安全，不受国外标准左右。

（6）兼容性：在充分研究国际 RFID 标准体系和我国 RFID 行业应用情况的基础上，确定我国的 RFID 标准体系中，哪些标准可以直接采用，哪些标准应该兼容，哪些标准必须完全自己独立制定。

（7）开放性：制定的 RFID 标准应是一个开放的体系，能与时俱进、动态变化与扩展以适应 RFID 技术的发展趋势，保持一定的先进性。标准体系的开放性使得标准的制定工作可以循序渐进进行。

3）确定我国 RFID 标准体系框架

标准体系应该分为应用技术标准体系与基础技术标准体系。基础技术标准体系考虑的是所有系统共性的内容。应用技术标准体系与行业应用密切关联，它引用基础技术标准体系，并根据行业应用的特点进行扩展。为了形象描述“实体要素”类、“接口”类、测试类、信息安全类、基础类、管理类这些类别标准之间的关系以及应用技术标准与基础技术标准的关系，应该给出“标准体系参考模型”。

为了清晰表达标准之间的关系，应该采用树状图的方式表达基础技术标准体系结构图，结构图中要明确列出需要制定的标准，并对每个标准给出了简单的文字描述。

对于每一个标准的描述是粗线条的，仅仅是关于该标准应该具有的职责说明，目的是帮助理解标准之间的关系。在具体描述时，应先给出实体要素、接口的定义，主要功能以及编制标准时的注意事项。

一般来说，“接口”需要制定标准，这是为了保证产品之间的互连互通。“实体要素”对应于产品，一般说来产品不列入基础技术标准体系，主要是因为产品在不同的应用场合中有相当大的差异。

但是公共服务体系中的物品编码解析、物品信息服务、检索服务、跟踪服务实体等要素，并不随行业应用而变化，因此可以制定标准，如 EPCglobal 标准体系中就有 ONS 规范。

对于电子标签、标签读写器这两种产品来说，虽然它们在不同应用场合中有着不同的要求，但也存在着一些共性的要求，将这些共性的要求抽象出来，以便各种行业应用标准制定时可以引用，有点类似面向对象的分析与设计中的“基类”概念。因此可以把这两类产品标准编入基础技术标准。

对于中间件来说，它将一些共性的功能，如读写器管理、数据处理、数据访问等放在中间件标准中，目的是缩短应用系统开发的周期、成本等。虽然不同的 RFID 应用系统，中间件的功能也不一定相同，但是它们也有许多相同的功能，因此也有必要制定“中间件”标准。至于行业应用相关的功能可以归到应用软件中，不一定要列入标准考虑。

一般来说，每一个标准都有相应的测试标准。因此关于测试标准，有两种看法：一种是将测试标准与相应的标准合二为一；另一种是将测试标准与相应的标准分别列出来，如 ISO/IEC l8000 系列空中接口标准与 ISO/IEC l8046 性能测试标准、ISO/IEC l8047-致性测试标准。在 RFID 标准体系中，关于电子标签、标签读写器、中间件这三种产品的标准，可以将产品标准与测试标准分别列出来，并考虑与 ISO/IEC 相对应。另一个理由是，在应用技术标准体系中产品标准有着差异，分别列出来以便于引用。

对于物品编码解析、物品信息服务、检索服务、跟踪服务实体要素对应的标准，由于它是所有大型 RFID 系统通用的标准，因此为了描述的方便性，可以将服务接口、配置管理接口、内部交互接口与产品本身合在一起作为一个标准，同时测试标准也放在同一标准中。这样做出的标准体系架构图可以简洁一些。

4）RFID 标准的体系结构

RFID 标准体系的基本结构主要包括 RFID 技术标准、RFID 应用标准、RFID 数据内容标准和 RFPID 性能标准。其中，编码标准和通信协议（通信接口）这二者构成了 RFID 标准的核心。

案例　美加州立法委计划禁止滥用 RFID 卡

2007 年 4 月，民主党参议员 Sen. Joe Simitian 称 SB28 和 SB29 号方案已经提交给加州参议院。SB28 号议案是关于禁止加州机动车管理局在机动车驾驶执照上使用 RFID 卡。SB29 号议案是关于禁止公立学校、各县教育办公室使用 RFID 卡来追踪、监控或记录学生在校园里的活动。SB29 是关于 RFID 隐私议案组的一部分。RFID 在商业中被用来监控和定位商品，如沃尔玛正在使用该项技术。

SB28 以 31∶6 票通过，SB29 以 28∶5 通过。据加州参议院隐私委员会选举主席 Simitian 称，这两个议案是并不限制 RFID 在私有场所使用。

Simitian 说："RFID 是一个非常好的技术，能够带来许多便利。问题是对于我们的市民，包括成人和小孩，政府有责任在哪些场能够使用这种技术来获取、采集个人信息。"

加州 Sutter 地区一个小学要求学生佩戴嵌有 RFID 标签的校徽，为此许多家长表示反对，希望学校撤消这种强制要求，最终学校妥协了。但这也点燃了 Simitian 提到的争论。他说："父母有权力决定他们孩子的个人信息能否被获取及共享，现在他们不想孩子被帖上标签和跟踪。"

Simitian 说他的议案要求在驾驶执照和校园卡上暂停使用 RFID 卡，因为市场上到处都有 RFID 读写器，任何人都可以购买并收集 RFID 标签信息。他说："在没有任何隐私保护和信息共享限制的情况下，我们就想配发 2 000 万个驾驶执照和 600 万张校园卡。隐私权是加州宪法规定中无需争论的权力，因此政府有责任保护居民的权力。"

Simitian 的 SB30 议案将对 RFID 使用的防篡改等其他安全性上进行明确规定。另一个议案，SB31 将对故意在持卡人没有发觉的情况下获取信息都处以 5 000 美元的罚款和监禁的惩罚。SB31 的执行是基于 SB30 的。

最后，SB32 将禁止任何人要求、强迫、强制别人将自动识别设备嵌入体内。目前有些人自愿将 RFID 芯片嵌入体内，有些医院正使用 RFID 芯片来追踪病人，在军事上也正在测试。这些议案的支持者包括美国市民自由协会、隐私权组织、加州教师家长协会、共和党委员及美国妇女组织等。国际 RFID 商业协会和 RFID 技术理事会没有立即对此回应。

（资料来源：RFID 世界网，2007-04-25，王立，译）

讨论：

1. RFID 是用来监控和定位商品的物联网技术，它如何能侵犯隐私权？
2. 你认为禁止滥用 RFID 卡的规定是否会阻碍物联网的应用？

小结

通过本章学习，应该掌握物品编码制度，包括物品编码的概念、物品编码机构、国外的物品编码制度和中国的物品编码制度，要懂得编码是物联网的基础。重点掌握物联网传感的法律问题，公共安全中需要感知的对象、内容和数量非常巨大，感知之间的关联关系也错综复杂，要做到准确、及时和无遗漏，仅靠人工识别基本无法做到。因此要了解物联网传感的法律风险、传感器、无线传感网，熟悉物联网传感的法律对策。无线射频识别技术在带来好处的同时也带来了与安全相关的问题。要了解物联网识别技术的法律风险，掌握 RFID 系统的风险隐患、熟悉 RFID 系统的安全问题和 RFID 系统的隐私问题，掌握 RFID 系统的安全控制。重点掌握物联网识别的法律问题，熟悉 RFID 面临攻击的手段，掌握安全与隐私问题的解决方法，了解射频识别中的碰撞，熟悉射频识别的标准。

习题

1. 简述中国的物品编码制度。
2. 试论物联网传感的法律风险及对策。
3. 试述物联网识别技术的法律风险及安全控制。
4. 物联网识别面临哪些攻击手段?
5. 安全与隐私问题的解决方法有哪些?

第9章 云计算的法律问题

本章提要

本章主要讲述云计算的法律问题，首先介绍云计算的概念，云计算与物联网的关系，云计算的法律挑战和法律特点；接着阐述云计算的服务合同，云计算电子合同的内涵、订立、效力，及合同责任；进而讲解云计算的数据权利，云计算的安全，云计算的法律规制。

引例 A 公司邮箱再次爆发大规模的用户数据泄露事件

2011 年 3 月，A 公司邮箱再次爆发大规模的用户数据泄露事件，大约有 15 万 mail 用户在周日早上发现自己的所有邮件和聊天记录被删除，部分用户发现自己的账户被重置，A 公司表示受到该问题影响的用户约为用户总数的 0.08%。

A 公司表示："部分用户的 Mail 服务已经恢复过来，我们将在近期拿出面向所有用户的解决方案。"它还提醒受影响的用户说："在修复账户期间，部分用户可能暂时无法登录邮箱服务。"

A 公司过去也曾出现故障，但整个账户消失却是第一次。在 2009 年出现最严重的一次故障，有两个半小时服务停顿，许多人当时曾向 A 公司投诉需用这个系统工作。接二连三出错，令全球用户数小时不能收发电邮。A 公司及 B 公司等科技企业近年大力发展云计算，盼吸引企业客户，但云计算存储多次出事，恐打击用户信心。

（本文由作者根据网络资料改写：天极网，2011-03-17）

讨论：

1. A 公司云计算中断服务事故说明云服务的安全存在哪些问题？
2. 云计算存储多次出事，是否会影响用户对云计算的采纳度？

9.1 云计算的法律内涵

9.1.1 云计算的概念

云计算（Cloud Computing），是一种新兴的共享基础架构的方法，可以将巨大的系统池连接在一起以提供各种 IT 服务。狭义云计算是指 IT 基础设施的交付和使用模式，指通过网络以按需、易扩展的方式获得所需的资源（硬件、平台、软件）。广义云计算是指服务的交付和使用模式，指通过网络以按需、易扩展的方式获得所需的服务。这种服务可以是 IT 和软件、互联网相关的，也可以是任意其他的服务。云计算是一种计算模式，在这种模式中，应用、数据和 IT 资源以服务的形式通过网络提供给用户。云计算还是一种基础架构管理，大量的计算资源组成 IT 资源池，用于动态创建高度虚拟化的资源提供给用户使用。

互联网的快速发展是云计算流行的前提。互联网的发展体现在两个方面：一个是网络基础设施的建设为基于互联网的应用奠定了坚实的基础，比如网络带宽；另一个则是互联网改变了人们的传统思维习惯，比如人们从习惯于从一切自建到习惯于付费到网上订阅服务。除了与计算相关的成本降低起到了很大的推动作用外，分布式处理技术和虚拟化技术的进步也功不可没，为云计算平台的搭建提供了条件。用户无须购买服务器、存储设备，也无须建设数据中心，根据使用情况收费，想用多少就用多少，这些好处对用户无疑具有相当的诱惑力。云时代的到来给这些企业带来了福音，它们可以根据需要租用别人的服务，而自己专心于业务的创新。大企业可以按照云计算的架构搭建私有云，从而面向内部用户和外部客户提供云计算服务。这时，企业对基础架构拥有完全的自主权，同时也可以根据自己的需求改进服务，进行自主创新。

在 Google 2006 年首次提出云计算概念后，亚马逊、微软、雅虎、IBM 等公司也纷纷成为云计算的开路者。2007 年 10 月，Google 与 IBM 开始在美国大学校园，包括卡内基美隆大学、麻省理工学院、斯坦福大学、加州大学柏克莱分校及马里兰大学等，推广云计算的计划。由于云计算在降低 IT 支出、减少能源消耗、提升运营效率方面的巨大优势，美国、韩国、日本政府都宣布了国家云计算发展战略，将其提升到前所未有的高度。

国内运营商也紧跟步伐。2010 年三大运营商的竞争将变得越发激烈，宽带提速和 3G 移动互联网的快速发展对高效的计算能力和低成本的海量数据存储能力产生了巨大需求，运营商将通过云计算对 IT 支撑系统平台进行整合，建设企业内部云，提升资源利用率，满足对快速部署业务的需求，实现对各种增值业务的支撑。

云计算的几种基本形式已经基本达成了一致，这就是基础设施服务（IaaS）、平台即服务（PaaS）、软件即服务（SaaS）。

云计算本质上是一种更加灵活、高效、低成本、节能的信息运作的全新方式，相信会有更多的企业开始尝试建设采用云计算技术的数据中心，也有更多的中小企业选择租赁数据服务中心。在云计算的模式下，用户不再需要去购买复杂的硬件和软件，而只需要支付相应的费用给云计算服务提供商，通过网络就可以很方便地获得所需要的计算资源。

运营商可以通过云计算构建公众云平台，将移动互联网及创新增值业务放在云数据中心端运行，实现在线应用服务，云计算数据中心中的数据和应用在不同终端设备间达到共享，让用户无论使用任何终端都可以接入云中的资源。构建面向企业客户的公共数据中心云平台，改变传统服务器的空间租用和服务的模式，面向客户提供 IT 能力的租用和服务，在线部署 OA、ERP、CRM 等企业级应用软件，通过 SaaS 的方式提供一站式服务，创造新的商业价值。尽管云计算市场呈现出异常火爆的发展势头，但是，云计算还处于初期，还有很多挑战需要克服，比如服务合同、数据权利、系统安全、技术标准、法律规制等。

9.1.2　云计算与物联网的关系

云计算是实现物联网的核心。运用云计算模式，使物联网中数以兆计的各类物品的实时动态管理，智能分析变得可能。物联网通过将射频识别技术、传感器技术、纳米技术等新技术充分运用在各行各业之中，将各种物体充分连接，并通过无线等网络将采集到的各种实时动态信息送达计算处理中心，进行汇总、分析和处理。

从物联网的结构看，云计算将成为物联网的重要环节。物联网与云计算的结合必将通过对各种能力资源共享、业务快速部署、人物交互新业务扩展、信息价值深度挖掘等多方面的促进带动整个产业链和价值链的升级与跃进。物联网强调物物相连，设备终端与设备终端相连，云计算能为连接到云上设备终端提供强大的运算处理能力，以降低终端本身的复杂性。二者都是为满足人们日益增长的需求而诞生的。

由于很多时候云计算和物联网经常在同一个场景中出现，所以很多人认为二者之间有着密切的联系。其实从技术的角度来说，物联网和云计算还着实没有什么太多的联系。而如果从工作架构的角度分析，物联网则可以认为是承载云计算技术的一个平台。

借助云计算技术的支持，物联网则可以更好地提升数据的存储以及处理能力。从而使自身的技术得到进一步完善。而如果失去云计算的支持，物联网的工作性能无疑会大打折扣，而再和其他传统的技术相比，它的意义也会大大降低，所以说物联网对云计算有着很强的依赖性。

《物联网“十二五”发展规划》正式对外发布无疑再次给物联网以有力支撑。《规划》明确提出，到 2015 年，我国要在核心技术研发与产业化、关键标准研究与制定、产业链条建立与完善、重大应用示范与推广等方面取得显著成效，初步形成创新驱动、应用牵引、协同发展、安全可控的物联网发展格局。从目前的发展前景来看，物联网和云计算之间的联系将会向着越来越紧密的方向发展。在云计算技术的支持下，被赋予了更强工作能力的物联网，在我国的使用率呈现逐年递增的趋势，而所涉及的领域也随之越来越广泛。2011 年，我国的 RFID 技术已经成为世界排名第三的应用市场，而当前被各个领域广泛应用的二维码识别技术，其实也是物联网 RFID 技术中的一种。所以说，云计算承载的物联网在我国有着更加广阔的发展空间。

2009 年，腾讯和阿里也在构建类似“云计算”和“框计算”的概念，腾讯的计划命名为“海计算”，阿里巴巴的计划命名为“风计算”。相对于腾讯、阿里巴巴等传统互联网，Techword 计划联合人人网、豆瓣网等 web2.0 网站，推出地球上最大的 web2.0 信息碎片整合平台，计划命名为“片计算”，片计算能整合人们在日常生活中留下的有价值的信息碎片。

总之，云计算、海计算、框计算、风计算，物联网涉及全球的物体（包括人）规模，以及其应用需求和感知层数据的特性，决定了物联网的架构需要“云”和“海”相结合。一方面，在局部应用场景中，感知数据存储在局部现场，智能前端在协同感知的基础上，通过实时交互共同完成事件判断、决策等处理，及时对事件做出反应。另一方面，云计算的“云”的后端提供面向全球的存储和处理服务。物联网的各种前端把处理的中间或最后结果存储到云的后端。前端在本地处理过程中，在必要时需要后端的存储信息和处理能力的支持，及时发送服务请求获得云的后端支持。这具有良好的扩展性，既满足前端实时交互，又满足全球物体的互联互动。2011 年 5 月 19 日，工业和信息化部杨学山部长在云计算大会上提到三点：第一要充分认识发展云计算的重要性和必要性；第二要遵循规律，要循序渐进，符合规律；第三要充分发挥比较优势，形成发展合力。物联网发展潜力无限，但物联网的实现并不仅仅是技术方面的问题，建设物联网的过程涉及到若干规划、管理、协调、合作等方面的问题，还涉及到标准和安全保护等方面的问题，这需要一系列相应的配套政策和规范的制定和完善。尽管目前物联网的应用和研究取得了长足的进步，并得到国家层面的高度重视，但就目前的技术水平而言还面临众多挑战。此外，物联网在不同行业中的应用各不相同，因此应将行业知识与物联网技术充分集成和融合，使物联网更好地为人们的生产生活服务。

9.1.3 云计算的法律挑战

由于受到法律环境和文化背景影响，多数中国企业对从外部采购数据存储服务信心不足，担心会失去对数据的控制。此外，宽带接入速度还太低，无法保障优质的云服务。更糟糕的是，云计算领域服务水平协议（SLA）的不成熟也使许多潜在用户对之持怀疑态度。虽然在短期内可通过发展技术解决这些问题，但伴随着集成方式日益多样化的 IT 基础设施，还是给服务提供商带来了严峻挑战。随着云服务的不断发展，传统的外包业务很可能发生变化。市场需要一种混合外包模式。

相对于云计算服务，运行这些解决方案不仅成本更高，而且灵活性更差。例如，中国大型的金融机构将继续采用公司内部的 IT 基础设施，以避免敏感数据被窃取的高风险。相反，中、小企业则更愿成为首批云计算服务用户，这是因为相对于自建的数据中心，它可立即实现 IT 投资回报。对于选择云计算的企业用户而言，安全和集成性将成为首要考虑的因素。选择一家不仅在部署和咨询方面拥有丰富经验，而且能够提供集成、迁移、应用管理、服务台和服务集成等多种服务的公司是非常重要的。因此，对于企业用户而言，在成本和最终效率之间找到一个平衡点，并在部署云计算服务之前选择一家可靠的服务提供商是非常重要的。

1. 尚无专门法律保护

企业需要认识到在云计算架构中，数据是缺少法律保护的。一旦出现数据丢失现象，政府和民事调查机构可以搜查他们的 SaaS 服务提供商并扣押这些数据，而且事先不会通知企业。在云计算中，企业在数据被扣押之前根本无能为力，企业甚至可能根本就无从知悉此事。因为法律没有要求 SaaS 服务商有通知企业的义务。事实上，很有可能是不允许它们通知客户的。此外，大多数 SaaS 和云服务商的 EULA 协议根本没有向客户承诺任何东西。在主张客户在与 SaaS 厂商签订服务协议时，务必要求服务商在涉及数据泄露、数据丢失或其他需要恢复数据的灾难性事件中书面承诺可提供帮助。

2. 尚无专有硬件保障

采用云计算应用的企业，由于没有自己的硬件设备，要审核其供应商和进行的测试安全，进行漏洞扫描或渗透测试，需要云服务供应商的明确许可。否则，客户端将是黑客随意进入供应商系统的通道。虽然有些提供了一定得服务协议，如亚马逊（Amazon）网站，通过指定的客户端可以进行测试，而对于在其上运行的软件系统，需要获得供应商的明确许可方可进行。

3. 要提高用户素质

云计算为企业提供巨大的使用好处，用户可以随时随地进行存取数据，同时不需要专业 IT 工作人员进行管理维护。但是正是这种实时在线的服务模式意味着，通过某些钓鱼攻击可能威胁到公司的数据安全。因此，对于用户的素质要求提出了一个很高的标准，不仅是为了自己数据的安全，同时保证公司进行在线存取数据时的安全。但可以肯定的是，很难要求所有的非技术用户都能做到数据的安全。事实是，软件即服务（SaaS）已经开始成为影响一个企业的安全问题。

4. 警惕第三方供应商

当一个供应商使用一个虚拟机，为了尽可能降低数据迁移的复杂性和成本时，用户应该尽可能少用那些供应商专有的技术和各种非标准化的元素。值得一提的是，市场上出现了一些工具可以帮助完成这种数据迁移。

5. 慎重考虑假设中的云

目前仍然有需要解决的问题、需要研究的新技术，这些供应商提供了一种假想的场景：企业不用再为整个 IT 基础架构付费。同时也承诺给企业：他们的花费只在所使用的 IT 基础架构和支持他们工作确实需要的员工上。

6. 云计算的十大障碍

伯克利分校的白皮书认为云计算的十大障碍是：

（1）服务的可用性；（2）数据锁定；（3）数据保密性和可审计性；（4）数据传输瓶颈；（5）性能不可预测性；（6）伸缩性存储；（7）大型分布式系统中的瑕疵；（8）迅速伸缩；（9）声誉命运共享；（10）软件许可证。

伯克利分校的研究人员还提出了克服这些障碍的一些方法。例如，这篇白皮书建议用户与多个云计算提供商合作以保证服务的可用性，并且呼吁云计算提供商利用自己庞大的带宽阻止拒绝服务攻击以保证服务的可用性。这些研究人员呼吁云计算市场中的公司在应用程序厂商使用的应用程序编程接口标准方面进行合作，以避免厂商锁定的情况。这些研究人员赞同把使用加密技术保护数据作为更广泛的安全计划的一部分。虽然云计算提供商还存在许多障碍，但是，云计算是一个巨大的机会，并不是一个利润率很低的业务。

9.1.4 云计算的法律特点

越来越多的企业开始对采用云计算来解决容量难题。人们普遍认为，如果有一座虚拟化数据中心，那么云就是一个“流动”的数据中心，可以在高需求时间段内扩展容量。如果云可以拓展数据中心，那就不需要建造一座新的数据中心或者提高现有数据中心容量来解决间断出现的计算需求高峰。不少企业开始考虑选择云计算并且决定如何利用这项技术。云技术在提供按需功能、有效地调节计算能力，同时基于你所使用的服务付费。这不仅可以节省架构成本，而且更重要的是提供了开发新应用的高度灵活性以及以最少的资本开支发布产品系列。

1. 云计算的法律基础

现在云计算最主要的几个挑战是在基础架构和云之间。如何将资源从基础架构迁移到云中？云应用是依赖于自身基础架构中的存储吗？当需求增长或者降低的时候如何在云与数据中心之间无缝地迁移虚拟机？这些都是需要验证的问题。不过有一个更大疑问就是认证和法律问题。云中的数据和数据中心的数据拥有相同的法律基础吗？就目前来看，云中的数据与数据中心的数据并不拥有相同的法律基础。而且遗憾的是，全国范围内使用的法律归档从某些方面来说成为了阻碍云计算应用的原因之一。

管理层反复强调，云中存储的数据并不具备与企业自身架构中存储数据相同的隐私保证和审核流程。实际上放在云中的数据不知何故削弱了任何“隐私性预期水平”，而这正是审核流程保护程度的重要标准。现在这些规则主要是针对个人和邮件制定的，并不是针对企业和文件或者数据库。但是从安全和法规遵从等因素让云计算陷入了困难境地。对于企业来讲，隐私性往往要求有法规遵从。

我们看到了向云计算过渡的巨大潜力和好处，但是也看到了风险、安全问题和兼容性问题。要使云计算成为一个协作的安全地方，还有许多工作要做。虽然由于缺少可见性和控制，保证应用程序和数据在云计算中的安全是很困难的，但是，用户必须要努力评估厂商的安全和隐私做法。

企业必须考虑这些方面的问题：数据保护、身份管理、安全漏洞管理、物理和个人安全、应用程序安全、事件响应和隐私措施。例如，用户应该要求了解厂商的加密系统、厂商如何保护静止的和移动的数据的安全、厂商提供给审计者的说明文件、身份识别和接入控制程序、厂商是否有适当的数据隔离和数据泄露保护措施。还有许多要解决的问题，不仅是云计算的安全问题，而且还有可靠性问题。要避免这些缺陷，客户需要一个服务级协议，具体规定一些详细的责任条款和应承担的后果。事实是法律对待云计算中的数据域和对待现场的数据是不同的。这使有关责任的谈判更加复杂。

2. 云计算的商业模式

云计算更大的影响是在产业层面。云计算会孕育出新的商业模式，在这个新的商业模式下，底层的云提供商、云平台上的开发商、云的用户之间到底如何协作还需要磨合。

软件最终将成为一种服务。为了应对这种趋势，微软目前正在全球部署数据中心，未来的微软将会基于这些数据中心为用户提供各种软件服务。这个数据中心由一个个箱子组成，把这些箱子运送到事先选好的数据中心新址后，无须另外的房间，只要接通水、电、网络，这个数据中心就可以马上开始工作。不仅是软件厂商，云计算对于硬件厂商的影响同样不可低估。在云计算时代，社会上有一些比较大的数据中心，这些数据中心会为大多数中小企业提供服务，而中小企业将不再建立自己的数据中心。从产业层面上看，IT 厂商以后面对的用户将是有限的一些数据中心，而不像现在这样是众多的中小企业。

IBM 宣称自己是云计算平台的最完整技术提供者，能提供从底层服务器到云平台的管理和咨询服务等全套的云计算解决方案，IBM 还在无锡建立了中国首个商用云计算中心。IBM 中国开发中心工程师的研发工作已经基于云计算，数千名研发人员每天的工作都是在一个虚拟的台式机上进行的，开发代码全部集中保存在服务器上。无论研发人员出差或者在家里都可以不影响工作，这不仅给研发人员带来了很大方便，同时这种集中管控也减轻了系统管理人员的负担。我国的世纪互联数据中心有限公司（以下简称世纪互联）就是其中之一。作为一家对外提供 IDC 服务的公司，世纪互联看到了云计算平台的商业机会，推出了自己的云计算平台——CloudEx。目前 CloudEx 主要提供两种服务：面向互联网企业的弹性计算服务和面向个人和中小企业的存储和备份服务。

9.2 云计算的服务合同

9.2.1 云计算电子合同的内涵

云计算电子合同是随着互联网、物联网、云计算的蓬勃发展而逐渐被各国法律承认并广泛使用的。云计算电子合同是电子合同的形式之一，受《合同法》的调整，但是电子合同在合同订立、变更、履行和违约责任等方面都有其自身的特点。电子合同不仅改变了传统合同当事人签订合同的表达意识方式、表示形式，同时也改变合同内容的记载方式。电子合同的流行促进电子商务的发展，改变消费者的购买模式，也为《合同法》理论和实践的发展开辟了全新的领域。

1. 电子合同的概念

电子合同，又称网络合同、电子商务合同，根据联合国国际贸易法委员会《电子商务示范法》以及世界各国颁布的电子交易法，同时结合我国《合同法》的有关规定，电子合同可以界定为：电子合同是双方或多方当事人之间通过电子信息技术手段达成的设立、变更、终止民事权利义务关系的协议。通过上述定义可以看出电子合同是以电子信息技术的方式订立的合同，其主要是指在网络条件下当事人为了实现一定的目的，通过数据电文（EDI）、电子邮件（E-mail）或其他数字化形式签订的明确双方权利义务关系的一种协议。

2. 电子合同的特点

电子合同作为合同的形式之一，其具有传统合同的特点，即合同是当事人之间的合意和合同在当事人之间是一种债权的关系等特点外，电子合同具有自身的独特特点。

1）电子合同交易主体的虚拟性和广泛性

电子合同订立的整个过程所采用的是电子信息技术形式，通过电子邮件、EDI 等方式进行电子合同的谈判、签订及履行等。这种合同方式大大节约了交易成本，提高了经济效益。随着计算机和互联网的普及，人类进入网络化时代，电子合同的交易主体可以是居住在地球上的任何自然人和法人及其他组织。这种交易方式还需要提供一系列的配套制度，如电子认证规则，数字化签名及建立信用制度等，让交易的相对人在交易前知道对方的资信状况，在世界经济全球化的今天，信用权益必将成为一种无形的财产。

2）电子合同具有技术性、标准性的特点

电子合同是通过计算机网络进行的，电子合同与传统的合同订立方式，谈判形式不同，整个交易过程都需要一系列的国际、国内统一的技术标准予以规范，如电子签名、电子认证等。这些具体的标准是电子合同存在的基础，如果没有相关的技术与标准，电子合同是无法实现和存在的。

3）电子合同中的意思表示、订立的电子化和存在的无纸化

电子合同意思表示的电子化，是指在合同订立的过程中通过相关的电子方式表达自己意愿的一种行为，这种行为的表现方式是通过电子化形式实现的。《电子商务示范法》中将电子化的意思表示称之为“数据电文”。

我国《合同法》规定合同的订立需要有要约和承诺这两个过程，电子合同同样也需要具备这些要件。传统合同的要约和承诺采用的方式不同于电子合同，电子合同中的要约和承诺均可以用电子的形式完成，它只要输入相关的信息符合预先设定的程序，计算机就可以自动做出相应的意思表示。电子合同通常不是以原始纸张作为记录的凭证，而是将信息或数据记录在计算机中，或记录在磁盘和软件等中介载体中。因此以电子合同形式所进行的交易，不仅大大节约交易成本，同时也加速了合同的周转速度。

3. 云计算电子合同的特点

说到云计算合同条款，就是购买云服务的电子合同。如果是最基本的云计算，只要在网上填几张表格即可，几乎谁都可以订购及使用服务。不过，大多数公司会希望看到一些针对自己要求的比较正规的许可证协议，这时候情况会变得复杂起来。

提供商在云服务和 SaaS 许可证方面通常采用两种方法：按人数收费或按使用量收费。例如，微软 Exchange 在线版的收费标准是每个用户每月 10 美元。其他提供商按交易的事务量或按交换的数据量收费。亚马逊 S3 存储服务收费标准是，每存储 1 GB 数据收费 12～15 美分，在美国每传送 1 GB 数据收费 10～17 美分。有些提供商结合使用了上述两种方法。

尽管扩展性是云计算的主要优点之一，但公司应当了解这方面有什么限制。Aria Systems 为云服务提供商提供计费服务，该公司的首席执行官 Ed Sullivan 表示，服务提供商常常根据他们认为的客户支付能力，对最高服务级别加以限制。如果是小公司，可

能会限制客户每个月只能使用 1 万美元的服务。

对于 SaaS，提供商越来越多地销售捆绑服务，包括从基本到高端的各个版本。微软销售 Exchange 在线版费用较低的“无计算机工作者”（Deskless Worker）版本，客户可以使用 Outlook Web Access 的基本版，无法使用 Outlook 客户软件。还有免费版的 Google Apps 以及提供一些商业保障的高级版。

与任何技术一样，公司购买的 SaaS 和云计算服务量越大，在合同和价格方面可能得到的优惠就越多。比方说，如果顾客按照微软企业协议（Enterprise Agreement）批量购买服务，微软提供折扣。如果客户使用更多的 S3 和 EC3，亚马逊会少收费。随着云计算更加的流行，公司开始下更大的单子，提供商必须在价格方面体现出灵活性。

9.2.2　云计算服务合同的订立

1．云计算服务合同的成立

电子合同的订立，是指电子合同当事人做出意思表示并达成合意的行为和过程。任何一个合同的签订都需要当事人双方进行一次或者是多次的协商、谈判，并最终达成一致意见，合同即可成立。电子合同的成立是指电子合同当事人之间就合同的必要条款达成合意的法律事实。电子合同成立的本质是当事人关于债的关系表达的意思取得一致。

电子合同作为合同中的一种特殊形式，其成立与传统的合同一样，同样需要具备相关的要素和条件。世界各国的合同法对合同的成立大都减少不必要的限制，这种做法是适应和鼓励交易行为，增进社会财富的需要，所以说在电子合同的成立上，只要当事人之间就合同的主要条款达成一致的意见即可成立。

关于合同中的主要条款，现行的立法是很宽泛的，我国的《合同法》第十二条做了列举性的规定，但是该列举性规定是指一般条款。就合同的主要本质而言，在合同主要条款方面如果当事人有约定，要以双方约定的为主要条款，如果没有约定的可以根据合同的性质的予以确定合同主要条款。

2．云计算服务合同的接口条款

云计算合同中云平台的程序接口，谷歌的云计算解决方案是开放 API 接口（应用程序接口）的，游云庭法官号召大家都把自己的应用程序移植到谷歌的平台上，和谷歌共享其数亿用户。记得当时的会议上，“51.com 网站”的 CEO 庞升东也说，该网站也开放了 API 接口，欢迎大家为其开发应用程序。

但这其中有一个法律风险，对开发 API 应用程序者而言，为他人的平台开发 API 应用程序，如果事先没有与平台所有者签订协议，没有规范双方的权利义务关系，那么其应用程序其实是没有法律保障的，因为平台所有者可以随时屏蔽其程序。

云计算服务的本质还是某家 IT 巨头公司通过网络提供软件平台，但即使是谷歌、IBM 这样的巨头也不可能以一己之力提供全部的服务，平台上第三方开发软件的数量和质量将对其发展起到至关重要的作用，因此处理好平台所有者和为平台编写应用程序的第三方的关系很有意义。笔者认为，这个问题需要国家对此进行立法，以明确平台所有者和应用程序开发者各自的权利边界。而目前的法律规定在这方面比较薄弱，平台所有者处于非常强势的地位，所以就需要通过立法对其进行一定的制衡，这显然将有利于产业的良性发展。

9.2.3 云计算服务合同的效力

1. 电子合同的法律效力

所谓电子合同生效，是指已经成立的电子合同在当事人之间产生了一定的法律拘束力，也就是通常所说的法律效力。此处所说的法律效力并不是指电子合同能够像法律那样产生约束力。电子合同本身并不是法律，而只是当事人之间的合意，因此不能具有法律一样的效力。而所谓电子合同的法律效力，只是强调合同对当事人的拘束性。

电子合同的法律效力原则上应局限在电子合同当事人之间，这不仅是由电子合同的相对性所决定，而且也是由电子合同在本质上是当事人之间的合意所决定的。由于电子合同能否正常履行也可能受到第三人行为的影响，因此为了保证电子合同的履行和维护当事人的利益，也应当使电子合同具有排斥第三人非法干预和侵害的效力。

2. 云计算服务合同应明确责任

SaaS 和云计算在安全、正常运行时间、性能和稳定性等方面具有一定的不确定性。如果是套装软件，公司内部的 IT 人员可以自行处理问题。在云计算中，公司只能依靠服务提供商来尽量降低风险，这需要在合同中有所明确。标准条款往往很少涉及与风险有关的许多重要方面。如果服务出现了危及财务数据的安全问题，按照美国州或联邦法律，提供商可能需要通知客户，否则会吃官司。云服务洽谈非常像外包协议洽谈，在仔细阅读许可证条款时要想到另一方。公司应确保合同条文明确如果决定不继续使用服务、无力支付费用，或者提供商突然关门大吉时，如何要回数据，应约定条款。客户需要知道如何从服务提供商处获得数据；以及一旦可以访问数据，如何使用数据。

3. 注意服务级别协议

服务级别协议相当于另一块拼图。如果服务停用时间占了当月的一定比例——按服务提供商响应客户的数据请求来衡量，那么大多数云服务提供商会退回一部分费用。如果谈妥的服务级别协议要求比较高，这意味着费用不菲，因为如果附以专门的服务级别协议，服务成本变得比较高。大多数提供商在服务级别协议中不包括计划停机，所以如果提供商告诉你这是计划停机，就拿不到退款。由于往往存在相当长的计划停机时间，所以服务级别协议的价值就打折扣了。尽管如此，服务级别协议变得更刚性，有些情况下变得更复杂，就像当初 Web 托管服务进入主流那样。微软的 Exchange 托管过滤（Exchange Hosted Filtering）服务就有五种服务级别协议：分别针对正常运行时间、反垃圾邮件效果、反病毒效果、延迟和性能。

微软为 Exchange 在线版和 SharePoint 在线版提供了多档次服务级别协议。最基本的是承诺 99.9%可用性的服务级别协议；如果未达到这个要求，客户每个月可以拿到 25%的返额。如果低于 99%，客户可拿到 50%的返额。要是出现严重停用或病毒爆发情况，客户可以拿到当月的全额退款。

云计算许可证的其他内容应当包括书面确认服务提供商会满足法规要求、保护知识财产。购买云服务的许可证相比使用套装软件更简单，云服务购买很方便，许多还附带标准的服务级别协议，提供了相当高的保护级别。但为了确保风险和责任的所有方面都兼顾到，就要随时运用那些洽谈技巧，还得备着律师的电话号码。

4．提防技术锁定

IT人士都很熟悉本公司被专有的编程语言、信息存储方式及其他技术牢牢束缚所带来的后果。如果存在开放标准，多少可以减少将来迁移成本高、难度大的可能性。但要是几乎没有标准——万一有必要换提供商，切换成本就会相当大，目前的云计算就是这样。

数据是最让人担心的问题之一。内部部署系统对于应用程序如何保存数据、保存在哪里有更大的控制权。而对于基于云的系统，特别是“交钥匙”解决方案，数据模式都是针对特定解决方案的。因为可以从某个云下载数据，所以数据是否会很容易迁移到竞争对手的平台上是个问题。

源代码可能是另一个问题，尤其是对云中的平台而言。对于实际代码和云中开发的任何表单，是否可以在其他地方重复使用，还是需要改写？Sun的Project Caroline首次亮相时，人们对它期待的功能之一就是可以运行Java代码的可扩展云。虽然没有提到数据保存在哪里，但Java的优点之一就是可移植性——不但能移植到内部部署解决方案，还能移植到其他环境，比如在亚马逊弹性计算云中运行的Java应用服务器。

如果使用虚拟化技术，就会出现另一种可能的厂商锁定。如果“系统”得到虚拟化的支持，就要认识到不是所有虚拟化技术都一样，这点很重要。许多提供商主张使用虚拟机结合内部部署计算与云计算。比方说，在本地对服务器进行虚拟化处理，然后把它们迁移到云中。但目标云会支持所选择的虚拟化技术吗？在这个领域，出现了像rPath等帮助不同平台消除差异的专业公司。

9.2.4　云计算服务合同的责任

1．电子代理人与合同效力

随着电子商务的兴起并蓬勃发展，电子代理随着电子商务和物联网的发展而得到广泛应用。但随着电子商务贸易额的增加，因电子代理引起的许多法律问题受到各国的重视。美国作为电子商务应用比较广泛的国家，对电子代理的立法较早。美国《统一电子交易法》的起草者在解释为何使用该词时说：原先为了不与代理（传统代理）的概念相混淆，使用的是“电子设施”（Electronic Device）一词，但是由于美国《统一计算机信息交易法》率先使用了“电子代理人（Electronic Agent)”，并且该词已经作为一个专业术语得到认可，为了与之一致，就舍弃了“电子设施”，而选用了“电子代理人”一词。联合国国际贸易法委员会《电子签名统一规则》第八条在强化证书内容中规定和使用了“电子代理人”一词。尽管没有给出确切的定义，但在国际范围内确立了这一概念。美国对电子代理的规定走在了世界前列。关于电子代理的定义，美国在其《国际与国内商务电子签章法》第一百零一条、《统一电子交易法》第二条和《统一计算机信息交易法》第一百零二条给出了基本上一致的规定。“电子代理是指一个计算机程序，或者电子的或者其他自动化手段。他们并不借助于个人的审查或行为而被独立地用于全部或部分地发动一个行为，或者应答电子记录或履行的全部或部分。电子代理人指为某人用来代表该人对电子信息或对方的行为采取行动或做出反应，且在做出此种行为或反应之时无须该人对电子信息或对方的行为进行检查或做出反应的一个计算机程序，或电子手段或其他自动化手段。”

2. 云计算用户损失的赔偿

不久前，微软尚处于测试阶段的 Azure 服务突然遭遇了首次非正常停机，时间长达 20 多个小时，微软给出的解释是操作系统升级出现了问题。而此前，亚马逊的网站和 Google 的 Gmail 也都出现过类似的暂时停机，这不免让人担心，像微软、亚马逊、Google 的云平台都存在隐患，用户是否还敢把自己的业务建立在其他厂商的云平台之上？另一方面，一旦系统出现故障而影响了企业业务正常经营，该由谁来承担责任?

在这两个实例中，客户完全依赖于他们的厂商管理自己的数据，问题可以归咎于技术故障。云计算的增长并没有停止，现在是每一个人（包括消费者和全球最大企业的首席信息官）开始提出问题，要求他们的厂商承担责任的时候。

我们首先看一下 Sidekick 的问题。为 Sidekick 提供数据服务的微软下属分公司 Danger 在自己的数据中心遇到了服务器故障。T-Mobile 写信给用户说，存储在用户手机中的联络人、日历记录、任务清单或者照片等个人信息将不会再出现在用户的 Sidekick 手机中，因为微软/Danger 的服务器故障肯定会造成用户信息的丢失。

Sidekick 用户的数据存储在微软/Danger 的服务器中，这是不是意味着用户的数据在其他任何地方没有副本？镜像服务器目前在数据中心是非常通用的做法，通过服务器虚拟化技术可以更容易和更便宜地使用镜像服务器。微软/Danger 没有这方面的投资吗？这两家公司还没有发布这个技术故障的细节。

谁应该为这个事故负责？T-Mobile 在其发布的消息中有 5 次提到微软/Danger，好像是隐隐约约地指出它不是唯一的需要承担责任的。人们猜测大多数用户不仅不知道他们的数据正在由微软的一个下属单位管理，而且甚至从来都没有考虑过他们的数据在什么地方进行管理。你打开自己的智能手机，打电话或者查看电子邮件，随着消费者更加适应在自己家庭 PC 上运行谷歌应用程序、在自己的智能手机上托管的电子邮件、让移动服务提供商管理其最重要的数据，消费者需要像首席信息官一样考虑一些问题。

特别是要考虑这个厂商如何证明它已经进行了技术投资，能够在数据中心一旦发生故障的时候恢复用户丢失的任何数据。

同时，软件服务新兴企业 Workday 有大约 100 个客户使用其基于云计算的“人力资源、工资单”和“财务应用程序”。Workday 的服务在 2011 年 9 月 24 日中断了 15 个小时。在这个案例中，部署的备份系统发挥了作用。它检测到了一个破坏的存储结点，但是它后来却让自己离线了。内置冗余功能的一个系统的冗余备份引起了这个故障，这是具有讽刺意味的。Workday 共同首席执行官 Aneel Bhusri 在博客中称，这种错误不应该引起存储阵列离线，但是，它确实引起了这个故障。

如果一项直接由公司 IT 人员提供技术支持的服务发生故障，这些技术人员会遭到首席执行官和首席财务官的批评。如果负责技术支持的是厂商，首席信息官遭到什么批评取决于谁首先选择的这个软件服务。一位读者说，这个问题取决于客户和厂商之间的服务级协议。他说，如果这个合同是要保证每年的某些开机时间，即使出现这次中断，他们仍然可以保持在大约 99%的开机时间以上。在“正常的”美国时间发生的中断是更容易注意到的。对于工资单等企业核心应用程序来说，询问 Workday 为什么没有热容错功能，或者热容错功能是否也出现了故障。总之，15 个小时的中断确实是不可接受的。

另一位说，应该由多方承担责任。同样的严格标准。但是，那个首席信息官机构仍需要承担由于云计算中断造成的混乱和困惑的责任，因为那个机构现在和将来都要负责使用技术理顺信息丰富的后台处理。备份策略仍是那个首席信息官机构的责任。谁为T-Mobile不能恢复用户的数据负责？T-Mobile还是微软？还是微软的Danger分公司？数据中心的工作人员？还是选择Sidekick服务而没有确保拥有一个数据保护担保的人？这是云计算的一个全新的领域。每一个人都需要提出这些问题。

9.3 云计算的数据权利

9.3.1 云计算的数据主体

1. 在云端中找到数据

当一个机构使用一个云计算服务的时候，它可能创建一个额外接口访问，来访问其数据的来源。在某种情况下，一个诉讼对手可能会要求云计算提供商直接提供这个机构的数据（或者与记录文件有关数据等信息）作为证据。这种要求在大多数情况下会被拒绝，因为云计算服务的消费者会得到更合适的待遇。然而，向云计算厂商提出的直接证据要求或者发出的传票是获得某些信息的唯一途径。这些信息是不可能通过云计算服务的消费者获得的。例如，根据服务协议的条款，某些与消费者的文件有关的源数据也许是在厂商的控制之下而不是在消费者的控制之下。消费者能够以合同方式委托厂商在收到要求获得消费者的数据的请求或者传票的时候通知它。另一个方法是授权厂商直接拒绝要求获得这个数据的请求，给消费者一个机会拒绝这个请求，或者至少以保密限制的方式提交一个数据以便保护另一个数据。

2. 保护云计算中的信息

如果缺少适当的技术和合同的控制，某些放在云计算中的数据的价值会降低，从而导致数据非法泄露给第三方。这种数据的例子包括商业机密和特许的通信等。把任何数据提供给云计算厂商的权限必须是有限制的。某些最低水平的访问权限是必要的，这样，厂商就能够操作云计算服务。但是，超过这个范围，风险就增加了。允许厂商为了自己的目的（如发布有针对性的广告）访问消费者的数据对于包含敏感数据的应用程序来说是不合适的。内部网络中使用的一些控制措施也应该用于云计算服务中。这些控制措施包括加密和访问控制。但是，要记住，云计算中的安全比内部网络更复杂。内部网络只需要防御外部对网络的攻击。云计算服务必须保护数据安全，既要防止外部人员访问，也要防止这个服务的其他人员和服务提供商自己访问这个数据。

3. 使用云计算是否会违反隐私法

在把数据放在云计算服务中的一个限制问题是这个服务是否遵守处理、保留或者传送数据的规定，如《欧洲数据保护指令》的规定。这个规定适用于可能发送的数据。

而且，如果这个数据经过采用这种规则的国家，云计算服务的运营可能会无意中使没有处理限制的数据陷入混乱。厂商应该准备好找到它的服务中的数据在什么地方，并且制定一些合同限制条件，防止这个服务以任何不合乎要求的方式传送数据。

4. 采取步骤进一步控制风险

实施一个云计算项目是开始一个诉讼准备计划的充分理由，放在云计算中的数据应该包括在一个 ESI 目录中（如一个数据地图）。这样，既可以防止在激烈的诉讼中忽略这个数据库，又可以提供一个方便的流程帮助更有效、更经济地搜索数据。例如，除了标出云计算库及其内存的存在之外，这个数据地图还应该包含如何收集和保存在那个服务中的数据的具体措施。Goldberg 说，如果按照我的忠告去做，并且在选择一个服务之前搞清楚这个问题，这个步骤应该是很容易的。这个数据地图还应该包含这个服务协议的副本。这个协议将是确定与诉讼有关的义务的核心。

如果在搜集证据过程中出现意想不到的错误，消费者可以使用这个数据地图作为其搜集证据的努力的一个合理的证据，从而可以避免最严重的证据处罚。

有许多不同类型的云计算服务，低价格的云计算服务一般对于如何存储和处理数据以及在什么地方存储和处理器仅向消费者提供很少的控制能力，高价的服务向消费者提供许多控制能力。控制机构风险的最佳方法是选择一个适合自己特点需求的云计算服务。

5. 企业应对云计算的风险

安全、透明度和方便的数据便携性是日益增多的问题。对于企业最终用户来说，云计算的优势已经建立起来了。但是，企业和服务提供商在考虑应用管理的和虚拟的服务的时候还要慎重考虑。云计算可能产生安全、合法访问和数据备份等问题。采用云计算马上就会想到两个问题：其他人谁会看到我的数据？如果出现问题，我会有副本吗?这与软件服务或者应用程序服务提供商式的交付方式等IT外包中遇到的问题是一样的。还有其他的一些技术问题，这在《虚拟化云计算遭遇新的挑战与机会》也有涉及。另外关于云计算的安全问题更是倍受关注，参见《云计算需要更好的安全性和互操作性》。

企业一定要努力了解厂商及其安全协议，知道你的数据是如何处理的并且保证在出现问题的时候你能够拥有介入并且获取你的数据控制能力。至于服务提供商，他们需要保证他们的政策和程序是透明的，这样，最终用户就能轻松地确定他们的数据是如何处理的。

厂商方面，利用营销开支向人们显示你提供的安全能力是非常重要的。这是最重要的事情。此外，对于消费者来说，重要的是能够轻松地移植数据。这样，用户就能获取数据并且离开。这个行业正在讨论数据便携性的标准问题。但是，这个标准目前还不存在。因此，用户很难确定自己是否被欺骗，不能把自己的数据从一家管理的服务提供商或者云计算提供商迁移到另一个提供商。越多的用户提前做这个事情和厂商看到用户有什么需求，厂商就越有可能开发一个一致的解决方案。在安全方面，服务提供商需要公开他们在数据中心提供的物理安全，无论他们在什么地方，并且公开黑客攻击或者其他电子威胁的程度。

数据中心或者云计算中的数据虚拟化所产生的一个法律问题是当数据没有集中存储的时候对法院的传票做出的回应。从律师的角度看，当你使用虚拟化技术的时候，你没有必要把一个具体客户的数据放在一台具体的计算机或者服务器上。企业选择基于网络的数据存储一定要保证这些数据存储服务能够满足法定的保护数据的时间期限要求。这样，在法律诉讼等法律行动事件中，就可以提供这些数据。一旦法院下达命令或者提出要求的时候（甚至是在政府部门提出要求的时候），对于厂商来说重要的是拥有随时提供数据的能力。如果这个数据已经虚拟化了，他们能够把虚拟化的数据组合为一个副本并且隔离法院要求的数据。这个事情是必须要做的，同时还要保护其他用户的敏感数据。如果不能提供这个数据，法院很可能把整个硬件拿走，这对于厂商来说是一个非常可怕的结果。另一方面，如果云计算提供商有一个合理的保护用户的解决方案，法院可能会接受这个解决方案。

9.3.2　云计算的知识产权

1．商业模式保护

对于云计算这样一种新兴的商业模式而言，其面临的最大法律挑战还在于法律对于服务模式保护的空白。目前法律对于软件类商业模式的保护主要侧重于专利和版权保护，对于专利和版权保护而言，其主要的保护方式是给予专利人、版权人的专利、版权以专有权利，防止他人未经许可模仿、复制他人的专利、版权。而在云计算的模式中，提供服务的最基本要素是大规模的计算能力和相应的软件，软件必须虽然是必要的，但却不是主要的，在本质上，云计算显然更接近基于数据交换的增值电信服务，对于增值电信服务而言，除了要保护其专利和软件版权不被他人模仿、复制外，更重要的是防止他人恶意破坏或者干扰数据交换服务，而在这方面，法律的规定就非常薄弱了。

这方面，腾讯公司对付外挂的案例比较典型，云计算将来必然会面临腾讯公司今天碰到的问题。腾讯公司提供的即时通讯服务与云计算类似，也是基于软件的数据交换服务，虽然网民的计算机上安装了 QQ 客户端软件，但要聊天必须通过腾讯的服务器进行数据交换，是增值电信服务。珊瑚虫 QQ 软件破坏腾讯公司商业模式的案件就是这方面法律缺失的典型。

腾讯公司的 QQ 软件是免费向网民提供的，其盈利必须借助于其他服务，比如 QQ 客户端的弹出窗口广告服务，显示聊天对方 IP 地址的收费服务，而网民自行开发的珊瑚虫 QQ 软件破坏了该公司的服务的商业模式，该软件禁止其客户端弹出窗口，导致腾讯公司相应的广告费用流失，并在 QQ 聊天界面显示对方网友的 IP 地址使得腾讯公司相应收费服务流产。

2．珊瑚虫 QQ 案

2001 年，某大学计算机中心老师推出珊瑚虫版 QQ，是基于腾讯 QQ 的第三方辅助软件，一般来讲，此程序运行并不会修改腾讯 QQ 的程序源代码。

珊瑚虫 QQ 软件的盈利模式是，以把腾讯公司的收费服务变成免费吸引用户，通过用户在安装珊瑚虫 QQ 软件时修改其浏览器主页获得广告收入盈利。这种盈利方式实际上类似于寄生虫，显然应当受到打击，因此，腾讯公司对其珊瑚虫 QQ 软件作者先后进行了民事诉讼和刑事举报，此案最终以珊瑚虫 QQ 作者因侵犯著作权罪被判三年有期徒刑告终。

以侵犯著作权罪来定性珊瑚虫 QQ 作者显然是非常不适宜的，侵犯著作权罪的主要特征是复制他人版权作品进行盈利，而珊瑚虫 QQ 作者行为的危害性并非复制 QQ 软件，而是破坏腾讯公司的服务和商业模式，使其盈利受损。对于珊瑚虫 QQ 的打击并没有阻止后来者的出现，就在珊瑚虫作者二审尘埃落定的几个月内，不复制 QQ 软件、但提供与珊瑚虫 QQ 软件类似的服务的彩虹 QQ 出现了并很快风靡互联网，这次，腾讯公司只能把重点放在禁止内部员工跳槽去彩虹 QQ 团队和技术升级，使用户无法使用该软件上。实际上，如果要进行诉讼，腾讯公司的法律依据会非常单薄，只能依据《反不正当竞争法》第二条的原则性规定，而没有具体详细的法律依据。

腾讯公司代表的即时通信产业代表了软件业的发展方向，非常需要法律的保护，而其今天遇到的尴尬关键在于，互联网出现以后，软件应用总是和数据交换服务结合起来，因此软件产业的重心正在向增值电信转移，而目前主要的软件的法律保护重点却仍停留在非互联网时代的限制他人复制软件作品上，新兴增值电信服务模式的保护还面临非常多的问题，这些问题大大制约了产业的发展，比如搜索引擎广告的欺诈点击问题、网络游戏的作弊软件问题等，在这些方面，目前的法律规定都不甚明确。因此，这个问题必须通过强化增值电信业务服务模式的法律保护加以解决。而对于云计算而言，作为一种基于增值电信业务的模式，其也必然会遭遇相应的破坏商业模式的行为。

9.3.3 云计算的隐私权

1. 用户隐私权的保护问题

就现行的互联网法律体系而言，法律界最关注的方面显然是著作权保护方面的法律。从美国的《数字千禧年版权法案》到我国的《信息网络传播权保护条例》，都力求在版权人的合法权益和互联网用户的共享文化之间达到一种完美的动态平衡。但是，在云计算时代，可能有很多更重要的东西将取代版权，成为法律保护的重中之重，隐私权就是其中之一。云计算可能引发的隐私问题主要有两个：

一是密码丢失引发隐私泄露问题。用户使用某公司云计算功能在线存储的文档、影像等文件涉及商业秘密、个人隐私等多重权利，一旦这些文件被存储于云端也就是服务器端，其最终保护者实际系于一个密码。如果用户的密码被盗，则可能发生商业秘密失窃，隐私曝光等大量问题。在目前的网络新闻中，因密码被破解或窃取引发的案件时有所闻，如果到了云计算时代，可能发生类似问题的概率将大大增加。

二是云计算提供者如何利用隐私的问题。以 A 公司的云计算服务为例，对于 A 公司而言，其向用户提供免费的云计算服务，其实是以用户相关文件被 A 公司分析用于投放广告为代价的。如果我是 A 公司的竞争对手，肯定不敢把这个服务使用于商业文档。此外，A 公司可以在多大程度上知晓用户的秘密，这个可能 A 公司在用户协议中有界定，但是如果单单由 A 公司方面确定似乎有违公平，应由政府立法对其加以管制。

2. 云计算的隐私侵权形式

据世界隐私论坛的报告声称，存储在基于云计算的系统中的数据包括：客户记录、税务和财务数据、电子邮件、健康记录、文字处理文档、电子表格和 PowerPoint 演示文稿等。这份报告提到的一系列潜在隐私问题包括如下：

（1）违反法规。企业不小心，可能会发现自己违反了隐私法规。例如，使用云计算服务来存放个人数据的联邦政府部门可能违反 1974 年的《隐私法案》（*Privacy Act*）；如果它在与云计算服务提供商签订的合同中没有写清楚数据保护方面的条款，就有可能违反法规。另外，联邦记录管理和处置方面的法律可能会限制政府部门把官方记录存储在云环境中的能力。

报告声称，类似的是，《健康保险可携性及责任性法案》（HIPAA）和《金融服务现代化法案》(*Gramm-Leach-Bliley Act*)等联邦法律的隐私规则禁止企业将个人保健数据或财务数据泄露给与自己没关联的第三方，除非事先落实了具体的合同安排。在另一个例子中，美国国内税务局（IRS）的法规禁止报税员使用云计算服务提供商等第三方来存放税务报表。企业可能把数据存储到云环境中，不知道这是违法的。

（2）合同意外。报告声称，企业要明白：云计算服务提供商所注明的数据透露条款和条件以及在合同中添加的存储和访问权限会对隐私带来重大影响。如果云计算服务提供商能够随意更改条款和政策，隐私风险就会大大增加。用户需要确保自己防范云计算服务提供商企图访问或使用数据用于任何其他目的的行为，比如使用个人健康信息，向消费者发送针对性的营销邮件。

（3）缺乏保护。把数据存储在基于云计算的系统上、通过互联网来访问数据会对赋予的任何法律保护带来影响。行业机密和律师客户方面的特权信息存储在第三方服务器上时得到的保护级别与它们存储在企业内部时得到的保护级别可能不一样。

（4）数据后门大开。报告声称，政府部门以及卷入法律纠纷的有关方可能从第三方获得数据比从信息所有人获得数据来得更容易。报告声称，《美国爱国者法案》(*USA Patriot Act*）和《电子通信隐私法案》(*Electronic Communications Privacy Act*）等法律赋予了美国联邦政府这项权利：可以强行要求披露云计算服务提供商保管的记录；许多提供商抵制这种要求的动机可能不如数据的实际所有人来得强烈。

（5）位置很重要。报告声称，云计算服务提供商的经营场地可能对适用于它所存储的数据的隐私法律起到重大影响。报告又称，企业应当密切关注像欧盟的《数据保护指令》(*Data Protection Directive*）这些法律是否适用于在欧洲经营的云计算服务提供商存储的数据，哪怕提供商是为一家美国公司将信息保存在欧盟国家。

企业应当落实保护自身数据的计划，以防云计算服务提供商被另一家提供商收购，或者宣布破产。公司所有权的变更可能会导致新的条款和条件，或者数据保存位置发生变化。类似的是，申请破产会迫使云计算服务提供商出售资产，最终可能包括客户数据。

把数据存储在云环境中的企业需要全面了解与云环境有关的信息和机密性要求。“一旦把数据交给外人存储，就会面临潜在问题。”企业可能常常甚至不知道自己的数据到底存储在什么地方。信息有时最终出现在多个地方，每个地方可能需要遵守不同的隐私需求。Hobson 表示，企业还应当事先对托管服务提供商作一番调查，确保云环境中的数据安全和隐私措施至少与自己的措施一样可靠。知道云计算服务提供商落实了哪种业务连续性和灾难恢复措施以及处理数据泄密事件的政策也很重要。他表示，一心想通过云计算削减成本的用户往往会忽视这类问题，但他认为需要在合同中阐明隐私保护方面的内容。另一方面，Alpha Software 公司的首席安全宣传官 Jeff Kalwerisky 表示，尽管一些隐私担忧有其道理，但许多担忧可以通过技术措施来消除。

数据加密就能缓解与无意或恶意透露信息有关的一部分隐私风险——这种加密既针对存储在云计算服务提供商的服务器上的数据，还针对传送给最终用户的数据。另外，实施双因子验证方案来控制有人访问云计算服务提供商存储的数据，有望确保只有可以正当访问数据的用户才能看到数据。一定要认真考虑这样一些问题。但如果各方面都做到位，并且事先都做好了工作，那么是自己存储数据还是由云计算服务提供商存储数据并没有太大区别。但信息有可能以你预料不到的方式被泄露或滥用，这可能会导致你承担法律后果。

9.3.4　云计算的数据迁移

1．数据迁移到云端

企业和用户都喜欢云计算，因为云计算可以给他们带来诸多好处。然而负责企业信息安全的IT专业人士却在努力寻找将应用程序和数据安全转移到云服务的方法。

长久以来，IT组织的重点目标之一便是强化身份管理技术及相关流程，而云计算所带来的安全风险无疑使这个目标不进反退。公司可以将目录服务验证扩展到企业环境外，以处理云服务中的应用程序或系统，可是如果第三方系统受到攻击，验证系统也可能会连带地受到攻击。企业也可采用新的解决方案：在云服务和现有基础设施之间设置隔离带，这种方法的缺点是企业将不得不整合多种身份管理和访问管理系统，因此这种烦琐的替代方案不具吸引力。

例如，谷歌提供的新功能可以将谷歌应用程序整合进现有的单点登录工具，既提高了安全性又简化了管理流程。一家企业部署了先进的验证服务器，从而云系统就可通过轻量级目录访问协议（LDAP）进行验证。另一家企业将其基于网络的验证协议进行扩展，使之能与外部来源协同工作，并通过网络服务，使用内部托管系统对云服务进行验证。

1）注意数据的丢失与备份

数据存放在何处？哪些人有权访问？数据安全吗？这些都是大问题，因为除了软件即服务供应商之外，云服务供应商很少具备长期处理敏感数据的经验。一般来说，数据在云服务中是共享存储的，因此具有潜在危险。其实，把数据存放在公司内部也是有风险的。我们经常对企业内数据访问的风险/利益进行评估，这种方法同样也可套用到云服务上，判断可将那些数据转移到云服务中，以及如何保护数据。这就需要我们了解并核实供应商的标准，搞清楚是否可以对它们进行修改。

在使用云服务（如亚马逊公司的弹性计算云）时，企业可对虚拟实例中运行的操作系统、应用程序或数据库管理系统进行数据加密。在使用其他服务（如应用程序托管）时，IT组织需要在开发程序时，要确保在程序中内置安全措施（比如说数据加密）。

不论数据存放在何处，企业都应该慎重考虑数据丢失风险。亚马逊公司明白计算机会时不时发生故障，所以它建议客户通过冗余和备份计划应对计算机故障。有些云供应商提供备份服务或数据导出功能，这样企业就可以自行创建数据备份；另一些供应商则要求客户使用企业自行开发或第三方开发的备份程序。

2）数据备份

有些云供应商会进行数据备份，但多数情况下需要自己进行备份。很多亚马逊EC2的客户利用该公司的简单存储服务（Simple Storage Service）或弹性块存储服务（Elastic Block Storage）来存放备份文件。

备份文件既可以存放在供应商托管的云存储系统中，也可以转移到企业自己的基础设施里。无论如何，要确保备份数据在存储和转移时受到严密保护。

3）数据的管理和监控

企业的信息安全团队花费大量时间监控漏洞邮件列表，给系统打补丁，有时还要重写代码修补漏洞。在使用云服务时，云供应商也会尽力尽责地这么做。很少有厂商会向客户提供验证其安全措施的方法。在使用云系统时，企业可在操作系统、数据库和应用程序层上应用安全措施，但归根结底还是得依靠供应商来保证网络、存储和虚拟基础设施的安全。

企业必须评估哪些资产需要得到保护，并摸索出保护这些资产的方法，比如说，在云基础设施周围设置分层安全防护措施。即便如此，支付卡行业（PCI）数据安全标准之类的法规仍然可能出乎人们的意料之外：PCI 委员会并未说明应该将云供应商划入哪个类别，因此不同的审计员可能会对同一个问题有着截然不同的处理方法。客户必须要求云服务供应商提供监控功能，这样他们才能够监控访问数据的人员。如果企业需要详细审计跟踪信息，需要对数据进行加密，或者只将那些不接触敏感数据的应用程序设置在云服务中。

云计算分离了数据与基础设施的关系，掩盖了低水平操作的细节。多租户在传统的 IT 外部是很少使用的，但是，在云计算中几乎是必须使用的。这些区别引起了许多安全和隐私的问题，不仅影响到风险管理做法，而且还影响到在遵守法规、审计和电子证据等方面的法律问题评估。软件服务（SaaS）以及制作应用程序的基于 Web 的平台、托管服务器或者存储容量等技术的兴起让许多业内观察人士关注评估云计算。

2．网络带宽问题

网上传输的数据急剧增长，预示着没有投资于更多带宽的公司会面临带宽危机。但带宽不是唯一潜在的网络问题。数据传输距离长会带来延迟问题；而互联网的稳定性不确定，加上服务提供商的数据中心充满未知因素，更是带来了可靠性问题。

即使公司升级了带宽，如果云服务提供商最近的那个数据中心远在千里之外，可能也会出现性能减弱的问题。人们只谈论连接和吞吐量，但延迟也很关键，即使在云中也是如此，因为客户面对的是分布式环境，需要彼此联系。

有些应用程序要求高性能、低延迟，比如用于计算市场风险或把组件结合到组合式应用程序的应用程序。亚马逊在全球各地不但组建数据中心，还组建内容分发网络，一方面就是由于这个原因。因此，不妨问一下提供商是如何减少延迟的。

如果公司需要更高效的带宽用于云计算，还可以使用负载平衡器。一家软件新兴公司把其大部分基础架构：存储、计算和开发环境转移到了云中，并且投资于 10 条 50 Mbit/s Verizon 光纤服务线路，使用一个 Radware 负载平衡器把带宽聚合成一条相当于 500 Mbit/s 的线路。由于即将出现广域网优化标准以及云环境和内部部署环境之间的数据密集型通信，预计广域网优化也会在加速云计算提供商、互联网服务提供商（ISP）和云计算用户之间的流量方面起到作用。云计算在带来一些新的网络难题的同时，也能解决其他网络难题。对转移到云中的应用程序而言，网络管理员有望减少改动内部网络体系架构方面的工作量，因为他们只要确保连接至云服务提供商的数据中心就可以了。

虽然潜在的云服务客户让自己的网络准备好使用这种服务，但也要向云服务提供商询问其网络：谁提供回程链路？连接是否冗余？数据中心建在哪里？最好能够看看提供商的网络设计框架。虽然云服务提供商有义务构建合格的网络，但客户也有必要进行一番准备工作，确保网络稳定可靠。

9.4 云计算的安全保障

9.4.1 云计算的安全隐患

1. 人大代表提议加快信息安全立法

在十一届全国人大三次会议上，针对云计算、物联网等发展暴露的安全问题，全国人大代表提出了《关于完善我国信息安全保障体系的若干建议》。

代表认为，云计算带来了存储数据的安全、黑客攻击损失以及保护隐私的法律风险；物联网机器的本地安全问题和在传输过程中端到端的安全问题等，新技术变革给原本复杂的信息安全问题带来了新的挑战，信息安全正在告别传统的病毒感染、网站被黑及资源滥用等阶段，迈进了一个复杂多元、综合交互的新的历史时期。

由于物联网在很多场合都需要无线传输，这种暴露在公开场所之中的信号很容易被窃取，也更容易被干扰，这将直接影响到物联网体系的安全。

对于云计算这一改变IT业务模式的革命性技术，“云计算”将导致全球的信息资源、服务和应用不可避免地向国际信息产业巨头集中，全球绝大多数的信息存储和数据处理业务也将被他们实际掌握。

代表建议，要加快信息安全立法进度，完善我国信息安全法律体系。加快信息安全立法的步伐，要将《信息安全法》尽快纳入国家立法规划中，尽快推进《信息安全条例》出台。

要构建和完善我国信息安全的监管体系。目前监管体系存在着执法主体不集中，多重多头管理，对重要程度不同的信息网络的管理要求没有差异、没有标准，缺乏针对性。对应该重点保护的单位和信息系统，无从入手实施管控。

2. 云端阴晴无定

对于现在的云计算供应商来说，无论是法律问题还是虚拟机的安全问题并不是云安全的最大障碍。正当很多公司都考虑将应用迁移到“云”中去时，安全专家提醒说，云安全的第三方服务仍然很不理想。持续的经济低迷使得云计算成为大热的话题，急于节省成本的创业者与中小企业在互联网上使用虚拟机，公司.需要更加谨慎地考虑将基础设施转移到“云”中去的安全隐患。很多小的公司使用云来节省资金，但是那些高端的用户在使用云计算时完全不经过审计，公司经常不会去扫描那些从第三方得来的应用。类似的例子有很多，最终他们介绍了五点有关云安全的经验。

1）云端不安全

最有可能遇到的问题是安全性，鲜有公司会因窃取你的资料而进行网站设计，但最好还是研究一下各种网站和网络服务，找一些可信赖的专家推荐。就算某个网站的服务声誉很好又值得信赖，还是可能会出现技术性问题。

2）操作要安全

一点常识和一些简单的正确计算机操作练习可以将这类安全性失误的影响降至最低，避免将机密资料放在云端，如果真的放了，例如利用网上银行时，避免在网吧、学校或图书馆内的公用计算机上进行，也别太随便给出自己真正的联络资料，避免每个账号都使用同一个密码，就算只更改一个字母也好。

3）云端故障

云计算第二个主要问题是可能暂时故障导致无法使用某项服务，你可能把资料放在某个网站上而这个网站却因服务器故障导致某一段时间无法进入。

4）云端消失

当你想搜索自己在云端上的资料时却发现“晴空中万里无云”，如果是这个为你保管资料的公司突然消失，就会很麻烦。通常选择真正的大公司才会比较安全，例如 Google。就算一家公司运营正常，还是可能会选择关闭某项服务，例如 Google 最近就宣布要关闭提供记事功能的 Google Notebook 服务，不过网络的适应性是很强的，提供类似服务的 Evernote 马上就接着发布一项可从 Google 将你的资料移植的工具。

5）云层过多

如果没有备份自己的资料，应该立即开始备份。用 iTunes 就可以，但如果备份了这些资料，就一直备份下去。如果想避免资料流失，结合实质的备份与线上服务提供的以云端为基础的备份是最基本的措施，当外部硬盘坏掉或房子烧毁时，云端那边的备份会有用处，而当在线服务的某个服务器坏掉或网站破产关闭时，存在硬盘内的备份就可避免损失。

9.4.2　云计算的安全形势

云计算的安全形势包括以下几个方面：

（1）信息技术的发展同样推动了安全风险的增长。黑客技术发展异常迅速，只要发现漏洞就会迅速发起攻击。政府、企业、教育、医疗，各行各业都出现被黑客攻击挂马事件，由此可见，只依靠产品进行被动防守已经很难抵御日益疯狂的黑客进攻，需要配置专业的安全服务建立合理强健的安全体系。

（2）垃圾邮件是目前网络安全的一大难题，一项调查显示垃圾邮件已成为互联网用户的最大烦恼，垃圾邮件的病毒率高达 47%安全服务通过为用户设置安全邮件网关实现邮件内容过滤，大大提高垃圾邮件的过滤率。

（3）安全服务还包括一个非常重要的内容，就是与安全产品配合提供的服务。用户购买安全产品后，如果不会合理使用，不仅得不到应有的保护，反而会带来很多麻烦。安全服务为用户提供产品使用过程中的技术支持与基础知识培训，同时在遇到紧急情况时提供最专业的应急策略。

（4）仅靠产品只能被动防守，结合服务灵活应对威胁。用户使用安全产品进行保护系统和查杀病毒时，只是使用现有的病毒库与进程对比分析，判断是不是恶意进程。由于病毒变异速度不断加快，安全产品中的病毒库有时更新不够及时，这样就会造成病毒入侵。其他安全保护产品也是一样，由于设置不够灵活，很多情况下都不能进行正常判断。而使用安全服务时，安全专家会对每个进程的活动情况进行监控和分析，查看是否有陌生进程出现，判断是否存在破坏性，判断是不是垃圾邮件，从而得出更加准确的安全判决。

（5）安全专家对用户进行必要的培训，减少因用户失误或不了解造成的系统漏洞及病毒入侵等类似情况的发生，学习病毒基础知识，提高信息安全保障能力。

（6）目前已经有很多家企业为中国用户提供信息安全服务。例如，微软让大企业的网络技术人员更方便地确认企业网络中的计算机没有受到间谍软件或者病毒的攻击。赛门铁克从客户端、网关及服务器提供安全的解决方案，目前主推远程安全服务体系 SRS，涵盖在线数据备份、家庭安全服务等更广泛的服务内容。McAfee 公司拥有反病毒紧急事务响应小组（AVERT），能够提供基于 AVERT 小组的支持，和业界最优秀的自动升级服务，并为组织机构提供整体的安全顾问服务，目前主推 SaaS 线上安全服务。趋势科技 2002 年在全球推出了企业安全防护战略-EPS，采取主动性的预防措施，产品和技术更新速度快，同时注重安全培训。

梭子鱼目前的安全服务主要围绕智能应用交付这一主题展开，内容包括网络安全策略的有效管理、邮件安全和归档管理等。

以上这些安全项目前都发布了其安全服务模式和内容，根据用户需求实施信息安全服务。但是，国内信息安全服务发展还不成熟，用户对于安全服务还不了解，一些安全服务企业在发展过程用也出现了一些问题。然而这些都不会影响信息安全服务的发展，日益严峻的安全形势正在不断提高对信息安全手段的要求，因此信息安全服务也必将成为未来信息安全领域的重要成分。安全性是系统使用时必须要考虑的一个问题。为了在目前的软硬件平台上实现真正的从底层到上层的安全性，人们提出了可信计算（Trusted Computing）的模型和技术。在透明计算中，也需要解决计算和数据的安全性，实现可信的计算和数据服务。

9.4.3 云计算的安全管理

不少企业开始考虑选择云计算并且决定如何利用这项技术。云技术提供在按需功能、有效地调节计算能力。这不仅可以节省架构成本，而且更重要的是提供了开发新应用的高度灵活性以及以最少的资本开支发布产品系列。专家们介绍了如何确保云计算环境的安全策略。

1. 慎重打开邮件

云计算服务提供商警告不要打开可疑的电子邮件。这一个道理似乎很浅显，但还是有许多人没有遵照这个建议，还要关注可疑链接。此时，应当向提供商询问事件响应机制，万一有人企图入侵，提供商应当能够给予帮助。另外，还要问一下提供商会不会为机器制作镜像，还是这项工作必须由自己来完成。如果打开文件，就要确保网络访问已经过加密。

2. 保护云密钥

需要确保自己的云 API（应用编程接口）密钥安全。要是有人获取了你的访问密钥，就能访问你的一切数据。要求提供商提供多把密钥，用于保护不同风险类别的各组数据。应当把生产数据放在一个账户中、把开发数据放在另一个账户中，这样就可以减小有外人闯入不太安全的开发机器所带来的风险。

3. 支付宜谨慎

为了避免竞争对手积欠账款，需要多少云服务、就付多少费用。如果使用量急剧增加，设定阈值就很有必要。

4. 数据备份

跨多个数据中心进行数据复制很重要。比方说，万一东北部出现了灾难，仍可以从其他地区访问数据。要是东北部发生了灾难，比如说暴风雪，从而导致停电，仍可以从另一个数据中心访问你的数据，没有人知道这幕后的一切。

5. 增强端点安全

云计算概念就是把尽量少的数据放在端点设备上。要保护端点设备的安全很难——无异于把安全从专家的手里交到用户的手里。美国联邦调查局（FBI）声称，买来后头 12 个月里，失窃的笔记本式计算机多达 10%。虽然 USB 密钥使用方便，但它们很容易丢失。不要忽视客户端的安全。

6. 数据交易符合法规和认证

涉及信用卡的交易应当符合支付卡行业（PCI）数据安全标准。如果系统不符合 PCI 标准，系统会出问题，互联网数据也就没有安全交易可言。在企业环境下，企业应当遵守 SaaS 这项安全协议。与此同时，如果医疗数据在云计算环境里面传输，医疗保健公司要遵守《健康保险可携性及责任性法案》（HIPAA）的有关法规。

7. 了解安全漏洞

提供商需要能够管理某部分数据影响众多客户的安全漏洞。一个漏洞就有可能导致众多客户的关键资产暴露无遗。云计算提供商必须能证明，自己认识到云计算环境的安全漏洞；自己并没有等别人来指出哪里有安全漏洞。

8. 维护取证日志和网络日志

提供商需要随时知道自己客户的数据放在哪里。要有办法来追踪审计跟踪记录，要任何时候都知道数据放在哪里。取证日志和网络日志可以完成这项任务。开启日志功能，那样就能了解人们在如何使用你放在云计算环境中的服务。那样，你可能会发现一些攻击。如果不开启日志功能，就发现不了任何恶意内容或黑客攻击。另外要与 IT 部门联系，查看一下公司其他部门是不是已经购买使用云计算服务，因为要是它们已经购买使用这项服务，可能会出现安全隐患。要与财务部门商议，看看公司里面还有谁购买了这项服务。如果同一信息在云计算环境中出现两次，这会危及公司。

9.4.4　云计算的安全监测

1. 安全的期盼

开发人员喜欢云计算部署后不用去管的功能；公司希望通过云计算降低基础架构成本；用户则喜欢新的功能能够更迅速地推出。然而，负责信息安全的人员在为如何把应用程序和数据安全地转移到云中而担忧。IT 界孜孜以求的一个目标就是整合身份管理技术和流程；而云计算可能让这个目标晚十年才能实现。许多公司可能会把目录服务验证扩展到内部环境以外，以处理云中的应用程序、甚至系统；但如果第三方系统的安全受到危及，这种做法会导致验证系统岌岌可危。公司也许可以实施一种新的解决方案，让云基础架构管理与现有的基础架构管理相互独立。但缺点是，必须集成多个身份和访问管理系统。还有一种办法是及时回去、单独管理云，但这缺乏吸引力。

有些云服务提供商正在竭力解决这个问题。谷歌提供了这项功能：把 Google Apps 与目前实施的单点登录技术结合起来，从而加强安全、简化管理。一家知名互联网公司部署了边缘验证服务器，让云系统通过轻型目录访问协议（LDAP）进行验证。另一家公司则扩展了基于 Web 的验证协议，通过 Web 服务来进行验证；验证通过，即可访问其内部的系统。

2. 数据丢失与备份

如果数据保存在共享存储系统上，要料到可能面临风险。其实，即使我们放在自己公司内部的数据也面临风险。需要把衡量内部数据效益与风险的同一套措施用于衡量云，然后确定哪些数据可以放到云上、并如何保护。这就需要知道及核实提供商采用的标准以及改动标准的灵活性有多大。企业使用亚马逊的弹性计算云等服务时，可以在虚拟实例中运行的操作系统、应用程序或数据库管理系统里面采用数据加密。其他服务（如应用托管服务）提供商在开发应用程序时需要更全面地考虑，确保已采用包括加密等安全措施。不管自己的数据在哪里，公司都应当防范数据丢失。亚马逊知道计算机会出故障，所以它劝告公司要借助冗余和备份措施作好防范故障的规划。有些云服务提供商提供备份服务或者导出数据的方法，那样公司可以自己备份数据，另一些提供商要求客户使用自定义或第三方的应用程序。

因此，要关注这些关键因素：进行备份，访问备份数据，备份数据在存储和传输中得到保护。

3. 管理与监测

许多公司的信息安全团队平时经常监测安全漏洞邮件列表、给系统打补丁、改写代码以解决缺陷。在云中，他们相信提供商事先至少对一些方面进行了调查。很少有提供商让客户可以核实自己采取的安全做法，不过有些提供商变得更愿意配合。公司在使用Joyent或亚马逊的EC3等云系统时，可以在操作系统、数据库和应用程序等层面采取安全措施，但他们仍依赖各自的提供商确保网络、存储和虚拟基础架构的安全性。尽管云服务用户并不控制实际的打补丁和漏洞监测工作，但他们仍有责任管理自己的风险。所以他们要评估哪些资产需要保护、如何防护这些资产，包括在云基础架构上添加安全措施。即使那样，支付卡行业（PCI）标准等行业法规仍可能会让人措手不及，因为PCI委员会方面没有明确规定如何对云服务提供商进行分类。这可能意味着，不同审计人员对待云服务提供商的标准会略有不同。

云服务客户必须要求保证自己可监测谁在访问自己的数据。如果公司要求提供详细的审计跟踪记录，应当采用数据加密；或者只把所处理数据中不是特别敏感的应用程序交给云服务提供商。当然，内部信息安全团队不应该坐等提供商来加强安全。从桌面应用程序到服务器托管的各个应用领域，云计算都会变得越来越诱人。需要更高安全级别的应用程序，比如与《健康保险可携性及责任性法案》（HIPAA）或PCI相关的应用程序，可能在云中更难得到保证，因而放在公司内部比较妥当。社区应用程序和内容网站比较适合放在云中。公司的技术团队必须确定把什么数据放在云中不会有问题，云最终会是整个基础架构的一部分；还得要自己弄清楚如何把企业系统与云基础架构安全连接起来。

9.4.5 云计算的安全经验

1. “云”火墙

信息安全的出路，最终也需要从云中寻找，而所谓的云，其实也就是互联网。安全问题之所以让人困扰，根源就在于网络的主要特征，正从传输向着智能化的云计算演进，正是这一变化，使得新的安全威胁变得更加难以防范。越来越庞大的互联网正在逐步具备“智能”与“感知”的特性，而这些特性，也恰恰是今天的信息安全产品所需要具备的，也只有具备了这些特性，新一代的信息安全防护体系，才能真正发挥作用。现在很多安全产品都面临着巨大的挑战，比如“防火墙无用论”在国外早已有人提出，并且赞同的声音不少。虽然这样的言论有失偏颇，但也不无道理，回顾防火墙的发展历史，从以 CheckPoint 为代表的软件防火墙，发展到硬件防火墙、ASIC 防火墙，再到今天热闹一时的 UTM，尽管性能和功能上都有很大提升，但其最基本的原理大多仍然是检测静态的地址表。很显然，对于不断变化的僵尸网络，这样的防火墙即使性能再高，也难以施展，未来应该属于新一代的防火墙——“云”火墙

那么，这种从“云”中而来的防火墙究竟具备什么样的特性?与传统的防火墙产品相比又有怎样的区别呢？“云”火墙最本质的特点，就是它的动态化和智能化，而其技术实现的途径，就是充分利用“云”进行动态实时的威胁信息集中采样与共享，从而最终实现主动应变的安全服务。思科拥有目前全球最庞大的安全威胁监测网络 SensorBase，这就是新一代防火墙的“云端”。它可以持续收集威胁的更新信息。这种更新的信息包括互联网上已知威胁的详细信息，连续攻击者、僵尸网络收获者、恶意爆发和黑网（DarkNets）等。通过将这些信息实时传递到“云”火墙，可以在僵尸网络等恶意攻击者有机会损害重要资产之前及时过滤掉这些攻击者。

由于现在互联网信息呈爆炸趋势，每天新出现的数据以 TB 计算，如此巨量的网页、视频、邮件、文件，任何一个商业公司都无法把它们都全部、实时地标明安全等级，并存储在数据库里供用户进行安全查询。尽管“云”火墙相对传统的防火墙技术有了很大的提升，但是距离建立起一套真正的现代信息安全防护体系还有着相当的距离。不过，最重要的是，我们可以从中看到迈向未来安全的关键路标，而这也正是云安全的本质。以云计算为代表的现代信息体系正变得日益庞大和复杂，对于这类复杂多变的体系，现代模糊数学的创始人扎德有一条经典的互克原理：在足够复杂的系统里面，当某种量描述得越精确，那么这种量描述的意义越模糊。换句话说，在一个复杂的系统中，所有的因素都相互制约影响。

因此对反映系统的量确定得越具体，那么这个量对系统的描述就越不准确。这是系统自身固有的矛盾，与测量方法和理论没有关系。正因为这样的矛盾，使得云时代的安全防护重心，逐步远离过去那种对性能或功能的片面追求，而是转向更着重于基于网络之云的智慧感知与灵活应对。在 Twitter 攻击事件后，Patrick Peterson 形容僵尸网络强大的威力对于这些网站而言，就像是“用手雷去攻击蚊子”。如果你仍然坚持在传统的安全思路下花费重金、提升处理性能，就如同希望这只蚊子有一天能强壮到抵御手雷一样，那将是一条真正的不归路。

2．加密工具

用户的安全性问题也随之而来，除了海底电缆断裂、核心路由器过载这种服务中断的事情，保存在云端的数据的安全性如何保障？其实在“云计算”刚出来那会，其数据安全性的质疑就一直为人诟病，用户在关心自己的数据不会被肆意删除之外，最关心的还是自己的信息不会被不相关的人士获取，数据遭泄露。一般来说，企业数据都有其机密性。但这些企业把数据交给云计算服务商后，具有数据优先访问权的并不是相应企业，而是云计算服务商。如此一来，就不能排除企业数据被泄露出去的可能性。而除了云计

算服务商之外，大量觊觎云端数据的黑客们也没有闲着，他们不停的发掘着服务商 Web 应用上的漏洞，以期望打开缺口，获得自己想要的数据。

1）建立私有的“云”

对于企业而言，云计算代表着企业计算领域多种技术趋势的集中会聚，而私有云是许多可分拆的模块化硬件与联网，以及可通过预设政策动态分配的存储资源之间的结合。私有云具备极好的安全性，可降低共享资产所带来的损失。随着 HP 和 DELL 等公司不断地提供此类解决方案，这在如今已经不是什么难事了。只是这个成本不菲，不适合中小型企业。

2）加强管理

首先要保证员工不会把相对机密的资料传到公共云计算环境中去。大多数 CIO 主要担心员工把不应该公之于众的数据放在公共地方。这种担心不无道理。如果董事会发现自己公司的战略方案居然放在公共云计算环境、谁都可以看到，会有怎样的态度。所以，CIO 们需要把明确的政策落实到位，然后向员工传达这些安全政策。

3）使用加密工具

第二个方法虽然比较简单。但是对云计算的使用率却大大降低。而使用加密工具的话，就能较好地弥补这一缺憾。但是传统的很多加密软件上手门槛高，加解密操作烦琐。不利于以 Web 为主要载体的云计算推广和使用。随着用户的要求不断提高，一些操作简单、又可集成到浏览器的加密软件逐渐进入人们的视野。比如，微通新成的在线 Office 文档安全系统——gWebs DocCloak，支持 Google 和微软的在线文档。可以做到编辑时解密、保存时加密。

另外还有 gWebs MailCloak 这类电子邮件隐私保护系统，能够全程保护 gmail 和 google apps 的企业应用套件。在线应用数据安全系统——gWebs SaaS Cloak，支持 google sites（协作平台）的全程加密保护。大部分的安全隐患还是来自黑客的恶作剧、政府行为的监视、利益促使下的网络入侵。当然，还有搜索引擎。我们只有监督好自己和同事，使用更可靠的加密手段，才能防患于未然，在有保护的情况下安心享受云计算的好处和方便。

随着信息化的深入以及 SaaS（软件就是服务）理念的传播，IT 服务的前景相当广阔，并大有不断占据软件甚至硬件份额的趋势，而其中重要的一环就是安全服务。信息安全服务涉及到各行各业，比如战略咨询、安全规划、集成、S0C、网络应用中的防病毒、IDS、IPS 等，都需要服务商的指导、测试和策划。信息安全服务的理念从 2004 年就不断被提出，目前国内用户的接受程度并不高。据统计，国内企业在 IT 安全服务与产品方面的投资比为 1∶9，而全球的平均比例为 1∶1。由此可见我国的信息安全服务行业还有很大的发展空间。

3. 超级计算能力的监管

2008 年 6 月，敲诈病毒 Gpcode 成了杀毒软件商卡巴斯基碰到的一个难题。对于用户而言，一旦计算机被该病毒感染，病毒会自动使用 1 024 位的 RSA 加密算法加密用户计算机中多种文件。然后告知用户，要想解密，必须付款购买解密程序。

目前，卡巴称其已经能查杀此病毒，并将病毒的特征码添加到该公司的反病毒数据库中，但对被感染用户计算机上的被加密文件尚无法解码，因为该密码的算法与目前网上银行使用的算法级别相同。即使算法正确，具有 2.2 GHz 处理器的 PC 机也需要用上大约 30 年的时间才能破解。尽管卡巴公司正邀请密码学专家、政府研究机构、研究所、其他反病毒厂商以及独立研究人员一起努力来解决此问题，但到目前为止，笔者没有看到该密码被破解的新闻。

根据云计算的特点，如果由密码专家操控数万台服务器，利用云计算的分布式计算原理同时对此密码进行解码，估计解开此病毒的加密程序并非难事，时间上肯定也不会太久，但这其中就产生了一个云计算监管的法律问题。因此，由相关的各国政府部门对此制定规则也是必不可少的，根据互联网服务器分布广的特点，必要时甚至需要签订监管的国际条约。

9.5　云计算的法律规制

9.5.1　云计算法律制度的构建

1．云计算法律制度的内涵

（1）云计算法的调整对象，已经指出云计算的调整范围是云计算活动领域，并对云计算活动的内容、形式作以简述，从云计算业的角度将云计算活动概括为云计算的服务、管理、使用等，这是进行云计算法的法制建设的基础。至于云计算法的调整对象，已指出云计算法的调整范围是云计算活动领域的内容、形式，云计算作为一种创新型的技术应用，应该由国家统一监管。

（2）云计算主要服务的范围，是对用户的数据进行应用和托管，因此面临如何保证用户信息的安全和隐私保障的问题。这也要求云计算的服务提供商必须实力很强、信誉度很高、具备商业运作能力。因此，建立数据保护制度是当务之急。

（3）云计算的准入政策，目前处于试点阶段，如果从政府角度没有准入政策，对提供云计算的服务商没有严格的审查，云计算的开展在未来仍将受到限制。云计算就是数据银行，如果没有严格的资质审查和准入控制，很容易造成用户信息安全和隐私性的风险，会伤害整个产业的长期发展。

（4）云计算领域需要从政府层面上制定准入资质和审核机制。目前相关部委已经多次调研过云计算的安全和隐私等问题。中国电信运营商也曾多次呼吁过要加强云计算的法律法规的制定，期待政府层面上的监管尽快实行。

（5）目前国际上对云计算还没有相关的法律法规可供借鉴，在全球范围内看，包括美国在内的云计算运营，也仅仅是从 IT 厂商的角度实施互联网的管理。我国一旦制定并推出针对云计算的法规及监管层面的相关条文，则可堪称为全球范围内的管理创新。

云计算冲击最大的问题是管理和安全的问题，而且产业政策等方面的挑战性更大些。电信运营商在全力配合和支持国家进行相关的行动。中国移动从 2007 年就启动了“大云”云计算研究项目，该项目在进行云计算技术和应用研发的同时，也积极进行云计算相关产业市场和政策管制等方面的研究，未来也会积极配合国家相关政策法规的制定工作。

2．云计算法律制度的特点

（1）信息技术的进步使提供多样化、综合化、个性化的云计算服务成为可能，技术融合导致了业务融合、市场融合，业务种类大量增加，业务形式纷繁多样，更进一步刺激了社会需求。云计算企业必须以竞争者的姿态进入市场，才能得以生存。公平竞争是市场经济的特点，也是云计算发展的动力，因此云计算法律制度应具有反对垄断，保护竞争的特点。

（2）必须保证云计算网络的统一性，完整性、先进性、从而保证云计算网络的安全性。云计算是国家公共基础设施，是社会信息化的必备条件，是社会公用事业。云计算要向整个社会提供服务，并且要迅速，准确、安全、不间断的提供信息交流和信息服务，因此必须是个完整的网、先进的网、安全的网。云计算法要保障这个网的特性。

（3）云计算的服务是由云计算用户和云计算运营企业共同完成的。云计算的服务过程，就是云计算用户使用云计算的过程，因此，云计算法律在规范云计算企业行为的同时，也要规范云计算用户的行为。

（4）云计算需社会相关部门的支持保障。由于云计算需要迅速、准确、安全、不间断地提供服务，社会相关部门也必须给予相应的配合和保障，云计算的服务才能得以进行，如电力、交通、公安、城市建设、土地管理、市容管理等部门。

凡在我国境内设置云计算设施，管理、经营、使用云计算设施和接受云计算服务的，都应遵守云计算法律制度。

9.5.2　云计算服务的市场规制

1．云计算业务经营者在经营活动中不得有以下不正当竞争行为

（1）以任何方式限制用户选择其他云计算业务经营者依法开办的云计算服务。

（2）对其经营的不同业务进行不合理的交叉补贴。

（3）以排挤竞争对手为目的，低于成本提供云计算业务或者服务，进行不正当竞争。

人们认识到了云应用程序中立（Cloud Application Neutrality）这一概念在商业模式下的必要性。“云应用程序中立”主要的趋势是：竭力限制互联网服务提供商利用一些技术手段来阻止互联网应用程序和内容（网站、服务以及协议）的能力，特别是竞争对手的应用程序和内容。

随着云计算兴起，云存储以及苹果的 App Store 等云应用大行其道，但人们普遍质疑这类由单一商家提供的应用服务如何能保持中立性。对许多新崛起的云服务提供商来说，一个主要的卖点在于能够提供以云计算为中心的独特应用程序，这是实现市场差异化的重要卖点。目前，云计算平台的价值通常由某个云所拥有的第三方应用程序的数量来衡量——包括这个云直接拥有以及可以通过 API 访问的应用程序。

在 IaaS，最明显的例子就是亚马逊的 EC2 公共弹性云。但是，由于大家都在发展自己的云计算平台，一旦有竞争对手的云计算平台、插件扩散到自己的云平台上，是封杀还是允许存在？这就成了严重的争议性问题，而上述遭到封杀的风险（Lock-out）也确实存在。其潜在冲突可能会导致随意删除或断然拒绝竞争对手的应用程序，苹果公司的做法就是个佐证。为了消除这种风险，并且营造一个公开而又公正的竞争环境，云计算

这个新兴行业必须一致开放，这不但体现在 API 和互操作性方面，还体现在如何运作及管理云市场方面。

无线万维网的未来有风险，因为现在出现了两个不同的互联网：开放的固线互联网和受管制的无线互联网（运营商的利益垄断）。与之相似的是，这个问题不仅仅局限于无线运营商，新兴的云服务提供商也存在类似的两个对立面。

2. 用户使用信息和通信的权利受法律保护

通信自由和通信秘密权是宪法赋予公民的一项基本人身自由权。我国宪法第四十条规定“中华人民共和国公民的通信自由和通信秘密受法律的保护。除因国家安全或者追查刑事犯罪的需要，由公安机关或者人民检察院依照法律规定的程序对通信进行检查外，任何组织或者个人不得以任何理由侵犯公民的通信自由和通信秘密”。云计算用户使用云计算进行通信的自由和秘密，受到国家法律的保护。

只有法定机关依照法定职权和法定程序才可以对用户云计算内容进行检查。即按照宪法和法律规定，只有公安机关、国家安全机关（《刑事诉讼法》第四条规定，国家安全机关依照法律的规定办理危害国家安全的刑事案件，行使与公安机关相同的职权）和人民检察院，依照法律规定的职权，为了追查刑事犯罪的需要，依照法律规定的程序，即依照我国《刑事诉讼法》规定的程序才可以对用户使用电信进行通信的内容进行检查。例如按照我国刑事诉讼法的规定，侦查人员认为需要扣押犯罪嫌疑人的邮件、电报时，经公安机关或人民检察院批准，方可通知邮电机关将有关的邮件、电报检交扣押。如果不需要继续扣押时，应当立即退还原邮电机关。除上述法定机关外，其他任何组织或者个人都无权对云计算用户使用的云计算内容进行检查，否则就是侵犯他人合法权益的违法行为，情节严重的，可能构成犯罪，受到法律的制裁。

9.5.3　云计算的侵权与犯罪

1. 云计算侵权

如果想要进一步说明情况的恶化，除了不断见诸报端的安全事件，我们还可以试着问这样一个问题：和过去相比，今天，成为一名黑客，或者发动一场网络攻击，究竟是更困难还是更容易？答案显然是后者，就像 Facebook 信息安全负责人 MaxKelly 在不久前一次网络安全事故后谈到的：网络攻击与犯罪现在正变得前所未有的容易，发动一次攻击就像是去超市购物一样简单。

不单是 Facebook，类似的抱怨在网站中早已屡见不鲜。Twitter 网被人搞得频繁断线，造成用户无法登录；美国政府网站也遭到大规模 DDoS 攻击，导致长时间瘫痪；而针对各种商业网站的攻击更是屡见不鲜。

思科最近发布的安全报告中特别谈到，因为商业利益原因导致的网络攻击在不断攀升，低廉的犯罪成本再加上利益的驱动，使得僵尸网络变得越来越难以控制。

就拿最近一段时间大名鼎鼎的 Conficker 蠕虫来说，这个最早于 2008 年 11 月 20 日被发现的，以微软的 Windows 操作系统为攻击目标的计算机蠕虫病毒，报道其至少感染了 900 万台计算机，而杀毒软件厂商 F-Secure 更声称感染量达到了惊人的 1 500 万台。

虽然相关补丁已经出现很久，但凭借多个变种版本，Conficker 蠕虫仍将数百万个系统控制在其魔掌之下，缔造了迄今为止规模最大的僵尸之“云”。这些僵尸网络被以极为低廉的价格，租借给怀有不同目的的犯罪分子，利用这些资源实施网络拒绝服务攻击，或者通过 SaaS 模型散布垃圾邮件和恶意软件。

而反观安全防护技术，却迟迟未能见到革命性的进展。以企业应用中最为常见的安全防护产品——防火墙来说，虽然也经过了几代的发展，从软件到硬件、从单核到多核，但其根本的被动防护的原理却基本没有改变。

2. 云计算犯罪

美国检察长办公室在加州圣何塞的计算机黑客与知识产权部门负责人在一次安全会议上说，随着越来越多的软件包、客户和企业把数据迁移到云计算中，云计算将出现越来越多的网络攻击和诈骗活动。

包括盗版 CD 和远程国外站点在内的软件盗版模式很快将成为过去的事情，就像破解基于地面的网络已经成为过去一样。许多企业正在推动当前的云计算趋势快速发展——在网络上发布自己的软件和存储数据。网络犯罪分子也在跟随着这个趋势。

进口软件模式已经过时了，因为我们将看到许多用户够能够在云计算中做这件事情，用户能够用自己的 PC 访问 Google Docs 或者 Salesforce.com 等软件服务。在 5 年之内，网络攻击将会以云计算为中心。

随着更多的系统在云计算中运行，这可能会显著提高利用这些系统中的安全漏洞的价值。因此，在进入云计算之前，一定要保证已经设置了最好的安全系统。

9.5.4 云计算的法律救济

1. 云计算法律责任

法律责任是指行为人对其违法行为所应承担的法律后果。违反云计算法律规范的法律责任是指从事云计算活动或者与云有关的活动的各方主体，由于其行为违反云计算法律规范规定的行为准则，必须承担的法律后果。它包含以下几层含义：第一，承担云计算法律责任的主体不仅包括云计算企业，而且包括管理机关等；不仅包括公民个人，而且包括个人以外的任何组织。第二，实施了云计算法律规范，违法行为是承担法律责任的前提。没有违法行为就不承担法律责任。第三，云计算法律责任以法律制裁为必然结果。通过法律制裁，对人们起到教育和威慑作用，从而达到预防和制止违法行为的目的。第四，云计算法律责任只能由有权的国家机关依法予以追究或者处理。

云计算法律责任不同于其他社会责任，如政治责任、道义责任以及违反其他法律的责任。它具有以下几方面特点：第一，云计算法律责任是不履行云计算规定的义务引起的后果。其罚则，是为了保证云计算规定的义务得以实现，它是以法定义务为基础的，这里的义务有作为义务，也有不作为义务。第二，云计算法律责任必须是《中华人民共和国电信条例》中明文规定的，为了保护公民、法人和其他组织的合法权益，不能随意设置法律责任。第三，电信法律责任具有强制性。这种强制性表现为，云计算法律关系的主体如果不履行《中华人民共和国电信条例》明文规定的义务，国家就要予以追究。电信法律责任的追究机关有两类，一类是司法机关，另一类是国务院信息产业主管部门、省级电信管理机构或者其他有关部门。第四，电信法律责任主要形式有行政法律责任、民事法律责任。

2. 云计算的诉讼证据

诉讼证据义务涉及诉讼当事人监管或者控制的文件。因此，云计算服务的消费者也许需要保留、搜索和搜集放到云计算中的数据，如果那个数据文件仍在这个消费者的控制之下的话。但是，如何知道这种数据是否仍在那个消费者的控制之下呢?法院在类似的情况下指出，服务协议是确定第三方监管的数据是否在创建者的控制之下的起点。因此，在确定一个指定的云计算服务的适应性的时候，服务协议是非常重要的。

在最常用的云计算服务中，消费者保留对自己的数据的控制。因此，电子证据义务的范围没有受到影响。然而，云计算服务的应用能够影响到消费者以节省成本和准确的方式满足证据义务要求的能力。例如，消费者不会像了解自己的网络一样拥有云计算服务工作原理的知识，从而有可能降低查找证据的速度和提高这项工作的成本，并且有更高的出现错误的风险。另一个例子，缺乏直接访问云计算硬件的能力以及大多数云计算都缺少透明度可能会使保留和搜集证据信息更加困难。

如果一个机构已经在诉讼之中，或者预计未来可能会有诉讼案件，这个机构应该特别谨慎，不要降低对与诉讼有关的 ESI（电子化存储的信息）的控制水平。即使预计不会出现具体的诉讼案件，一个云计算服务消费者也应该在选择云计算服务提供商的过程中确定保留、搜索和搜集这种数据的策略。如果有必要，这个厂商在这些证据任务中的合作可以按照服务协议以合同的方式确定义务，并且核实相关的成本。

最后，已经通过制定文件保留计划采取步骤减少其证据负担的任何机构都应该保证这个云计算服务能够支持这些努力。如果不应该存在的信息仍在云计算服务中，这个机构减少成本的计划就会受到破坏。

案例　A 公司云数据中心服务器大面积停机

2011 年 4 月 22 日，A 公司公司在北弗吉尼亚州的云计算中心停机，这一事件被认为是 A 公司史上最为严重的云计算安全事件。

由于 A 公司在北弗吉尼亚州的云计算中心宕机，包括回答服务 Quora、新闻服务 Reddit、Hootsuite 和位置跟踪服务 Four Square 在内的一些网站受到了影响。这些网站都依靠 A 公司的这个云计算中心提供服务。Quora 网站周四上午和下午在英国都无法访问。这个网站完全由 A 公司的 EC2（弹性云计算）服务托管，就像 Four Square 和许多其他网站一样。

4 月 30 日，针对前一周出现的云服务中断事件，A 公司周五在网站上发表了一份长达近 5 700 字的报告，对故障原因进行了详尽解释，并向用户道歉。A 公司还表示，将向在此次故障中受到影响的用户提供 10 天服务的点数（Credit），将自动充值到受影响的用户账号当中。

A 公司在周五的报告中指出，公司已经知道漏洞和设计缺陷所在的地方，它希望通过修复那些漏洞和缺陷提高 EC2（A 公司 Elastic Compute Cloud 服务）的竞争力。A 公司已经对 EC2 做了一些修复和调整，并打算在未来几周里扩大部署，以便对所有的服务进行改善，避免类似的事件再度出现。

此事件也引起人们对转移其基础设施到云上的担忧：完全依靠第三方来确定应用程序的可用性是否可行。

受到影响，Hootsuite 网站的响应速度很慢，而 Reddit 网站的搜索服务不能使用。Reddit 网站称，A 公司出现服务下降的情况。A 公司云服务中断持续将近 4 天，4 月 26 日 Hootsuite、Reddit、Four Square、Quora 等网站已经基本恢复正常。

根据分析，A 公司的云计算状态网页显示故障发生在北弗吉尼亚州的云计算中心。这个中心为许多 Web2.0 公司提供服务。这次停机故障发生在美国西海岸的大约凌晨 1 点 40 分，英国夏令时上午 9 点 40 分，并且从那时起一直有故障。

分析人士称，北弗吉尼亚州云计算中心是 A 公司经营的许多云计算中心之一，按照常规，系统的设计之处应考虑，一个中心停机不会中断其他的云计算中心，也不会影响使用那个服务的用户。

此次，A 公司云计算中心没有绕过北弗吉尼亚州云计算中心的故障把工作量转移到许多其他的云计算中心，令人生疑。服务器停机，这在人们预想当中，没有那么严重。最简单的，双机热备，一台服务器停机，另外一台服务器在短时间内可以启动，并不会影响用户的服务。但是，A 公司的云计算中心这次不同，停机影响了这么多用户的正常云服务，而且引起用户服务中断的，还是 A 公司引以为傲的弹性云，这对于云计算服务商刚刚建立起来的信任，绝对是一次沉重的打击。

经过一番紧急的抢救，A 公司的云服务恢复了正常。但是，这个事件留给用户的恶劣影响有些深远，用户大呼“伤不起”。

4 月 30 日，A 公司为机停事件向用户发表了 5 700 多字的道歉信，声称 A 公司已经知道漏洞和设计缺陷所在的地方，它希望通过修复那些漏洞和缺陷提高 EC2 的竞争力。A 公司已经对 EC2 做了一些修复和调整，并打算在未来几周里扩大部署，以便对所有的服务进行改善，避免类似的事件再度出现。

在赔偿方面，A 公司表示，将向在此次故障中受到影响的用户提供 10 天服务的点数（Credit），这些点数将自动充值到受影响的用户账号当中。但是，对于以后如何避免出现类似事件，并没有提到任何法律上的保证。

A 公司云服务中断持续了近 4 天，但是在法律上却没有违反 A 公司 EC2 服务的服务等级协议（简称 SLA）。A 公司的解释是，A 公司出现故障的是 EBS 和 RDS 服务，而不是 EC2 服务，从法律上讲，它并没有违反服务等级协议。并且，对于 A 公司提出的应对宕机事件的建议多点备份，仅仅是一个技术规范并非合同保障。这些，似乎都不能给云服务的用户带来信心。据悉，2012 年 6 月 A 公司云服务又二度中断，是因电机故障所致，云安全堪忧。

表面看来，A 公司停机事件似乎有一个完美结局：厂商及时修复漏洞，书面道歉，赔偿损失。但是，用户心理上对云服务的恐惧似乎并不那么容易康复，未来，A 公司可能不仅仅要在技术上、还需要在制度和法律上给予用户更多的保证，才能渐渐修复被此次宕机事件损坏的名声。

（本文由作者根据资料改写：凤凰科技，2011-04-22，2012-07-17）

讨论：

1. A 公司的“弹性云”中断服务事故说明云计算服务安全可靠吗？
2. A 公司云计算多次出事，应承担何种法律责任？为什么？

小结

通过本章的学习，应了解云计算的法律内涵，包括云计算的概念、云计算与物联网的关系、云计算的法律挑战和云计算的法律特点。要重点掌握**云计算的服务合同，包括**云计算电子合同的内涵、云计算服务合同的订立、云计算服务合同的效力、云计算服务合同的责任。要掌握云**计算的数据权利，特别是**云计算的数据主体、云计算的知识产权、云计算的隐私权及云计算的数据迁移。熟悉云计算的安全问题，如云计算的安全隐患、云计算的安全形势、云计算的安全管理、云计算的安全监测和云计算的安全经验。最后要求深入理解**云计算的法律规制，包括**云计算法律制度的构建、云计算服务的市场规制、云计算的侵权与犯罪和云计算的法律救济。

习题

1. 试述云计算的法律内涵。
2. 简述云计算的法律挑战和法律特点。
3. 分析云计算的服务合同的订立和效力。
4. 详述云计算的数据权利及云计算的数据迁移。
5. 简述云计算的安全问题。
6. 试述云计算法律制度的构建和法律救济。

第10章 物联网市场规制

本章提要

本章首先阐述物联网市场垄断的法律规制，要求了解垄断及其法律规制的一般原理以及物联网市场垄断的法律规制。重点掌握物联网市场不正当竞争的法律规制，包括不正当竞争行为及其法律规制的基本原理、物联网环境下不正当竞争行为及其法律规制。熟悉物联网环境下消费者权益的保护，包括消费者权益及其保护的一般原理、网络环境下消费者权益保护面临的新问题、网络环境下消费者权益保护体系的构建。最后介绍物联网的行政监管与行业管理，要求熟悉物联网的行政监管和物联网的行业管理。

引例　对讲器不能哪里都安装

2010 年 4 月，《××快报》曾报道江苏省（无锡）××高级中学的男生宿舍里安装了一种“测声器”。熄灯以后学校的值班老师只要开启“测声器”，就可以听到宿舍里学生说话的内容。据了解，这种“测声器”其实是一种楼宇对讲器，是学校新增的一种管理手段。“测声器”是否侵犯了学生的隐私权？对于学校安装仪器的做法，学生的看法也褒贬不一。

部分学生认为学校在未经学生同意而在宿舍安装“测声器”，有窃听嫌疑，不尊重学生个人隐私；也有部分学生认为所谓的隐私既然都能讲给全宿舍同学听了，就不能算隐私；另外，还有一部分学生对宿舍“测声器”保持中立观点。

而有法律界人士表示，从法理上来说，隐私权定义权利主体对他人在何种程度上可以介入自己的私生活，以及自己是否向他们公开隐私及公开的范围和程度具有决定权。所以学生是有权利决定自己在宿舍内讲的话是否能被老师听到。从某种程度上来讲，学校通过仪器听学生说话的行为可以归入侵犯学生隐私的范围，这种行为肯定是不妥当的。

虽然公共利益和个人隐私的关系已经不是一个新鲜的话题，但如何合理安装使用楼宇对讲器，避免与个人隐私权发生冲突依然值得我们思考。

（本文由作者根据网络资料改写：千家网，2010-04-07）

10.1　行业监管概述

行业监管就是在公开、公平、公正原则下，通过督查、检查、抽查、巡查和审核审计等方法，从实体和程序两方面对进入行业的事业体和事件进行监督管理，以保证行业管理目标得以实现。行业监管中的市场监管不是对某一行业、某一具体市场、某一区域的管理，而是具有普遍性的监督管理，过去大多数工商行政管理部门只涉及一些人身安全、假冒伪劣、市场等等一些有形市场的管理而忽视一些市场本身行为和范围（即无形市场）的管理，更不用说物联网、电子商务、网上购物、邮购等交易行为的管理，只局限于具体交易行为的管理，没有充分认识市场交易关系，从抽象行为进行监管，因此，市场监管要把监管眼光放到随经济的发展而发展。

很多国家把行业监管任务授权给一个独立的机构，由这个机构处理被监管行业的竞争问题。这种授权一定程度上削弱了反垄断执法机构的权限，但一般不会彻底剥夺这个机构对这些行业的管辖权。如德国负责电信和邮政监管的机构（RegTP）有权处理电信和邮政市场上的滥用行为，但在界定相关市场以及认定企业的市场地位方面，这个机构则得征求联邦卡特尔局的意见。此外，联邦卡特尔局在处理电信和邮政市场上的企业并购以及卡特尔案件方面有专属管辖权。美国在电信、电力、金融和航空业也建立了监管机构，如联邦通信委员会（FCC）负责电信监管。传统上，联邦通信委员会有权依据电信法或自己的监管标准审查电信市场的企业并购，但电信市场的其他竞争行为得由反托拉斯执法机构来处理。随着美国电信市场的竞争越来越充分，监管电信市场的职权从联邦通信委员会转移到司法部和联邦贸易委员会只是一个时间问题。在银行业方面，美国最高法院 1963 年关于费拉德菲亚国民银行案的判决有着很大的影响，该案涉及一个全国性银行和一个州政府批准的银行之间的合并。随着这个判决，银行业并购的管辖权在美国一直被分割给了反托拉斯机构和监管机构共同所有。

我国的现代监管体系尚未建立。这里所指的垄断行业的监管并不是一般意义上的政府行政管理，更不是我国传统的命令式的行政控制，而是基于规则、依靠专业人员、经过透明程序而实施的干预。这种监管应该包括一整套监管法律体系、监管政策、监管机构、监管方法和监管工具在内的现代监管模式和原则。目前在垄断行业中也只有电力行业建立了专门的监管机构，但由于监管的法律体系的缺失及基本的监管框架还没有搭建起来，所以还远远不能说电力行业已经开始了现代监管，更不用说有效监管。

10.1.1　行业监管的作用

行业监管法主要规范市场准入、安全生产以及市场竞争秩序三个方面，我国现实经济生活中的垄断很多是来自电信、电力、邮政、铁路、石油、民航、银行、保险等过去被视为自然垄断或者国家垄断的行业，我国反垄断执法不可避免地会涉及到这些行业。然而，另一方面，我国的这些行业现在都设立了行业主管机关或者监管机构，如工业和信息化部、电监会、银监会、保监会等。鉴于这些行业的特殊性，国家还制定了专门的法律制度，如 2000 年颁布的《中华人民共和国电信条例》，现在还在起草电信法，电信法把促进电信市场的公平竞争和维护电信市场秩序作为该法的立法宗旨之一，行业监管机构与反垄断执法机构在管辖权上就会存在交叉。现在，世界各国在解决反垄断执行机构与监管机构的关系方面，基本上有两种做法：一是由竞争机构负责特殊行业的监管；二是在特殊行业设立专门的监管机构。我国的工商行政管理是规范市场行为，维护市场秩序，使资源配置符合国家政策法律制度的要求，保护和巩固经济关系，达到巩固国家政权、保护公民、法人和其他经济组织的合法权益。这说明：工商行政的市场管理是行使权力的一种经济管理，是建立和执行市场经济法律制度的管理，也是规范市场行为，调节各种经济关系的管理。

我国已经建立了很多监管机构，这些机构有很大的经济和政治权力，它们不会轻易放弃自己对被监管行业的管辖权；另一方面，我国的经济规模远远大于澳大利亚和新西兰，如果反垄断执法和行业监管置于同一机构，这个机构的规模就可能过于庞大，不便管理。因此，建立独立的行业监管机构在我国势在必行。然而，即便我国反垄断执法和行业监管相互独立，它们在管制被监管企业的限制竞争方面，也会存在管辖权的冲突。根据国务院提交给全国人大常委会的《中华人民共和国反垄断法》草案第四十四条，解决这个冲突的办法是排除反垄断执法机构对被监管行业中限制竞争案件的管辖权。这种做法不符合当前世界各国反垄断立法的潮流，而且让人担心，行业监管机构能否有效地执行国家的竞争政策。因为很多国家的经验表明，监管机构处理被监管行业竞争案件的最大问题是，它们在被监管企业与其竞争对手或者消费者的争议中，往往站在被监管者的立场上，从而会损害处于弱势地位的经营者或消费者的利益。这即是监管者被“俘获”的理论。特别在我国目前仍然存在政企不分的情况下，政府机构运用行政权力维护垄断企业利益的现象司空见惯。因为监管者和被监管者往往属于一个利益集团，是政企同盟，人们就有理由担心，行业主管或监管机构处理本行业的竞争问题时不能保持中立，不能保护消费者。另一方面，我国监管机构在权力配置、执法程序以及执法手段等方面，不是以建立竞争性的市场结构和规范企业的市场行为为目标，这些机构一般没有很强的反垄断意识，不能适应执行反垄断法的要求。此外，现在我国几乎在所有于国计民生比较重要的行业都设立了主管部门或者监管机构。如果这些监管机构各自适用自己的部门法处理限制竞争案件，这不仅政出多门，浪费执法资源，降低执法效率，也不可能建立统一的市场竞争秩序。

10.1.2 行业监管的内容

有些国家或地区把行业监管放在反垄断执法机构之内。例如在欧共体委员会，竞争总局除了负责执行条约第 81 条和第 82 条、企业合并控制以及国家援助政策外，还负责在电信、能源、银行、保险、传媒等行业的监管任务。例如，监管能源市场的任务属于 B-1 局，监管邮政市场竞争的任务属于 C-1 局，监管银行和保险业的任务则属于 D-1 局。总体上说，电信、电力、银行、保险等行业在欧共体已经被视为竞争性的行业，它们在适用法律以及执法机构上与其他行业相比没有特殊的待遇。澳大利亚和新西兰也没有负责电信、电力等行业监管的专门机构。即这些行业同其他一般行业一样，监管它们的权力被交给了反垄断执法机构。在澳大利亚，行业监管任务属于澳大利亚竞争与消费者委员会，委员会的下面设立了涉及电力、天然气、运输和电信等行业竞争问题的“监管事务局”。新西兰的商业委员会是一个独立的准司法机构。它除了执行竞争法，还执行新西兰 1998 年颁布的《电力改革法》、2001 年颁布的《电信法》和 2001 年颁布的《奶制品业重组法》，承担着对电力、电信和奶制品业的监管。

我国的市场监管要严格市场主体准入和市场行为两个方面，市场准入行为是从审核登记开始的，在审核登记中，要支持重点行业的建立和发展，防止不合理的投资，禁止非法经营活动，在审核后，加强回访和巡查，是否有违反登记进行经营的行为，如超范围、虚假验资、抽逃出资和“三无”企业等，主体准入是市场监管的第一关，经严格依法审批申请，对符合条件的确立其资格，明确权利和义务，市场准入确立后进行跟踪监管，是市场行为的监管，一些经营者，在取得行为后，不择手段的进行制假、售假、操纵垄断和不正当竞争，进行虚假宣传，甚至投机倒把等，扰乱了社会主义市场经济秩序，损害了其他经营者和消费者的合法权益，深化了市场经济秩序的矛盾，综合这些情况，市场监管要从整体出发，研究其成因和对策，从宏观方面建立良好的经济秩序。市场监管的准入行为和经营行为是从宏观方面说的，而市场监管是一个全方位的过程，微观方面也不可轻视，由于一个个微观形成了宏观，微观监管是宏观管理的具体体现，也就是说，由具体的行政行为来规范市场准入行为和市场经营行为，只有通过对某一经营者的具体违法行为进行处罚，处罚一户带动一片的现象，才能使市场经济健康有序的发展。

10.1.3 物联网市场的监管

保护物联网市场主体的合法权益是物联网市场监管的核心任务。物联网市场参与各方是物联网市场的基础和支柱，没有参与者的积极介入，就不会有物联网的服务和交易，物联网市场的基本功能就难以实现。参与者对物联网市场的信心，是物联网市场得以存在和发展的基本保证。只有真正保护参与者利益的市场，才能给参与者以安全感和投资信心，物联网市场才能得到长久发展。像我国这样处于发展初期的新兴物联网市场，中小企业占绝大多数，这一点尤为重要。因此，鼓励合法经营，制止不正当竞争，保护参与者利益是发展物联网市场的核心任务，也是我们规范物联网市场的根本目的。

10.1.4　市场监管的基本原则

保护物联网产业各主体的利益，关键是要建立起公平合理的市场环境，为参与者提供平等的交易机会和获取信息的机会，使参与者能够在理性的基础上，自主地决定交易行为。因此，建立和维护物联网市场的公开、公平、公正的原则，是保护主体合法利益不受侵犯的基本原则，也是保护主体利益的基础。基本原则的具体内容包括：

1．公开原则

公开原则又称信息公开原则。公开原则的核心要求是实现市场信息的公开化，即要求市场具有充分的透明度。信息公开原则是公平、公正原则的前提。物联网市场中的投资活动是一连串信息分析的结果，只有市场信息能够公开地发布和传播，投资者才能公平地做出自己的投资决策。也只有如此，才能防止出现各种物联网欺诈和舞弊行为，保证市场公正。

2．公平原则

物联网市场的公平原则，要求物联网服务、交易活动中的所有参与者都有平等的法律地位，各自的合法权益能够得到公平的保护。这里，公平是指机会均等，平等竞争，营造一个所有市场参与者进行公平竞争的环境。按照公平原则，物联网主体有公平的筹资机会，物联网经营机构在市场中有公平的权利和责任，用户享有公平的交易机会。对物联网市场的所有参与者而言，不能因为其在市场中的职能差异、身份不同、经济实力大小而受到不公平的待遇，而要按照公平统一的市场规则进行各种活动。

3．公正原则

公正原则是针对物联网监管机构的监管行为而言的，它要求物联网监督管理部门在公开、公平原则基础上，对一切被监管对象给以公正待遇。公正原则是实现公开、公平原则的保障。根据公正原则，物联网立法机构应当制定体现公平精神的法律、法规和政策，物联网监管部门应当根据法律授予的权限公正履行监管职责。要在法律的基础上，对一切物联网市场参与者给予公正的待遇。对物联网违法行为的处罚，对证券纠纷事件和争议的处理，都应当公正进行。

“三公”原则是贯穿物联网市场运行过程的基本原则。建立公开、公平、公正的市场环境，保证所有的市场参与者都能按照市场经济的原则，在相互尊重对方利益的基础上进行投融资活动，是物联网市场规范化的一个基本要求，也是保障投资者合法利益的前提和基础。

10.2　物联网市场垄断的法律规制

“十一五”期间我国物联网在经历了探索和理性调整后，步入务实发展的轨道，为“十二五”快速发展奠定了良好基础。物联网应用初见成效。物联网逐步渗透到经济和社会的各个层面，物联网支撑体系建设取得重要进展。在“十二五”及今后一段时间，要强化市场监管，规范物联网秩序。依据物联网相关法律法规，进一步规范企业行为，维护市场秩序，促进企业间物联网的相互协作和发展。明确政府相关部门、行业协会、企业及公众的职责与义务，加强对物联网从业人员、企业及相关机构的管理，研究制定物联网监督管理规范，维护物联网市场活动的正常秩序。

10.2.1 垄断及其法律规制的一般原理

1. 垄断的概念和分类

垄断是指少数企业凭借雄厚的经济实力对生产和市场进行控制，并在一定的市场领域内从实质上限制竞争的一种市场状态。垄断由自由竞争发展而来，是竞争参与者在取得支配地位后排斥和限制他人竞争转化而形成的。垄断与市场经济自由公平原则背道而驰，窒息了市场竞争的活力，阻碍了经济持久健康发展。

垄断可根据市场占有的情况，分为独占垄断、寡头垄断和联合垄断。独占垄断也称为完全垄断，是指一家企业对整个行业的生产、销售和价格有完全的排他性的控制能力，在该行业内不存在任何竞争。寡头垄断，是指市场上只有为数不同的企业生产、销售某种特定的产品或者服务，每个企业都占有一定的市场份额，对价格实施了排他性的控制，但它们相互之间又存在一定的竞争。联合垄断，是指多个相互间有竞争关系并有相当经济实力的企业，通过限制竞争协议等形式，联合控制某一行业市场的状态。

垄断也可根据产生的原因，分为经济性垄断、国家垄断、行政垄断和自然垄断。经济性垄断又称市场垄断，是指市场主体通过自身的力量设置市场障碍而形成的垄断，这是一般的垄断。国家垄断，是指国家出于保护目的，对某一行业市场的生产、销售等进行直接控制，不允许其他市场主体进入该市场领域的情况。行政垄断，是指由政府行政机构违法设置市场障碍而形成的垄断，如在计划经济向市场经济转轨时期，一些地方和部门的保护主义就是典型行政性垄断。自然垄断，是指由于市场的自然条件原因而产生的独占经营，即某些行业不适合竞争经营，否则将导致社会资源的浪费或市场秩序的混乱，如公用事业。

2. 反垄断法的概念

反垄断法是调整国家在制止市场主体以控制市场为目的的反竞争行为过程中所发生的经济关系的法律规范的总和。

反垄断法所禁止的并不是所有的垄断行为，只是法律特定的垄断行为。早期的反垄断法以结构主义为指导思想，主要关注市场结构的变化，着眼于经济规模度、产品差异性和市场进入障碍等，认为一个企业只要在市场中占有一定份额就形成了垄断，将市场力量高度集中等同于垄断，相应地进行反垄断法规制。如美国、日本均规定，对于事实上已经具备垄断地位而可能引发反竞争行为的垄断，可以用解散企业或命令转让营业等形式加以消除。当代已有更多反垄断法以行为主义为理论基础，认为垄断是经济过度集中的产物，但经济集中并不当然导致垄断，高集中度不一定影响市场竞争的效率，有时集中度很高的行业（如汽车工业）仍然存在激烈的竞争，高集中度反而促进了经济效益的提高和科技的进步。因此，仅有经济集中度未必导致垄断。只有当企业从获取超额垄断利润或者排挤竞争对手等目的出发，占有较高的市场份额，并滥用这种市场优势实施反竞争的行为时，才被视为垄断，才需要依反垄断法加以制止。

此外，有些垄断如知识产权垄断，其市场进入障碍既非垄断者自身力量形成，也不是行政力量制造，而是由法律所赋予的权利。

尽管各国反垄断法的理论依据不尽相同，规制的重点也有差异，但它们的作用是一致的，这就是保护市场主体特别是中小企业的合法权利，保护消费者权益，维护社会财富分配的公正，维护市场竞争机制和经济自由，使经济运行充满活力。

3．垄断行为及其法律规制

1）滥用市场支配地位的行为

滥用市场支配地位是指具有一定的市场支配地位的企业滥用市场优势地位，对其他主体进行不公平的交易或者排除竞争对手的行为。认定滥用市场支配地位的行为需要考虑两个要素，一是取得特定市场的支配地位，二是滥用支配力量妨碍竞争。

首先是关于特定市场的支配地位认定。这里的特定市场是指相关产品市场和相关地域市场。相关产品就是所有销售者向共同的购买者销售的具有竞争性的产品，包括相同的产品或在价格、质量、用途等方面可替代的产品；相关地域市场是指消费者能够有效地选择各类竞争产品，供应商能够有效地供应产品的一定区域。这里的支配地位是指企业拥有的市场控制力（支配力），是企业及其联合体在特定市场上具有的控制价格或排除竞争的能力。关于支配力的量化标准各国有较大差异。英国 1973 年的《公平交易法案》规定，占有市场份额的 1/4 即拥有市场控制力；德国《反对限制竞争法》规定单个企业占有市场的 1/3、或 3 个以下企业共同占有市场的 1/2、或 5 个以下企业共同占有市场的 2/3 可视为拥有市场控制力；日本《禁止垄断法》则规定单个企业占有市场的 1/2、或 2 个企业共同占有市场的 3/4 视为拥有市场控制力。

其次是滥用市场支配地位妨碍竞争的认定。通常的行为表现有：

（1）不正当地确定、维持、变更商品价格。这种行为既损害了消费者的权益、将消费者享有的部分福利转移到垄断厂商，也妨碍了其他竞争者的进入、对竞争构成实质性的限制。

（2）差别对待。处于支配地位的企业在向条件相同的交易对象提供商品时，没有正当理由却在价格或其他交易条件上给予明显的区别对待，从而限制了交易对象之间的竞争。

（3）强制交易。处于支配地位的企业采取利诱、胁迫或其他不正当的方法，迫使其他企业违背真实意愿与之交易或者促使其他企业从事限制竞争的行为。

（4）掠夺性定价。处于市场支配地位的企业以排挤竞争对手为目的，以低于成本的价格销售商品。

（5）独家交易。处于市场支配地位的企业要求经销商在特定市场内只经销自己的商品，不得经销其他企业的同种或同类商品。独家交易又称排他性交易行为。

对滥用市场支配地位的行为可以依法追究行政、刑事和民事赔偿责任。

2）限制竞争协议的行为

限制竞争协议行为是指有竞争关系的企业之间通过协议以及其他方式做出安排，共同限制或者排除市场竞争的垄断行为。这种限制，可能是正式的协议，也可能是口头约定或默契下的联合行动。限制竞争协议与滥用市场支配地位的区别在于前者需两个或者两个以上的企业共同实施，而后者凭借一个企业自身优势就可单独实施。

限制竞争协议的主体主要是同一市场中相同经营层次有竞争关系的企业，有时也包括上下经营层次的企业，一般是几个企业联合参与实施一个限制竞争的共同计划。协议参与者都有主观上的故意，当事人都出于共同的利益或者意图而签订协议。

限制竞争协议的行为表现形式主要有：

（1）限制价格竞争协议，又称价格固定，是指具有竞争关系的企业联手确定、维持或变更商品的统一价格的行为，其目的是使消费者面对唯一的价格或交易条件，没有选择的余地。

（2）限制生产协议，即企业之间联合限制商品的市场供应数量和质量，往往是通过协议降低企业生产能力，人为的压缩供应，力图使市场上商品处于供不应求状态，从而维持商品的较高价格，获取高额利润。

（3）市场划分协议，即为避免竞争而达成协议划分交易地区（划定彼此交易区域或者对交易数量分配限额）和划分交易对象（分配不同的交易对象）。

（4）联合抵制协议，是指企业共同阻碍进入市场或者排挤竞争对手的行为，包括老企业共同设置障碍阻止新企业进入市场，以及联合拒绝同市场上具有直接竞争关系的企业交易，以将该企业驱逐出市场。

（5）其他限制竞争协议，如限制转售价格、交换价格情报的行为等。

限制竞争协议直接损害了未参与协议的企业的利益，也侵害了消费者权益，妨碍竞争机制正常发挥其功能，应予以依法制止。

3）经营者集中行为

所谓经营者集中，一般是指经营者通过合并、收购、委托经营、联营或控制其他经营者业务或人事等方式，集中经营者经济实力从而提高市场支配地位的行为。它主要具有以下特征：

（1）经营者集中行为的主体是经营者。无论是合并、股份或资产收购、委托经营或联营、业务或从事控制等，其行为施动者和受动者都是经营者。

（2）经营者集中行为目的和后果是迅速集合经济实力，提高市场份额，提升市场支配地位。

（3）经营者集中行为属于市场行为中的组织调整行为，具体方式包括但不限于经营者合并和不形成新经营者的股份或资产收购、委托经营或联营、业务或人事控制等。

经营者合并，实践中也称之为企业合并，是指两个或两个以上的经营者合并为一个经营者，从而导致经营者集中的行为。经营者合并可以形成一定的规模经济，但经济力量过度集中又使市场竞争主体数量减少，市场结构发生变化，对市场竞争产生不利影响。因此，反垄断法对妨碍竞争的经营者合并行为予以严厉制止。

经营者合并中较典型的是直接合并，即公司法上的吸收合并和新设合并。其中又可分为横向、纵向和混合合并。横向合并是指相同产品的生产经营者之间的合并，通过经营规模扩大而提高合并企业的市场占有率，带来规模经济效益，并直接影响市场结构。纵向合并是指同一产品的不同生产经营环节的企业之间的合并，实质是将上下游供销关系变成同一企业的内部关系，相对降低市场交易成本，增强合并企业对上、下游市场的控制力，并有可能采取一定方式排挤竞争对手。混合合并是指分属不同行业领域的企业的合并，企业通过混合合并实行多样化经营，可降低经营风险，实现企业内部资源和人力的合理流动。混合合并虽然没有根本改变市场结构，但仍可能使合并企业加强对其主要产品市场的控制。

经营者控制是指经营者通过收购、委托经营、联营和其他方式而控制其他经营者，从而导致经营者集中的行为。主要有：

股份保有，指一个企业通过购买、持有竞争企业的股份或资产，形成控股控制关系，将被控制企业的经营活动纳入本企业的范围，从而限制竞争。

经营控制，指通过受让或承租资产、委托经营或共同经营等形式，达到以较少财产支配更多资产，采取一致的市场行为，共同控制市场的目的。

董事兼任，指通过企业间高管人员的相互兼任形成一致行动，或通过对一个企业的人事控制而将其经营纳入统一运行轨道。

经营者集中是市场中的常见行为，是市场资源重组的需要。导致垄断的合并只是一些规模很大且妨碍市场竞争的合并。为抑制这类合并，各国法律都采取了企业合并申报制度。如美国有关企业合并的法律要求，合并达到一定规模的企业在合并实施前应向有关当局进行申报；德国规定大企业的合并实行事前申报制度，一般合并原则上实行事后登记。企业合并是否是垄断，政府可以根据合并前后的市场份额变化及对竞争的影响情况做出判断。当企业结合违反法律规定，危及市场竞争、损害社会公共利益时，政府或司法机构可依法给予相应的法律制裁，包括禁止结合、解散已经结合的企业、罚款、解除职务、宣告无效等，严重的可予以刑事处罚。若企业合并已损害了其他经营者或消费者的权益，合并行为人还应承担相应的损害赔偿责任。

4）行政垄断行为

行政垄断或称行政性垄断，是政府行政机关或其授权的组织滥用行政权力，限制竞争的行为。行政垄断是政府违背市场规律及行政规范，参与市场竞争、干涉市场主体行为、分享市场资源、破坏经济自由的不正常状况。

由于我国经济体制正处于转轨过程中，竞争性的市场机制尚未完全形成，地方政府经济权限的增强，使行政垄断得以滋生增长。行政垄断具有明显的危害：损害市场主体的合法权益，保护落后，削弱企业竞争能力；阻碍了政府职能的转变，助长腐败；破坏社会主义市场经济运行机制。因此学术界不少人主张，我国目前反垄断法的重点是反行政垄断。

我国常见的行政垄断主要有以下几种表现形式：

（1）地区封锁。地方政府及其职能部门通过行政权力建立市场壁垒，禁止外地产品流入本地市场，禁止本地资源流出，对不同的地区经营者差别对待，实行地方保护主义。

（2）部门分割。行业管理部门对本行业企业加以特殊保护，阻止新的经营者进入本行业市场，限制资金、技术、人员的流动和联合。

（3）行政指定经营。政府的所属部门滥用其行政权力，限定他人购买其指定的经营者的商品，限制其他经营者正当的经营活动。

（4）行政部门干涉企业经营。一些政府部门和地方政府滥用行政权，对企业经营进行不当干涉，如强制联合、组建行政性公司、限制所属企业之间竞争、强制形成市场独占组织等。

根治行政垄断的最好方法是加快政府职能转变，政府不再承担对企业的具体决策和组织的职能，让企业成为真正的市场竞争主体并按照市场法则自主经营。完善市场体系的法律建设，减少行政权力过度渗透市场的机会，也是防范行政垄断的有效途径。

4．反垄断法的适用例外

反垄断法的适用例外是指国家为了适应一定时期政策、利益的需要，保护国民经济的发展，而在反垄断法中保持一定的灵活性，对特定的行业或企业的特定行为规定了例外条款或适用豁免制度。适用除外对于鼓励适当的规模经济、调控国民经济各部门协调发展、以及维护民族经济利益等都具有重要意义。

适用例外的范围一般是涉及国计民生的特殊行业、风险行业或阶段性措施。各国的反垄断法中主要有以下领域可以适用例外：

国家垄断。这是国家从国民经济全局出发，根据一定时期的经济政策，对某些部门的经营权和国有自然资源的所有权实行独占。许多国家的交通运输主干道、邮政电信、能源都存在一定程度的国家垄断。这是国家通过国家权利对经济运行的一种干预和保护。

自然垄断。这是由于市场的自然条件而产生的垄断经营，如铁路、电力、煤气、给排水等行业往往不适合竞争经营，自由竞争状态反而会导致社会资源的浪费或市场秩序的混乱。现在这些行业一般实行市场许可进入，但国家在服务收费价格上作严格监管，防止滥用优势地位进行不正当竞争。

知识产权。专利、商标、著作权、技术秘密等知识产权均具有独占性的特征，实际就是法律允许的合法垄断。这是为了鼓励科学创新和技术进步而做出的适度除外。

国际贸易中维护民族利益。市场经济国家为保护本国利益，在鼓励出口的同时，对于为保障进出口贸易和对外合作中的正当利益而进行的共同行为，如出口卡特尔、国家卡特尔组织等都规定适用除外。

其他。包括允许经营者为改进技术、提高质量、提高效率、降低成本、分工协作、统一标准、协作开发商品或市场而采取共同行为；允许对医师、律师、会计师、审计师等特定组织和人员实行市场进入许可等。

10.2.2 物联网市场垄断的法律规制

物联网市场的形成能够极大地增进效率，加剧市场的竞争。当商业运作具有更高的效率和竞争性，会有助于产品价格降低、质量提高、更新加快，这会有利于消费者。但是 B2B 的结构及设计模式，营运商制定的营运规章、规则，和参与者之间的合同安排，物联网的所有权与管理，以及物联网运营的市场的特征和产生的效果等一系列因素，也引发了对反垄断问题的广泛关注。

1. 对物联网市场的垄断分析

1）物联网市场垄断产生、存在和发展的新特征

物联网市场内在的网络特性使得这种市场容易形成经营者的市场支配地位，并使 B2B 市场容易具有“排斥性”特征。

随着物联网使用者的数量增多，网络价值的增大、“网络的外部性”，使得对网络市场的支配问题也伴随而生。如果“网络效应”很强，就会使所有的市场参与者使用网络的机会减少，导致市场支配地位的形成。随着在同一个交易平台上的需求方和供应商数量增多和利益增大，在物联网环境下的垄断问题就会出现。但物联网环境的垄断更具有暂时性，垄断并不必然抑制和排斥竞争；相反，垄断者仍然面临着各式各样和不同程度的竞争。这种垄断不但没有“高价低质”的垄断产品侵害消费者的利益，造成社会经济效率低下，也没有消灭竞争，遏制创新。技术创新、竞争、垄断这三者在网络经济时代将始终是交融互促地发展的。这就对传统经济学中的反垄断观念提出挑战。

物联网市场中“网络效应”的扩大，让竞争政策的制定成为两难。一方面需要考虑到只有庞大的商务网络市场才能实现实质性的效率。实践中，每一个交易平台都在尽可能多的吸引各个行业的参与者，这或许不应该视为是竞争问题；另一方面，竞争政策需要确认“网络效应”会产生市场失灵的效果，将会实质性的提高市场准入标准、阻碍市场扩张，这就会使得规模很大的交易平台的经营者具有实质性的市场力量。

2）物联网服务的市场界定

与传统的商务活动相比，物联网服务具有虚拟性、跨越时空性和高效性等特征。并且由于信息的开放性，物联网市场与传统市场的主要区别在于其较低的进入障碍、较低的管理成本和得到完全的产品与需求信息的机会。从经济学角度看，物联网有着完全竞争市场的很多特征。这是我们认识物联网市场的一个重要方面。

竞争必须与市场相联系，因为只有在具体的市场条件下，才能认定一个竞争行为是有利于竞争还是限制竞争。可以说界定出相关的市场是反垄断分析的第一步。虽然说并非每一个竞争法案件都需要界定出相关市场，但在很多案件中，从产品市场和地域市场两个方面去界定相关市场，对评价一个竞争案件常常有着决定性的影响。在物联网环境下，以物联网平台为基础而产生的产品和服务不断出现，很多情况下很难从产品的性能、价格、使用目的以及消费者的喜好来界定相关产品市场。而相关地域市场的界定也具有较大的不确定性。物联网市场的发展没有从实质上改变传统的市场界定理论，1997 年欧共体委员会提出的界定相关市场的 SSNIP（Small But Significant Non-transitory Increase in Prices）测度标准和一系列有关市场界定的原则仍将是有效的市场界定分析工具。用这种标准去界定一个相关市场时，“需要回答的问题是，作为对一定产品和地域内假设的数目不大（其幅度在 5%～10%之间）但长期性的相对价格上涨的反应，当事人的客户是否愿意转向购买可以得到的替代品，或者转向其他地区的供货商。”SSNIP 标准的经济学原理是：需求替代可以对一定产品的卖方造成最直接和最有效的制约力，特别能对卖方的定价行为产生重大的影响。在使用这个标准界定相关市场时，重点要考虑需求替代。然而，在新兴物联网市场中，中立性交易平台上会有数量众多的卖方和买方同时进场交易。此时，价格不能由卖家或买家单独控制，而是通过市场调节，由物联网市场的供求双方的相互作用而确定出。

另外一种是通过竞价和拍卖来实现产品的动态价格，最终的价格是竞出的高价或是可以使成交量最多的价格。这都不同于工业经济中卖方通过发布产品目录来行使定价的权利方式。因此，这会要求对 SSNIP 测度标准进行相应的修正，让 SSNIP 测度标准同等适用一个数额不大但却有意义的限制供应，而不仅仅是非临时性的涨价。另一方面，由于在物联网市场中，缺乏可信度较高的销售记录和价格数据，物联网市场当前的变化速度又非常迅猛，这将会导致 SSNIP 测度标准适用的复杂化。特别是在买卖双方转换市场行为的过程中，物联网市场日新月异的变化将会影响到物联网服务和传统服务的竞争程度，进而会影响产品市场的合理布局。因此在界定目前或未来市场范围时，历史数据的适用性受到了限制。同时，市场参与者与竞争机构在评估相关市场时对历史数据的依赖程度也会限制。这是物联网发展在短期可能会发生的情况，就长期而言，如果企业的交易都实现了电子化，竞争机构虽然可能会获取更多的可用数据，但数据没有被例行保存的情况也极有可能发生。鉴于此，各国的法院或政府机构必须要为保存特定类型交易（例如在线市场）的电子记录程序做出规定。

有关物联网市场引发的市场界定问题还有以下三个方面：一是物联网是否创造了一个符合竞争政策的新市场，还是仅仅构成了一条能和传统销售渠道相竞争的新的销售渠道。二是价格歧视范围的增加或物联网市场在搜索成本、转换成本和规模经济方面的可能变化，导致产品市场范围的缩小还是扩张。三是买卖双方交易所处地理位置重要性的削弱是否会拓宽相关的地域市场。因此，如何区别物联网与传统的商业模式，如何根据物联网本身的特点合理地界定出相关市场将值得关注。另外，在国际贸易的障碍还依然存在的今天，参与物联网交易的贸易障碍会变的越来越少，这会使产品的地域市场变得越来越大，司法管辖问题会进一步的复杂化。这更需要增进不同国家竞争机构之间的相互合作，来协调反垄断法的域外管辖权的冲突。

2．物联网市场引发的反垄断问题

尽管物联网市场能够创造出高效率并能提高生产力，但这种市场也会出现竞争者间的共谋、排他性交易等一系列反垄断法所规制的问题。因此，公司在建立物联网市场的时候，要充分了解传统的反垄断规则在新兴网络市场中是如何适用的，尽可能避免引发反垄断问题。建立者必须考虑：① 物联网企业和竞争对手之间交换信息，或者允许竞争对手使用敏感性的竞争信息是否会导致价格的提高而损害消费者的利益；② 物联网企业设置的一些“排他性”规则，限制竞争者使用其设立的交易平台，或阻止企业设立人与交易的参与者使用竞争对手的交易平台，是否会不适当的阻碍竞争对手业务的正常发展。

1）竞争者之间的信息交换协议

网络技术使信息的收集与传播变得更加便捷，从反垄断法的角度来说，这会对市场竞争产生重大的影响，特别是竞争者之间交流经营信息的行为。竞争者之间的信息共享协议一方面会有利于竞争，并可能是企业赢得利益的合理的和必要的途径。但在物联网市场中，信息共享安排会助长企业间的协调行为，例如企业之间的价格协调和其他竞争条件的协调等，因而也会损害竞争。但是，何种信息交换协议会有助于竞争，何种协议会损害竞争，很难形成统一的判断标准。依据美国的《谢尔曼法案》第 1 款的规定，运用“合理原则”（Rule of Reason）可以判定竞争者之间的信息交换协议是否违法。在卖方垄断市场的条件下，欧盟竞争法第 81 条也可以适用，去判断竞争者交换敏感商业信息行为的合法性。对竞争者之间信息交换协议的反垄断分析首先要考虑其是否产生了反竞争法的效果。这种分析可以通过调查市场结构、市场份额、信息交换者之间的关系以及交换的是何种信息等途径。只有当垄断分析显示存在有反竞争的损害时，才会转入信息交换协议对效率所起促进作用的分析上，进而判断如果不严格限制信息交换协议是否对效率起到同样的促进作用。当评估信息变换协议对竞争是否存在潜在的影响时，除了要考虑上述市场结构等因素外，还包括：交流的是何种类型的信息，谁将会了解或接触到这类信息，交流信息的更新程度及和交易的关联程度，信息是否在平台之外也可以获取等。

首先，物联网的服务者和运营者必须仔细考虑谁将会了解到信息。他们必须审查物联网技术下的信息传播渠道并决定能否让竞争者获取此类敏感性的信息，并且应该明确规定禁止哪类竞争者获取此类信息。特别是那些涉及产品的价格、生产成本、产量、销售、市场份额及战略计划等的信息，它们在本质上更能让竞争者用来固定价格。其次，对于那些有关企业情况的过时信息通常对企业“固定价格行为”帮助不大，而发布的企业当前或今后的经营信息最有可能引发垄断关注，它可能使竞争者之间交换未来交易的信息，导致企业间的价格竞争受到窒息。因此通过物联网平台交换的信息如果容易获取的话，这类信息也不大可能会影响市场，也不易引起反垄断关注。

2）“排他性”协议与“排斥性”协议

在物联网环境下，网络支配地位难以形成。运营者要想获取支配地位，必须借助于网络的“正反馈机制”作用并采取“锁定”战略。实践中，一些物联网市场的参与者会制定规则，去排挤其他的竞争者使用或者共同参与物联网服务平台的建立，此时会使服务平台明显具有“排他性”（Exclusivity）特征。如果这个服务平台对竞争来说非常必要，就会导致那些被排挤在外的竞争者丧失可能的商业利益，当他们再与物联网运营者进行竞争时，就不具有竞争力了。如果物联网服务平台的所有者采用一些规则，禁止已经参与的交易者与其他平台的所有者或参与者联系，此时会使服务平台具有“排斥性”（Exclusion or Foreclosure）特征。如果物联网的首批运营者已经控制相当的市场份额，竞争对手或许就不会再有可能去发展自己的服务平台，从而使物联网的首批运营者避免了竞争。不适当的排除外来竞争的“排他性”规定表现形式很多，最典型的是通过协议禁止特定的竞争对手投资或利用其他的物联网平台。在企业设立的对参与者的排他性条款与网络效应共同作用下，造成了市场进入的实质性障碍。如果网络的使用者想转换到另一家服务平台上去，网络的“外部性”和“排他性”条款的作用会造成一种“禁止性机会成本”，使他们远离其他的网络。有些歧视竞争者的规定虽然表现的不太明显，但同样起到排除竞争的效果。例如，限制竞争者使用平台具有的特定功能，这种限制性的运营规则无疑会增加交易成本，减损有效竞争。在买方企业拉动型的电子商务市场上，会出现买方的联合购买或联合贸易行为。这种商业行为能够通过购买的规模效应来降低交易成本，减少制造费用而产生效率。在本质上，它和传统的联合购买或贸易行为没有不同。

但如果买方控制充分的市场份额并滥用优势地位，通过压低购买量来影响交易价格，可能会有损竞争。在欧盟国家，可以通过把“欧盟竞争法第 81 条关于横向合作协议的适用指南”对该种行为进行规制适用到物联网市场中去。该指南规定：如果联合购买或联合贸易行为所达到的交易量不超过相关市场的 15%份额的话，这种行为就不认为是限制竞争的行为，或者被认为是符合豁免的行为。

同样，不适当的运用“排斥性”规定排除竞争的表现形式也是多样的。例如，在卖方推动型的物联网市场上，物联网服务平台的建立者通过协议来限制向竞争对手的服务平台投资，禁止使用竞争对手的服务平台的运营规则；要求平台的建立者或使用者必须在物联网服务平台进行一定数量的交易，这一规定也会达到限制竞争的同样效果。如果对必须进行交易量的要求过高，交易者就没有足够业务去参加竞争对手的服务平台，从而平台与平台之间就不会存在有效竞争。对何为“排他性”行为和“排斥性”行为，目前还没有明确的界限。虽然这两种行为并不必然会导致反垄断法适用，物联网的运营者还是应该谨慎评估相关市场，进而去判断它们可能会产生的竞争效果。对市场进行评估是一个复杂的过程，需要搜集大量的数据和资料。在判断物联网市场是否具有“排他性”特征时，很重要的一点是看适用物联网服务平台对有效竞争是否有重要意义。如果被排挤在外的竞争者参加服务平台还有很多种选择，这基本上不会产生对反垄断问题的关注。在判断物联网市场是否具有“排斥性”特征时，物联网的运营者要审查很多种因素，包括物联网平台的建立者和使用者控制的市场份额大小以及能与服务平台相竞争的份额。

到目前为止，大部分的物联网服务平台还处于新兴的发展阶段，还不具有市场影响力或市场影响力还很小，不会影响对市场的垄断分析。当服务平台逐渐发展而成为行业标准时，那些看似轻微的条款就会产生垄断问题了。另外，对物联网服务平台的评估不但要从反垄断的后果上分析，而且还要注意其发展的全过程。

很多物联网服务平台已经建立并取得快速发展，这才引起了人们对建立这种平台的反垄断关注。而实质上，物联网类似于竞争者之间建立起的合营企业，和传统的合营企业区别之处在于，网络技术的发展使得信息的搜集、传播、交流与使用在合营企业内部出现了新的方式。另外，物联网服务平台如果具有“排他性”或“排斥性”特征时，对竞争产生损害是无疑的，这难免会引发反垄断审查。企业在设计物联网服务平台的同时，制定出一套和反垄断法律相一致的物联网服务规则，通常会无损于建立服务平台的商业目标。故而，在建立物联网服务平台之初，企业如果能够注意可能会引发的反垄断问题，就会对其今后的商业发展充满信心。

3. 物联网市场的垄断法规制

1）新兴物联网中的垄断行为能否纳入传统的垄断法中进行规制

网络技术会如何影响市场的结构和市场的特性还不能做最后的完全定论，而物联网未来发展的不确定性更使人们难以预测其对竞争产生的可能影响。一方面，物联网的一些特征会有助于市场进入和成本降低，这种市场竞争加剧的结果会有利于消费者。物联网能够促进竞争的表现很多。例如，当搜索成本、菜单和交易成本降低，买方选择供应商的机会很多时，卖方之间的竞争会趋于剧烈。但另一方面，“先发效应”、“网络的外部性”、“转换成本”及其他的进入障碍可能会影响市场力（Market Power），使得市场力仅仅在为数不多的大商家之间发挥作用，因此也会减损竞争。例如，物联网会助长某类不正当竞争行为的发生，使竞争当局监管此类行为的能力降低。

事实上，新兴的物联网市场中的反垄断问题并没有超出传统反垄断法规制的范围，当垄断行为出现时，借助传统反垄断法中相类似的规则是能够解决问题的。对物联网市场垄断问题上分析，和传统经济形态下的垄断分析是一样的。从反垄断法的角度来说，物联网市场竞争者之间的共谋行为和一般市场上竞争者共谋行为并没有很大差异。反垄断法和反垄断分析模式不会随着经济发展的成功、失败的演进而失去作用，反垄断法的基本价值和对消费者保护的原则会一直得到适用。实践中，物联网的运营者通过设计一套完善的物联网运营规则，完全有可能消除反垄断问题的发生。但在物联网运营的有些方面，已经证实有违反垄断法的实质可能性。物联网的运营者因此也应该意识到，其建立起来的物联网平台的结构模式、运营的章程规则、所有权关系和管理会引发潜在的反竞争效果。

需要指出的是，物联网的发展并不会在实质上造就新类型的不正当竞争行为，传统意义上的竞争法律框架足以解决新的问题。但是很多领域出现的新问题需要监管者审慎的监管，一些领域的法律适用规则需要进行适当调整。执法机构应该确保市场竞争力在物联网的飞速发展进程中自由地运转，一方面要保护好消费者的利益不受不正当竞争行为的侵害，另一方面还不能窒息物联网发展中形成的这种新的竞争形式。因此，各国要制定出适当的竞争政策来迎接这种挑战。

2）各国有关物联网垄断的法律规制

随着电子商务的快速发展和广泛应用，现行的法规与物联网实践不相适应的矛盾越来越突出。因为竞争在网络经济中扮演的角色不同于传统的市场经济，竞争的表现形式与规则有所修正。垄断行为的认定及价值判断随着社会对利益、效率、公平的需求变化而改变。在网络经济中，反垄断在规范标准、操作权限及程序、效能范围等方面都会有前所未有的改变。经济形态和经济需求的改变必然引起制度上的变迁，许多国家已经立法对网络经济中的垄断行为进行规制，来应对网络经济的变化。

早在 2000 年 6 月，美国联邦贸易委员会就建立了一个研究机构，专门来研究和解释电子商务中的竞争法问题。美国联邦贸易委员会于同年 10 月发布了该机构的研究报告。公平贸易局也曾委托经济前沿（Frontier Economics）杂志社进行了一项名为“电子商务与竞争政策的建议”的研究，并于 2000 年 8 月发布。2000 年 10 月，OECD 举行了关于电子商务的小型多边会谈，并向 10 个主权国家的竞争机构提出了书面的建议。欧盟委员会也不甘步其后尘，他们对有关电子商务市场的评估原则进行了发展和完善，并在一系列的会议上发布。与此同时，他们也通过适用欧盟竞争法第 81 条和欧盟并购条例（ECMR），以通告的形式来获取对这一新兴市场的实践性认识。并且欧盟委员会已经准备制定一项针对 B2B 电子商务商业交易的反垄断法案。现在，如果我们去分析一家 B2B 电子商务市场时，就会比较容易判断某一国家的当局对之所持的一般立场。而这些观点、立场会逐步发展成为这些国家对物联网的竞争政策。当企业在某一行业建立物联网服务平台的时候，就会注意其行为可能会产生的竞争法后果，从而防患于未然。

3）我国物联网反垄断法规制

物联网市场是新经济发展的重要标志，其作为一个相对独立的市场，也必然要遵循市场经济法治化的基本原则，鼓励竞争、防止垄断、维护公平的经济运行秩序。我国的物联网的发展状况与发达国家相比，还存在较大的差距。我国已经采用物联网运营企业作为物联网市场的主体，同样也面临着竞争等问题。同时由于物联网运营企业所体现的特殊技术化特征，使得这种新的企业模式参与下的竞争秩序又呈现出特殊性。不可否认，我国物联网市场的发展，除了要解决技术层面上的问题之外，还要对与服务活动有关的法律的问题进行规范。我国的物联网环境中的垄断问题并不因为我国物联网所处较低的发展阶段而不存在。因此，必须对我国现有维护市场公平竞争秩序的法律框架进行相应变革，才能促进物联网服务的正常进行。

正如前述，物联网市场上的垄断问题并没有很多独特之处，发达国家以现有的反垄断法是可以解决这一市场上的垄断问题的。然而，我国在反垄断方面尚未形成一个系统完整的反垄断法律体系，对物联网领域中的垄断现象更是缺乏明确的规制。因此，我国应当加快建立基本的反垄断法律制度，这种制度也应适用于物联网领域，即适用于与物联网有关的垄断或限制竞争行为。考虑到物联网的虚拟性交易环境和交易方式与现实交易环境下的交易规则存在的差异，可以在反垄断法中设置专门的条款，既明确将物联网中的正当行为予以豁免，又明确对与物联网有关的垄断或限制竞争的行为加以必要的规制。核心问题在于平衡物联网的发展与维护公平竞争，既要促进和鼓励物联网中的竞争，不能阻碍物联网的发展，又要切实防范竞争者滥用垄断地位，破坏自由公平竞争秩序，使消费者的利益免受不正当竞争行为的侵害。

对物联网中的反垄断立法还应借鉴美国、欧盟等国的立法经验，与国际立法相协调。

各国在物联网领域普遍适用"私法自治"的原则，所以我国在针对物联网市场的反垄断法规制时需要审慎，避免公法的过度干预而阻碍物联网的发展。在物联网反垄断问题上，保持立法和政策上的灵活性，在维护市场竞争和促进这一新兴商务模式发展之间取得一种平衡。只有从立法上解决物联网发展的法律障碍，合理地对这一新兴市场进行管理和规制，才能够平衡市场各方的利益，消除矛盾和冲突，从而维持一个竞争有序、健康发展的网络经济。

10.3 物联网市场不正当竞争的法律规制

随着物联网的深入发展，物联网企业之间的竞争变得日益尖锐。利益的驱动，法律的空缺，使众多物联网主体采取非正当手段从事经营活动，不正当竞争行为大量涌现。不正当竞争行为不仅侵害了竞争对手的利益，而且也会侵害消费者的利益，冲击商业道德及交易习惯，扰乱市场秩序。如果网络环境下竞争失去规则的约束，物联网就会失去安全保障，最终将制约物联网的发展，损害社会利益。如何规制物联网中的不正当竞争行为成为物联网发展历程中必须要面对的重要问题。

10.3.1 不正当竞争行为及其法律规制的基本原理

1. 不正当竞争行为与反不正当竞争法

不正当竞争行为是指经营者为了争夺市场竞争优势，违反法律和商业道德，采用各种欺诈、排挤对手等手段破坏竞争，扰乱市场经济秩序，损害正当经营者和消费者利益的行为。

不正当竞争行为具有以下三项特征：一是主体的特定性，不正当竞争行为的主体都是在经济活动中参与竞争的经营者，但我国一些政府部门有时也因行政参与竞争而成为不正当竞争的主体；二是不正当竞争行为的违法性，行为人为获得正常情况下得不到的竞争优势，违背诚实信用原则，不惜采用违反法律规定或公认的商业道德的方法作为竞争手段：三是行为后果的社会危害性，不正当竞争行为不仅损害其他经营者和消费者的利益，更严重的是对经济运行秩序和市场机制的破坏。

反不正当竞争法是调整国家在制止不正当竞争行为过程中发生的经济关系的法律规范的总称。反不正当竞争法是国家为了维护市场竞争秩序和大多数人的利益， 对市场经营者的竞争行为进行适度干预的制度。反不正当竞争法通过界定不正当竞争行为的表现与特征，明确行为人所应承担的法律责任，规定政府监管机构的职责与权限，来创设公平的竞争环境，制止不正当竞争行为，保护经营者和消费者的合法利益，保障市场经济健康发展。

2. 不正当竞争行为及其法律责任

1）市场混淆行为

市场混淆行为即以欺骗手段从事交易的行为，也可称之为仿冒行为，是指经营者采用假冒或模仿之类的不正当手段，使其商品或服务与他人的商品或服务混淆，而导致或者足以导致消费者误认的行为。《反不正当竞争法》第五条规定：经营者不得采用下列不正当手段从事市场交易，损害竞争对手：假冒他人的注册商标；擅自使用知名商品特有的名称、包装、装潢，或者使用与知名商品近似的名称、包装、装潢，造成和他人的知名商品相混淆，使购买者误认为是该知名商品；擅自使用他人的企业名称或者姓名，引人误认为是他人的商品；在商品上伪造或者冒用认证标志、名优标志等质量标志，伪造产地，对商品质量作引人误解的虚假表示。

混淆的结果是导致对商品或服务来源的混淆，将甲的商品误认为是乙的商品，将丙的服务，误认为是丁的服务。导致消费者误认的手段主要是商品或服务上的名称、标识、商标、产品包装或外观等与他人的名称、商标等相同或近似。而且一般来讲，只有同一行业或同一性质的营业之间存在上述的混同行为或事实时，才构成混淆行为。我国亦有学者认为混淆并不必须以仿冒人与被仿冒人之间存在竞争关系（同业关系）为前提条件。应当说，这种观点符合反不正当竞争立法的世界趋势。

实践中，主要有以下四种表现形式：

（1）假冒他人注册商标。商标是经营者将自己的产品、服务区别于他人的标志，著名的商标可以为企业带来巨大的财产。注册商标受到法律保护，假冒他人注册商标的行为就是侵犯他人知识产权的非法行为。这种侵权行为包括：未经注册商标所有人的许可，在同一种商品或者类似商品上使用与其注册商标相同或者近似的商标；销售明知是假冒注册商标的商品；伪造、擅自制造他人注册商标标识或者销售伪造、擅自制造注册商标标识等行为。

（2）假冒其他企业名称或他人姓名。企业名称、商号以及经营者个人的姓名、字号等的专用权同样是企业和经营者所拥有的合法独占的无形财产，代表了企业的外在形象，也关系到该经营者商誉，是受法律保护的。擅自使用其他企业名称或他人姓名，或者把他人享有盛誉的企业名称或姓名作为自己企业商品的名称或者服务的标记使用，其后果是使购买者淆假冒者和被假冒者的商品或服务，形成不正当竞争。

（3）仿冒知名商品。知名商品是指在市场上具有一定知名度、为相关公众所知悉的商品。知名商品以其特有的名称、包装和装潢区别于其他商品制造者的商品，同时也在一定程度上反映了商品生产经营者的商业信誉和商品声誉，与该商品市场销售紧密联系。所以，法律禁止擅自使用知名商品特有的名称、包装、装潢，或者使用与知名商品近似的名称、包装、装潢，造成与他人的知名商品相混淆，使购买者误认为是该知名商品的仿冒行为。

（4）仿冒质量标志和产地。国际或国内公认的质量标志（包括认证标志和名优标志）是一种证明或荣誉，表明产品可信赖度，有助于经营者提高商品的知名度和竞争力。商品的制造地、加工地或商品生产者的所在地等原产地，也涉及消费者的信任与口碑。仿冒质量标志和产地的行为，意在通过虚假表示而引人误解，实现行为人的不当利益。

市场混淆行为是一种严重危害市场经济秩序的行为，各国竞争法对其严格禁止，并对行为人处以较为严厉的处罚。我国《反不正当竞争法》规定，经营者实施仿冒行为应当承担损害赔偿责任，被侵害的经营者的损失难以计算的，赔偿额为侵权人在侵权期间因欺骗性交易行为所获得的利润，并应当承担被侵害的经营者因调查该经营者侵害其合法权益的不正当竞争行为所支付的合理费用。经营者擅自使用知名商品特有的名称、包装、装潢，或者使用与知名商品近似的名称、包装、装潢，造成与他人的知名商品相混淆，使购买者误认为是该知名商品的，监督检查部门应当责令停止违法行为，没收违法所得，可以根据情节处以违法所得 1 倍以上 3 倍以下的罚款，情节严重的，可以吊销营业执照。假冒仿冒他人注册商标，情节严重，构成犯罪的，承担相应的刑事责任。

2）虚假广告宣传行为

虚假广告宣传行为是指行为人为获取市场竞争优势和不正当利益，利用广告或其他形式，对商品或服务的质量、制作成分、性能、用途、生产者、有效期限、产地等作引人误解的虚假宣传。

虚假广告宣传行为往往通过巧妙的措辞暗示，或者故意隐瞒、遗漏一些对消费者进行判断决策至关重要的资料，诱使消费者对事实做出错误的理解，从而产生背离其真实状况的市场效果。除了商品质量的虚假宣传外，价格的虚假宣传和“软性广告”（变相广告）等也是常见的虚假广告宣传行为。虚假广告宣传行为违反诚实信用原则，行为人不劳而获，诚实经营者劳而无功，扭曲了市场竞争，造成社会经济秩序的混乱。

对虚假广告宣传的行为人，应责令其停止虚假广告宣传行为、更正广告内容，并处以 1 万元以上 20 万元以下的罚款。虚假广告宣传对消费者的合法权益造成损害的，行为人应当赔偿损失。利用广告对商品或者服务作虚假宣传，可单处罚金；情节严重的，处 2 年以下有期徒刑或者拘役，并处罚金。

3）侵犯商业秘密的行为

商业秘密是指不为公众所知悉，能为权利人带来经济利益，具有实用性并经权利人采取保密措施的技术信息和经营信息。商业秘密具备以下特征：

秘密性，也称新颖性。商业秘密中的信息不为公众所知悉，公众也不易通过正当途径获得或探明，这就使商业秘密区别于通过技术公开而获得法律保护的专利。

保密性，也称管理性。商业秘密需要通过权利人采取适当的保密措施，即要求权利人采取合理的保密管理措施进行自我保护。

经济性，也称实用性。商业秘密能够在生产和经营中应用，并能够创造出积极的经济效益和社会效益，可以为权利人带来经济上的利益。

商业秘密包括技术诀窍、工艺配方、设计图纸等技术秘密，以及客户名单、供销渠道、经营方法等经营秘密。侵害商业秘密行为的表现形式主要有：

以盗窃、利诱、胁迫等不正当手段获取他人商业秘密。这是指非法获取他人商业秘密行为本身的违法性。

恶意披露、使用或允许他人使用以违法行为获得的商业秘密。即非法获取他人的商业秘密的行为人将其所获取的商业秘密转告第三人或利用各种方式将其公布于众，或自己使用，或允许他人使用以违法行为获得的商业秘密，进一步损害权利人，使后果更加严重。

违反约定或者违反权利人的要求，披露、使用或允许他人使用商业秘密的行为。这是指行为人尽管是以正当手段获得商业秘密，但由于权利人与行为人有明示或默示的保密约定，因此行为人不得披露、使用或者允许他人使用该商业秘密，违反保密约定，同样被认定为是侵权行为。

第三人明知或应知转让人获得的某一商业秘密是为不当取得，或为未经授权取得后披露、使用或者准许他人使用，仍予以受让、使用或披露的行为。

侵犯商业秘密是对他人正当权利的侵犯，理应受到法律的制裁。对侵犯商业秘密的行为人，应当责令停止违法行为，并根据情节处以罚款。给商业秘密的权利人造成损失的，应承担民事赔偿责任。给商业秘密的权利人造成重大损失、构成犯罪的，处 3 年以下有期徒刑或者拘役，并处罚金；造成特别严重后果的，处 3 年以上 7 年以下有期徒刑，并处罚金；单位侵犯他人商业秘密的，对单位判处罚金，并对其直接负责的主管人员和其他责任人员依照上述规定处罚。

4）商业贿赂行为

商业贿赂是经营者为了销售或购买商品而采用财物或者其他手段贿赂交易相对方（包括法人或者个人）的行为，是经营者通过收买交易相对方获取交易机会和竞争优势的不正当竞争活动。商业贿赂使市场竞争秩序混乱。

商业贿赂行为具有以下四个方面的基本特征：

商业贿赂主体一方是行贿人，即不正当经营者及其员工；另一方是受贿人，主要是行贿人的交易相对方及其有关人员，包括单位负责人、经办人、代理人等，还包括对交易具有影响力的一切人员，但不包括国家公务员（公务员受贿的以受贿罪论处）。

商业贿赂行为人主观上是以排斥商业竞争为目的，经营者借用贿赂手段促成交易或在交易中排挤同业竞争者，取得竞争优势。买方或卖方都可能进行商业贿赂。

商业贿赂具有违法性。商业贿赂表现为向单位或单位的有关人员提供钱款财物或其他利益，支付与个人收受过程都是通过隐秘的方式进行，通常采用不入账或伪造会计账册的形式进行掩盖。

商业贿赂违背了诚实信用原则和公认的商业道德，导致商业腐败，损害了其他经营者的合法利益，扰乱了市场秩序。

商业贿赂的主要表现形式是“回扣”。回扣是指经营者销售商品时在账外暗中以现金、实物或者其他方式退给交易相对方的一定比例的商品价款，其核心是“账外暗中”，即未在依法设立的反映其生产经营活动或者行政事业经费收支的财务账上按照财会制度规定明确如实记载，包括不计账、转入其他财务账或者做伪账等行为。事实上，回扣、折扣与佣金是有区别的，根据我国《反不正当竞争法》的规定，经营者销售或购买商品，可以以明示的方式给对方折扣，可以给中间人佣金。折扣也称为让利，是指在商品购销活动中卖方在所成交的价款或数量上以明示的方式给买方一定的比例减让返还以促成交易的一种促销手段，其特点是“明折明扣”，在合同中直接写明，并且入账，公开给付。佣金是经营者在市场中给予为其提供服务的中间人的劳务报酬，发生在经营者与中间人之间。佣金收付明示公开，而且佣金收取人必须是有合法经营资格的中介机构，其既可以从买方收取佣金，也可以从卖方收取佣金，还可以接受双方给予的佣金。

商业贿赂的另一类表现形式为提供其他利益，包括高消费招待、娱乐、出国或国内旅游观光、住房装修、为对方提供明显可营利的业务项目、以及提供色情服务等非货币、非实物性质的贿赂。

我国《反不正当竞争法》规定“经营者不得采用财物或其他手段进行贿赂以销售或购买商品。在账外暗中给对方单位或个人回扣的，以行贿论处；对方单位或者个人在账外收受回扣的以受贿论处”。工商行政管理机关在监督检查商业贿赂行为时，可以对行贿行为和受贿行为一并予以调查处理。经营者采用财物或者其他手段进行贿赂以销售或者购买商品，监督检查部门可以根据情节处以 1 万元以上 20 万元以下罚款，有违法所得的予以没收。构成商业贿赂犯罪的，依法追究刑事责任。其中，公司、企业的工作人员利用职务上的便利，索取他人财物或者非法收受他人财物，为他人谋取利益；上述人员在经济往来中，收受各种名义的回扣、手续费，归个人所有，根据数额大小，判处 5 年以下或者5年以上的有期徒刑，还可以并处没收财产。

5）不正当有奖销售行为

有奖销售是指经营者销售商品或提供服务时，以促销为目的，向购买者赠与物品、金钱或者其他经济利益的一种行为。作为一种促销手段，有奖销售在刺激消费欲望、活跃销售市场、促进经济增长方面有一定的作用。然而过度无节制的有奖销售也会违反公平竞争原则，对市场秩序造成危害。

不正当有奖销售的表现形式主要有以下几种：

（1）欺骗性有奖销售。即采用谎称有奖或故意让本单位内部人员中奖的欺骗方式进行有奖销售的行为，包括经营者对外诈称其商品为有奖销售，故意将设有中奖标志的商品、奖券投放市场，实则并未采取任何有奖销售；或只设小奖而不设大奖；或故意错开商品和奖品、奖金投放市场的时间；或故意让本单位内部人员中奖，致使许多购买者受骗上当。

（2）利用有奖销售推销质次价高的商品。利用购买者的投机获利的侥幸心理，搞有奖销售来推销质次价高的商品，既破坏了市场秩序又危害了消费者权益。"质次价高"的商品通常由工商行政管理部门根据当时市场同类商品的价格、质量和购买者的投诉进行认定。

（3）超过法定限额奖金的有奖销售。这种有奖销售主要是利用高额奖金助长公众的社会投机心理，从而达到推销商品的目的。我国规定，抽奖式的有奖销售最高奖的金额不得超过5 000元；若以非现金的物品或者其他经济利益作奖励的，按照同期市场同类商品或者服务的正常价格折算其金额。

有奖销售是否违法，主要根据所赠的奖品是否影响竞争和交易秩序，是否属于竞争法禁止的范围来确定。违反有奖销售法律规定的，要承担民事、行政责任，甚至是刑事责任。我国《反不正当竞争法》规定，监督检查部门应当责令不正当有奖销售的经营者停止违法行为，并可以根据情节处以1万元以上10万元以下的罚款。

6）不正当低价销售行为

不正当低价销售行为又称倾销行为，是指经营者为排挤竞争对手或独占市场，以低于成本的价格倾销商品的掠夺性竞争行为。具有不正当低价销售行为的经营者为了达到占领市场的目的，以短期性的低于商品成本的价格进行销售，排挤竞争对手，扰乱正常的生产经营秩序，损害了国家利益或其他经营者的合法权益。

不正当低价销售的法律特征有两点，一是其主观上有排挤竞争对手的故意，这一点有别于季节性降价或其他有正当理由而不得已的低价销售；二是有不正常的削价行为，其倾销价格明显低至成本以下或低于正常的利润幅度。不正当低价销售中，很多行为人为了抢占市场甚至不惜以牺牲暂时利益为代价以此吸引消费者、挤走竞争者，在一定时间内达到目的后，就会提高销售价格，独占市场。

我国《反不正当竞争法》规定，下列四种情形是不属于不正当低价销售：

（1）销售鲜活商品。因鲜活商品受时间、气温以及环境等外界条件影响较大，不易保存，因此允许经营者在需要时及时调整销售价格、低价出售，以减少损失。

（2）处理有效期限即将到期的商品或其他积压商品。有效期限是经营者对商品质量承担保证责任的期限，因此，经营者将即将到期的商品作削价处理是符合消费者利益的行为。处理积压商品也是物尽其用、减少损失的正常经营行为。

（3）季节性降价。对季节性很强的商品，允许经营者低价销售以便及早将商品售出。

（4）清偿债务、转产、歇业时的降价销售。

不正当低价销售行为应依据不同情况承担民事、行政的责任。

7）诋毁他人商誉行为

诋毁他人商誉，是指行为人以捏造、散布虚假事实的方式，损害竞争对手的商业信誉或商品声誉的行为。商业信誉是经营者的信用、资产、经营能力和经营作风的社会评价，商品声誉是商品的质量、性能、效用等的市场影响，两者都是经营者在社会经济生活中的地位和尊严的体现，与经营者的财产利益密切相关。行为人捏造、散布虚假事实贬低对手，必然导致竞争对手的社会评价和信任程度的降低，破坏了对手的竞争能力。这就严重损害了正当经营者的合法权益，也危害了公平竞争的经济秩序。

诋毁他人商誉行为的，应责令其停止违法行为，公开消除影响；造成对手损害的应承担赔偿责任。

8）不合理交易行为

不合理交易行为又称搭售行为，是指行为人利用其经济、技术或市场优势，强迫交易相对人购买商品或接受其他不合理条件。最常见的有捆绑销售，以及销售商品时在产量、价格、销售地区、技术改进等方面附加不合理的限制条件。这种行为的目的是剥夺购买者的选择权，导致竞争对手失去或减少交易机会，妨碍了市场自由竞争。

对不合理交易行为人，应责令其停止违法行为，并赔偿所造成的财产损失。

9）串通招投标行为

招投标是国际通用的通过竞争方式选择交易伙伴的市场活动，经常用于工程承包、成套设备购买和政府集中采购等领域。其基本流程是：招标人先发出招标通告，征询最佳报价和最优承包人。投标人根据自己的经营能力，按招标条件填写投标书，参加投标。最后，由招标人公开开标、决标，择定最优中标者。

串通招投标就是招标人与投标人之间或投标人相互之间恶意勾结，私下交易，排挤他人参与竞争，扼杀招投标中的竞争。串通招投标行为的表现有两种：一是投标人之间串通投标，联合抬高标价以损害招标人利益，或共同压低标价以排挤其他竞争者；二是招标人与投标人勾结，泄露标底或“明招暗定”，排挤竞争对手中标。串通招投标将一个公开、公平的竞争演化成一种非法的交易，严重破坏了经济秩序。

法律规定，对串通招投标的，应宣布中标无效，并视情节处以罚款。情节严重构成犯罪的依法追究刑事责任。

10）公用企业滥用独占地位的行为

滥用独占地位的行为是指公用企业或其他依法具有独占地位的经营者，利用自己具有的垄断地位，限定他人购买其指定经营者的商品，以排挤其他经营者的公平竞争。滥用独占地位的行为也是一种限制竞争的行为。对其应责令停止违法行为，处以罚款并没收非法所得。

3．反不正当竞争行为的监督检查

对不正当竞争行为的监督检查是实施反不正当竞争法的重要环节，监督检查由执法部门与社会组织、公众共同进行。

1）监督检查的行政机构

国家行政机关依照法定的行政权力和程序对不正当竞争行为实行监督检查是保障竞争法贯彻实施、制止不正当行为、维护市场竞争秩序的有效途径。各国大多设立了专门的竞争法监督检查行政机构，如美国的联邦贸易委员会和司法部反托拉斯局、德国的卡特尔局、日本的公平交易委员会等。根据我国《反不正当竞争法》的规定，我国县级以上人民政府工商行政管理部门是对不正当竞争行为进行监督检查的专门机构。

行政监督检查部门具有的职权包括：

（1）调查询问权。监督部门依法定职权和程序，对被检查的经营者、利害关系人、证明人进行调查询问，并要求提供证明材料或者与不正当竞争行为相关的其他资料。

（2）查询检查权，。即有权查询、复制与不正当竞争行为有关的协议、账册、单据、文件、业务函电和其他资料；有权检查与不正当竞争行为有关的财物；在必要时还可以责令被检查者说明不正当竞争者的商品来源等。

（3）采取强制措施权。包括责令不正当经营者暂停销售、听候检查、不得转移、隐匿或销毁以及对某些财物和证据采取封存的措施，防止违法行为继续进行，避免违法后果继续扩散。

（4）处罚权。行政监督部门对不正当竞争行为查证属实的，根据具体情况依法做出罚款、没收非法所得、责令停止违法行为、责令消除违法后果、停业整顿和吊销营业执照等处罚。

我国各级人民政府有责任采取措施，制止不正当竞争行为，为公平竞争创造良好的环境和条件。

2）社会监督

社会组织和社会公众依法通过舆论、投诉、举报、控告等方式，对不正当竞争行为实施监督，具有影响大、范围广、成本低，有利于保障社会竞争秩序稳定的特点。我国《反不正当竞争法》规定：“国家鼓励、支持和保护一切组织和个人对不正当竞争行为进行社会监督”。

10.3.2　物联网环境下不正当竞争行为及其法律规制

网络环境下的不正当竞争，包括两类，一类是传统企业利用因特网进行不正当竞争行为；另一类是网站之间在开展信息服务、技术服务、在线交易过程中发生的不正当竞争行为。这两类竞争行为在有些情形下存在区别，但是在大多数情形下，很难将二者截然区分开。这里所谈的网络环境下的不正当竞争仅仅泛指利用网络通信手段进行的不正当竞争行为。

网络环境下的不正当竞争既有其与传统不正当竞争相重合一面，又有其独特性。网络环境下的不正当竞争认定仍然脱离不了《反不正当竞争法》所奠定的基本框架，网络无非是提供了更为方便或新型的手段而已。也就是说，网络技术只是一种手段，而没有改变不正当竞争行为的本质。当然，在网络环境下适用不正当竞争法时，我们又必须突破不正当竞争具体形态法定观念，将一些新型侵害他人合法权益的行为视为不正当竞争行为，从不正当竞争的角度保护权利人的合法权益，维护公平的竞争秩序。下面，我们列举几种典型的不正当竞争行为，并列举这些不正当竞争行为在网络环境下的表现。

1．物联网环境下不正当竞争行为

1）物联网环境下的市场混淆行为

在网络世界里，增加了制造这种混淆的机会和手段。所谓增加机会，是说现实中许多物体、字符、标识等均可以通过电子的方式表现于网络世界，现实中企业拥有的各种权利自然地延伸至网络世界，并且创造了更加丰富多样的表达方式。这就使得人们在网络世界制造各种混淆行为。而且网格表达方式的易复制、模仿等特性，又为人们提供各种机会。从目前网络经营状况而言，在网络环境下发生的市场混淆行为大致有以下几种：

（1）恶意注册他人域名，侵犯他人商标专用权、商号权，致使许多企业无法将自己的商誉延伸到网络环境，损害他人利益；域名是与网络上的数字型 IP 地址相对应的字符型地址。域名已不仅仅是一种网络地址，而是一种在因特网上代表企业形象和商誉的商业标识符号。由于域名具有标识性、唯一性和排他性的特点，将知名企业的企业名称、商号、或者企业的商标作为域名进行抢先注册或进行使用，或者是待价而沽，进行转让、出租等行为越来越多；随着技术的进步，出现了使用自然语言访问互联网方式的网络实名。它可以说是外加的一种“域名”。

（2）域名与域名之间相同或类似时，产生的引人混淆行为。

（3）从其他媒介或网站抄袭使用他人的作品或者网页，导致消费混淆或误认。

（4）将他人注册商标、商号登记为网站名称，搭其他经营者的便车。

（5）网站的 LOGO 标识与他人商标、商号、标识等相同或相似，导致消费者误认的行为。

（6）通过其他方式暗示与其他著名企业或网站有某种联系的行为。

2）物联网环境下的虚假宣传、商业诋毁行为

虚假广告宣传行为。网站广告为了吸引人们的注意力夸大其辞，使用自己是网络第一家，最好的，最全面的等用语；一些物联网企业搞虚假宣传，声称上网者可购买到低于市场价的商品，误导消费者；有些还通过搞评比、对比拿自己的优点比别人的缺点，误导消费者。

贬损行为。贬损行为主要是通过网络捏造、散布虚假事实，损害竞争对手的商业信誉或商品信誉等行为。有的企业在自己的网站上发布竞争对手不实信息，收集竞争对手不利信息进行链接或者专门让网友发泄对该公司商品、服务的不满；利用电子邮件软件传输的便利发送不实邮件；在 BBS 上以讨论问题的形式造谣诽谤、捏造散布虚假事实。

3）物联网环境下侵犯商业秘密行为和不当利用他人所有的信息行为

在网络环境下，信息或信息产品成为最重要的财产形态，对于信息的占有（支配）、利用、处分权利也就相应地成为核心的问题。但是，在传统法律框架下，信息只有构成作品、专利、商业秘密时，法律才予以保护，而且构成这些均有严格的要件。这种法律制度设计显然不能适应网络环境下对于信息持有人独享其信息资源的保护。

同时，在物联网中由于网络技术的应用使得商业秘密的保护更为困难。例如通过更改企业主页上的邮箱链接或服务器上的邮件管理器配置等方式盗窃商业秘密；网站擅自公布商业秘密；利用管理网站的优势，随意窃取、泄露或使用上网企业与个人的具有商业价值的保密性资料信息；员工利用电子邮件有意或无意地传送企业商业秘密信息；以 FTP 传输文件、BBS 电子公告板、新闻组和远程登录等方式都可能造成对商业秘密的侵害；而黑客入侵、破坏等行为更是严重地威胁商业秘密的安全。

网络技术使得信息公开、资源共享成为现实，这也给经营者采取保密措施带来挑战。对于一些能为权利人带来经济利益的信息，采取何种措施才可认定为构成商业秘密，需要结合网络环境加以重新考虑；或者说，哪些技术性或经营性的信息可以认定为商业秘密，是否还必须固守“必须采取保密措施”这一条件，很值得认真讨论。

一般认为，在网络环境下，如果某种信息不能纳入著作权、专利法、商业秘密保护范畴，可以创制一种禁止他人不正当利用自己享有的信息的权利加以保护，或者说，将不正当利用他人所有的信息行为视为一种不正当竞争行为。

在这种意义上，只要不正当利用、复制、窃取；刊载或传播了他人合法拥有的信息就可以认定为一种不正当竞争行为；利用其他计算机网络技术，采用隐蔽的手段，进行篡改数据文件、发布虚假信息、编制诈骗程序等损人利己的行为是否也构成一种以侵害他人信息为形式的不正当竞争行为。例如对于数据库，在难以纳入著作权法保护或难以构成著作权法的编辑作品的情形下，可以适用反不正当竞争法加以保护。

4）用技术措施实施不正当竞争行为

通过不正当的技术手段阻止用户使用对方软件，变为只有一方能被用户选择，另一方丧失了被选择的机会；采用 Frame 加框技术分割网页视窗，将他人网站呈现在自己网站上，让浏览者误以为链接的内容是网站自身的一部分；利用埋设技术以关键字的方式把他人的驰名商标写入自己的网页，当浏览者利用搜索引擎搜索该关键字所属网站时，该投机者的网站和该驰名商标的网站便能一同显现，投机者以此来搭便车，提高点击率。

5）物联网环境下其他类型的不正当竞争行为

物联网只是交易方式或手段的改变，并没有改变商业行为的本质。在传统商业行为中的一些不正当竞争行为也可延伸到物联网领域。物联网的发展实践证明，商业贿赂行为、低于成本价销售行为、不正当有奖销售行为、搭售及附加其他不合理条件的行为、垄断或限制竞争行为等均已也延伸到网络经营环境中。这些行为的认定基本遵循传统不正当竞争法和其他相关法规。

另外，在网络环境下还会出现了一些特殊的不正当竞争行为，难以归入传统不正当竞争行为中。如不适当的超链接行为可能构成对他人著作权的侵犯，但这种侵犯难以用传统的著作权加以调整，可以适用反不正当竞争法保护网络经营者合法权益。

2．物联网环境下不正当竞争行为的法律规制

1）推进市场监管立法，完善市场监管规制

相关部门应抓紧立法工作，通过协会制定行业内部的准则，并随着条件的逐步成熟上升为监管部门的监管规范。同时可以先研究出台一些暂行条例，以利于执法部门在具体监管操作中有法可依、有章可循。在此基础上，要进一步完善竞争法律，加快《反不正当竞争法》的修订工作。在反不正当竞争法律条文中要将新出现的不正当竞争行为纳入监管范围，同时要完善法律责任并加大行政处罚的力度，以强化竞争执法，保证执法效果，使竞争法律真正成为维护公平竞争市场秩序的有力武器。

2）严把市场准入关

积极参与物联网经营主体资格的确认。工商行政管理机关在办理企业设立登记、颁发书面企业营业执照之时，还应当为每个企业颁发电子营业执照企业在开展物联网行为时，必须在网站上展示其电子营业执照，工商行政管理机关还应建立电子营业执照管理

系统。

3）加强网络基础设施建设，建立网上工作平台

各执法部门应配置必要的上网设备，以利于随时发现问题，由于网络信息发布的即时性，易于修改性，工商行政管理机关用网络手段对物联网市场进行动态监控就显得格外重要，应该尝试建立网上工作平台。网络交易无疆界，与传统的工商属地管理不相适应，应建立以国家局为主多层次网上工作平台。实践中，应充分发挥工商“红盾 315”网作用，遏制物联网不正当竞争。

10.4　物联网环境下消费者权益的保护

消费者是企业生存的基础，赢得消费者就赢得市场。商家要生存、发展，必须开发消费者喜好的产品，满足消费者的正当要求，维护消费者的利益。因此，消费者利益的保护是在企业发展中占有重要的地位。

一般而言，竞争性的市场有利于消费者的利益。但是，在市场交易中，存在着信息不对称性等因素，相对于经营者，消费者往往处于劣势而属于弱者，因此，法律对于消费者往往进行特殊保护，这种特殊保护规范便是消费者权益保护法，在产品质量法等法律中也充分体现了对消费者的保护。消费者保护法是维护市场经济秩序不可或缺的重要法律。

同样，对于物联网服务经营者与消费者之间通过物联网进行的交易而言，消费者保护同样具有重要的地位。这种重要性不仅在于传统意义上的经营者和消费者之间因交易中的劣势需要保护，更重要的在于在线交易是在虚拟环境下完成的，因此，需要一套取得消费者信任的制度保障。在网络环境下，消费者的保护问题更主要地表现为赢得消费者信任这种新的交易方式。在线交易消费者权益保护首先适用于已有的消费者保护法，但是在线交易的特殊性决定了必须存在一些特殊规则，使在线交易消费者得到同样的保护。

10.4.1　消费者权益及其保护的一般原理

1．消费者权益保护法的概念

消费者权益保护法是调整在保护消费者权益的过程中发生的经济关系的法律规范的总称。消费者权益保护法的最重要的主体是消费者。消费者是为了满足个人生活消费的需要而购买、使用商品或者接受服务的居民。消费者权益保护法保护的核心是消费者权益。在经济法体系中，消费者权益保护法是市场秩序法的重要组成部分，它与竞争法存在着十分密切的关系。

消费者权益保护法的立法体例从世界各国来看可以分为两大类，一类是专门立法，另一类是在其他的立法中加入有关消费者保护方面的法律规范。我国在立法上实行是专门立法的体例。1993 年 10 月 31 日全国人大常委会通过了《消费者权益保护法》。这是我国制定的第一部保护消费者权益的专门法律，也是我国消费者保护立法的基本法。

各国立法通例是，消费者权益保护法应当包括三大原则：一是尊重和保障人权原则；二是保障社会经济秩序原则；三是依法进行交易的原则。

我国《消费者权益保护法》为维护社会经济秩序、促进社会主义市场经济的健康发展，规定了消费者权益保护法的四项原则：经营者应当依法提供商品或者服务的原则；经营者与消费者进行交易应当遵循自愿、平等、公平、诚实信用的原则；国家保护消费者的合法权益不受侵犯的原则；一切组织和个人对损害消费者合法权益的行为进行社会监督的原则。

总之，需要从人权、经济与社会秩序的高度，切实保护消费者的合法权益。

2. 消费者的权利和经营者的义务

消费者的权利和经营者的义务是一个问题的两个方面，是辨证的统一。要有效地保护消费者的权利，就必须使经营者能够全面地履行其相应的义务，而经营者义务的履行对于确保消费者权利的实现具有重要的作用。我国《消费者权益保护法》规定了消费者权利和经营者义务总体适用范围：消费者为生活需要购买、使用商品或者接受服务，其权益受该法保护；经营者为消费者提供其生产、销售的商品或者提供服务，应当遵守该法；对于上述具体情况该法未作规定的，应当适用其他有关法律、法规的规定。另外，农民购买、使用直接用于农业生产的生产资料，应参照该法执行。

1）消费者的具体权利

保障安全权。保障安全权是消费者在购买、使用商品和接受服务时所享有的保障其人身、财产安全不受侵害的权利。消费者依法有权要求经营者提供的商品和服务必须符合保障人身、财产安全的条件。

知悉真情权。知悉真情权，或称知情权、了解权、获取信息权，是消费者享有的知悉其购买、使用的商品或者接受的服务的真实情况的权利。消费者有权根据商品或者服务的不同情况，要求经营者提供商品的价格、产地、生产者、用途、性能、规格、等级、主要成分、生产日期、有效期限、检验合格证明、使用方法说明书、售后服务，或者服务的内容、规格、费用等情况，保障消费者在与经营者签约时做到知己知彼，并表达真实的意思。

自主选择权。自主选择权是指消费者享有的自主选择商品或者服务的权利。包括有权选择经营者、选择不同的商品品种、品牌、服务种类，有权决定购买或不购买商品、接受或不接受服务。

公平交易权。消费者享有公平交易的权利，是指消费者在购买商品或者接受服务时所享有的获得质量保障和价格合理、计量正确等公平交易条件的权利。

依法求偿权。依法求偿权是指消费者在因购买、使用商品或者接受服务而受到人身、财产损害时，依法享有的要求并获得赔偿的权利。

依法结社权。依法结社权，是指消费者享有的依法成立维护自身合法权益的社会团体的权利。政府支持合法的消费者团体依法开展活动，并且，在制定有关消费者方面的政策和法律时，还应当向消费者团体征求意见，以求更好地保护消费者权利。依法结社权能够使消费者从分散、弱小走向集中和强大，并通过集体的力量来改变自己的弱者地位。

接受教育权。接受教育权，也叫获取知识权，是从知悉真情权中引申出来的一种消费者权利，它是消费者所享有的获得有关消费和消费者权益保护方面的知识的权利。因为厂商与消费者在信息、实力等方面的差距越来越大，所以强调消费者接受教育、获取相关知识、提高自我保护能力日益重要。

获得尊重权。获得尊重权是指消费者在购买、使用商品和接受服务时所享有的其人格尊严、民族风俗习惯的尊重的权利。

监督批评权。监督批评权是指消费者享有对商品和服务以及保护消费者权益工作进行监督的权利。我国消费者依法有权检举、控告侵害消费者权益的行为和国家机关及其工作人员在保护消费者权益工作中的违法失职行为，有权对保护消费者权益提出批评、建议。

2）经营者的具体义务

依法定或约定履行义务。经营者向消费者提供商品或服务，应当依照《中华人民共和国产品质量法》和其他有关法律、法规的规定履行义务。在不违背法律、法规的前提下，经营者和消费者可以约定义务，约定义务也必须履行。

听取意见和接受监督。经营者应当听取消费者对其提供的商品或者服务的意见，接受消费者的监督。

保障人身和财产安全。经营者应当保证其提供的商品或者服务符合保障人身、财产安全的要求。对可能危及人身、财产安全的商品和服务，应当向消费者做出真实的说明和明确的警示，并说明和标明正确使用商品或者接受服务的方法以及防止危害发生的方法。经营者发现其提供的商品或者服务存在严重缺陷，即使正确使用商品或者接受服务仍然可能对人身、财产安全造成危害的，应当立即向有关行政部门报告和告知消费者，并采取防止危害发生的措施。

不作虚假宣传。经营者应当向消费者提供有关商品或者服务的真实信息，不得作引人误解的虚假宣传，否则就是侵犯消费者权益的行为和不正当竞争行为。经营者对消费者就其提供的商品或者服务的质量和使用方法等具体问题提出的询问，应当做出真实、明确的答复。在价格标示方面，商店提供的商品应当明码标价。

出具相应的凭证和单据。经营者提供商品或者服务，应当按照国家有关规定或者商业惯例向消费者出具购货凭证或者服务单据；消费者索要购货凭证或者服务单据的，经营者必须出具。购货凭证或者服务单据具有重要的证据价值，有利于保护消费者权益。

提供符合要求的商品或服务。经营者应当保证正常使用商品或者提供服务的情况下其提供的商品或者服务应当具有的质量、性能、用途和有效期限；但消费者在购买该商品或者接受服务前已经知道其存在瑕疵的除外。经营者以广告、产品说明、食物样品或者其他方式表明商品或者服务的质量状况的，应当保证其提供的商品或者服务的实际质量与说明或展示的质量状况相符。

不得从事不公平、不合理的交易。经营者不得以格式合同、通知、声明、店堂告示等方式做出对消费者不公平、不合理的规定，或者减轻、免除其损害消费者合法权益应当承担的民事责任。

不得侵犯消费者的人身权。消费者的人身自由、人格尊严不受侵犯。经营者不得对消费者进行侮辱、诽谤，不得搜查消费者的身体及其携带的物品，不得侵犯消费者的人身自由。

3. 国家与社会对消费者权益的保护

1）国家保护

依照我国《消费者权益保护法》第四章的规定，国家对消费者权益的保护主要体现在三个方面：

立法保护。国家在制定有关消费者权益保护的法律、法规时，应当听取消费者的意见和要求。国家立法机关在把关于消费者的政策上升为法律时，也应当听取消费者的意见和要求。

行政保护。各级人民政府及其相关行政部门如工商行政管理机关等应当采取措施，依法加强对消费者权益的保护。

司法保护。国家公安机关、检察机关、审判机关承担国家对消费者权益进行司法保护的职责。公安机关、检察机关、审判机关应当依法及时惩处经营者在提供商品和服务中侵害消费者权益的违法犯罪行为。

2）社会保护

保护消费者权益是全社会的共同责任，国家鼓励、支持一切组织和个人对损害消费者合法权益的行为进行社会监督。国际国内消费者组织的出现和发展有力地促进了消费者权益的社会保护。我国《消费者权益保护法》第五章专门对消费者组织作了明文规定。消费者组织不得从事商品经营和营利性服务，不得以牟利为目的，向社会推荐商品和服务。消费者协会和其他消费者组织是依法成立的对商品和服务进行社会监督的保护消费者合法权益的社会团体。

消费者协会履行下列职能：向消费者提供消费信息和咨询服务；参与有关行政部门对商品和服务的监督、检查；就有关消费者合法权益的问题，向有关行政部门反映、查询、提出建议；受理消费者的投诉，并对投诉事项进行调查、调解；投诉事项涉及商品和服务质量问题的，可以提请鉴定部门鉴定，鉴定部门应当告知鉴定结论；就损害消费者合法权益的行为，支持受损害的消费者提起诉讼；对损害消费者合法权益的行为，通过大众传播媒介予以揭露和批评。

4．消费争议的解决与法律责任

1）消费者权益争议的解决途径

消费者权益争议，是指在消费领域中消费者与经营者之间因权利义务关系而产生的矛盾纠纷。我国《消费者权益保护法》规定，消费者权益争议解决的途径有五种：与经营者协商和解；请求消费者协会调解；向有关行政部门申诉；根据与经营者达成的仲裁协议提请仲裁机构仲裁；向人民法院提起诉讼。

2）责任主体的确定

为了解决消费者权益争议，应依法确定最终承担损害赔偿责任的主体：

消费者在购买、使用商品时，其合法权益受到损害的，可以向销售者要求赔偿。销售者赔偿后，属于生产者的责任或者属于向销售者提供商品的其他销售者的责任的，销售者有权向生产者或其他销售者追偿。

销售者或者其他受害人因商品缺陷造成人身、财产损害的，可以向销售者要求赔偿，也可以向生产者要求赔偿。属于生产者责任的，销售者赔偿后，有权向生产者追偿。属于销售者责任的，生产者赔偿后，有权向销售者追偿。

消费者在接受服务时，其合法权益受到损害的，可以向服务者要求赔偿。

消费者在购买、使用商品或者接受服务时，其合法权益受到损害，因原企业分立、合并的，可以向变更后承受其权利义务的企业要求赔偿。

使用他人营业执照的违法经营者提供商品或者服务，损害消费者合法权益的，消费者可以向其要求赔偿，也可以向营业执照的持有人要求赔偿。

消费者在展销会、租赁柜台购买商品或者接受服务，其合法权益受到损害的，可以向销售者或者服务者要求赔偿。展销会结束或者柜台租赁期满后，也可以向展销会的举办者、柜台的出租者要求赔偿。展销会的举办者、柜台的出租者赔偿后，有权向销售者或者服务者追偿。

消费者因经营者利用虚假广告提供商品或者服务，其合法权益受到损害的，可以向经营者要求赔偿。广告的经营者发布虚假广告的，消费者可以请求行政主管部门予以惩处。广告的经营者不能提供经营者的真实名称、地址的，应当承担赔偿责任。

3）法律责任

（1）民事责任。

经营者提供商品或者服务，造成消费者或者其他受害人人身伤害的，应当支付医疗费、治疗期间的护理费、因误工减少的收入等费用；造成残疾的，还应当支付残疾者生活自助费、生活补助费、残疾赔偿金以及由其抚养的人所必需的生活费等费用。

经营者提供商品或者服务，造成消费者或者其他受害人死亡的，应当支付丧葬费、死亡赔偿金以及由死者生前抚养的人所必需的生活费等费用。

经营者提供商品或者服务时侵害消费者的人格尊严或人身自由的，应当停止侵害、恢复名誉、消除影响、赔礼道歉，并赔偿损失。

经营者提供商品或者服务，造成消费者财产损害的，应当按照消费者的要求，以修理、重作、更换、退货、补足商品数量、退还货款和服务费用或者赔偿损失等方式承担民事责任。消费者与经营者另有约定的，按照约定履行。

对国家规定或者经营者与消费者约定包修、包换、包退的商品，经营者应当负责修理、更换或者退货。在保修期内两次修理仍不能正常使用的，经营者应当负责更换或者退货。对包修、包换、包退的大件商品，消费者要求经营者修理、更换、退货的，经营者应当承担运输等合理费用。

经营者以邮购方式提供商品的，应当按照约定提供；未按约定提供的，应当按照消费者的要求履行约定或者退货，并应当承担消费者必须支付的合理费用。

依法经有关行政部门认定为不合格的商品，消费者要求退货的，经营者应当负责退货。

经营者提供商品或者服务有欺诈行为的，应当按照消费者的要求增加赔偿，增加赔偿的金额为消费者购买商品的价款或者接受服务的费用的 1 倍。

（2）行政责任。

我国《消费者权益保护法》规定，经营者有下列情形之一的，若产品质量法和其他有关法律、法规对处罚机关和处罚方式有规定的，依照这些法律、法规的规定执行；若上述法律、法规未作规定的，则由工商行政管理部门责令改正，可以根据情节单处或者并处警告、没收违法所得、处以违法所得 1 倍以上 5 倍以下的罚款；没收违法所得的，处以 1 万元以下的罚款，情节严重的，责令停业整顿，吊销营业执照。

① 生产、销售的商品不符合保障人身、财产安全要求的；

② 商品中掺杂、掺假，以假充真，以次充好，或者以不合格商品冒充合格商品的；

③ 生产国家明令淘汰的商品或者销售失效、变质的商品的；

④ 伪造商品的产地、伪造或者冒用他人的厂名、厂址，伪造或者冒用认证标志、名

优标志等质量标志的；

⑤ 销售的商品应当检验、检疫而未检验、检疫或者伪造检验、检疫结果的；

⑥ 对商品或者服务作引人误解的虚假宣传的；

⑦ 对消费者提出的修理、重作、更换、退货、补足商品数量、退还货款和服务费用或者赔偿损失的要求，故意拖延或者无理拒绝的；

⑧ 侵害消费者人格尊严或者侵犯消费者人身自由的；

⑨ 法律、法规规定的对损害消费者权益应当予以处罚的其他情形。

经营者对处罚决定不服的，可以申请复议，对复议决定不服的，可以向人民法院提起诉讼。

（3）刑事责任：

① 经营者提供商品或者服务，造成消费者或者其他受害人人身伤害或死亡，构成犯罪的，依法追究刑事责任。

② 以暴力、威胁等方法阻碍有关行政部门工作人员依法执行职务的，依法追究刑事责任；拒绝、阻碍有关行政部门工作人员依法执行职务，未使用暴力、威胁方法的，由公安机关依照《治安管理处罚法》的规定处罚。

③ 国家机关工作人员玩忽职守或者包庇经营者侵害消费者合法权益的行为，由其所在单位或者上级机关给予行政处分；情节严重，构成犯罪的，依法追究刑事责任。

10.4.2　网络环境下消费者权益保护面临的新问题

1. 网络消费欺诈问题

网络消费欺诈是指经营者以非法占有为目的，在网络上利用虚构的商品和服务信息或者其他不正当手段骗取消费者财物的行为。在网络环境下，销售者对其身份信息披露不全或虚假，购买者很难认识或无法判断销售者的真实身份。而且，在销售商品（服务）时，销售者对购买者无告知销售动机的义务，购买者只是凭借经验和习惯来购买商品或接受服务，自然容易上当受骗。现阶段，网络消费欺诈的手段有：低价陷阱套取货款、空头承诺骗取订金、网络拍卖欺诈等。

针对网络消费欺诈，在目前网络法律不健全的情况下，可以尝试建立事前预防体系：

（1）建立经营者信息管理中心。大力发展网络认证机构，确立合理的认证规则建立网络信用体系，从而保证经营者的基本信息、资质证明、产品信息真实。

（2）加大政府的监管力度。目前，我国对经营性互联网信息服务实行许可制度，对非经营性互联网信息服务实行备案制度，但某些非经营性网站开展的营利活动，管理部门应该定期进行巡查，坚决予以处罚或取缔。

（3）从立法上明确网络交易平台提供商的审查义务。以确保交易纠纷产生后，消费者能查明经营者的真实身份。

（4）在涉及网络消费合同时规定：消费者的付款在交易过程完成之前，所有权不发生转移。

2. 网络虚假广告问题

网络虚假广告是指经营者为达到引诱消费者购买商品或接受服务的目的而发布的关

于其商品或服务的不真实的信息内容，如夸大产品性能和功效、虚假价格虚假服务承诺等，因其特殊性，相关部门难以进行审查和监管。消费者因难以判断广告信息的真实性、可靠性其知情权和公平交易权大打折扣。网络虚假广告不仅成为消费欺诈的手段，而且还直接引发了网络合同的履行问题。

不可否认，应当加强对网络虚假广告的监管：

（1）加强对经营者身份的审核与公布。经营者是网络虚假广告的发布者，对其身份进行审核与公布，有助于消费者在遭受侵权后求偿权的实现。如上海工商行政管理局对利用互联网从事经营活动的企业和个体工商户的企业进行登记或营业登记，北京市工商行政管理局对经营性网站进行工商认证。

（2）明确物联网运营商与物联网服务商的责任。目前，许多广告由物联网运营商与物联网服务商收取一定费用后发布，许多非法广告也混在其中，我国法律并未对两者的责任作出明确规定，它们应当履行何种义务、承担何种责任尚不明确，这纵容了虚假广告的发布。

（3）明确主管部门的监管职权及相关人员的法律责任。目前可能涉及网络广告监管的部门太多，具体职责划分处于模糊状态，这不利于对网络广告内容的监管。

（4）完善相关法规，加强对虚假广告的管理。

3．网络消费合同履行问题

网络消费合同不适当履行的行为多表现在以下几个方面：

（1）延迟履行。网络购物的物流配送缓慢是很普遍的事情，出于某些原因，经营者向消费者承诺的交货日期难以兑现；

（2）瑕疵履行。网络消费者在认购商品并发出货款后，经常出现实际交付商品的种类、数量、质量等与购买时不一致的情况；

（3）售后服务无法保证。网络交易的最大特点就是打破了地域的限制，虽然《消费者权益保护法》规定了经营者承担“包修、包换、包退”的义务，但因为跨地域交易、经营者真实身份难以认定等因素，消费者很难实现其享受售后服务的权利。关于数字化商品的退货问题也成为《消费者权益保护法》面临的新的问题。

我国《消费者权益保护法》对经营者的合同履行期限未做规定。根据欧盟 2000 年 10 月 31 日生效的《消费者保护（远程销售）规则》规定：“供应商必须自消费者向其发出订单的 30 天内履行合同。无论出现任何原因，供应商未能在规定期限内履行合同，必须尽快通知消费者并返还所涉款项，通知与返还期限在履行期届满 30 天内。”该规则同时规定“消费者有权在最少 7 个工作日内撤销任何远程契约，且不需要给付违约金与说明理由。在撤销契约时，消费者承担的费用仅限于返还货物的直接费用。”我国在未来的立法中，应当考虑这两个规则，有条件地确定最长履行期限和“犹豫期”。前者可以促使经营者及时处理信息，尽快履行合同；后者可以确保消费者“退货权”的实现，同时对经营者的合理利益也给予了保障。

4．网络格式合同问题

目前，网络消费类合同中普遍采用的是格式合同形式，大多数交易条款或服务条款都是经营者事先拟定好的，消费者一般只能接受或拒绝。消费者在网络交易中经常遇到的格式合同是点击合同（Click-warp Contract），即消费者按照网页的提示，通过双击经营者网站的“同意”或“接受”按钮来订立的合同；另一种格式合同是浏览包装合同（Browse-warp Contract），指经营者作为合同的一方在合同中约定，访问者一旦浏览了其网站主页便与经营者成立了合同。

很多格式合同中包含有免除经营者责任或加重消费者责任的条款，如：因网站或网站个别工作人员的过失造成消费者个人资料的丢失或泄露，网站不负责任”；“用户同意保障和维护网站及其他用户的利益，如因用户违反有关法律、法规或本协议项下的任何条款而给网站或任何其他第三人造成损失，用户同意承担由此造成的损害赔偿责任”等。网络格式合同最大的特点是附和性，经营者在提供格式条款后，消费者要么全部接受，要么全部拒绝，没有协商的余地。合同中存在的减轻、免除自己责任的条款还具有隐藏的特点，容易使消费者忽略它的不公平、不合理性。在网络环境下，要消除格式合同是不现实的，因为“网络具有天然地适用格式合同的条件及优势”。在这种情况下，政府监管部门有责任制定一些规则，规范网络格式合同订立的程序及内容，以保护消费者的合法权益：

（1）经营者对合同订立程序的合理性具有提示的义务。网络经营者经常采用设置方便链接，将格式合同隐藏于其他页面等方式，使消费者无法知道合同的存在。经营者应当以醒目的标识提示消费者合同条款的存在，并在技术上设置提示程序，消费者只有阅读了格式条款后，才能缔结合同。

（2）经营者对格式条款的合理性具有提示的义务。在网络交易中，消费者往往不会关注网站的服务条款，也不会审查格式合同内容。且很多网站的服务条款长达数页甚至数十页，制作非常繁杂，要求消费者充分阅读和理解格式合同内容也是不切实际的。因此，让消费者在确认之前充分了解合同内容就十分重要。订立合同过程中，经营者应当提醒消费者知道网站上哪些协议、声明、通知是属于合同条款，应当以醒目、易懂的形式告知消费者关键条款内容。

（3）经营者对合同内容变更的告知义务。在合同订立后，存在着经营者对合同条款进行变更或修改的情形，经营者对其变更或修改的条款内容应当履行告知的义务。

5．网络支付安全问题

网络服务是一种非即时清结交易，通常由消费者通过信用卡或其他支付手段付款，经营者收到货款后才发货或提供服务，这区别于生活中即时清结的消费交易。我国的网络消费者开始习惯网上付款，基于我国金融服务水平和电子化程度限制，网上支付的安全还难以得到保障。随着网络交易的发展，网上付款将成为消费者履行支付义务的最主要方式。网络的开放性增加了消费者财产遭受侵害的风险，消费者在使用电子货币支付货款时可能承担以下风险：网上支付信息被厂商或银行收集后无意或有意泄露给第三者，甚至冒用；不法分子盗窃或非法破解账号密码导致电子货币被盗、丢失；消费者未经授权使用信用卡造成损失；信用卡欺诈；支付系统被非法入侵或病毒攻击等。

对于网络支付安全，除了采取当事人自律规范、从网络技术上确保交易安全等措施外，更要从法律上明确银行、经营者的赔偿责任，平衡其与消费者之间的权利义务。从目前各国使用信用卡的法律规范来看，大都偏重于保护消费者。例如，美国的《Z条例》（Regulation Z）就规定：“消费者承担的责任有限，对欺诈产生的损失，经营者承担较大风险；对事件的调查责任主要由发卡行和信用卡公司承担。”我国在制订电子货币支付相关法律时，可以借鉴其他国家的法律内容，采取对消费者权益实行重点保护的立法原则。

6. 网络消费者隐私权保护问题

网络消费中，大量的私人信息和数据等被信息服务系统收集、储存、传输，消费者的隐私权不可避免受到威胁，如：网络经营者为追求利润和利益使用甚至买卖消费者个人信息；银行的过错行为或黑客侵犯导致的个人信用卡信息被盗、丢失；大量垃圾邮件的骚扰等。

目前，我国没有专门法律对网络隐私权加以保护，而国际社会对网络环境下隐私权保护的力度已大大加强。经济合作与发展组织（OECD）1980 年出台的《隐私保护与个人数据资料跨境流通指导原则》、1998 年发布的《全球网络隐私保护宣言》、欧盟 1995 年形成的《数据保护指令》等，都对个人网络隐私权保护进行了详细的规定，美国、英国、德国等国家已经有了保护公民网络隐私权的法案，我国也应该尽快把网络隐私权保护问题纳入立法的轨道。立法内容应当考虑以下几点：

（1）规定经营者的义务。制定隐私保护政策与措施并予以公示，对消费者面临的隐私风险有说明和提示义务以及对所收集的个人信息的合理使用与限制、禁止使用的义务。

（2）收集个人信息行为必须合法。经营者必须在法律的规定范围内，经主管部门许可与当事人同意后才可以进行收集。

（3）个人信息的使用必须安全。经营者对其收集的个人信息的使用必须是合法的，且未经被收集人许可，不得对其信息进行公开或转让。

（4）规定侵犯网络隐私权的法律责任。现阶段，在实际的操作中对于侵犯网络隐私权的行为往往适用传统隐私权的保护规则，仅把网络隐私权视为名誉权加以保护，这不利于网络隐私权的保护和网络交易的发展。

（5）制定对未成年人网络隐私权的特殊保护条款。

7. 消费者损害赔偿权的实现问题

消费者的损害赔偿权，又称求偿权。是消费者在进行交易的过程中或使用商品和服务后，人身或财产遭受了一定的损害而享有的一种救济权。网络的特性和相关法律的缺失使网络经营者和消费者之间产生大量的纠纷。当消费者发现自己权益遭受侵害后，因无法得知经营者的真实身份不能寻求救济，或者过高的诉讼成本、举证的困难性、网络交易纠纷的管辖权与法律适用的不确定使消费者容易放弃救济权。物联网服务的发展态势迅猛，如何更好的保障网络交易的发展与安全，保护消费者的合法权益，保障网络消费者在遭受侵权后快捷、方便地寻求救济，这成为立法面临的新的问题。

10.4.3　网络环境下消费者权益保护体系的构建

1. 通过法律规定网络经营者的义务

1）在线信息披露义务

在网络环境下，经营者具有强大的优势，交易信息不对称使消费者经常陷入不知情状态，处于交易劣势。经合组织 1999 年 12 月发布的《OECD 关于电子商务中消费者保护指南》中明确指出网络经营者应当披露的信息内容包括三个方面：经营者身份信息、商品或服务信息、交易信息，这可以成为我国立法借鉴的原则。

（1）经营者身份信息。

我国《消费者权益保护法》第二十条规定了经营者有真实标识义务，这表明公示真实身份是经营者的一项义务。我国在相关立法中应当明确网络经营者必须履行身份的披露义务。

（2）商品或服务信息。

我国《消费者权益保护法》第八条规定消费者享有知情权，第十九条规定经营者有真实信息告知义务。在网络交易中，消费者无法接触商品。考虑到网络交易的特点，法律可以强制规定网络经营者在销售商品或提供服务时有告知真实信息的义务。

（3）交易条件信息。

网络交易所有的程序都是网站经营者设计好的，交易大都属于非谈判交易。为保障消费者知情权和公平交易权，法律应当明确规定经营者有义务披露真实的、完全的交易信息，向消费者提供清晰的、全面的交易条件。

2）不得滥用格式条款的免责义务

网络格式合同在网络消费交易中是必要的，其效力是可以根据《合同法》、《消费者权益保护法》来确认的，只要其符合法律的规定，没有损害消费者合法权益，格式合同就对双方当事人具有约束力。目前，网络经营者利用格式合同减轻或免除责任的现象十分普遍，从法律上应当对免责条款进行限定，对维护交易公平和发展网络交易具有重大意义。如：限制无效条款列入合同；限制不合理条款的效力；对于减轻、免除经营者责任或限制消费者权利的条款应当采用特别提醒的方式列入合同，否则容易导致“霸王条款，权利不平等”现象。

3）切实履行合同义务

网络消费交易中，经营者延迟履行合同、瑕疵履行合同、不履行售后服务义务的事情常发生。除了上文中建议法律有条件的规定最长履行期限和“犹豫期”外，还应当规定经营者的承诺义务、保证售后服务义务、赔偿义务。当然，为了防止消费者对权利的滥用，可以规定一些例外情形。

4）保护消费者个人信息义务

网络经营者对消费者个人信息的保护，除了前面提到的措施外还可以从一些细节上进行规范，如：经营者要保证数据的统一性和秘密性；提供的网络服务必须有技术保障，以保护消费者信息的安全；告知消费者降低风险的技术措施；对使用消费者个人信息带来的损害结果必须负有赔偿责任；经营者擅自转让消费者个人信息给第三方，造成消费者权益受到损害，负有承担连带赔偿责任等。

2．建立网络交易消费争端解决机制

对消费者权益的保护除了从立法和制度上给予其事前保障，更应当保证消费者在争端发生后寻求救济的权利和途径。一般认为，可以从以下三个方面来构筑网络交易争端的解决机制：

1）设立小额诉讼程序

网络交易中，大多数是小额交易，在合同履行出现问题后，面对诉讼成本、诉讼困难等问题，消费者往往放弃救济。因此小额诉讼程序的设立有利于纠纷的解决，特别是对保护网络消费者利益有着重要意义。

小额诉讼程序的实质是方便一般民众行使救济权利的司法形式，具有立案数额低、简易、高效等特点，世界上许多国家都设立了受理小额诉讼的法庭，如：美国、日本、新加坡、澳大利亚。我国可以借鉴这些国家和地区的小额诉讼程序，构建一套有中国特色的小额诉讼程序。这不仅能够解决网络纠纷中诉讼管辖权的问题，也能够轻松解决消费者跨地域、标的小、案情简单的多种纠纷。

2）建立在线投诉中心

中国工商总局和中国消费者权益保护协会可以共同建立一个权威的在线投诉中心，接受来自全国各地的网络消费投诉。在该中心投诉的资料由中心转发到被投诉的网络经营者所在地的工商局或消费者权益保护协会，由当地的工商局或消费者权益保护协会对投诉资料进行核查并处理；也可以考虑在消费者权益保护协会下设立部门，该部门在收到中心转发的投诉资料并核查后，代表消费者与经营者协商解决。这使消费者在寻求救济时不需要考虑地域限制和救济成本的问题。同时，消费者对经营者所在地有查找的义务，这样可以让中心能快捷、高效地处理来自全国各地投诉信息以保护消费者的合法权益。

3）建立在线争端解决机制

在线争端解决机制是指“涵盖所有网络上由非法庭但公正的第三人，解决企业与消费者间因电子商务契约所生争执的所有方式。”它最大程度上体现了当事人意思自治。具有纠纷解决方式和适用规则的灵活性、争端处理的高效性、纠纷解决的经济性等特点。在线调解和在线仲裁是最常见的形式。在线调解的基本原理同传统调解一样，不同的是调解的全部过程在网络上进行。在线调解更能体现当事人的意思自治；当事人可以自由决定采取的形式；其程序受法律规范约束少。可以通过第三人寻求一种合理的解决方法：第三人为自愿且无利害关系的第三人。如美国通常是由消费者协会、商业协会或一些中立机构来进行调解。

在线仲裁因受到网络技术对当事人举证等活动的限制，很少适用于网络交易纠纷，目前在线仲裁主要解决域名争议。目前建立和发展在线仲裁面临着证据提交难的问题；在线仲裁地的确定问题；仲裁裁决的效力问题。它的裁决是否具有司法执行力，这一点尚不明确。为更好地保护网络消费者权益，更快地发展电子商务，建立一个网上争端解决机制是有必要的，该机制必须由相关职能部门进行领导和管理（如国家工商管理总局、工业和信息化部），相关的全国性协会或组织负责争端解决（如中国消费者协会、中国电子商务协会），以确定和保证争端解决的公正性与权威性。

3. 其他保护方式

对网络消费权益保护是一项系统的工程，单从立法、司法角度还难以保护，它涉及到政府、行业、消费者自身等多个层面，甚至涉及到整个社会的信用体系等问题。这要求我们不仅仅要从立法、司法角度来维护消费者的合法权益，还要从其他方面来引导消费者合法权益的实现，这样才能真正建立起网络消费者权益的保护体系：如加强行政监管。在市场经济不发达的阶段，政府强有力的监管对于减少侵犯消费者权益事件的发生有着重要作用，实行行业自律。网络交易的特性使行业自律往往比行政手段规制更具有有效性。要充分发挥行业自治的力量和作用；建立信誉评价机制。网络经济有着较高的风险与不确定性，建立完善的信用评价体系对于交易纠纷的事前防范、保护消费者合法权益有着重要意义。政府或法律授权建立起权威、中立的信誉评价机构，由它建立信誉查询系统，这对网络交易欺诈、不适当履行合同义务的经营者可以起到警戒作用。

总之，构建网络环境下消费者权益保护体系不是件容易的事情，需要多方面，全方位的合作协调才行。

10.5 物联网的行政监管与行业管理

物联网的迅速发展对社会经济生活、市场经济秩序的影响将是巨大的。工商行政管理机关作为市场监督和行政执法的主管部门，应积极探索物联网的基本规律，以加强物联网对的监管，同时，要积极探索，培育市场，构建符合我国国情的物联网行业自律管理机制，以维护良好的市场秩序。

10.5.1 物联网的行政监管

1．严把市场准入关，加强对物联网主体资格的监管

1）对物联网经营实行许可制度

根据国务院《互联网信息服务管理办法》的规定，国家对经营性互联网信息服务实行许可制度，对非经营性互联网信息服务实行备案制度。凡从事经营性互联网信息服务的，应当向信息产业主管部门申请办理互联网信息增值电信业务经营许可证，并到文化部门、公安部门办理登记。

2）从事物联网的经营主体应领取营业执照

像其他前置审批一样，申请互联网信息服务取得经营许可证只是取得合法经营的第一步，经营者只有向工商行政管理部门办理登记手续，领取营业执照后方可从事经营。

2．对物联网的客体监管

1）对物联网服务的管理

根据国务院的规定，工商行政管理部门负责流通领域服务质量的监督管理，这样各级工商行政管理机关对物联网服务中所涉及的质量负责监督管理。各级烟草、卫生、药监、公安、新闻、出版等部门对须经专项审批方可经营的商品与服务进行审批。

2）对网络广告的管理

网络广告的监督管理应属《中华人民共和国广告法》（以下简称《广告法》）的调整范畴，在经营性网站上为他人设计、制作、发布网络广告的，应到工商行政管理机关申请办理广告经营登记，取得“广告经营许可证”后方可经营，广告的内容应由广告发布方负责审理，并受到工商行政管理部门监管，对违法广告由工商行政管理部门负责查处。

3．对物联网服务的竞争行为的监管

前已述及，物联网服务中存在着严重的不正当竞争和违法行为，对于各种扰乱经济秩序的行为，工商行政管理机关要依照《中华人民共和国商标法》、《广告法》、《反不正当竞争法》、《消费者权益保护法》、《合同法》以及有关企业登记注册的法律法规进行坚决查处。

4．强化监管需要解决的问题

（1）在加快工商行政管理电子政务平台建设的基础上以电子合同为切入口，加强对

物联网服务的监管。物联网服务中，电子合同是核心，工商行政管理部门除加大对诚信的宣传力度外，要严格依照《合同法》的条款进行规范管理，加强与各部门的沟通合作。

（2）网上巡查与地域巡查紧密结合，加强对物联网服务的日常监管，这是网络监管的重要方式。巡查的主要内容是网络经营者是否具备主体资格以及商标侵权行为，违法、虚假广告等。除了网上巡查，大量的经常性的工作是进行地域巡查，工商所掌握辖区的经济户口，对物联网服务的主体资格、经营地点、方式、类型、范围、配送系统和物流渠道比较清楚，因此要大力加强工商所的网络建设，做好系统联网。

（3）加大对违法交易行为的查处力度，并及时公告，建立错案和行政不作为追究制，切实做到维护消费者权益，维护良好的物联网服务秩序。同时建议政府根据具体情况加快制定统一的网络交易规则，引导网络经济健康快速发展。

（4）加强对物联网服务中涉及相关知识产权的保护。物联网服务涉及知识产权方面的内容很多，如专利权、著作权、版权、企业名称、字号专用权、商标专用权等等。中国加入 WTO 后知识产权保护尤其重要。工商行政管理部门应在促使企业自身重视的前提下，加大查处恶意侵权的行为，并且采取一系列配套措施以防止侵权行为的发生。

（5）加快培养高素质的监管人才。物联网服务的特点是跨区域交易，这就要求工商行政管理部门必须树立监管社会主义大市场的观念，形成全国统一协作的管理体系。工商行政管理不仅应对管辖地域内的网络经营违法行为进行管理，对管辖地域外的只要发现，也要通过电子邮件、电话等形式与有关部门进行沟通处理，避免地域管辖制约的管理漏洞。网络监管对干部的素质提出了更高的要求：一是要具备较强的物联网知识和微机网络操作能力。二是要熟悉各类法规，能在网上发现问题并提出解决问题的办法。三是要有强烈的事业心和责任感。四是要有综合协调能力，做好与其他部门的沟通协作，共同解决问题。培养一批高素质的监管人才，是做好物联网监管的首要任务和基本保证。

10.5.2　物联网的行业管理

在物联网的发展过程中，无论是 ISP 与 ICP 还是物联网经营者，都一直扮演着非常重要的作用，他们提供接入服务，开发搜索引擎、完善网上内容、实现电子服务，使广大用户对因特网从陌生到熟悉，从熟悉到变成工作、生活中不可缺少的一部分。并且，随着网络与物联网服务的发展，从资讯业、中介服务提供者到大多数的传统企业，还不断地会有更多的行业、企业和外国企业加入到这一行列中来，不断地推动物联网的应用和发展。然而，同时也应看到，我国的 ISP 及 ICP 等，从发展之初到现在，一直面临着许多这样那样的问题，其中相当一部分与政策法律有关，而这些问题，从某种程度上，可以说是关系到了 ISP 及 ICP 等的生存与发展，如经营许可的问题、法律责任的问题、版权问题、海外上市问题、外资介入问题，等等。所以，如果我们能够有效解决 ISP 及 ICP 等面临的这些政策法律问题，实现适当且有益的管理，必将极大地促进 ISP 及 ICP 等的发展，并在根本上推动我国的网络与电子商务事业。

1. 国外的有关情况

德国于 1992 年通过的《信息和通讯服务规范法》可以说是第一部较集中地规定对 ISP 与 ICP 等的管理的法律，在其第 1 章中，规定："以下条款适用一切私人利用信号、图像、声音等数据而提供的通过电信传输的电子信息和通讯服务（电信服务）"，并且"不论提供的电信服务是全部或部分免费的还是收费的，第一款都适用”。在同一章与责任有关的规定中，明确了：“服务提供者根据一般的法律对自己提供的内容负责”，“如果所提供的服务是他人的，那么只有在服务提供者了解这些内容并且在技术上有可能阻止，而且进行阻止并不超过其承受能力的情况下才有责任”。“服务提供者对只由自己提供的利用途径、而由他人提供的内容不负责任，根据用户要求自动和短时间地提供他人的内容被认为是对利用途径的介绍”。“如果服务提供者在不违背电信法第 85 条善于保守电信秘密的规定的情况下了解了这些内容并有技术可能加以阻止、而且进行阻止并不超过其承受能力，那么它有义务按普遍法律阻止利用违法的内容”。

在其第 2 章中，关于服务提供者的数据保护义务，规定：“只要在技术上是可能的，并且不超过其承受能力，那么服务提供者应使得用户有可能匿名或用假名享用电信服务和支付款项，并且应该把这种可能性通知用户”。“服务提供者方通过技术和组织预防措施确保：① 用户可随时中断同服务提供者的联系；② 如果不是为了结账而必须较长时间存储的话，呼叫、存取或者其他利用过程中所产生的数据必须在利用后立即销毁；③ 用户可以在不让第三者知道的情况下利用电信服务；④ 对于一个用户使用多种电信的个人数据，应当分开处理，如果不是为了结账而必须的话，不允许把这些数据归纳到一起，如果要将有关数据转手介绍给另一个服务提供者，那么必须告诉用户本人”。“统计电信服务利用概况时只允许使用假名，不允许把用假名统计的利用概况同关于使用假名的用户的数据放在一起”。

在新加坡，为了加强对因特网络的管理，其主管机构新加坡广播管理局于 1996 年 7 月宣布实施《分类许可证制度》。它是一种自动取得许可证的制度，只要遵循分类许可证规定的服务，履行应尽的义务，就被认为是自动取得营业执照，享受应有的权利。这种自动取得执照的做法达到了简化程序的效果，分类许可证制度主要适用于因特网服务提供者 ISP 和 ICP，其中 ISP 需要向广管局注册，ICP 一般无须注册，但政治团体和提供政治和宗教信息、销售联机报纸的 ICP 需要注册。关于执照所有人的职责，规定有：

① 保证遵守广管局发布的业务守则；保证其服务不用于其他目的，如：违反公司利益，破坏社会治安和民族和谐；违反良好的审美道德观。

② 保证其服务不用于促进赌博和彩票；保证其服务不用于做广告，并不能提供或促进以下事项：占星术、占卜、卦相或任何其他形式的算命术；保证其服务不用于卖淫拉客或其他不道德行为。

③ 保证在其服务中提供专业咨询者都是获得专业部门的资格认证的。

④ 应保存与其提供的服务有关的所有信息：记录、文档、数据及其他材料，广管局需要时，应随时向其提供，应协助广管局进行如下调查：任何违反执照规定的行为；执照持有人或其他任何人之任何被指控的违法犯罪行为。

此外，在发送电子邮件和向一个团体散发电子邮件是否被视为广播这个问题上，新加坡广管局认为，电子邮件被视为私人之间的通信。因此不在广管局的权限之内。但广管局认为广泛散发的邮件很接近广播，所以将其发展予以监视，一旦发现它危及公共道德、宗教和谐和国家安全，就要坚决采取适当的措施。

在对待个人主页的问题上，广管局认为：绝大多数的个人主页都不在分类许可制度之内。但是，为了商业目的或主要意图是评论或讨论与新加坡有关的政治或宗教问题而提供的个人主页，则应该申请分类许可证。

在对待 BBS 的问题上，广管局认为：在过去，广管局让 BBS 自我管制，并通过该产业界的自我管制来防止其滥用，现在有了因特网络管制法规，如果还对 BBS 不管，那就不合适了。因为有些 BBS 的规模与 ISP 经营旗鼓相当。规模大得需要增值电话网络支持的独立的 BBS，也需要取得分类许可证；BBS 的业余爱好者，只要不用增值电话网络的，就毋需申办分类许可证。

2．我国对网络运营商管理的状况

我国于 1996 年 5 月成立的国务院信息化工作领导小组是负责全国信息化工作的议事协调机构，其职责包括负责全国的大型计算机信息网络及国际联网的协调与管理工作，是对我国计算机信息网络进行宏观管理的最高领导机构。工业和信息化部于 1998 年 7 月成立，行使主管全国信息产业的相关管理职能。此外，中国因特网络信息中心（CNNIC）于 1997 年 6 月成立，并由国务院信息化工作领导小组授权中国科学院计算机网络信息中心运行及管理中国因特网络信息中心。CNNIC 的具体任务包括，为我国境内的因特网用户提供域名注册、IP 地址分配、自治系统号分配等信息服务。

根据《中华人民共和国计算机信息网络国际联网管理暂行规定》，国家对国际联网实行分级管理的原则，由国务院信息化工作领导小组负责协调，解决有关国际联网工作中的重大问题，对网络管理及经营机构划分为以下的几个层次：

1）物理信道的管理机构

物理信道是构成计算机信息网络的计算机、通信设备、网络终端以及连接设备的电缆和光缆，也包括卫星信道。我国的国内公用电信网的物理信道以及它为全国所有的物理信道提供的国际出入口信道都由工业和信息化部管理，其他一些政府部门或行业建立的专用物理信道由该部门或行业自行管理。

2）因特网的管理机构

因特网是指“直接进行国际联网的计算机信息网络”，它可能有自己的专业物理信道，但多数使用国家公用电信网物理信道的业务网，其管理机构称为“互联单位”，如 CHINANET、CHINAGBN、CSTNET、CERNET 等。

3）接入网络的管理机构

接入网络指“通过接入因特网络进行国际联网的计算机信息网络”。如企业网、校园网和一些商业性服务网络。接入单位是指“负责接人网络运行的单位”，它们要具备的条件包括：是依法设立的企业法人或事业法人；具有相应的计算机信息网络、装备及相应的技术人员和管理人员；具有健全的安全保密管理制度和技术保护措施；符合法律和国务院规定的其他条件。

4）从事国际联网经营活动的机构

这一部分范围很广，包括 ISP 及 ICP、搜索引擎、电子商务站点等。在管理上，主要是对 ISP 比较严格，需要取得国际联网经营许可证。

在对信道、互联单位、接入网络及国际联网经营者的管理上，我国的《中华人民共和国计算机信息网络国际联网管理暂行规定》中作了一些明确的规定，如第六条规定，计算机信息网络直接进行国际联网，必须使用邮电部国家公用电信网提供的国际出入口信道。任何单位和个人不得自行建立或者使用其他信道进行国际联网。第七条规定，已经建立的因特网络，根据国务院有关规定调整后，分别由邮电部、电子工业部、国家教育委员会和中国科学院管理，新建的因特网络，必须报国务院批准。第八条规定，接入网络必须通过因特网络进行国际联网，接入单位拟从事国际联网经营活动的，应当向有权受理从事国际联网经营活动申请的互联单位主管部门或者主管单位申请领取国际联网经营许可证，未取得国际联网经营许可证的，不得从事国际联网经营业务。第九条规定，从事国际联网经营活动的和从事非经营活动的接入单位都必须具备下列条件：① 是依法设立的企业法人或者事业法人；② 具有相应的计算机信息网络、装备的及相应的技术人员和管理人员；③ 具有健全的安全保密管理制度和技术保护措施；④ 符合法律和国务院规定的其他条件。接入单位从事国际联网经营活动的除必须具备规定的条件外，还应当具备为用户提供长期服务的能力。第十条规定，个人、法人和其他组织使用的计算机或者计算机信息网络，需要进行网络联网的，必须通过接入网络进行国际联网。第十三条规定，从事国际联网业务的单位和个人，应遵守网络有关法律、行政法规，严格执行安全保密制度，不得利用国际联网从事危害国家安全、泄露国家秘密等违法犯罪活动，不得制作、查阅、复制和传播妨碍社会治安的信息以及淫秽色情等信息。

案例　美国电影协会诉 A 公司盗版案

2008 年初，美国电影协会宣布，该协会 6 个电影制片公司已在上海把中国的 P2P（点对点）下载服务商 A 公司告上法庭，要求 A 公司赔偿 700 万元人民币，同时公开承认盗版行为。

这 6 家电影制片公司认为，A 公司作为 P2P 服务商，帮助网民下载盗版电影，对其电影版权造成了侵害。在诉状中，6 家原告列出了 32 部电影，其中包括《蝙蝠侠 3》、《世界战争》、《迈阿密风云》等。美国电影协会表示，在提交诉状之前，美国电影协会的律师已经向 A 公司公司发出了 78 份有关侵犯电影版权的律师函。此前，美国电影协会一直在代表几大电影巨头打击网络电影盗版活动。该协会透露，2006 年以来，已经在中国结束了 42 宗反盗版官司，涉及 135 项侵权行为，一共获得了 200 万元人民币的赔偿。

A 公司号称是全球最大的下载平台服务提供商，覆盖约 1 亿网民。2007 年初，美国搜索巨头 B 公司曾对外宣布，已向总部位于深圳的 A 公司注资。

A 公司已经遭遇多起版权纠纷。C 公司因影片《伤城》网络版权纠纷将 A 公司告上法庭，要求 A 公司赔偿其经济损失 15 万元。2008 年 2 月 3 日，上海浦东新区人民法院做出一审判决，支持 C 公司的全部诉讼请求。

A 公司被起诉传出后，引起了业界的广泛关注。许多专家认为，类似的网站都有大量的盗版电影存在，美国 6 大电影公司不对网上最大的盗版搜索来源——搜索引擎做文章，而单单选中 A 公司，其用意深刻。

（本文由作者根据网络资料改写：流媒体网，2008-02-19）

讨论：

1. 本案中原告美国电影协会能否获胜？为什么？
2. 原告美国电影协会为何不告盗版搜索引擎而单起诉 A 公司？

小结

通过本章的学习，主要掌握物联网市场秩序保障法律制度的主要内容。了解良好的市场秩序对于进一步发展物联网的意义，物联网环境下垄断产生的原因、表现及其法律规制；物联网环境下不正当竞争行为的特点和种类及其法律规制。重点掌握虚假网络广告和网络广告的正当竞争行为及其规制，消费者权益保护的法律制度。同时，还要熟悉物联网市场的行政监管和行业管理，对以工商行政管理机关为首的监管机构的监管职责、监管内容、监管方式，物联网服务商与物联网运营商、物联网市场其他参与者的市场管理有所了解。

习题

1. 简述物联网市场垄断产生的原因及法律规制。
2. 简述物联网市场不正当竞争行为的特点和种类。
3. 简述物联网市场不正当竞争行为的法律规制。
4. 试述违法网络广告行为的主要表现及法律规制。
5. 试述物联网运营商和服务商的义务和责任。
6. 如何进一步规范物联网市场行为，规范物联网市场的市场秩序？
7. 如何强化物联网市场的市场监管？
8. 物联网企业如何自律？

第11章 物联网证据与纠纷解决

本章提要

通过本章内容，使学生了解物联网电子证据的概念、分类及其法律性质，物联网电子证据的取证和认定，电子证据的规则及国内外对电子证据的立法，这是物联网得以开展的法律基础。纠纷的传统解决方式主要有协商、调解、仲裁和司法四种方式，但由于电子商务的特殊性，出现了适合电子商务纠纷的解决方式——在线争议解决方式。ODR是指涵盖所有网络上由非法庭但公正的第三人，解决企业和消费者间因电子商务契约所生争执的所有方式。也就是说，在线纠纷解决机制，主要是运用计算机和网络技术来解决纠纷。在线纠纷解决机制的优势主要表现为灵活、高效、经济、快速。

引例 江安电子警察监控系统破获交通肇事逃逸案

2011 年 4 月 6 日，江安警方成功运用“电子警察”监控系统，成功破获一起交通肇事逃逸案。目前，正在试运行期间的智能交通指挥系统已在破案追逃中发挥出了强大的作用。

当日 18 时许，江安县交管大队接到陈某报案称，在 308 省道界牌处被一辆三轮摩托车撞伤后，三轮摩托车驾车逃离现场。接警后交警迅速到达现场勘查，经现场查看，案发时无目击证人，受害人也未看清车牌。但事故发生地刚好处于 S308 省道江安段界牌公路卡口处附近。办案民警立刻联系指挥中心技术人员调取了 308 道省江安段界牌公路卡口案发时段车辆监控信息，初步确定了车牌号为川 QP92XX 的三轮摩托车为嫌疑肇事车辆。

通过进一步侦查，交通肇事逃逸案嫌疑车辆和嫌疑人被确认，正在进一步的调查处理中。

（本文由作者根据资料改写：宜宾日报，2011-04-07）

11.1 电子证据概述

物联网电子证据是自电子技术、计算机技术、信息网络技术出现及发展以后产生的一种新型证据类型。由于电子信息技术的飞速发展和普遍运用，电子商务、电子政务、移动互联网、云计算、物联网已经深入到人们的工作生活之中，成为现代生活的一个重要组成部分。伴随着网络技术的发展，随之而来的网络侵权、计算机犯罪、物联网纠纷等也频繁发生。如何在司法工作中运用、审查和确认物联网电子证据，成了全社会共同关心并亟待解决的问题。无论是处理民事纠纷还是打击网络犯罪都需要使用电子证据作为证据。

11.1.1 电子证据的概念

物联网电子证据是指以储存的电子化信息资料来证明案件真实情况的电子物品或电子记录。物联网电子证据是指在物联网计算机或计算机系统运行过程中产生的以其记录的内容来证明案件事实的电磁记录物。

物联网电子证据的概念应该是：以电子形式存在的、用作证据使用的一切材料及其派生物；或者说，借助电子技术或电子设备而形成的一切证据。

在我国的三大诉讼法之中，证据是指“证明案件真实情况的一切事实”。由此，我们可以推出，物联网电子证据是能证明物联网纠纷案件真实情况的一切事实。

物联网电子证据有很多形式。本书所涉及的电子证据主要指计算机证据，RFID 证据、云数据、手机数据等。是指随着计算机及物联网络的发展，在计算机或计算机系统运行过程中产生的以其记录的内容来证明案件事实的电磁记录物。目前，物联网电子证据已经衍生出纷繁复杂的形式，通常人们所能看到的除了电子邮件证据外，还包括表现为电子数据交换（EDI）、电子资金划拨（EFT）、电子聊天记录（E-chat）、电子公告牌记录（BBS）、电子签名（E-signature）、手机短信、微博、Facebook、twitter 等样式的各种证据。

电子证据已成为一个十分丰富庞杂的体系，可以从几个不同的角度分类。有人认为，结合中国证据法的现行分类，电子证据可划分为电子物证、电子书证、电子视听资料、电子证人证言、电子当事人陈述、电子证据的鉴定结论以及电子勘验检查笔录等。

11.1.2　电子证据的特点

物联网电子证据具有与其余七类证据完全不同的特点：作为与计算机密切联系的电子证据至少具有以下特点：无形性、易破坏性、多样性、高科技性等。

（1）无形性：电子证据实质上只是一堆按编码规则处理成的数据。看不见，摸不着。与其余的七类证据的外在表现形式完全不同。电子证据易被改变，给证据认定带来困难。

（2）脆弱性：由于电子数据是以数据的形式存在的，数据容易被人为改变，数据被人为篡改后，如果没有可资对照的副本、映像文件，就难以查清、难以判断。电子证据的脆弱性，导致了电子证据的审查、认定难度。

（3）多样复合性：它不仅可体现为文本形式，还可以图形、动画、音频、图像、视频等多媒体形式出现，电子证据的外在表现形式具有多样性，而且在实际案例中的表现更具有复杂性。

（4）技术性：电子证据的技术性表现在电子证据依赖于一定的技术设备和技术手段而存在。电子证据的调取与再现也必须通过一定的技术手段，借助一定的设备、借助于一定的专业技术人员来实现。

（5）证明力的欠完整性：电子证据极容易被篡改、伪造、破坏或毁灭，电子数据或信息是以“比特”的形式存在的，是非连续的。计算机输出的书面材料只能视为传来证据，其可靠性自然大打折扣。

（6）其他特点：电子证据还具有收集迅速、易于保存、占用空间少、传送和运输方便、可以反复重现、易于使用、审查、核实、便于操作的特点。

11.2　电子证据效力的认定

11.2.1　电子证据的取证

计算机取证从 20 世纪 80 年代在美国发展至今，经历了三个阶段。（1）媒质分析（Media Analysis）：指检查单机系统以便发现犯罪案件的电子证据的过程。（2）网络取证（Network Forensics）：此类取证过程以抓取网络流量并对之进行分析为特征。（3）取证计算（Forensics Computing）：此阶段涉及的电子证据来源不再局限于计算机，还包括 DC、DV、PDA 和手机等多种电子设备。随着电子技术的迅猛发展，原有的技术会很快被淘汰掉，新型的电子证据类型也会层出不穷，在这种情况下普通侦查人员不可能保持对最新技术的认识和了解，因此需要委托某一方面的电子技术专家来协助收集证据。

1．电子技术专家协助收集证据

从实践中来看，电子技术专家可以在下列方面起到帮助作用：

（1）从获取某一电子证据的困难程度和最终的可能结果分析，给出是否提取该电子证据的建议；

（2）制定提取某一电子证据的计划、步骤，以及相应的要领；

（3）协助搜查、扣押计算机硬件，寻找潜在的电子证据，依法定的程序提取，从技术的角度确保证据的真实性和完整性；

（4）恢复被删除的某一电子证据；

（5）协助保管某一电子证据，保证其不遭改动；

（6）作为专家证人出庭作证，介绍收集、保全电子证据的技术过程的可靠性，解决相关技术问题，并接受对方当事人和律师的质询等。

（7）对有关电子证据的专门问题做出鉴定结论。

综上所述，在电子证据的取证过程中，我们应当重视电子技术专家，但更应强调电子技术专家与专门调查人员的紧密合作。

2. 电子现场勘察证据

就电子现场勘察证据而言，其取证亦有特殊性。互联性使得遗留有电子证据的场所很多，既包括传统现场即物理空间，又包括非传统意义的场所即虚拟空间。以计算机侵入犯罪案件为例，其中遗留有电子证据的场所显然不仅包括犯罪人实施犯罪行为的房间，更主要是指从犯罪人作案使用的计算机开始一直到受害人的计算机系统，加上中间途经的所有站点的计算机所形成的虚拟空间。后者具有抽象性、不可见性和潜在性，是绝大多数电子证据的隐身之所。计算机现场勘查的中心任务就在于对这个特殊现场进行有效的勘查。

物理现场的传统勘查方法几乎不能适用于电子证据的现场勘查。计算机案件的现场是一个虚幻的场所（包括单机现场和网络现场），是一个数字化的空间，在这样一个现场中空间的概念实际上是没有意义的，时间也是稍纵即逝，办案人员只能借助科技的力量获取证据，或者说只能由电子技术专家来完成。无论是对个人的单一计算机现场进行勘查，还是对计算机网络现场进行勘查，都需要借助高超的电子技术从计算机存储器等部位中获取证据。

3. 搜查与扣押

搜查与扣押是获得电子证据的方式之一，电子证据的搜查与扣押有其特殊性，一般而言应遵循以下原则：

（1）电子证据不只存在于计算机中，汽车中、传呼机中、手持设备都含有大量的电子证据，故在搜索中视野要开阔，目标不限于个人计算机。

（2）注意在现场寻找有关硬件、软件的使用说明或某类特殊应用软件的安装盘，以方便侦查人员使用，提高工作效率。

（3）如果计算机在搜查时处于工作状态，则在关机前应该用照相、摄像的方法记录下屏幕上的内容；另外在搜查的具体实施中，应当对证据采取多种收集方式。如在复制数据的过程中，除了用文字记录复制所用的软件、实施过程、时间、收集人员、类别、文件格式、数据大小等外，还应该用照相、摄像的方式记录复制过程，进一步佐证电子证据的真实性、完整性。

（4）对于复制的数据，要用信息摘要和数字签名来确保证据不被改动。

（5）对于采集的证据，要及时标注提取的时间、来源、提取过程、使用方法、提取人员，以证明电子证据是否属实。

（6）不要忽视对传统证据的提取。如计算机周围的记录数据、文字的书证等。一旦电子证据能与传统证据相互印证，往往具有更强的证明力。

（7）应切断计算机与外界的联系，不允许犯罪嫌疑人触碰计算。

总而言之，电子证据的取证有其特殊性，在处理案件时要充分考虑这些特殊性，发挥专家的作用，遵循电子证据收集的规律，只有这样才能做好电子证据的取证工作。

4．计算机取证

1）计算机介质取证

高速获取被检查计算机硬盘的所有数据，对硬盘进行物理级的扇区拷贝，不但可拷贝正常文件，还可拷贝被删除文件、未分配空间等非正常区域的数据。支持高速传输模式，使得获取速率可达 3.3G/分钟。在复制过程中通过 MD5 校验算法保证复制的完整性和精确性。

提供以下功能：硬盘复制、硬盘镜像、硬盘写保护读取、校验码计算、数据校验、硬盘数据清除等

2）数据恢复和勘察取证

系统能够离线对存贮介质中的残缺数据进行恢复和勘察取证，以对各种介质和文件系统中数据的固定保全、恢复和分析取证为出发点，结合有效的数字签名和灵活的报表，形成一个对恢复和勘察取证具有良好可视性和可靠性的取证系统。

提供以下功能：数据恢复、关键字搜索、残缺数据分析、GREP 搜索、特征分析、密码破解、上网记录分析、日志分析、数据过滤等。

5．移动设备取证

同时提供对掌上计算机和手机的取证功能。功能强大的掌上计算机专业取证设备，具有对使用 Palm 和 Windows CE/Pocket PC 操作系统的掌上计算机进行数据获取、数据搜索和生成报告的功能。系统用于获取手机中的用户数据和部分型号手机的未分配空间数据。由于不同手机的使用方式和注意问题不同，因此对每个型号的手机都要谨慎操作。手机取证套件目前支持对 Nokia， Sony-Ericcson， Motorola， Siemens 等的部分型号手机进行数据获取。随着继续不断的更新，将能够获取更多品牌和型号的手机数据。

1）手机电子证据

手机取证的电子证据主要来自手机内存、SIM 卡、闪存卡和移动运营商网络以及短信服务提供商系统。手机内存随着手机功能的不断加强，手机内存存储着大量的信息，这些信息就成了潜在的电子证据，主要包括：

（1）手机识别号：GSM 手机的手机识别号是 IMEI，CDMA 手机的手机识别号是 ESN 号；

（2）电话簿资料；

（3）发送、收到或编辑存储的短信和 MMS（多媒体信息服务）信息；

（4）图片、动画和声音；

（5）语言、日期与时间、铃声、音量和短信特符号的设置信息；

（6）拨出、接收或未接收电话的记录；

（7）日历中的日程安排信息；

（8）被存储的可执行文件和其他计算机文件；

（9）GPRS、WAP 和 Internet 的设置信息以及上网的缓存记录。

以上信息在不同的手机中格式和内容可能有所不同，而且这些信息一般都能被删除，

但也可以利用软件或由手机制造商来恢复。

2）手机取证要点

取证分析是对所有潜在的电子证据进行分析，试图分析出案件线索或有效证据。手机取证分析时，应注意以下几点：

（1）尽早关闭手机，以免破坏数据；

（2）单独分析手机内存、SIM 卡、闪存卡等证据介质，以免破坏数据；

（3）从用户或移动运营商处获取访问代码，用专用软件分析 SIM 卡；

（4）用取证软件分析闪存卡；

（5）镜像备份手机内存的原始数据，然后对备份数据进行分析。

3）手机内存分析

一般地，读取手机内存中的数据，是利用手机操作系统或手机制造商提供的接口软件来读取的，但这样操作有可能会破坏原始数据，也不能恢复被删除的数据。为了获取手机内存的镜像备份，目前有两种方法可以使用：一是从手机上卸载手机内存芯片而后读取出数据，但这会毁坏手机；二是用专用导线接入手机系统主板，然后快速读出内存芯片的内容，但由于手机类型繁多，对技术要求很高。

6. 数码照片取证

首先分析数码照片的文件格式，通过分析文件格式，找出信息是我们取证所需要的。

1）数码照片格式分析

数码照片一般存储为 JPEG 格式，但它是一种特殊的 JPEG 格式，因为它与一般的 JPEG 文件相比，还多了 Exif 信息。Exif 存储了拍摄数码照片时的一些信息，比如：相机型号、光圈、拍摄时间等等。分析了数码照片格式之后，我们明确了数码照片中的 Exif 信息是我们取证所需要的。接下来要从嫌疑介质中找出包含 Exif 信息的图片文件。

2）从嫌疑硬盘中找出包含 Exif 信息的图片文件

我们直接在 Encase 里查看嫌疑硬盘，并用 GREP 方式搜索，找到该文件头。找出了图片文件后，我们要把该文件存储下来，并用相应的图片查看器来查看 Exif 信息。

3）导出包含 Exif 信息的图片文件

目前能够查看 Exif 信息的查看器包括：Exif Reader、Acdsee4.0 等。

7. 证据处理过程

电子证据处理总共分 3 个阶段：证据保全、证据分析和证据表现。

证据保全阶段的工作是固定证据。在本阶段要求将电子证据的状态固定起来，使之在后续的分析、陈述过程中不会改变。

证据分析阶段的工作是分析证据与案件的关联性。在本阶段要求能够对证据进行全面分析，并在全面分析的基础上能够进行数据挖掘和整合，使之清晰呈现案情相关信息。

证据表现阶段要就电子证据与案件的关联性进行陈述。在此阶段要求能够证实电子证据取得的途径、分析过程，并合理引用电子证据分析结果对案情进行陈述。

8. 电子证据收集注意事项

（1）严格依法进行各种电子证据的提取收集。

（2）深入细致地查找线索，全面客观调查取证。

（3）积极利用证人、犯罪嫌疑人配合协作取证。

（4）利用科学方法，做好证据固定保全。

9. 电子证据取证步骤

1）保护目标计算机系统

计算机取证时，第一件要做的事是冻结计算机系统，不给犯罪分子破坏证据提供机会。避免发生任何的更改系统设置、硬件损坏、数据破坏或病毒感染的情况。

2）电子证据的确定

根据系统的破坏程度，应确定哪些由犯罪者留下的活动记录作为主要的电子证据，确定这些记录存在哪里、是怎样存储的。

3）电子证据的收集

（1）调查员要记录系统的硬件配置。

（2）用磁盘镜像工具对目标系统磁盘驱动中的所有数据进行字符流的镜像备份。

（3）用取证工具收集相关的电子证据，对系统的日期和时间进行记录归档，对可能作为证据的数据通过加密手段发送给取证服务器进行分析。

4）电子证据的保护

由于电子证据可能被不留痕迹的修改或破坏，应用适当的储存介质进行原始的镜像备份。不轻易删除或修改与证据无关的文件以免引起有价值的证据文件.永久丢失。在电子取证的过程中，许多企业用户都会面临计算机中的重要数据或文件丢失的情况。在这种情况下，如果用户的系统在出现情况后没有做任何操作，相关单位可以帮助用户进行鉴定，给出引起纠纷的原因。专业人员在一定条件下可以恢复相关操作或数据，并对计算机硬盘、软盘、网页、BBS、博客等网络环境下的数据进行证据的固化、查找、提取、分析，确保证据的妥善保存。

11.2.2　电子证据的认定

电子证据的认定包括可采性认定和证明力认定。

1. 电子证据的可采性认定

证据作为认定案件事实的唯一载体，是法院裁判的基石，对证据的采信直接关系到对案件事实的认定和法律的适用，因此，证据的采信问题是整个审判活动的重中之重。证据的可采性审查主要是确定当事人、检察机关所举的全部证据材料哪些可以作为证据使用，从而将明显不能作为定案依据的证据材料予以排除；证据的可信性判断则是在可采性审查的基础上进一步分析判断拟作为定案依据的证据的可靠性和证明力。

1）电子证据的可采性标准

证据的可采性涉及何种证据能够进入诉讼程序或其他证明活动的问题，或者说何种证据应被排除在诉讼程序或其他证明活动之外的问题。依照我国学界的主流看法，证据是指能够证明案件客观情况的一切材料，必须具有客观性、关联性和合法性等特征。客观性是指证据必须是不以人的意志为转移的客观存在，是事实。关联性是指证据必须与案件有联系，能证明案件存在的某种事实情况。合法性是指证据必须符合法定的形式，并且收集的程序是合法的。

2）国际电子证据可采性立法

证据的可采性是指证据资料在法律上允许其作为证据的资格。证据的证明力是指某项证据对查明案件事实所具有的效力。关于电子证据的可采性和证明力，大陆法国家和普通法国家的规定有所不同。

在大陆法国家，法律都要求提供原件作为证据。而在电子商务中，提交“原件”往往是不现实的。如果证据法只承认原件才能作为证据，也将对电子证据的可采纳性造成困难。不过，目前大陆法系国家对原件的要求已有所放松。如法国1980年对《法国民法典》中的证据规定作了一些修改，从而使确实而已耐久的抄本，在原件确实不存在时，可以有效地取而代之。这就使数据电文作为证据成为可能。

在普通法国家，数据电文在证据法上产生的最大障碍是传闻证据规则和最佳证据规则的限制。依照传闻证据规则，证人以外的人明示或默示的事实主张及在没有证人作证的情况下，向法院提出的书面材料上的事实主张，都属传闻证据，除法律另有规定的以外，不能被采纳为证明其主张的事实的真实性证据。

联合国贸易法委员会于1996年通过的《电子商务示范法》第5条规定不得仅仅以某项信息采用数据电文形式为理由而否定法律效力、有效性和可执行性。同时，规定对于以数据电文形式的信息，应给予应有的证据力，《电子商务示范法》对包括数据交换系统在内的数据电文证据效力的法律认可是较全面的，是世界各国证据法方面的立法和改革的楷模。

3）我国电子证据的可采性

我国《中华人民共和国民事诉讼法》（以下简称《民事诉讼法》）第六十三条规定，“证据有下列几种：（1）书证；（2）物证；（3）视听资料；（4）证人证言；（5）当事人陈述；（6）鉴定结论；（7）勘验笔录。”由此产生的问题是电子证据能否纳入现在的证据体系中，还是作为一种独立的证据？由于该法是列举式，如果不对电子证据归类，其很难成为证据。确定数据电文的证据类型的意义还在于，一方面，由于不同种类的证据有不完全相同的证明力，因此，归入哪一类证据自然具有不同的证明力；另一方面，由于证据类型不同，证据调查方法自然也不相同。

我国于2004年颁布的《中华人民共和国电子签名法》第四条和第七条分别就数据电文的书面形式和证据效力作了规定。第四条规定：“能够有形地表现所载内容，并可以随时调取查用的数据电文，视为符合法律、法规要求的书面形式。”第七条规定：“数据电文不得仅因为其是以电子、光学、磁或者类似手段生成、发送、接收或者储存的而被拒绝作为证据使用。”

《中华人民共和国电子签名法》第五条还对“原件”作了具体规定：“符合下列条件的数据电文，视为满足法律、法规规定的原件形式要求：（一）能够有效地表现所载内容并可供随时调取查用；（二）能够可靠地保证自最终形成时起，内容保持完整、未被更改。但是，在数据电文上增加背书以及数据交换、储存和显示过程中发生的形式变化不影响数据电文的完整性。”

由此可见，我国《中华人民共和国电子签名法》受联合国贸易法委员会《电子商务示范法》的影响，已对“原件”作了扩大解释，这为数据电文作为书证使用扫除了障碍。

4）电子证据的审查判断

值得注意的是，尽管数据电文可以归入书证的种类，但它和合同书这种书面形式相比，显然不同。因此，对其审查判断应采取不同的方法。根据《中华人民共和国电子签名法》的规定，对电子证据的审查判断应从以下几个方面着手：

（1）电子证据的生成。即要考虑作为证据的数据电文是怎样形成的，如数据电文是在正常业务中按常规程序自动生成还是人工录入的，自动生成数据电文的程序是否可靠，有没有非法干扰；由人工录入数据电文时，录入者是否按照严格的操作规程、采用可靠的操作方法合法录入。

（2）电子证据的传送与接收。数据电文通常要经过网络的传递、输送，所以要考虑传递、接收数据电文时所用的技术手段或方法是否科学、可靠，传递数据电文的“中间人”如网络运营商等是否公正、独立，数据电文在传递过程中有无加密措施，数据电文的内容是否被改变等。

（3）电子证据的存储。即要考虑作为证据的数据电文是怎样存储的，如存储数据电文的方法是否科学，存储数据电文的介质是否可靠，存储数据电文者是否公正、独立，数据电文是由不利方存储的还是由利方存储的或是中立的第三方存储的，存储数据电文时是否加密，所存储的数据电文是否被改动等。

（4）审查电子证据的内容。审查判断电子证据是否真实，有无剪裁、拼凑、伪造、篡改等，因为电子证据的内容可以通过技术手段修改，要借助科学手段加以鉴别。对于自相矛盾、内容前后不一致或不符合情理的电子证据，应谨慎对待，不可轻信。

2. 电子证据的证明力认定

电子证据的证明力，是指证据在证明待证事实上体现其价值大小与强弱的状态或程度，即证据力；考察电子证据的证明力，就是要认定电子证据本身或者电子证据与案件中的其他证据一起能否证明待证事实以及在多大程度上能够证明待证事实。

电子证据证明力认定的基本原则有以下几个

（1）自由认证为主、参照标准为辅的原则。即一方面法律不对在什么情况下电子证据有多大的证明力做出硬性规定，坚持自由认定的道路，完全由法官凭个人意志予以判断；另一方面，通过国家法律规定认定电子证据证明力的标准以及各种机关或各个行业组织颁行各种电子技术或信息技术运行的标准等方法，指导、约束并帮助法官对电子证据的认证活动。

（2）平等赋予的原则。在当前的法律环境中，主要是要给予电子证据与传统证据以平等的待遇，不能因为不信任而不愿意使用电子证据、或者不敢赋予电子证据以足够的证明力。

（3）综合认定原则。电子证据无论是作为直接证据还是作为间接证据，都不能单独地发挥证明力，而是与其他的证据一起发挥应有的证明力。只用一个电子证据定案的情况是极为罕见的。法官在进行电子证据的证明力的认定时，首先必须对已采纳的证据包括电子证据进行归类，分析哪些是直接证据哪些是间接证据，哪些是本证，哪些是反证，然后对单个证据或单组证据的证明力进行判断，考察能否达到证明标准。

11.2.3　电子证据的规则

1．证据规则的一般含义

在证据被采纳问题上，英美法系国家体系存在着庞杂的证据规则，包括传闻规则、最佳证据规则和鉴证规则。

传闻规则（The Rule Against Hearsay）又称传闻证据排除规则，简单地说，就是传闻证据不具有可采性，在审判中不能作为证据使用。所谓传闻证据，是指“在审判或讯问时作证的证人以外的人所表达或作出的，被作为证据提出以证实其所包含的事实是否真实的，一种口头或书面的意思表示或有意无意地带有某种意思表示的非语言行为。”作为一个基本规则，传闻证据不具有可采性。英国和美国在证据法中都规定了传闻规则，但二者有着很大的区别。根据英国《1995 年民事证据法》和美国《联邦证据规则》规定，在刑事或民事诉讼中传闻一般予以排除、符合例外情况予以采纳。

最佳证据规则（The Best Evidence Rule）是指诉讼的一方当事人必须提出案件性质许可的最佳证据，该规则也被称作反对第二位证据规则（The Rule Against Secondary）。第二位证据是与第一位证据相对称的，它们通常与文书内容的证明有关。第一位证据是指可以提供的最佳证据，即文书的原件；第二位证据是指文书的次级或者替代证据，即文书的副本或者已经阅读过文书的证人的证言。最佳证据规则曾是英国证据法历史上一个最为基本的证据规则，但是，过去 150 多年以来，该规则已经很少适用，在现代证据法中也已不再作为一项普遍适用的排除规则。在数字运行的情况下，复制件可以成为原始文本的精确复制品。

鉴证规则是指为了被采纳的目的，文件必须得到可靠性和真实性方面的鉴证。可采性的一个重要的标准就是对于鉴证的要求。鉴证是文件的得以确立的过程。如果不是文件的原件被提供，而是文件的复制件或者转换形式被提供，则需要基础证据确立文件复制过程或者转换过程的可靠性。

2．电子证据的规则

包括电子证据的可采性认定规则和电子证据的证明力认定规则。

1）电子证据的可采性认定规则

电子证据的可采性是电子证据认定的核心与难题，它不但同法官的素质及诉讼体制有关，更同计算机技术的应用程度有关。电子证据的可采性认定，应遵循以下规则：

（1）法官在进行电子证据的证明力的认定时，首先必须对已采纳的证据包括电子证据进行归类，对单个证据或单组证据的证明力进行判断，考察能否达到证明标准。

（2）在任何诉讼中，不能以电子证据的独特性而在可采性方面附加考虑一些特别条件或对其予以排除。

（3）法庭对电子证据应当从关联性、合法性与真实性三方面进行综合考察判断，以决定其能够作为定案的根据。

（4）当事人提交的电子证据在生成或取得的过程中具有下列非法情形之一的，法庭应当权衡其不合法程度是否足以影响证据的真实性，或是足以影响某一重大权益，并在此基础上酌情裁定是否予以排除。

（5）当事人提交的电子证据符合下列非法情形之一的，法庭应裁定或推定其具有真实性，并在此基础上酌情裁定是否予以采纳。

2）电子证据的证明力认定规则

对电子证据的证明力进行认定，法官大致应当遵守如下规则。

规则 1　法庭对某一电子证据的证明力进行认定时，必须首先对已经采纳的证据包括电子证据进行归类，分析哪些是直接证据哪些是间接证据，哪些是本证哪些是反证，然后对单个证据或单组证据的证明力进行判断，最后对全案证据的证明力进行判断，考察能否达到证明标准。

规则 2　法庭对单个电子证据的证明力进行认定时，应当综合审查其可靠性如何、关联程度大小以及完整性如何，同时考虑待证事实等因素，基于自由裁量赋予其应有的证明力。

规则 3　在认定电子证据的可靠性时，法庭应当考虑电子证据的生成、存储、传送、与收集等各个环节，以及审查该电子证据在上述环节是否遭到过删改。

规则 4　具有以下情形之一的，法庭应当推定电子证据具有可靠性：

（1）该证据所依赖的计算机系统的软硬件是可靠的，该系统有防止出错的监测或稽核手段，而且有证据证明其运行过程是正常的；

（2）该电子证据系由对其不利的一方当事人保存或提供的；

（3）该电子证据系在正常的业务活动中生成并保管的。

规则 5　如果某一电子证据对案件中争议问题具有实质性意义，则法庭应当认定该证据具有足够的关联性。

规则 6　如果电子证据自形成之时起，其内容一直保持完整和未予改动，则视为具有完整性。对电子证据的内容进行的必要添加，并不影响其完整性。

规则 7　如果有证据证明以下情形之一的，则可以推定所涉及的电子证据具有完整性：

（1）该电子证据所依赖的计算机系统或其他类似设备，均处于正常运行状态；

（2）该电子证据所依赖的计算机系统或其他类似设备，其不正常运行的事实并不影响电子记录的完整性；

（3）该电子证据是由一方当事人记录或保存的，而举出该电子证据对此人不利；

（4）该电子证据是由当事人以外的其他人记录或保存的，而此人不受任一方当事人的控制。

规则 8　在证明属实的情况下，通过模拟电子技术获得的电子证据复制件的证明力小于原件，通过数字电子技术获得的电子证据复制件的证明力等同于原件。

规则 9　若就同一事实存在若干份电子证据时，一般遵守如下规则来判断其证明力：

（1）经公证获得的电子证据，其证明力大于非经公证获得的电子证据；

（2）在正常业务活动中制作的电子证据，其证明力大于为诉讼制作的证据；

（3）由不利方保存的电子证据的证明力最大，由中立的第三方保存的电子证据的证明力次之，由有利方保存的电子证据的证明力最小。

11.3　我国对电子证据的规范

11.3.1　法律规范

从我国目前的实际情况来看，网络方面的法律并不空缺，如 1996 年 2 月，国务院第 195 号令发布了《中华人民共和国计算机信息网络国际联网管理暂行规定》；1997 年 5

月，国务院信息化工作领导小组办公室发布《中国互联网络域名注册暂行管理办法》；1997 年 12 月，公安部发布了《计算机信息网络国际互联网安全保护管理办法》；2000 年 9 月国务院第 31 次常委会议通过的《互联信息服务管理办法》等等。但是，颁布的法律法规多数是实体方面的问题（如域名纠纷），诉讼方面的相关立法相对欠缺，如电子证据问题。

我国《民事诉讼法》也规定在提交原件确有困难时，可以提交复制品或副本，在已经由九届人大二次会议审议通过的新合同法里，E-mail 已列为书面合同的一种形式。

根据自 1999 年 10 月 1 日起施行的《合同法》第十一条中规定，“书面形式是指合同书、信件和数据电文（包括电报、电传、传真、电子数据交换和电子邮件）等可以有形地表现所载内容的形式”，该条规定明确了数据电文等电子形式也属于法律允许的书面形式。按照立法意图来说，《合同法》已经将“数据电文”这一典型的电子证据形式纳入了“书面形式”范围，这无异于已经在立法上明确了电子证据的法律地位。

11.3.2　司法解释

由最高人民检察院 1996 年 12 月 31 日颁行的《关于检察机关侦查工作贯彻刑诉法若干问题的意见》中，将电子计算机内存信息资料等纳入视听资料证据，该规范第三条关于依法收集和运用视听资料证据方面规定：视听资料是指以图像和声音形式证明案件真实情况的证据。包括与案件事实、犯罪嫌疑人以及犯罪嫌疑人实施反侦查行为有关的录音、录像、照片、胶片、声卡、视盘、计算机内存信息资料等。

2001 年 12 月 6 日由最高人民法院审判委员会 1201 次会议通过，自 2002 年 4 月 1 日起施行的《最高人民法院关于民事诉讼证据的若干规定》在其第二十二条规定：“调查人员调查收集计算机数据或者录音、录像等视听资料的，应当要求被调查人提供有关资料的原始载体。提供原始载体确有困难的，可以提供复制件。提供复制件的，调查人员应当在调查笔录中说明其来源和制作经过。”

自 1998 年 1 月 18 日起实施的最高人民检察院《人民检察院刑事诉讼规则》的第一百九十二条规定：“扣押犯罪嫌疑人的邮件、电报或者电子邮件，应当经检察长批准，通知邮电机关或者网络服务机构将有关的邮件、电报或者电子邮件检交扣押。不需要继续扣押的时候，应当立即通知邮电机关或者网络服务机构。”

在自 1998 年 5 月 14 日第 35 号公安部令发布施行的《公安机关办理刑事案件程序规定》中将拍照、录像、电子邮件、电子数据存储介质也纳入电子证据部分。

我国立法上已对电子数据信息的证据价值和证据地位做出一些的规定，如电子签名法。中国电子商务、云计算、物联网法律法规的立法文本，应吸收世界各国的电子证据立法经验，如能将电子证据问题全面而系统专门立法，将有益于中国网络经济的发展。

11.4　电子商务纠纷的解决

11.4.1　物联网纠纷的协商与调解

由于物联网的虚拟性和跨地域性决定了在物联网活动中产生的纠纷在许多方面和传统的纠纷存在很大差异，怎样解决物联网纠纷已经引起了人们的广泛关注。目前，物联网纠纷的表现形式各种各样，但所有这些纠纷都可以归纳为两类，即侵权纠纷和合同纠纷。侵权纠纷是由于行为人侵害他人财产或者人身权利而产生的侵权行为人和受害人之间的纠纷；而合同纠纷，则是由于合同各方当事人在合同解释、履行过程中产生的纠纷。一般说来，纠纷的解决方式主要有协商、调解、仲裁和司法四种方式。但由于物联网的特殊性，业内人士还在积极地寻找适合物联网纠纷的解决方式，如在线争议解决方式等。

1．协商解决

协商是指发生纠纷的双方当事人在没有第三方的参与下，完全由其自行协调，相互谅解以达成协议，从而解决纠纷的一种方式。协商是解决当事人之间纠纷最好的方式，它一方面能够解决当事人之间的纠纷，另一方面又能维持他们之间的友好合作关系。

2．调解解决

调解是指由发生纠纷的当事人邀请无利害关系的第三方斡旋于纠纷各方之间，以便使纠纷各方达成协议，从而解决纠纷的一种方式。调解分为诉讼外的调解和法院调解。法院调解和人民调解委员会等组织的调解（诉讼外调解）相比较，具有如下特点：

1）诉讼外调解

是在人民调解委员会等组织的主持下，双方当事人在互谅互让的基础上达成协议。

2）法院调解

是双方当事人在人民法院审判人员的主持下进行的，由此达成的协议是人民法院的审判职能活动同当事人的处分行为相结合的结果；法院调解是按照民事诉讼法规定的程序进行的一种诉讼活动，它又是人民法院审结案件的一种方式，调解一旦达成协议就具有法律上的执行力；而人民调解委员会等组织的调解所达成的调解协议，其协议不具有强制执行效力。

11.4.2　物联网纠纷的仲裁解决

1．仲裁解决的概念及其特点

仲裁，也称公断，是指双方当事人在争议发生之前或之后达成协议，自愿将争议交给仲裁机构做出裁决，从而解决争议的全部活动。仲裁是国际上通行的解决争议的一种方式。

仲裁与解决纠纷的其他方式相比较，主要具有以下特点：

（1）提交仲裁以双方当事人自愿为前提。仲裁协议的有无，是仲裁机构决定是否受理当事人仲裁申请的重要依据之一。

（2）仲裁的客体是当事人之间发生的争议。我国《中华人民共和国仲裁法》（以下简称《仲裁法》）规定，可以通过仲裁方式解决的纠纷包括平等主体的公民、法人和其他组织之间发生的合同纠纷和其他产权纠纷。

（3）裁决具有强制执行力。仲裁机构的裁决具有法律效力，对双方当事人都具有约束力，当事人应当履行裁决。一方当事人不履行的，另一方当事人可以依照民事诉讼法的有关规定向人民法院申请执行。受申请的人民法院应当执行。

此外，仲裁还具有极大的灵活性和便利性。当事人有权协议约定仲裁机构，有权选择仲裁员。因此，仲裁裁决可以更大程度地赢得当事人的信任。除非当事人协议公开的，仲裁不公开进行，这样可以保守当事人的商业秘密。总之，仲裁是解决争议的有效方式之一。

2．仲裁的基本原则

仲裁的基本原则，是指仲裁机构受理、审理、裁决争议时所应遵循的基本准则。这些基本原则包括：

1）独立原则

仲裁机构在处理纠纷时，依法独立进行仲裁，不受行政机关、社会团体和个人的干涉。仲裁不实行地域管辖和级别管辖，仲裁委员会之间无隶属关系，各自独立地对纠纷进行仲裁，严格依照事实和法律独立地审理，做出公正的裁决，以保护当事人的合法权益。

2）自愿原则

自愿原则是仲裁制度中应予贯彻的一个基本原则。在仲裁中，自愿原则的主要涵义是充分尊重当事人的约定并体现在许多方面：是否采取仲裁的方式解决彼此间的纠纷；选择哪一个仲裁机构进行仲裁；是否采取独任仲裁庭；在涉外仲裁中适用何国法律等。在仲裁进行过程中，当事人可以自行和解。

3）一裁终局的原则

一裁终局是指仲裁裁决做出后，当事人就同一纠纷不得再申请仲裁或向人民法院起诉。但是，裁决被人民法院依法裁定撤销或不予执行的，当事人就该纠纷可根据双方重新达成的仲裁协议申请仲裁，也可以向人民法院起诉。一裁终局是仲裁法律制度的重要原则，这一原则不仅赋予了仲裁裁决的有效性和权威性，同时也为快捷地处理当事人之间的纠纷提供了保证。

3．仲裁协议

仲裁协议是指当事人自愿将他们之间已经发生的争议或可能发生的争议，提交仲裁解决的书面约定。仲裁协议是仲裁机构受理案件的唯一依据，也是仲裁机构管辖案件的前提。

4．仲裁委员会和仲裁员

1）仲裁委员会

根据《仲裁法》第十一条的规定，仲裁委员会应当具备下列条件：一是有自己的名称、住所和章程；二是有必要的财产；三是有该委员会的组成人员；四是有聘任的仲裁员。仲裁委员会主任、副主任和委员由法律、经济贸易专家和有实际工作经验的人担任。仲裁委员会的组成人员中，法律、经济贸易专家不得少于2/3。

2）仲裁员

仲裁法确定了仲裁员资格和名册制度。仲裁员实行聘任制，由仲裁委员会从公道正派的人员中聘任。同时还应当具备下列条件之一：一是从事仲裁工作满八年的；二是从事律师工作满八年的；三是曾任审判员满八年的；四是从事法学研究、教学工作具有高级职称的；五是具有法律知识，从事经济贸易等专业工作并且具有高级职称或者具有同等专业水平的。

5．仲裁程序

根据仲裁法的规定，仲裁程序应包括如下几个阶段：

1）申请和受理

申请是指当事人向仲裁委员会依照法律和仲裁协议将争议提请仲裁。仲裁委员会收到仲裁申请书后，经审查认为符合申请仲裁条件的，应当在 5 日内受理，并通知当事人；认为不符合受理条件的，应当在 5 日内通知当事人不予受理，并说明理由。

2）仲裁庭的组成

仲裁委员会受理仲裁申请后，应当组成仲裁庭进行仲裁活动。仲裁庭一般由三名仲裁员或者一名仲裁员组成。由三名仲裁员组成的设首席仲裁员。

3）开庭和裁决

开庭，即开庭审理，是指仲裁庭按照法定的程序，对案件进行有步骤有计划的审理。

调解与裁决相结合，是我国仲裁制度的一大特色。仲裁庭在做出裁决前，可以先行调解。而且如果当事人自愿调解的，仲裁庭应当调解。调解不成或当事人在调解书签收前反悔的，仲裁庭应当及时做出裁决。

6. 申请撤销裁决

当事人提出证据证明裁决有下列情形之一者，可以向仲裁委员会所在地的中级人民法院申请撤销裁决：第一，没有仲裁协议的；第二，仲裁事项不属于仲裁协议范围或仲裁委员会无权仲裁的；第三，仲裁庭的组成或仲裁程序违反法定程序的；第四，仲裁所依证据是伪造的；第五，对方当事人隐瞒了足以影响公正裁决的证据的；第六，仲裁员在仲裁该案时有索贿、受贿、徇私、舞弊、枉法等裁决行为的。

人民法院组成合议庭审查核实裁决有上述规定情形之一的，应当裁定撤销。

7. 仲裁裁决执行

依照法律规定，当事人应当对生效的裁决认真履行。如果一方当事人不履行的，另一方当事人可依照民事诉讼法的有关规定向法院申请履行。受申请的法院应当执行。

如果一方当事人申请执行裁决，而另一方当事人却申请撤销裁决，人民法院应当裁定终止执行。人民法院裁定撤销裁决的，应当终结执行。撤销裁决的申请被驳回的，人民法院应当裁定恢复执行。

8. 涉外仲裁的特别规定

为适应对外合作与交流的形势，法律对涉外仲裁还做了若干特别规定。

在法律适用范围上，《仲裁法》第七章明确规定：涉外经济贸易、运输、海事中发生纠纷的仲裁，适用本章规定。本章未规定的，适用本法其他有关规定。

涉外仲裁委员会做出的发生法律效力的仲裁裁决，当事人请求执行时，如果被执行人或其财产不在中华人民共和国领域内，应当由当事人直接向有管辖权的外国法院申请承认和执行。

11.4.3　物联网纠纷的司法救济

我国的司法，是指人民法院，人民检察院依法对案件进行审判和检察的活动。司法包括审判和检察两个方面，主要规定审判和检察的原则、机构设置、受理案件的范围、案件管辖范围和诉讼程序等内容。

1．审判制度

审判是指人民法院对案件进行审理和判决的活动。它包括民事审判、行政审判和刑事审判。审判的基本制度，是人民法院审判案件所必须遵循的基本规定程序。审判的基本制度是根据宪法和法院组织法的规定，以诉讼的基本原则为指导，对人民法院审判案件所规定的一系列规范体系。其内容包括合议制度、回避制度、公开审判制度和两审终审制度。

2．民事案件的管辖

管辖权与审判权既有联系又有区别。管辖权是人民法院依照法律的规定，对具体案件行使审判权；而审判权则是国家赋予人民法院审理民事、刑事和行政案件的权力，是国家权力的重要组成部分。审判权是确定管辖权的前提，凡是不属于人民法院审判权范围内的事项，人民法院都无权管辖，而审判权又只能通过管辖权才能得到行使和体现。

民事案件的管辖，是指各级人民法院和同级人民法院之间，受理第一审民事案件的分工和权限。它是在人民法院系统内部划分和确定某级或者同级中的某个人民法院对某一民事案件行使审判权的问题。

3．检察

我国的检察，是指人民检察院按照法律规定，对经济领域内和刑事领域内的犯罪活动进行检察，开展法律监督，行使检察权的活动。检察的作用在于：第一，依法查处各类犯罪案件，保障社会主义市场经济体制的建立和完善；第二，通过办案帮助发案单位进行整顿，建立健全规章制度，预防犯罪发生；第三，通过办案，促使公民增强法制观念，自觉遵守法律、法规，加强廉政建设。根据法律规定，人民检察院行使的职权如下：①法纪监督；②侦查监督；③支持公诉和审判监督；④监所监督。

11.4.4　在线纠纷解决机制（ODR）

1．在线纠纷解决机制产生的背景

对物联网、云计算和电子商务中产生的纠纷，仅仅凭借以国家和地域为基础的司法制度来解决是远远不够的。因为以国家和地域为基础的司法制度与作为全球性和开放性体系的互联网之间，存着难以完全调和的矛盾，要想完全解决上述困惑，目前还无法找到令人满意的答案。基于此，对于诉讼外解决机制的探求为解决网络争议开拓了新的途径。西方国家，尤其是美国一直在不遗余力地推行和发展替代诉讼的争议解决办法，以缓解司法诉讼过于沉重的负担，因此，将这些替代诉讼的争议解决办法用于解决电子商务中产生的纠纷就成为一种自然而然的选择。并且，由于网络技术的发展和运用，实践中也逐渐推出各种在线的争端解决机制，使得对于解决电子商务争议更加具有针对性和灵活性，因而也获得了各国政府和国际社会的大力推广。

2．在线纠纷解决机制（ODR）的概念

在线纠纷解决机制（Online Dispute Resolution，ODR），根据美国联邦贸易委员会，欧盟、OECD 以及全球电子商务论坛（GBDE）所下的定义，ODR 是指涵盖所有网络上由非法庭但公正的第三人，解决企业和消费者间因网络或电子商务契约所生争执的所有方式。也就是说，在线纠纷解决机制，主要是运用计算机和网络技术来解决纠纷。

3. 在线纠纷解决机制的优势

随着网络技术和电子商务的发展，在线纠纷解决机制的优势主要表现为：

（1）解决纠纷方式的灵活性。电子商务本身孕育了各种新的商业模式，就不同的商业模式而言，ODR 提供者设计出了相应的纠纷解决机制，从而保证了纠纷的灵活解决。

（2）处理争端的效率性。通过 ODR 解决争议，一切都是通过互联网进行的，信息的交换几乎是即时的，这就能提高解决争议的效率。

（3）解决争议的经济性。对于电子商务中产生的纠纷，大多数 ODR 对于消费者采用了免费或者低级费的政策，以此吸引消费者采用 ODR 的方式解决纠纷。

（4）适用规则的灵活性。在实践中，ODR 逐渐形成了自己的网络法则（Law of Internet），制定规则的是单个的网络服务提供者，用户可以根据不同需要从中选择适用，并可自然决定进入或退出该 ODR 程序，是否接受该规则约束。具备高度透明的 ODR 规则和章程，以及公正公平原则，成为在线争议解决的依据。

（5）克服了管辖权和法律适用的问题。ODR 机制采用了灵活的制定规则与选择规则的方式，替代了法院程序及可能产生的法律与管辖权的争议，充分体现出了互联网的特性。

4. 在线纠纷解决机制的具体实践

1）在线仲裁

作为最主要的替代诉讼的争议解决方法，仲裁在民商事领域得到了广泛的应用，尤其是在市场经济程度发育较高的国家，仲裁的优点使其成为解决纠纷的重要方式。因此，仲裁相应的也是发展得比较成熟的一种争议解决方法，不仅各国都有规制仲裁的法律规定，而且各仲裁庭都制定了自己的仲裁规则。在国际社会上，1958 年《纽约公约》，《关于承认和执行外国仲裁裁决纽约公约》、《国际商事仲裁示范法》的目的都在于确保国际仲裁的有效实现。

在网络环境中，将电子技术适用于传统的仲裁方式，并且以仲裁解决在线（On-line）争议或者离线（Off-line）争议，不但可以体现出仲裁的优势，也能创造出更迅捷更有效的程序。因而发展在线仲裁成为 ODR 实践的一个重要方面。

2000 年国际上已建立了 20 多个网上解决纠纷的网站。其中比较主要的网上仲裁网站有 resolution.ca，cybersettle.com，squaretrade.com 和 webdispute.com.。EResolution 是 ICANN 委派解决域名纠纷的 4 个组织之一。它于 2000 年秋季为电子商务纠纷提供和解和仲裁服务，且所有的服务都在网上进行。EResolution 明确地提出自己的目标：中立和公平地处理每一个案件；提供互联网消费者和商家乐于接受的纠纷解决方法；迅速有效地解决纠纷；鼓励信任互联网。为了达到上述目标，EResolution 在 Disputes.org（美国麻萨诸塞州的一家非营利性的组织）的帮助下在世界各地选取一批独立公正仲裁员，所有这些仲裁员都是在商标、知识产权和 IT 法领域十分知名的国际专家。EResolution 的目标是在 60 日以内解决所有的纠纷。

cybersettle.com 是另一个声称能够改变全世界纠纷解决方式的网站，也是第一个为解决保险索赔提供网上援助的网站。

webdispute.com 是新创立的网上仲裁网站。webdispute 已经制订了自己的仲裁规则和程序，并设计了很多表格，如“仲裁协议”和“合作宣誓”。

尽管几个网上仲裁的网站已经建立，但通过互联网进行仲裁是否能被目前国内外和国际条约所确定的法律体系确认为有效，依然存在争议。也即在线仲裁在当前面临着许多需要解决的适用障碍。在线仲裁面临的问题主要包括法律和技术两个方面，而法律问题又包括实体法上的问题和程序上的问题，如仲裁程序能否以电子形式完成？如果可以，仲裁地在哪里？仲裁裁决能否以电子形式作出等？即在线仲裁也对法律调整提出了要求。

2）在线调解

调解也是主要的替代诉讼争议的解决方法，通常情况下，调解比仲裁更具有灵活性，因此，网上调解的实践也要比仲裁更丰富。

（1）马萨诸塞大学信息技术和纠纷解决中心（University of Massachusetts online ombuds office (OOO) and SquareTrade）。

网上调解的尝试是马萨诸塞大学信息技术和纠纷解决中心于 1997 年开始的，该项计划作为在线调查（Online Ombuds）的一部分。OOO 是为了解决在线争议专门设计的，但是，和真实的调查办公室一样，OOO 是一个通过调查官员获取信息或者向调查官员咨询的机构。OOO 希望将争议解决的调查模式引进到网络空间。用户通过浏览 000 的网站获取对解决纠纷有帮助的信息，也可以要求一名在线调查人员提供帮助。

在线调查为在线拍卖系统 eBay 的买卖双方的在线争议提供为期两个月的调解服务。此后该项目被 Square Trade 代替。Squillx3xlatle 作为一个独立的中立的第三方，专门协助解决 eBay 网站产生的争议。SquarTrade 是网上调解领域较为成功的典范，自从其于 2000 年 2 月成立以来，所处理的涉及全球购买者和销售者的案件已经超过 40 000 起。

（2）马里兰大学在线调解服务系统（University of Maryland's Online mediation Service）。

马里兰大学的在线调解服务系统是由马里兰大学科技法律实践中心成立的，专门从事马里兰州的家庭法律和健康保障方面的纠纷。网站提供调解规则，调解协议的复本，调解员背景材料，调解手册的复本等等。调解程序通过新闻组的方式进行，文件和材料的展示都是通过电子邮件方式。

这项服务只限于两种类型的争议：第一是家庭纠纷，例如监护、探视、儿童抚养、财产分割。第二是健康保障方面的纠纷，通常是在消费者和保险公司之间，或者是消费者和健身器材制造商之间。只有在马里兰产生并且适用马里兰法律的纠纷才可以采用该调解。

（3）在线调解员（Online Mediators）。

申请方需要填写一份保密的争议信息表才可以开始这个在线调解程序。在线调解员将与另一方联系，是否愿意参与在线调解。如果同意，也需要填写保密的争议信息表。一旦双方同意参与，在线调解员就被指派和双方联系，试图解决争议。如果双方达成了协议，调解员会起草一份协议。作为完成协议的一部分，参与争议的当事人需要决定他们是否希望协议是具有法律效力的。服务的费用按照争议的价值变动，可以通过维萨卡或者万事达卡支付。

11.4.5　物联网纠纷的司法管辖

互联网和物联网动摇了传统司法管辖的基础。因为网络交易突破了传统的地域观念，交易的双方可能相隔万里；交易的标的物可能不在当事人所在的任何国家，而在与双方当事人都相差万里的第三个国家。正是由于互联网的跨地域性，人们通过网络进行交易所产生的纠纷很容易超出法院的管辖范围，因此，法院是否有可能超出管辖范围对非本辖区内的被告行使管辖权，以及原告到底应当在什么地方对被告提起诉讼，成了诉讼法当中的新问题。根据以计算机为通讯媒介的网络的性质，已经有一种非正式的管辖权，至少在以下几个方面是非常明显的：（1）网络社区正在制定并实施法律；（2）网络社区制定的法律通常不适用于网络世界以外的行为；（3）网络世界以外的法律也通常难以适用于网络世界中的行为；（4）网络世界外的人必须制定新的法律来调整网络上的行为。

1．电子合同纠纷的管辖

当前，在法院受理的民事案件中，因合同而引起的纠纷占相当的比重。因合同的成立、效力、履行等问题而引起的纷争在电子合同中同样存在，并且电子合同纠纷比传统贸易方式下的合同纠纷更为复杂，首推电子合同的管辖问题。

1）电子合同管辖的基本原则：约定优先于法定

在私法领域，奉行当事人意思自治和契约自由，在电子合同中，意思自治和契约自由仍是其基本原则，双方当事人仍然可以在电子合同中协议选择管辖法院。如果当事人在合同中对管辖法院未作约定时，根据我国《民事诉讼法》第二十条规定："因合同纠纷提起的诉讼，由被告住所地或合同履行地人民法院管辖。"

2）被告住所地

根据《最高人民法院关于适用<中华民共和国民事诉讼法>若干问题的意见》第四条规定："公民的住所地是指公民的户籍所在地，法人的住所地是指法人的主要营业地或主要办事机构所在地。"因此网址能成为管辖权的基础。由于网址是由 ISP 授予的，因此，其 ISP 所在的管辖区域的关联性是较明确的。

3）合同履行地

目前国际上倾向采用合同履行地法院管辖的原则，如 1968 年《布鲁塞尔公约》和 1988 年的《洛迦诺公约》就坚持这种管辖权。在线合同的履行可分为不经由互联网的合同履行和经由互联网的合同履行两大类。不经由互联网的合同履行的情形中，由于合同履行不依靠或者不通过互联网，所以合同履行地的确定如同传统合同的履行，可按《合同法》等法律来处理。在经由互联网的合同履行的情形中，可按下列规则来确定：如果合同事先约定了履行地的，则该约定的履行地应为合同履行地。如果合同没有约定，则合同履行方的主营业地应为合同履行地；如果没有主营业地的，则经常居住地应为合同履行地。但是不宜将信息系统所在地视为合同履行地。

2．网上侵权纠纷的管辖

互联网和物联网动摇了传统司法管辖的基础。我国民诉法确定的管辖规则仍然能够解决网上侵权纠纷案件在法院的管辖问题。根据我国《民事诉讼法》第二十九条规定："因侵权行为提起的诉讼，由侵权行为地或者被告住所地人民法院管辖。"在网络侵权纠纷案件中，侵权人当然有其住所，甚至他们的住所有可能就是他们实施侵权行为的地点。因此被告住所地仍旧是最明确、最有效、联系最密切的管辖标准。一般来说，在网络纠纷案件中，以被告住所地确定管辖争议不大，审判实践中也容易掌握，只是在确定被告住所地时存在一定困难。

1）被告住所地

网络侵权行为人大致分为两大类：一类是网站经营者；另一类是登录网站的任何第三人。网站经营者是享有权利并承担相应义务的主体。该主体是具有民事主体资格的人（包括自然人和法人）和组织。那么其住所则是其注册地或主要办事机构所在地。至于第三人利用自己的终端设备，通过他人网站服务器实施的侵权行为，其侵权人住所地适用一般民诉法上的住所地的认定规则，即侵权人法定住所地或经常居住地为被告所在地。

2）侵权行为地

侵权行为地通常包括侵权行为实施地和侵权行为结果发生地。侵权行为发生地即侵权人实施侵权行为的地点；侵权行为结果发生地通常为受害人受侵权行为影响而遭受损失的地点。在网络环境下，侵权行为实施地的确定应当以侵权人实施复制、传输等侵权行为的设备为线索，认定其所实施侵权行为地点。因此，在网络环境下，对侵权行为地的判断在某些情形下存在着困难甚至不可能。为此，更多国家选择损害结果发生地作为管辖权的基础。2000 年 11 月 22 日最高人民法院出台的《最高人民法院关于审理涉及计算机网络著作权纠纷案件适用法律若干问题的解释》，该解释第一条规定，网络著作权侵权纠纷案件由侵权行为地或被告住所地人民法院管辖，对难以确定侵权行为地或被告住所地的，原告发现侵权内容的计算机终端等设备所在地可视为侵权行为地。该条还将侵权行为地解释为包含实施侵权行为的网络服务器，计算机终端设备等所在地。

11.4.6　解决物联网纠纷的法律适用问题

对物联网纠纷的法律适用问题有以下几种看法：

1. 由企业制定和选择规则

有人提出物联网用户应当将制定和选择规则的权力委托给相应的 ISP，由 ISP 选择适用哪一个国家的法律或者制定何种规范。但是，目前为止，任何 ISP 都不可能取代国家而享有真正的立法权，即使 ISP 制定了相应的行业规则或者网络规范，从法律适用的角度来看，都必须得到国家立法权的承认与采纳才能够作为法律适用的基础。

2. 适用传统的法律选择原则

在合同法律领域中，最基本的原则依然是当事人意思自治原则，即在物联网合同中，当事人对法律适用问题做出的明确约定应当得到尊重。同时，在当事人没有做出选择时，应采用最密切联系原则确定应当适用的法律。当然，这其中最为关键的问题是如何确定物联网合同的订立地、履行地、标的物所在地和当事人营业地等连结点。在侵权法律领域中，传统的法律适用原则主要是侵权行为地法原则，也同样是网络环境中最主要的适用原则，在网络纠纷中，适用侵权行为地法原则的主要问题如何确定侵权行为的发生地和结果地，而这常常是比较难以确定的。

3. 对传统法律选择理论修正

在合同法律领域，尤其是在涉及到消费者合同的法律适用问题时，一般认为应当根据合同是否是以在线方式履行来做出区分。在侵权法律领域，由于在互联网上，几乎任何国家都可以被视为侵权结果发生地，所以按照对侵权行为的原则的解释，原告就可以在全球各国的法律之中选择对自己最有利的国家起诉和主张权利，这显然会导致侵权行为地原则实际无效。法院应当综合考虑各种相关连结点并在此基础上找出与案件有最密切关系的连结点的所在，从而适用该连结点所指引的法律。

案例　网上盗窃 Q 币和游戏点卡案

2005 年六七月间，被告人孟某利用黑客程序窃得某公司所有的腾讯、网易在线充值系统的登录账号和密码。同年 7 月 22 日，被告人孟某通过 QQ 聊天的方式与被告人何某联系，并向何提供了上述所窃账号和密码，预谋入侵该公司的在线充值系统，窃取 Q 币和游戏点卡后在网上低价抛售。

案发后，某公司通过腾讯公司追回 Q 币 15 019 个，实际损失 17 279 个，价值人民币 13 304.83 元，连同被盗游戏点卡合计损失价值人民币 14384.33 元。被告人到案后，在家属的帮助下，分别向公安机关退缴人民币 8 000 元和 2.6 万元。

本案中，能证明两被告人盗窃的电子证据主要有：登录腾讯在线销售平台 mlsoft 账号的 IP 地址 202.97.144.230、QQ 聊天记录、计算机硬盘中检出的文件、网页截图等。审查这些电子证据的来源、生成，IP 地址系腾讯公司受被害单位委托查询得来，并经所在地公安机关公共信息网络安全监察机构证实，其用户属于被告人何立康工作单位；QQ 聊天记录系案发地公安机关公共信息网络安全监察机构从被告人孟动 QQ 号消息管理器中导出；黑客程序和载有被害单位账户和密码的文件，系案发地公安机关公共信息网络安全监察机构从被告人孟动工作地计算机硬盘和其女友处硬盘中检出；特定时间段的网页截图系被害单位、网易公司、腾讯公司提供。上述电子证据都是司法机关依据法定程序收集、制作的。

审查这些电子证据能证明的内容，IP 地址为登录行窃的用户终端，而被告人何立康为网管，其有重大嫌疑；QQ 聊天记录能证明被告人孟动已盗取相应账号和密码、两被告人密谋盗卖 Q 币和游戏点卡，但其真实性需进一步印证；黑客程序和载有被害单位账户和密码的文件虽印证了被告人孟动已盗取相应账号和密码，但是否销售不能证明；网页截图证明在特定时间段被害单位财产受损。应该指出，这些电子证据单独的确不能完全证明案件事实，但将其综合评判，并与相关证人的证言、被告人孟动使用的牡丹灵通卡进出账情况等相互印证，我们完全能作出排他性的判断。

数额是盗窃罪重要的定罪量刑情节，盗窃数额的确定对被告人定罪量刑意义重大。在本案中，被告人利用木马程序取得了被害公司所有的腾讯、网易在线充值系统的登录账号和密码后，盗卖 Q 币和游戏点卡，如何计算其数额，并没有明确规定。

衡量本案中被害单位被窃 Q 币和游戏点卡的价值，主要有：（1）运营商腾讯公司和网易公司在线销售价格；（2）玩家之间的离线交易价格；（3）被害单位与运营商腾讯公司和网易公司的合同价。我们以第三种价格作为计算被盗 Q 币和游戏点卡价值的标准。理由在于：

第一，盗窃罪所侵犯的客体是公私财产的所有权，行为人实施盗窃行为，被害人的财产就会可能受到损失。本案中，Q 币和游戏点卡是腾讯公司和网易公司在网上发行的，通过银行、手机、固定电话等方式，用真实货币购买或充值的一种有价虚拟货币和票证，用户可以用这些虚拟货币和票证获取相关增值服务，或购买相关公司提供的等值服务。被害公司作为腾讯、网易公司的代销商，其销售的 Q 币和游戏点卡是通过支付真实货币并按双方合同约定的折扣购买的，一旦失窃也便意味着被害单位丧失对其的占有、使用、处分和收益等全部财产权利。

第二，用前两种价格衡量存在不足。如以运营商官方销售价格，这种价格的高低大多取决于特定游戏的运营和利润状况以及运营商的营销发展策略。如以玩家之间的离线交易为准，其价格的确定往往具有无序性和不稳定性的特点，并带有很强的感情色彩。

第三，从刑法谦抑角度出发，本案中被害单位与运营商腾讯公司和网易公司的合同价低于运营商腾讯公司和网易公司在线销售价格，以合同价作为计算的标准也是适宜的。

（本文由作者根据网络资料改写：华东司法研究网，沈解平、朱铁军，2006-10-10）

讨论：

1. 本案对电子证据的认定是否合法？对QQ和点卡数额的认定是否正确？
2. 检察院为何不以盗窃罪起诉？以妨害通讯自由为由提起公诉合适吗？

小结

通过本章的学习，应理解电子证据是指在计算机或计算机系统运行过程中产生的以其记录的内容来证明案件事实的电磁记录物。电子证据具有技术性、复合性、无形性和脆弱性等主要特点。将客观真实性作为电子证据的显著特征值得探讨，因为只要是诉讼证据，就应该具备三个最基本的特征：客观性、关联性、合法性。客观性是一切诉讼证据最本质的特征。在正确概念的内涵和外延基础上，才能制定电子证据的规则、原则，才能认识和把握电子证据的可采纳性、证明力、归类及其审查判断等方面的问题。

纠纷的传统解决方式主要有协商、调解、仲裁和司法四种方式，在线争议解决方式（ODR）是指涵盖所有网络上由非法庭但公正的第三人，解决企业和消费者间因电子商务合同所生争执的所有方式。在线纠纷解决机制的优势主要表现为灵活、高效、经济、快速。互联网动摇了传统司法管辖的基础。

习题

1. 试述物联网电子证据的涵义。
2. 试述物联网电子证据的特点。
3. 试述物联网电子证据的收集与判断。
4. 试述物联网电子证据的证明力。
5. 试论物联网纠纷的传统解决方式的优点。
6. 试论物联网在线争议解决方式的作用。
7. 试论物联网司法管辖权的确定。

第12章　物联网立法

本章提要

本章主要阐述构建我国物联网法律体系的必要性，首先分析当前我国物联网产业制度存在的问题，读者应了解我国物联网法律制度的现状，重点掌握现代物联网法律制度体系的特点和内容，本章最后介绍如何构建我国物联网法律制度体系，这是本章的目标之所在。

引例　监控探头注意保护公民隐私权

为保护公民隐私权，陕西省政府法制办公室和陕西省公安厅发布了《陕西省公共安全图像信息系统管理办法》，明确禁止在旅馆客房、集体和个人宿舍等场所安装监控探头。该办法自2011年8月1日开始施行。

该办法规定，为了保守国家秘密、商业秘密，保护公民个人隐私，明确禁止在旅馆客房；集体和个人宿舍；公共浴室、更衣室、卫生间、哺乳室等；金融、保险、证券场所中可能泄露客户个人信息的操作区域；选举箱、投票点等可以观察到个人意愿表达情况的区域；其他涉及个人隐私的场所和区域安装监控。

同时，公共场所安装的公共安全图像信息系统应当设置明显标志，这既能保障公众隐私权、知情权等合法权利，也能有效预防和震慑违法犯罪行为。

近年来，陕西省运用公共安全图像信息系统对公共复杂场所、要害部位和重点区域实施了适时监控，截至2010年底陕西省累计在城镇安装监控探头12.6万个，在农村100多个行政村安装了监控探头和相应设备。

（资料来源：新华网，2011-07-08）

讨论：

1. 公共场所安装的监控探头为何要设置明显标志？
2. 政府部门以立法方式保护公民隐私权的举措有何意义？

12.1　构建我国物联网法律体系的必要性

物联网时代的来临将使传统的制造业与商流、信息流、资金流重新整合。在信息化时代，随着网络技术、电子商务、现代制造业、交通运输和管理的现代化， 物联网也将实现整个世界的物—物相联，也就是更大范围的人—人相联。在物联网时代，通过在各种各样的日常用品上嵌入一种短距离的移动收发器，人类在信息与通信世界里将获得一个新的沟通维度，从任何时间任何地点的人与人之间的沟通连接扩展到人与物和物与物之间的沟通连接。物联网产业是衡量一个国家现代化程度和综合国力的重要标志之一，物联网时代的来临将使传统的制造业与商流、信息流、资金流重新整合。而物联网活动即是对于上述功能的实施与管理的过程。物联网法律制度是调整物联网活动过程中发生的各种社会关系（即物联网关系）的法律法规的总称。电子化、自动化、智能化、个性化、个人化、实时化等，使人与人、企业与企业，甚至社会各主体的关系更加复杂化。在这种历史背景下，构建我国物联网法律体系是当务之急。

12.1.1　物联网法律体系保障我国经济

目前，物联网产业已成为继制造业和电子商务之后的重要利润源，作为一个专门的产业加以开发。互联网是物联网最重要的网络基础。虽然要有芯片技术、微型传感技术、智能技术、纳米技术作为其发展的前提，但没有互联网便没有物联网是千真万确的。由计算机网、通信网、信息网、到数字化虚拟世界的通用计算机互联网和CAN总线、现场总线、无线传感网络等组成的各种总线的嵌入式系统局域网以及各种类型的物联单体相互融合，共同构成了物联网的网络源头。物联网又不同于互联网，它是互联网的高级发展。物联网是互联网在形式上的一种延伸，但是它绝对不是互联网的翻版。现代物联网产业具有大跨度性、动态性、可分性和复杂性的特征。现代物联网产业必将成为中国的重要产业和新的经济增长点。中国物联网产业的发展，将从整体上改变经济运行的方式，提高经济运行效率，对增强国际竞争力将起到巨大的推动作用。而物联网法律体系是我国经济持续增长的基础条件之一。

12.1.2　物联网法律体系促进融入世界经济

物联网产业被认为是未来国民经济发展的动脉和基础产业，其发展程度成为衡量一个国家现代化程度和综合国力的重要标志之一。目前，国外对物联网的研发、应用主要集中在美、欧、日、韩等少数国家。2009 年 1 月 28 日奥巴马在工商会议上发表讲话："经济刺激资金将会投入到宽带网络等新兴技术中去，毫无疑问，这就是美国在 21 世纪保持和夺回竞争优势的方式。"智慧地球计划得到美国各界的高度关注，并上升至美国的国家战略高度，由此引发了世界各国对物联网的关注。随着中国进出口贸易和双边、多边国际经济合作的日益增多，国内服务贸易市场的不断开放，国外各类企业（包括物联网企业）必将进入中国市场。在物联网普及以后，用于动物、植物、机器和物品的传感器与电子标签及配套的接口装置的数量将大大超过手机的数量，物联网将会发展成为一个上万亿元规模的高科技市场。物联网正在引发新一轮的生活方式变革，而且已经成为一个发展迅速、规模巨大的市场。因此，我国为实现与国际通行法律制度和惯例的接轨而努力着，这无疑又是一次新的机遇和挑战。

12.1.3　物联网法律体系实现产业发展目标

在"十二五"期间，我国物联网发展目标将瞄准"四个一"：攻克一批关键核心技术、构建一个标准体系、打造一个产业链条、抓好一批示范应用。工业和信息化部已经将物联网规划纳入到"十二五"的专题规划，现在正在积极研究和推进。物联网是继计算机、互联网与移动通信网之后的又一次信息产业浪潮。物联网在促进互联网发展、带动人类的进步中发挥着重要的作用，并将成为未来经济发展的新增点。通过物联网，未来我们可以将世界上所有的物品都连接起来，并对远程物体加以识别与管理，从而对经济社会发展产生重大影响。毫无疑问，物联网将成为继计算机、互联网与移动通信网之后的又一次信息产业浪潮。物联网用途广泛，遍及智能交通、环境保护、政府工作、公共安全、平安家居、智能消防、工业监测、老人护理和个人健康等多个领域。2009 年 11 月 3 日，温家宝总理在人民大会堂向首都科技界发表了题为《让科技引领中国可持续发展》的讲话。他提出："要着力突破传感网、物联网关键技术，及早部署后 IP 时代相关技术研发，使信息网络产业成为推动产业升级、迈向信息社会的发动机"。这篇讲话对我国物联网的发展目标提出明确要求，把对物联网概念的研究推向了新的高潮。随后，温家宝总理在南京市调研时指出：当前，流通行业要大力运用网络技术，特别是物联网技术，实现流通现代化。我国物联网法律制度的构建是实现这个目标的保障。

12.1.4　物联网法律体系能推动现代服务业

物联网是典型的现代服务业之一，物联网建立了人与物、人与人、物与物之间的信息自由交流，每一个物体都是一个信息终端，构建了一个更为复杂的信息网络系统。在这个网络中，系统可以自动地、实时地对物体进行识别、定位、追踪、监控并触发相应事件。国家“十二五”规划纲要明确提出，要把推动服务业大发展作为产业结构优化升级的战略重点，深刻理解加快发展服务业对转方式、调结构的重要战略意义，适应产业结构优化升级新要求，全力推进我国服务业现代化进程，开创服务业大发展的新局面。2010 年 3 月 5 日，温家宝总理在作政府工作报告时指出，要“大力发展新能源、新材料、节能环保、生物医药、信息网络和高端制造产业。积极推进新能源汽车、“三网”融合取得实质性进展，加快物联网的研发应用。加大对战略性新兴产业的投入和政策支持。”这是“物联网”首次被写进政府工作报告，这也意味着物联网的发展进入了国家层面的视野。此次政府工作报告对物联网的重视，被认为将对产业发展带来积极影响，物联网的研发应用有望踏上快车道。

我国将采取四大措施支持物联网技术创新与应用。这些措施包括：一是突破物联网关键核心技术，实现科技创新；二是制订我国物联网发展规划，全面布局；三是推动典型物联网应用示范，带动发展；四是加强物联网国际国内标准，保障发展，做好顶层设计，满足产业需要，形成技术创新、标准和知识产权协调互动机制。物联网在中国的发展是一项任重而道远的过程，有着行政与商业双重使命，它的实现将是一个涉及信息技术、社会观念、管理体系、应用模式等多方协调、合作及观念转变的过程，将是一个逐步推进的过程。

现代物联网产业在经济建设和发展中的地位越来越重要，发达畅通的物联网服务体系对促进经济循环、提高流通效率、实现流通现代化具有重要作用。我国物联网法律制度的构建也将对我国现代服务业的发展起到引导、规范、促进和保障的作用。

12.2 当前我国物联网产业制度存在的问题

12.2.1 国家安全问题

物联网产业将是万亿元级规模的产业，也是把“双刃剑”。物联网推动经济和社会发展的同时，也将对国家安全问题提出挑战。因为物联网将涵盖的领域包括电网、油气管道、供水等民生和国家战略，甚至包括军事领域的信息与控制。物联网让世界上的万事万物都能参与“互联互通”，不能再采取物理隔离等强制手段来人为地干预信息的交换，对于一个国家或单位而言，也就意味着没有任何家底可以隐藏。在网络社会里，任何一个人都可以通过一个终端进入网络，网络中的不法分子和网络病毒已严重威胁着我们网络的安全，黑客可以恶意攻击政府网站，导致信息泄露，危害国家利益。物联网络是全球商品联动的网络，一旦出现商业信息泄露，将造成巨大的经济损失，危及国家经济安全。如何保证商业机密、地方政府甚至国家的机密不被泄漏已成为一道难题，这将严重影响国家的安全。由于发达国家在技术人才储备、基础设施建设和技术利用上往往占有优势，因此，虽然理论上世界上各个国家在物联网面前都是平等的，但实际上存在着发展上的不平衡，彼此面临的国家安全问题并不对等，发展中国家有更多的忧患。大型企业、政府机构与国外机构进行项目合作，如何确保企业商业机密、国家机密不被泄漏？这不仅是一个技术问题，且涉及国家安全问题，必须引起足够重视。如果 IBM“智慧地球”实施，如何保证涉及国家安全的信息不被泄漏，如何保证企业商业机密、地方政府甚至国家机密不被泄漏，都是摆在面前的首要问题。

12.2.2　标准体系问题

标准是对于任何技术的统一规范，如果没有这个统一的标准，就会使整个产业混乱、市场混乱，更多时候的会让用户不知如何去选择应用。从互联网的发展历程来看，统一的技术标准和一体化的协调机制是导致现在互联网能遍布全球的重要原因。标准化体系的建立将成为发展物联网产业的先决条件。物联网，谁掌握标准谁主动。国际标准方面，物联网的国际标准化工作分散在不同的标准组织。不同标准组织的工作侧重点不同，也有少量重叠和交叉，标准化工作也处于不同的阶段。目前已经积极开展与传感网相关的标准化工作的主要标准组织包括 ISO/IEC JTC1 WG7、ITU-T、IETF、IEEE802.15、IEEE l451、ZigBee 等。2008 年 6 月，首届 ISO/IEC 传感网国际标准化大会在中国召开，中国代表提出的传感网体系架构、标准体系、演进路线、协同架构等代表传感网发展方向的顶层设计被 ISO/IEC 国际标准认可，已纳入 ISO/IEC SGSN 总体技术文档中。2009 年 10 月，由中国、美国、韩国、德国、法国、英国等国家联合成立了 ISO/IEC JTC1 传感网标准工作组 WG7，物联网的标准化涉及网络的不同层面不同环节，涉及各类传感设备和网元的互联互通和互操作，因此物联网的标准化是物联网发展的关键要素。物联网是一个多设备、多网络、多应用、互联互通、互相融合的一个大网，这里面既有传感器、计算机，又有通信网络，需要把所有这些系统都联在一起，因而，所有的接口、通信协议都需要有国家标准来指引。由于各行业应用特点及用户需求不同，国内目前尚未形成统一的物联网技术标准规范，这成为了物联网发展的最大障碍。从技术上讲，物联网应用包括三个层次：一是传感网络，即以二维码、RFID、传感器为主，实现“物”的识别。二是传输网络，即通过现有的互联网、广电网络、通信网络或未来的 NGN 网络，实现数据的传输与计算。三是应用网络，即输入输出控制终端，可基于现有的手机、PC 等终端进行。由此可以看到，物联网是建立在多种行业多种标准共存的异构网之上，实现各种不同需要的数据、图像和声音间通信的。而这些成熟的网络如何完成物联网对它的要求，这就是一个完整的标准体系问题，标准的制定将是一个长期探索和不断完善的过程。虽然，当前世界上有相当数量的国家和技术力量正在积极地从事着物联网方面的研究工作，但物联网本身还存在着亟待解决的，即缺乏完整的标准体系的问题。当前应尽快明确一个统一合理的标准，这已经成为物联网发展的一个关键因素。目前，我国物联网技术的研发水平已位于世界前列，在一些关键技术上处于国际领先，与德国、美国、日本等国一起，成为国际标准制定的主要国家，逐步成为全球物联网产业链中重要的一环。在物联网的基础标准领域，中国要积极参与制定国际标准，并按照国际标准建设国内的物联网；同时，尽快着手制定物联网相关标准体系，坚持国际标准和国内标准同步推进的原则，着手研究和制定我国物联网标准，统一技术和接口标准，进一步确立并扩大我国在物联网领域国际标准制定上的发言权。

12.2.3　信息安全问题

信息是有价值的，物联网中所包含的丰富信息也不例外。随着物联网为代表的新技术的兴起，信息安全也正告别传统的病毒感染、网络黑客及资源滥用等阶段，迈进了一个复杂多元、综合交互的新时期。基于射频识别技术本身的无线通信特点和物联网所具备的便捷信息获取能力，如果信息安全措施不到位，或者数据管理存在漏洞，物联网就能够使我们所生活的世界“无所遁形”。我们可能会面临黑客、病毒的袭击等威胁，嵌入了射频识别标签的物品还可能不受控制地被跟踪、被定位和被识读，这势必带来对物品持有者个人隐私的侵犯或企业机密泄漏等问题，破坏了信息的合法有序使用的要求，可能导致人们的生活、工作完全陷入崩溃，社会秩序混乱，甚至直接威胁到人类的生命安全。因此，有关部门要吸收互联网发展过程的经验和教训，做到趋利避害，未雨绸缪，尽早研究物联网技术推广应用和物联网产业发展过程中可能遇到或发生的新问题、新情况，制定有关规范物联网发展的法律、政策，通过法律、行政、经济等手段，有效调节物联网技术引发的各种新型社会关系、社会矛盾，规范物联网技术的合法应用，为我国物联网产业的发展提供有效的法律、政策保障，使我国的物联网真正发展成为一个开放、安全、可信任的网络。

12.2.4 商业模式问题

物联网召唤着新的商业模式。物联网作为一个新生事物，虽然前景广阔、相关产业参与意愿强烈、发展很快，但其技术研发和应用都尚处于初级阶段，且成本还较高。虽然已出现了一些小范围的应用实践，如国内在上海建设的浦东机场防入侵系统、停车收费系统以及服务于世博会的“车务通”、“e 物流”等项目，但是物联网本身还没有形成成熟的商业模式和推广应用体系，商业模式不清晰，未形成共赢的、规模化的产业链。物联网分为感知、网络、应用三个层次，在每一个层面上，都将有多种选择去开拓市场。这样，在未来物联网建设过程中，商业模式变得异常关键。虽然物联网市场前景广阔，但是整个行业目前尚未出现稳定和有利可图的商业模式，也没有任何产业可以在这一点上统一引领物联网的发展浪潮。物联网涉及终端制造商、应用开发商、网络运营商、系统集成商、最终用户等多个环节。例如在应用环节，物联网耦合度低、附加值低、同质化竞争严重。应用开发商未降低开发成本，往往绑定上游供货商，缺乏竞争机制。其他三个环节也存在一些问题。原有的商业模式需要更新升级来适应规模化、快速化、跨领域化的应用，而更关键的是要真正建立一个多方共赢的商业模式．这才是推动物联网能够长远有效发展的核心动力。物联网产业链涉及范围广，运营商要通过平台、标准等发挥在产业链中的核心及主导作用，充分调动各方积极性，才能争取更多的主动权。要实现多方共赢，就必须让物联网真正成为一种商业的驱动力，而不是一种行政的强制力，让产业链内所有参与物联网建设的各个环节都能从中获益，获取相应的商业回报，才能够使物联网得以持续快速地发展。在商业模式上，根据运营主体来分，分成电信自营业务、虚拟运营商业务和合作运营业务。运营商可以采用开放的物联网商业运作模式。对于标准化数据传输业务应采用电信自营方式，利用运营商自有管道、自有应用系统与管理平台直接面向客户进行销售、安装、维护。对于有较强行业壁垒的客户群，当虚拟运营商具备较大行业资源优势时，可以充分发挥虚拟运营商的能力，合力推广，实现共赢。对于专业特性强，而 SP 具有丰富经验的行业，运营商应采用合作运营的方式。

物联网在中国的发展是一个任重而道远的过程，有着行政与商业双重使命，它的实现将是一个涉及信息技术、社会观念、管理体系、应用模式等多方协调、合作及观念转变的过程，将是一个由点突破，逐步推进的过程。在这一过程中，在政府的引导下，在运营商的主导下，建立多方共赢的商业模式。激发参与者各方的参与热情，使参与各方均有收益，物联网才能够真正拥有长效、可持续发展的动力。

12.3 我国物联网相关法律制度的现状

随着我国法制建设的逐步完善，计算机、通信、互联网、广电业，自动控制、智能产业、传感、识别、集成电路、软件、电子商务和电子物流等产业的迅速崛起和发展，衍生了众多的新兴法律部门，最近，与物联网有关的法律法规也将相继出台。

12.3.1 我国现行的与物联网有关的法律

1. 已经颁布的与计算机网络有关的现行法律

我国关于计算机网络方面的立法可以归纳为以行政法为中心，辅之以民法、刑法、经济法、司法解释、行政规章及其他规范性文件的框架体系。

《中华人民共和国电子签名法》（2004 年 08 月 28 日）；《全国人大常委会关于维护互联网安全的决定》（2000 年 12 月 28 日第九届全国人民代表大会常务委员会第十九次会议通过）；《中华人民共和国计算机信息系统安全保护条例》（1994 年 2 月 18 日国务院发布并施行）；《中华人民共和国计算机信息网络国际联网管理暂行规定》（1996 年 2 月 1 日国务院发布并施行，根据 1997 年 5 月 20 日《国务院关于修改<中华人民共和国计算机信息网络国际联网管理暂行规定>的决定》修正公布）；《互联网信息服务管理办法》（2000 年 9 月 25 日国务院发布并施行）；《最高人民法院关于审理扰乱电信市场管理秩序案件具体应用法律若干问题的解释》（2000 年 5 月 12 日最高人民法院发布，2000 年 5 月 24 日起施行）；《计算机信息网络国际联网出入口信道管理办法》（1996 年 4 月 9 日原邮电部发布并施行）；《计算机信息网络国际联网安全保护管理办法》（1997 年 12 月 11 日国务院批准，1997 年 12 月 30 日公安部发布并施行）；《中华人民共和国计算机信息网络国际联网管理暂行规定实施办法》（1998 年 2 月 13 日国务院信息化工作领导小组发布并施行）；《计算机信息系统保密管理暂行规定》（1998 年 2 月 26 日国家保密局发布并施行）；《计算机信息系统国际联网保密管理规定》（国家保密局发布，2000 年 1 月 1 日起施行）；《计算机病毒防治管理办法》（2000 年 4 月 26 日公安部发布并施行）；《互联网电子公告服务管理规定》（2000 年 11 月 7 日工业和信息化部发布并施行）；《互联网站从事登载新闻业务管理暂行规定》（2000 年 11 月 7 日国务院新闻办公室、工业和信息化部发布并施行）；《互联网视听节目服务管理规定》（2008 年 1 月 31 日起实施），《互联网电子邮件服务管理办法》（2006 年 3 月 20 日实施），《互联网药品交易服务审批暂行规定》（2005 年 12 月 1 日正式实施），《互联网新闻信息服务管理规定》（2005-09-25），《非经营性互联网信息服务备案管理办法》（2005 年 3 月 20 日起实施），《互联网 IP 地址备案管理办法》（2005 年 3 月 20 日起实施，）《中国互联网络域名管理办法》（2004 年 12 月 20 日起实施），《最高人民法院、最高人民检察院关于办理利用互联网、移动通讯终端、声讯台制作、复制、出版、贩卖、传播淫秽电子信息刑事案件具体应用法律若干问题的解释》（2004-09-03），《互联网药品信息服务管理办法》（2004 年 7 月 8 日起实施），《文化部关于实施<互联网文化管理暂行规定>有关问题的通知》（2003-07-04），《互联网文化管理暂行规定》，《文化部关于实施<互联网上网服务营业场所计算机经营管理系统技术规范

>的通知》（2002 年 12 月），《互联网上网服务营业场所管理条例》（2003 年 1 月 15 日起实施）等。

2．已经颁布的与通信有关的现行法律法规

《中华人民共和国电信条例》、《电信网络运行监督管理办法》、《电信业务经营许可管理办法》、《电信设备抗震性能检测管理办法》、《关于推进电信基础设施共建共享的紧急通知》、《外商投资电信企业管理规定》、《公用电信网间通信质量监督管理办法》、《电信服务规范》、《电信新设备进网试验检测管理暂行办法》、《电信设备证后监督管理办法》、《电信网码号资源管理办法》、《电信服务明码标价规定》、《关于依法查处中断电信网间通信行为的通告》、《电信建设管理办法》、《电信业务经营许可证管理办法》、《外商投资电信企业管理规定》、《电信设备进网生产质量保证审核办法》、《电信设备进网检测取样管理规定》、《进网电信终端设备改型管理规定》、《关于调整〈电信业务分类目录〉的通告》、《公用电信网间互联管理规定》、《电信设备进网管理办法》、《电信业务服务质量通告制度》、《电信用户申诉处理暂行办法》、《电信服务质量监督管理暂行办法》。

3．已经颁布的与无线电有关的法规

最新法规有：《中华人民共和国无线电频率划分规定》、《亚运会亚残运会及其筹备期间无线电管理暂行规定》、《中华人民共和国无线电管制规定》。行政法规有：《中华人民共和国无线电频率划分规定》、《中华人民共和国无线电管制规定》、《中华人民共和国无线电管理条例》、《广播电视无线电管理暂行办法》。有关法律的规定：《中华人民共和国刑法》关于无线电管理的规定，《中华人民共和国治安管理处罚法》关于无线电管理的规定，《中华人民共和国物权法》关于无线电管理的规定。属于规章的有：《无线电台执照管理规定》、《涉外临时频率，设置使用无线电台站审批》、《关于第三代公众移动通信系统频率规划问题的通知》、《高楼高塔高山设置无线寻呼发射基站管理规定》、《设置卫星网络空间电台管理规定》、《关于 1900～1920MHz 频段无线接入系统相关事宜的通知、建立卫星通信网和设置使用地球站管理规定》、《关于蜂窝无线电通信基站设置使用管理有关问题的通知》、《电磁辐射环境保护管理办法》等。

4．已经颁布的与广电业有关的法规

（1）信息网络传播权保护条例；

（2）互联网信息服务管理办法；

（3）有线电视管理暂行办法；

（4）卫星地面接收设施接收外国卫星传送电视节目管理办法；

（5）进口影片管理办法；

（6）广播电台电视台播放录音制品支付报酬暂行办法；

（7）电影管理条例；

（8）卫星电视广播地面接收设施管理规定；

（9）广播电视设施保护条例；

（10）广播电视管理条例。

5. 已经颁布的与公共安全和安防业有关的法规

与中国经济的快速增长和社会的不断变革密切相关，不同时期有不同的市场为安防产业增长提供强劲动力。平安城市建设正在全国各地铺开，这一市场预计每年能给安防行业带来约 200 亿元的商机。近来，安防业重点围绕生产安全、社会安全、食品安全以及自然灾害。有效控制重特大事故和建立安全生产长效机制，矿山瓦斯灾害、洪水灾害、动力灾害的综合治理技术，监测监控技术与装备，危险源识别、评价与控制技术，火灾、爆炸和危险化学品泄漏防控技术、以及"生命线"保障技术；城市火灾、爆炸为重点，开展火灾爆炸的风险评估和安全性能化规划与设计技术以及早期探测与预警技术；以提高预测水平和综合抗御自然灾害的能力为目标，完善我国社会安全保障科技体系、提高打击违法与恐怖犯罪的综合作战能力，数字化与智能化的刑事侦控、现场勘察、物证信息采集与检验鉴定新技术，毒品的探测与检验鉴定技术，网络犯罪防控技术，恐怖事件和群体突发事件的预警技术和应急装备，特种警用装备；有效控制外来危害为目标，研究重要外来传染病、恐怖因子、外来有害化学物质和危险品的远程的快速检测与确证技术、风险评估与预警技术、无害化处理技术，出入境检验检疫技术。

属于社会公共安全法规的有：《中华人民共和国消防法》、《中华人民共和国道路交通安全法》、《危险化学品安全管理条例》（国务院令第 591 号）2011-03-12，《放射性物品运输安全管理条例》、《民用爆炸物品安全管理条例》、《烟花爆竹安全管理条例》、《易制毒化学品管理条例》、《建设工程消防监督管理规定》、《道路交通安全违法行为处理程序规定》、《中华人民共和国机动车登记办法》、《互联网电子公告服务管理规定》等。1989 年 10 月，公安部发布《社会公共安全产品生产许可证管理办法》（试行）；1991 年 2 月，公安部国家文物局联合发布《关于加强文博单位安全技术防范工程管理有关事项的通知》；1995 年 3 月，公安部国家技术监督局联合发布《关于加强安全防范产品质量监督管理的通知》；1996 年 1 月，建设部公安部 49 号令《城市居民住宅安全防范设施建设管理规定》；1996 年 9 月，公安部技术防范办公室发布《关于加强安全技术防范产品质量监督管理的通知》；2000 年 6 月，公安部国家质量技术监督局 12 号令《安全技术防范产品管理办法》；2001 年 11 月，国家质量技术监督检验检疫总局 5 号令《强制性产品认证管理规定》；同时，有 22 个省，市出台了地方安防行政管理规章，其中广东贵州还出台了地方性安防法规。

属于安防行政法规的有：《生产安全事故报告和调查处理条例》、《特种设备安全监察条例》、《特种设备安全监察条例》、《国务院对确需保留的行政审批项目设定行政许可的决定》、《中华人民共和国安全生产法》、《国务院关于特大安全事故行政责任追究的规定》等。属于部门规章的有：总局第 115 号令《特种设备事故报告和调查处理规定》，总局第 116 号令《高耗能特种设备节能监督管理办法》。属于安全技术规范有：《锅炉水（介质）处理检验规则》、《锅炉水（介质）处理监督管理规则》、《起重机械定期检验规则》、《起重机械使用管理规则》。属于地方法规的有：《广东省特种设备安全监察规定》、《合肥市电梯安全监督管理办法》、《安徽省锅炉安全监察若干规定》。

属于物品编码行业的法律法规如表 12-1 所示。

表 12-1　物品编码行业的法律法规

政策法规		
法规名称	颁布日期	实施日期
中华人民共和国标准化法	1998-12-29	1989-04-01
商品条码管理办法	2005-05-30	2005-10-01
中华人民共和国产品质量法	1993-02-22	1993-09-01
商品条码印刷资格认定工作实施办法	2000-07-29	2000-07-29
吉林省商品条码管理办法	2004-01-07	2004-02-01
四川省商品条码管理办法	2009-12-16	2010-02-01
甘肃省商品条码管理办法	2009-07-01	2009-09-01
江苏省商品条码管理办法	2009-08-13	2009-10-01
浙江省人民政府关于修改《浙江省商品条码管理办法》的决定	2007-04-29	2007-04-29
中华人民共和国标准化法条文解释	1989-04-01	1999-04-01
企业标准化管理办法	1990-08-24	1990-08-24
关于规范境内销售卷烟包装标识的规定	2005-09-23	2006-01-01
音像制品条码实施细则	2000-09-01	2001-01-01
产品标识标注规定	1997-11-07	1997-11-07
出版物条码管理办法	2000-03-29	2000-05-01
无锡市商品条码管理办法	2004-04-20	2004-05-20
天津市商品条码管理办法	2003-06-25	2003-06-25
上海市商品条码管理办法	1996-05-26	1996-05-29
黑龙江省信息技术标准化监督管理办法	1999-08-25	1999-10-01
安徽省商品条码管理办法	1998-12-24	1998-12-24
广东省商品条码管理办法	2005-01-04	2005-03-01
河北省商品条码管理条例	1997-01-22	1997-05-01
沈阳市商品条码管理办法	1997-04-08	1997-04-08

以上这些法律法规，只不过与物联网产业有关，但还不是物联网法律法规，有的可能成为物联网立法的基础或参考，因此，必须了解这些法律文件。

12.3.2　我国现行物联网法律制度存在的问题

从上述法律规范中可以发现，我国目前颁布实施的与物联网相关的有关行业法律法规中主要是行政法规或者部门规章，而且内容琐碎庞杂，有些规范之间还存在着矛盾和冲突，极易产生适用上的混乱。由于这些规范普遍效力较低，不利于整体上的协调，常常使得各行业企业无所适从。真正的物联网法律法规才是起步，应从头设计。

互联网和电子商务方面的法律法规也正在建设与完善之中，虽然我国已颁布了《电子签名法》和有关电子商务行政法规及规章，且已成体系。但是，电子商务是一个全球性的经济主题，各国围绕电子商务的法律框架也在逐步建立起来。所有准备或者正在开展电子商务的企业都应当了解其交易的法律环境，采取受法律承认和保护的交易方式，以便有效地维护自己的财产利益。但是，对于这些重大法律问题，我国立法与司法界仍然在实践和探讨中。

通信和无线电领域虽然初步形成了一定的法律体系，但是这些法律法规中有许多内容因无线电业的迅速发展而显得相对滞后，并缺乏可操作性，在一定程度上限制了我国无线电业的发展。随着无线电技术和业务的广泛应用，无线电频率需求和台（站）数量将迅速增加，频率资源将日趋紧张，电磁环境将日趋复杂，无线电管理的任务将进一步加重，难度也将进一步加大。

广播电视领域现有的法规远远不能适应现实的需要。一是立法理论准备不足。从我国立法工作的实践经验来看，理论研究是立法工作的基础，全面深入的理论研究是搞好立法工作的前提条件。广播影视立法工作的理论准备不充分，不能有力地支持广播影视立法工作。二是立法空白点多，法律效力层级较低。目前广播影视领域还没有一部由全国人大或者全国人大常委会颁布的专门法律，国务院颁布的行政法规只有 7 部，立法数量较少，在有些领域还存在立法空白。随着改革的深入和新技术的广泛使用，广播影视行业出现了许多新情况，新问题，如付费数字电视、移动电视、手机电视、楼宇电视、网络电视和其他流媒体等还缺乏相关的法律规范。现有的广播影视领域专门的法律规定中，效力层级最高的是国务院发布的行政法规，较多的是广电总局发布的部门规章及一系列规范性文件，整体看来，法律效力层级较低。三是立法内容相对滞后。已有的广播影视法规存在着不适应广播影视改革发展形势的问题。现有的广播影视法规规范计划经济色彩浓重，缺乏引导促进产业发展的相关内容；大多以政府管理为中心，较少以被管理者为中心；限制性和禁止性的规定较多，保障性、促进性的规定较少；重事前审批，轻事后监管；重微观掌控，轻宏观把握；重管理，轻服务；重直接干预，轻间接调节。

公共安全及设备行业：20 多年来，我国先后颁布了系列安全技术防范管理的政策和规章，这些规章对安防工程产品，技术的管理做了具体规定，是国家性法律法规的有益补充。但随着《行政许可法》的实施，安防行业资质管理被取消，政府安防管理手段减弱，企业进入安防行业的门槛进一步降低，造成低水平重复建设，造成市场供求均衡关系时常出现大起大落，这一现象充分说明安防市场机制并不成熟.因而制订完整的技术标准和法规体系就显得十分重要。虽然对部分安防产品强制性 3C 认证，由中立的专业化的认证机构进行产品认证，并将认证结果作为产品准入的必要条件，但安防标准不完善和认证产品覆盖面有限，社会性管理和禁令性管制并没有完全规范企业和市场行为，还有相当数量劣质产品进入市场。

12.4　现代物联网法律制度体系

12.4.1　物联网法的体系

1. 物联网法体系的概念

物联网法的体系，通常是指物联网法规范的分类组合所构成的一个内在和谐统一的整体。物联网法的体系，实质上就是指物联网法的结构与分类。探讨物联网法的体系，是以物联网法具有独立的法律地位为前提的，因此，物联网法的体系问题同物联网法的地位问题联系甚为密切，由于物联网法体系的基本构成要素是物联网法规范，因而有必要研究众多的物联网法规范应如何分类，各类物联网法规范的结构关系如何；而要深入研究这些问题，则必须要研究物联网法体系的形成。

2．物联网法体系的形成

物联网法体系的形成，像其他部门法体系的形成一样，是受到诸多因素的影响和制约的，这些因素共同构成了造法环境，是物联网法体系赖以形成和发展的基础；同时，物联网法体系又会对造法环境产生反作用。在构成物联网法造法环境的诸多因素中，对物联网法体系的形成影响最大的因素是经济因素、社会因素和法律因素。

经济因素对物联网法体系的形成有较大影响。在市场经济条件下，物联网问题是影响经济发展的非常重要的问题，因而迫切需要在该领域立法，经济发展使物联网立法大量增加，物联网法规层出不穷，这极大地影响了物联网法体系的形成。

社会因素对物联网法体系的形成影响更为深远。当今，物联网活动成了社会的热点问题，反映社会生活进步的社会改革，使物联网立法大量涌现。因此，社会改革及其他相关的社会因素，对物联网法体系的形成亦起着巨大的推动作用。

法律因素对物联网法体系形成的影响是法律体系内部的关系。由于物联网法是当代网络社会的高层次的立法，因此它必须以既存的各传统的经典法律部门为基础，从各个方面吸取精华，从而体现出既存的法律部门对物联网法的建立和完善的促进作用。

研究物联网法体系的形成，看到各类因素对物联网法体系形成的影响，对于认识物联网法体系的成因，它在整个法律体系中的地位和作用，它与其他部门法体系的关系，它的分类与结构等问题，均具有重要意义。

3．物联网法体系的结构

物联网法规范的结构问题是研究物联网法体系问题必须解决的另一个重要问题。由于它要分析各类物联网法规范的排列搭配及相关关系，因此它必须以上述对物联网法规范的分类为基础，否则就无法谈及不同类别的物联网法规范的结构问题。

由上述对物联网法规范的分类可知，从现行法的规定与物联网法规范所保护的主体的物联网权利的角度，可以把物联网法规范分为以下各类，分别简称为物联网管制法、物联网企业法、物联网安全法、物联网服务法、物联网互联互通法、物联网建设法、物联网设备准入法、物联网市场规制法、物联网资源法、物联网用户权利法、无线电法、广播电视法、互联网法、物联网技术标准法、国际物联网法。这些物联网法规范均具有物联网法共同的调整对象、本质、宗旨、作用等，同时，它们又都有各自不尽相同的调整范围或领域，保护不同的物联网权利，因此，它们既有共性、又有个性；作为物联网法体系的有机组成部分，它们既有联系，又有区别。共同构成了物联网法体系的总体。

上述各类物联网法规范，在排列和搭配上是合理的、它们涵盖了三大类物联网主体、保护着现实生活中最需要保护的、最为重要的物联网权利，并且三类主体的物联网权利和物联网义务均在一定程度上有着内在联系，在总体上共同实现物联网法的任务和宗旨；并且，它们能够合理搭配，协调共处，共同构成内在和谐统一的物联网法体系。

可见，基于上述对物联网法规范的分类，可以认为，构成物联网法体系的各类物联网法规范及其构成的各个部门法在结构上是合理的，它能够保障物联网法体系独立、统一地存在。

4．对我国物联网法体系的讨论

对于物联网法是否可以成为一个独立的法律部门，在中国法学界尚未引起广泛的研讨，因而对于物联网法的体系问题，更是无人论及。由于一些人甚至认为中国尚无物联网立法，因而对于物联网法规范也自然是视而不见的。事实上，中国早已有了物联网立法，只不过未以专门的物联网法的形式出现，而是大量地散见于各类法律、法规之中。为此，必须要研究这些尚未集中起来的实质意义上的物联网法规范，这样才能对中国的物联网法规范乃至物联网法体系有一个正确的认识。

从现有的体现在各类法律、法规中的物联网法规范来看，中国的物联网法规范可以分为上述的十五类规范，即它们可以分别称为物联网管制法、物联网安全法、物联网服务法、物联网网络法、物联网设备法、物联网市场法、物联网资源法、物联网标准法等，由于这十五种类型的规范或称八个部门法能够在结构上体现出其合理性、在物联网法体系内部协调互补，在物联网法外部同其他部门法不发生重叠或冲突，因而它们可以构成内在和谐统一的中国物联网法体系。

此外，还应看到，随着物联网产业和物联网市场的发展，在这些领域的物联网立法会更多，也更加复杂，从而使物联网产业法和物联网市场法也日益作为相对独立的物联网法规范的集合而显示出其重要性，这样，物联网法体系便更加完整、更加完善了。

既然物联网法体系是由各种不同类型的物联网法规范构成的，而每种不同类型的物联网法规范或由其构成的部门法则分别保护着不同的权利，如物联网自由法保护公民的信息自由权，物联网消费法保护着消费者的获取信息权，等等；并且，保护物联网权利是物联网法的核心内容，从保护物联网权利的角度可以研究各物联网法的部门法的相关问题乃至整个物联网法律制度，因此，应当从保护不同物联网权利的不同类型的物联网法规范出发，去研究与物联网权利保护相关的各类问题，以求得对整个物联网法规范、物联网法制度、物联网法体系能够有一个具体、全面的认识。

在现行的各类法律、法规中，主要包含保护下列物联网权利的物联网法规范：（1）保护公民网络隐私权的规范；（2）保护消费者网络信息权的规范；（3）保护网络知识产权及其相关权利的规范；（4）保护企业商业网络信息权的规范；（5）保护国家秘密信息权的规范以及特殊信息的发布权的规范等。为此，将从实证的角度分析和研讨各类法律、法规中包含的上述各类网络法规范，研究对各类物联网权利的法律保护以及由此而产生的各类相关问题。通过例证式的实证研讨，可以看到中国目前的物联网立法现状，物联网权利的法律保护水平、保护的领域、深度和广度，从而为整个物联网法律制度的健全、物联网法体系提供现实的论据和基础。

12.4.2　物联网法的立法模式

物联网法，可以称之为：调整物联网活动中所产生的社会关系的法律规范的总称。毋庸置疑的是，物联网法具备制定法的性质。各国立法者和法学家不约而同地采取了成文立法来表现它，即便是在以判例法为主要特征的英美法国家也不例外。这一现象又反映出物联网法不是纯粹的私法，它必须借助国家的适当介入来推行，因而带上了一些公法的色彩。物联网法的这种特性反映了当今商法发展所面临的问题。企业的活动扩展到哪里，商法的研究就触及到哪里。物联网法正是以物联网规范来规制其在线服务活动的。关键的问题是，怎样在现存法律体系中构建物联网法的框架？当然各国采取的措施不尽相同。但这直接决定了物联网法在整个法律体系中的位置。

1）修改现行法律适用于物联网活动

事实上，修改现行法律的做法并不足以满足物联网发展对法律规范的需求。各国都通过大量新制定的特别法律法规来适应不断进步的技术和商业环境，以及附着其上的物联网产业。

2）专门的物联网立法

网络平台赋予物联网法不同于传统商法的诸多特征，但并不足以使它脱离原有的制度逻辑框架。物联网法这门学科的确立和发展壮大，既有利于我国信息科学产业化的研究和实践，也丰富了法学研究的内容。即使不作为实在法意义上的独立法律部门，也丝毫不妨碍国家立法机关制定单行物联网法律的步骤，更不会制约行政主管部门颁行相关规章的活动。

12.4.3　物联网法律制度对物联网活动的影响

物联网是现代社会中一种有目的的经济活动。由于现代经济活动必须在法律允许的范围内进行，因此，从事物联网经营和参与物联网活动的各方，对物联网涉及的法律问题应该有一个全面而概括的了解。现行法律、法规、公约对物联网活动的影响主要体现在制约和促进两个方面。

1．规范物联网市场行为

总体上看，物联网本身有着广泛的内容，使得物联网活动中所涉及的法律面非常广泛，有关的法律、法规、公约在内容上也具有复杂性和多样性的特点。由于物联网主体有运营企业、服务企业、集成企业、制造企业之分，物联网活动的具体内容必然存在一定的差异。此外，物联网按活动的范围分又有国际物联网和国内物联网，适用于不同的法律体系。而且随着全球经济一体化的进程，这两种物联网在很多情况下又互有交叉和重叠。

1）物与物的联接受到法律的制约

物与物之间的联接，要受到国家法律法规的约束，有的物品可以自由接入，有的物品法律限制其接入，还有的物品被法律禁止接入；有的物品可以在国内接入，有的物品的接入要根据政府间的协议满足一定的条件才能联接等等。

2）物联网的运行要遵守相应的规则

不管是物联网运营商、固定网络运营商、移动网络运营商还是电缆网络运营商，都面临着多方力量在重塑行业格局。随着竞争不断加剧，运营商的重点是以成本效益和资源效率最高的方式提供优质服务和应用。同时，固定网络、移动网络和IP网络正在融合，在接入应用的地点和方式方面为最终用户提供了最大的灵活性。网络运营商不仅需要从网络角度知道网络运行状况，还需要从服务角度知道网络运行状况。此外，他们需要在提供多媒体服务和应用时有效利用网络资源。互联网间的互联互通问题不仅仅是简单的同类网的水平互联，而是扩展成为跨网络、跨区域、跨业务、跨国界的互联问题，包括立体化的互通问题，因此具有多样化、多层次、复杂化的特点。这一切都要接受法律的规制。

3）物联网主体各自行为要有规范

为规范物联网经营主体的行为，一方面各国有物联网法规进行制约，国际上也有针对不同活动方式的公约可以适用，另一方面物联网服务双方要根据各自意愿进行磋商、签订服务合同。这样，合同双方的行为便在法律规定和合同约定的范围内得到规范，双方的利益也在相当的程度上达到了平衡。

4）物联网活动中的侵权行为要承担法律责任

我国为保护民事主体的合法权益，明确侵权责任，预防并制裁侵权行为，促进社会和谐稳定，制定了侵权行为法。侵害民事权益，应当依法承担侵权责任。本法所称民事权益，包括生命权、健康权、姓名权、名誉权、荣誉权、肖像权、隐私权、婚姻自主权、监护权、所有权、用益物权、担保物权、著作权、专利权、商标专用权、发现权、股权、继承权等人身、财产权益。在物联网活动中如发生上述侵权行为就要承担法律责任。

5）物联网活动的所有环节同样受法律制约

物联网活动的所有环节，指芯片制造、软件开发、终端设备、系统集成、网络运营、服务平台、数据处理等。由于这些活动主要在国内进行，因此更多地受到国内法规的制约。但这也不是绝对的，比如系统集成活动的要求就需要根据贸易和运输的具体情况适用于不同的规定。此外信息处理中也既要适用国内的法规又要符合国际通用的标准。

2. 促进物联网产业发展

物联网的发展需要协调性、统一性和标准化，尽管这需要通过各方面的努力和协助，但政府的作用是至关重要的。政府要在政策、规划、立法及财政等方面给予支持，制订有利于物联网发展的技术政策及标准，加强和完善物联网相关的立法工作，促进物联网市场体系的形成，为物联网业创造有序竞争的环境，促进物联网业健康发展。

至今，国内尚未有一部关于物联网行业的综合性法律或法规，有关的技术标准、服务标准体系也尚未建立。国家应逐步完善物联网发展的宏观政策和法规，以规范物联网市场行为、统一联网技术和管理标准，为物联网发展提供保障，为各类企业创造一个公平、透明的市场竞争环境。我国经济活动中，过去因法律体系不健全，管理比较混乱。物联网业发展同样也存在政策和体制方面的障碍，行业垄断、部门分割和地区保护在一定程度上依然存在，现有的管理规章和政府行为方式还不能适应现代物联网业的发展需要。

物联网标准化是物联网发展的基础，现代物联网强调功能和作业流程。虽然我国已成立了制定物联网标准的机构，但我国目前还缺乏配套统一、协调一致的物联网技术标准体系，由于在物联网设施、技术装备、管理规程、信息交换等方面没有统一标准，严重影响了物联网运作的规范性及效率。为此，国家将尽快制定并建立与国际接轨的物联网的国家标准体系。物联网标准的范围和内容将覆盖相关领域，包括物联网基础设施标准、物联网技术装备标准、物联网管理流程标准、物联网信息化标准等，逐步形成我国物联网业的技术标准化体系。

在物联网立法中，国家应着手清理与物联网有关行业的法律法规，废止一些不适应新形势的部门规章和政府法令，修改一些法律的条文，并为适应物联网的发展制定各种新的法律法规，完善各种标准，为物联网业的健康发展营造良好的政策法规环境。

12.4.4　物联网产业的法律框架

我国目前规范经济活动的法律框架主要有以下几个构件。第一是法律，指全国人大通过，以国家主席令形式发布的法律文件。第二是法令，或称行政法规，即由国务院常务会议通过，以国务院令的形式发布的法律文件。第三是法规或称部门规章，由政府各行业主管部门制定，以部、委、局令形式发布的法律文件。第四是国家标准，由国家质量技术监督管理部门组织制定、批准和发布。其中有一些强制性标准属于国家的技术法规，其他标准本身虽不具有强制性，但因标准的某些条文由法律赋予强制力而具有技术法规的性质。第五是国际公约，由国际组织制定，各国签字加入成为缔约国。对我国有约束力的是那些我国已正式加入的公约，另一些未加入的公约对我国企业或组织在国际上的活动也具有一定影响。第六是国际惯例，是经过长期的国际实践形成的习惯性规范，成文的国际惯例由某些国际组织或商业团体制订，各方可加以自由引用，自愿受其约束，属于非强制性规范。第七是国际标准，由国际组织制定，本身没有强制力（国际标准均为推荐性标准），但国际公约常将一些国际标准作为公约附件，从而使其对缔约国构成约束，如国际标准化委员会（ISO）、国际电工委员会（IEC）等制定的针对产品和服务的质量及技术要求的标准就是这样。

物联网的法律框架是由物联网活动本身的内涵和外延决定的。物联网跨越众多行业，涉及面非常广泛。物联网产业应链的整合更使物联网外延触及厂商的供应和销售。在构成物联网活动的系统和子系统中，各项活动所涉及的法律法规和公约有如下几个部分，它们构成了物联网活动的法律框架。

1. 物联网市场准入法律制度

所谓市场准入，一般是指货物、劳务与资本进入市场程度许可。物联网市场准入制度就是，为保证物联网服务的质量安全，具备规定条件的生产者才允许进行物联网经营活动、具备规定条件的产品和服务才允许进入的监督制度。因此，实行物联网市场准入制度是一种政府行为，是一项行政许可制度。市场准入制度是国家对市场主体资格的确立、审核和确认的法律制度，包括市场主体资格的实体条件和取得主体资格的程序条件。其表现是国家通过立法，规定市场主体资格的条件及取得程序，并通过审批和登记程序执行。

2. 物联网设备接入法律制度

这部分适用的法律、法规缺乏独立性，即有许多相关的法律法规，但具有非针对性的特点。主要以通信、广电、安防方面的法规所涉及的相应要求为基础。设备制造方面具体是按现有的相关标准的要求进行作业和检验。服务方面我国《合同法》有专门的分则，此外也有国家标准。集成业务则主要以《合同法》中承揽合同分则的规定为准。

3. 无线传感与识别法律制度

国家通过法律、行政、技术和经济多种手段引导和保障我国无线电产业繁荣健康发展，使之保持着快速稳步发展的态势，产业规模不断扩大。今天，我国拥有世界上最大的移动通信网络以及最多的手机用户，随着 3G 在中国的规模商用，宽带多媒体无线通信形成了新的产业驱动力。诸如 WLAN、物联网等无线电新技术、新应用也不断推陈出新，被广泛应用于人民生活和各大行业领域，表现出旺盛的生命力。传感与识别产品也较少有独立的针对性的法律法规，多数是与工业产品生产等适用的法律法规相关。

4. 物联网数据保护法律制度

以计算机网络和通信网络为基础的物联网正在迅速改变和深刻影响社会的每一个方面，广泛的个人数据收集、处理、传输和利用，既促进了社会经济的发展，为人们的工作和生活提供了极大的便利，同时也给人们的私生活带来了前所未有的严重威胁。我国在保护个人数据方面已在立法中。数据保护是物联网立法的首要领域，应该规定，无论是政府、法律执行机关，还是其他机构或个人，在收集和取得个人数据时必须通过公平合法的方式取得；收集和持有个人数据的机构和个人在进行数据收集之前，必须依法进行登记。只能在出于特定、合法的目的时，有关机构和个人才能持有数据；使用和披露个人数据的方式不能和收集这些数据、持有这些数据时的目的相违背；个人数据必须准确，那些必须以最新材料存档的内容还必须不沉旧和过时；数据持有人必须采取安全措施，防止个人数据未经许可而被扩散、更改、透露或是销毁等。

5．物联网安全与监管法律制度

确立物联网安全的基本原则，明确国内物联网安全的法律责任及法律法规，完善物联网络系统安全、信息安全、交易安全等方面的管理机制。物联网安全法包括物联网的设备安全、网络系统安全、信息安全和服务安全等方面相关的法律法规。

以上是物联网活动的基本法律体系。随着的进一步发展，相关的法律、法规、公约的数量及内容都会发生变化，变得更为全面和完善。同时，可以预见，会有物联网产业管理法规出台，也会有专门调整物联网活动各关系方权利、义务及责任的法律法规出现。当然，由于物联网活动范围太广，这些法律制度出台还需时日。

12.5　如何构建我国物联网法律制度体系

“十二五”期间国家将大力推进物联网产业的发展，并提出了加快实现物联网产业跨越式发展的目标，我国物联网发展所需的制度环境有待进一步改革。物联网发展所需的制度环境，主要是指市场准入制度、投资制度、产权转让制度、设备入网制度、技术规范制度、市场监管制度、用户保护制度等。这些制度的改革，目前还远远不能适应市场经济体制改革的需要。市场经济是法治经济，法律应确定物联网主体的资格、权利和义务，规定物联网活动的行为规则，保障国家对物联网的干预和监督，任何从事物联网服务的企业必须履行遵守国家法律的义务。

12.5.1　加强我国物联网立法速度

必须制定全国统一的物联网法律法规，法律法规不完善，政出多门、规章制度不统一，这是导致我国物联网规划建设中行为主体各行其是、步调不一致的重要原因。为了尽快改变这种状况，为了顺利贯彻执行协调发展的经济政策，国家在着手进行机构改革的同时，应加强人大对物联网业的立法，并责成国务院物流主管部门制定全国统一的行政法规。其条款大体上应当包括一些基本内容：如物联网市场准入条件和从业资格；重要物联网建设项目的报批、审批制度；物联网市场运行秩序的规范；政府主管部门监管职能；物联网技术标准等。

12.5.2　物联网市场主体制度

物联网企业必须具有主体资格，和其他企业一样，物联网企业也必须具有法律所规定的主体资格。物联网主体可以是从事物联网活动的组织和个人，是具有法律人格的物联网活动的承担者。物联网企业自身的主体资格和权益是由法律来确定和保障的。首先，作为物联网主体，必须符合法律对主体的资格要求，包括作为物联网主体的自然人、法人和经济组织，必须具有独立的法律人格，具有完全的意识能力、行为能力和责任能力，能够为自己的行为结果承担责任；其次，物联网主体必须具备一定的注册资本和经营条件，经过合法注册才能从事相应的经济活动；其三，物联网企业享有法律规定的权益，物联网主体的法律地位完全平等，各自享有自己的财产权，对自己的财产负有完全责任，法律保障物联网主体的合法权益不受侵犯。发展我国物联网的关键是构建一个合理的科学的物联网主体系统。物联网主体系统是指涉及将产品和服务提供给用户的一切部门、法人和自然人所构成的系统。物联网主体体系的构建，作为一种市场主体经济行为是物联网运营系统的策动者和承担者，为物联网体系的发展奠定行为基础。这也是市场准入制度。世界各国立法对物联网企业设立的规范主要有登记制和审批制两种。我国一部分物联网企业的设立必须取得各级政府部门颁发的经营许可证，而大多数国家的政府在对物联网企业的管理中一般仅限于制定政策法规，实行必要的宏观调控。从国际物联网业发展的趋势看来，登记制度将成为国际物联网公司管理的最佳模式，政府对企业的干预也将越来越少。所以，改革政府管理体制，将我国现有的物联网企业设立的审批制度变更为登记制度，并建立统一的物联网管理部门是十分必要的。

12.5.3　物联网市场秩序管理制度

在市场经济环境下，为维护公共利益，需要调整与物联网服务有关的各方的权利和义务，物联网服务也需要专项立法。有关物联网服务市场的法律规范主要涉及市场秩序、物联网交易或委托关系及有关经济损失的赔偿责任制度。

市场经济条件下，物联网企业在从事经营活动中是相互独立、地位平等的主体，从事交易活动的任何一方都不能进行欺诈活动，不能把自己的意志强加于对方，物联网供需交易只能在双方意思表示真实的条件下才能成立。法律规定了物联网主体的行为规范，使各个主体按统一的原则建立相互关系，　如调整市场经济条件下经济主体之间关系的《合同法》保障了它们的正当交易权益.《反不正当竞争法》规范物联网经营行为，对守法经营的企业给予保护；对违反法律规范的物联网行为和弄虚作假的企业要给予惩罚和制裁。当物联网活动中出现争议和纠纷时，法律也是解决矛盾、处理纷争的准绳。因此，物联网法律法规是维护良好的物联网秩序的根本保障，作为物联网企业要遵纪守法、诚信经营。

12.5.4　物联网监管机构与制度

首先要设立国家物联网的主管部门。今后，应当由新设置的专职机构统一协调各部门、各地区的物联网发展规划和物流行动计划，包括物联网基础设施建设计划，以保障我国物联网产业快速、健康发展。与此相关，要通过立法赋予上述部门一定的权力，其中包括制定物联网发展和物联网运作法律、法规及物联网市场监管的权力。

各级政府主管部门要从支持现代物联网业发展的角度出发，从便于各部门对物联网进行管理与协调出发，积极调整政策以适应物联网的发展，并结合各地及各部门实际，制定促进其发展的政策及规划，为国家及各地区物联网的发展营造既各具特点，又相互配套，具有整体一致性的政策法规体系。

最近，中央政府有关部门从不同角度关注着我国物联网业的发展，并积极地研究促进物联网业发展的有关政策。目前深圳、北京、天津、上海、广州、西安等地政府极为重视本地区物联网业发展，并已开始着手研究和制定地区物联网发展的规划和有关促进政策。从宏观经济的角度看，国家或政府主管部门还必须制定和推行相应的经济政策，引导各物联网市场主体按照预定的目标运作，鼓励投资者向物联网领域发展。

12.5.5　物联网行业自律与用户监督制度

成立专业化的物联网行业协会，对建立有效的行业自律机制、优化物联网市场环境、搭建服务政府、企业和行业的三方桥梁都具有重要的意义。

鼓励物联网用户和需求主体对物联网行业的监督，通过立法保护用户和需求主体的合法权益，提高物联网行业的服务水平。

12.5.6　物联网宏观调控制度

在制定物联网的法律规范时，不仅要考虑市场机制在资源配置中的作用，也要制定相应的价格、税收和投融资方面的规范，来维护市场竞争的公平性和利益分配上的公正性。物联网服务和产品价格体现着运输过程中有关各方的经济关系和价值规律。合理的价格可以促进资源的合理分配、生产力的合理布局，并能够维护公平竞争的市场环境、发挥各种物联网运营的内在优势，从而提高各种物联网模式的使用效率。在完善物联网立法的同时，还应平衡各种物联网商业模式的价格和税收等问题，才能建立起公平、高效率的物联网系统。实施对大型物联网企业的外汇优惠政策，为国内物联网企业进口必须设备减免关税，减少相关配套费用，支持物联网企业的技术改造。根据各地情况，对物联网企业在工商登记、建设用地、贷款融资、车辆运行、消防规范等方面给予便利。加强通关物联网建设，提高通关速度。

综上所述，我国政府是重视物联网行业的管理和监督的，相关的法制建设也正在逐步加强和完善，现存的法律和规章等基本上维护了传统物联网业的经济秩序，对促进我国物联网产业的发展起到了重要作用。但是，信息经济发展很快，我国的物联网法制跟不上形势，有些法律法规和规章，已落后于当前物联网经济发展的需要，物联网业缺少相应的法律依据。因此，应当对原有的法律法规进行一定的修订，废止过时的内容，增加符合市场经济要求的新的物联网法律条文，以适应新的需要，尽快建立一个专业性强的、有前瞻性的现代物联网法律体系。

总之，在市场经济条件下，法律是国家管理经济活动必不可少的手段，需要依靠法律手段去理顺物联网运营过程中的各种经济关系。随着物联网基础设施建设迅速推进，必须有相应的法规与之相适应，必须要建立一个以市场公平竞争为基础的物联网法规体系，按法律规定的程序和原则，对物联网产业的发展给予保障并加以规范和监督。

案例　公园电子眼是否侵犯隐私权

2006 年“十一”黄金周，湖南烈士公园内新装的 83 个“电子眼”开始试运行。可有游客认为，烈士公园装了“电子眼”后，游园时总感觉背后有一双眼睛在盯着，令人感觉不舒服，再者，“电子眼”也涉嫌侵犯了个人隐私，公园里装“电子眼”有些不合时宜。在湖南烈士公园“电子眼”监控中心，公园负责人指着电子显示屏介绍公园实时监控情况。

效果：“电子眼”作用大

湖南烈士公园投入240万元安装的83个“电子眼”在10月1日正式开始试运行。黄金周里，在“电子眼”的帮助下，烈士公园管理人员共制止入园小商贩50多人次，寻找到与亲人同伴走散的游客5名，迅速制止赌博事件21起，公园管理人员说，有了“电子眼”的帮助，工作人员在处理紧急事件时，时效至少可提高3～5分钟。10月1日上午9时许，烈士公园游客猛增，公园管理人员在“电子眼”控制中心发现这一情况后，立即发出指令，马上打开公园紧闭的铁门，给游客入园让出更宽的通道；并要求相关人员马上赶到人多的地方进行疏导，防止发生事故；园内各经营门点马上加派人手，以便为游客提供更快的服务……由于发现情况及时，虽然当天该公园入园游客有近4万人，但园内秩序井然，没有发生一起事故。10月3日，公园监管人员通过19号摄像头发现年嘉湖南岸围墙后有人正以篮球和易拉罐为工具进行赌博，骗取游客钱财。指挥中心马上发出指令给离赌博地点最近的工作人员，对此事进行及时制止，从发现情况到保安人员赶到现场仅仅用了3分钟。湖南烈士公园派出所工作人员胡斌说，要是没有“电子眼”，公园派出所只能等游客投诉或巡逻队巡逻到该地点时才能发现这一情况，在这段时间差内，说不定已经有不少游客上当受骗。在2006年“十一”黄金周内，烈士公园入园人数超过25万人次，比往年高出不少，但各类事故发生率比往年大幅度下降。公园管理处负责人说，这主要得益于“电子眼”，使很多事件得到了及时的制止。

争论：“电子眼”侵犯隐私权？

10月8日上午，记者在烈士公园电子监控中心看到，20多个显示屏上，公园内的各条主要道路及各个大门入口处一览无遗。如果对某个局部进行放大，可以清清楚楚从显示屏上看清人的脸。针对有人认为“电子眼”侵犯了个人隐私权的问题，记者进行了随机采访。游客陈刚认为，公园装上“电子眼”，对于公园加强管理非常必要。如装上“电子眼”后，对于帮助游客寻找走失的同伴会有很大的帮助，也可以及时制止一些事故的发生，维护游客的正当权益，维护正常有序的游园秩序。而游客陈利群则认为，公园安装“电子眼”后，在游园时，时刻感觉自己被监视，如果与女友有亲密举动或有其他什么私人活动，会被人发现，个人隐私受到侵犯。在采访中，记者发现，认为装“电子眼”利大的往往是中老年人，而认为装“电子眼”侵犯了个人隐私权的往往是年轻人。

结论：没有侵犯隐私权

对于“电子眼”是否侵犯了隐私权，湖南烈士公园杨书记认为，安装“电子眼”的初衷是提高公园管理水平，给游客提供一个安全、舒适、优美的休闲环境。有些游客认为“电子眼”侵犯了隐私权，有些偏激。因为保护个人权益不能侵犯公众利益。合法夫妻在公园里有亲密行为，说不上是隐私。如果这种行为突破了道德界限，也属于被制止行为，更不是隐私。刘律师认为，公园安装“电子眼”不会侵犯游客隐私权。根据《现代汉语词典》的解释，隐私是不愿告人或不愿公开的个人的事，在公共场所不存在个人隐私，而湖南烈士公园是一个公共场所。其次，湖南烈士公园管理处是公园管理的主体，在法律允许的范围内，管理处有权选择对公园进行管理的手段和方式，因此，公园安装“电子眼”是合理合法的行为。（资料来源：中国安防产品网，律师说法，2007-05-24）

讨论：

1. 你认为公园安装“电子眼”是否妨碍公民的休闲行为？
2. 如何处理公共场所安全防护与个人隐私区权的关系？

小结

通过本章的学习，应该对物联网的立法有足够的认识，掌握构建我国物联网法律体系的必要性，由于物联网法律体系保障我国经济发展、物联网法律体系促进融入世界经济、物联网法律体系实现产业发展目标、物联网法律体系能推动现代服务业，物联网立法是一个迫切的任务。当前我国物联网产业制度存在的问题，包括国家安全问题、标准体系问题、信息安全问题、商业模式问题。我国尚无物联网法律制度，我国只有现行的与物联网有关的法律，我国物联网法律制度存在许多待解决的问题。现代物联网法律制度体系，应该包括物联网法律制度对物联网活动的影响、物联网法律制度的特点和物联网产业的法律框架。构建我国物联网法律制度体系，要加强我国物联网立法速度、建立物联网市场主体制度、完善物联网市场秩序管理制度、确立物联网监管机构与制度、鼓励物联网行业自律与用户监督、设立物联网宏观调控制度。

习题

1. 试论构建我国物联网法律体系的必要性。
2. 你认为当前我国物联网产业制度存在哪些问题？
3. 我国现行的与物联网有关的法律有哪些？
4. 试述物联网法律制度的特点。
5. 试论物联网产业的法律框架。
6. 如何构建我国物联网法律制度体系？

参考文献

[1] 邱善勤. 我国部分地区物联网产业发展规划分析[J]. 中国科技投资，2011 (4).

[2] 唐雄燕. 电信运营商的云计算与物联网发展策略[J]. 中兴通讯技术，2011, 17 (2).

[3] 张飞周，杨东凯，陈智. 物联网技术导论[M]. 北京电子工业出版社，2010.

[4] 杨刚，沈沛意，郑春红，等. 物联网理论与技术[M]. 北京：科学出版社，2010.

[5] 刘华君，刘传清. 物联网技术[M]. 北京：电子工业出版社，2010.

[6] 朱晓荣，齐丽娜，孙君，等. 物联网与泛在通信技术[M]. 北京：人民邮电出版社，2010.

[7] 吴功宜. 智慧的物联网：感知中国和世界的技术[M]. 北京：机械工业出版社，2010.

[8] 田景熙. 物联网概论[M]. 南京：东南大学出版社，2010.

[9] 温家宝，2010 年政府工作报告[R]，2010.

[10] 杜寒，张曹，韩树文. 物联网标准体系浅谈[J]. 条码与信息系统，2010 (4): 16-18.

[11] 刘宴兵，胡文平. 物联网安全模型及关键技术[J]. 数字通信，2010 (8): 28-33.

[12] 秦成德. 电子商务法教程[M]. 西安：西安交通大学出版社，2008.

[13] 秦成德. 电子商务法律与实务[M]. 北京：人民邮电出版社，2008.

[14] 秦成德. 移动电子商务[M]. 北京：人民邮电出版社，2009.

[15] Chen jing，Qin Chengde, etc. Study on Application Environment of Mobile Business in Chinese Enterprises[R]. 武汉：第七届武汉电子商务国际会议，2008.

[16] 秦成德. 移动商务中的法律问题[C]//信息经济学与电子商务：2008 年第十三届中国信息经济学会年会论文集[D]. 西安：陕西科学技术出版社，2008.

[17] 秦成德，陈静. 电子商务的法律新问题研究，第七届全国高校电子商务教育与学术研讨大会论文集[D]. 大连：东北财经大学出版社，2008.

[18] 秦成德. 网络游戏中的法律问题[J]. 西安邮电学院学报，2009 (2).

[19] 秦成德. 跨国电子支付的研究，国际贸易实务研究：实践与决策[M]. 北京：对外经贸大学出版社，2009 (7).

[20] 秦成德. 电子货币的法律问题，电子商务教育、理论与应用新进展[M]. 合肥：合肥工业大学出版社，2009.

[21] 张国权. 网络著作权法律保护现状及建议[J]. 经济师，2009 (4).

[22] 刘琼. 论信息网络传播权的保护[J]. 华商，2008 (8).

[23] 张昕. 浅析信息网络传播权的特征及法律保护[J]. 中国商界，2008 (03).

[24] 张费微. 信息网络传播权限制制度的缺陷及其完善建议[J]. 社会科学家，2008 (09).

[25] 张兆永. 信息网络传播权研究[J]. 图书馆工作与研究，2009 (01).

[26] 田芳，梁芳，许舒可. 计算机软件版权保护模式探析[J]. 经营管理者，2008 (16).

[27] 朱仲英. 传感网与物联网的进展与趋势[J]. 微型计算机应用，2010 (1): 1-3.

[28] 凌志浩. 物联网技术综述[J]. 自动化博览，2010: 11-14.

[29] 封松林，叶甜春. 物联网/传感网发展之路初探[J]. 后 IP 时代与物联网，2010, 25 (1): 50-54.

[30] 张平，苗杰，胡铮，等. 泛在网络研究综述[J]. 北京邮电大学学报，2010 (33): 1-6.

[31] 王滔亮，颜丽. 物联网应用：以需求为导向[J]. 中国电信业，2010 (115): 44-45.
[32] 王玉国. 论商业方法的可专利性[J]. 产业与科技论坛，2008 (08).
[33] 刘春霖. 论网络环境下的商标使用行为，现代法学[J]. 2008 (11).
[34] 张顺颐，宁向延. 物联网管理技术的研究和开发[J]. 南京邮电大学学报（自然科学版），2010 (30): 30-35.
[35] 周薇. 试论网络链接的法律问题[J]. 财经界，2008 (2).
[36] 朱庆锋. 网络链接与版权侵权[J]. 重庆邮电大学学报（社会科学版）2008 (11).
[37] 乔生，宣蓓. 信息公开自由与网络版权保护：百度提供超链接一案引发的思考[J]. 科技与法律，2008 (03).
[38] 杨松，朱全银. 3G 时代的物联网业务及其相关技术[J]. 2010 (8): 96-97.
[39] 郝以宏. 论域名的法律性质[J]. 经济研究导刊，2009 (5).
[40] 刘丽华. 域名的商业价值及法律保护[J]. 审计与理财，2008 (09).
[41] 李军锋. 关于构建智能电网技术标准的思考[J]. 中国科技产业，2010 (5): 82-85.
[42] 梁奕文. 浅谈数据库知识产权[J]. 中国科技财富，2008 (11).
[43] 黎秋. 国内现行电子票据法律问题探讨[J]. 金融与经济，2008 (2).
[44] 秦成德. 移动金融的法律问题，第三届中国电子金融年会会刊[J]，2009.
[45] 吕西萍，秦成德，等. 世界贸易组织[M]. 北京：科学出版社，2009.
[46] 吴礼龙. 电子政务中的信息安全技术：数字签名技术[J]. 图书馆学刊，2008 (6).
[47] 申天恩，刘谦. 电子签名法第 14 条研究[J]. 辽宁行政学院学报，2008 (12).
[48] 于同志. 网络游戏“外挂”的认定与处罚[J]. 法治论丛，2008 (12).
[49] 刘师群. 计算机软件外挂刑事立案起点与罪名确定[J]. 法制与社会，2008 (2).
[50] 陈晓燕. 网络游戏虚拟财产的法律保护[J]. 知识经济，2008 (2).
[51] 郭晓珍. 电子签名认证机构的若干法律问题[J]. 信息化建设，2008 (12).
[52] 骆东平. 在线纠纷解决机制十年发展回顾及展望[J]. 三峡大学学报（社科版），2008 (3).
[53] 齐爱民. 个人信息保护法研究[J]. 河北法学，2008 (4).
[54] 王鲁东. 个人信息权法律保护探析[J]. 中共青岛市委党校青岛行政学院学报，2008 (10).
[55] 陈红. 个人信息保护的法律问题研究[J]. 浙江学刊，2008 (3).
[56] 沈木珠. 网络名誉侵权与我国名誉权保护制度的完善[J]. 法学杂志，2008 (6).
[57] 秦成德. 电子商务法教程[M]. 西安：西安交通大学出版社，2008.
[58] 张国权. 网络著作权法律保护现状及建议[J]. 经济师，2009 (4).
[59] 田芳，梁芳，许舒可. 计算机软件版权保护模式探析[J]. 经营管理者，2008 (16).
[60] 王玉国. 论商业方法的可专利性[J]. 产业与科技论坛，2008 (08).
[61] 刘春霖. 论网络环境下的商标使用行为[J]. 现代法学，2008 (11).
[62] 唐前进. 物联网产业发展现状与发展趋势[J]. 中国安防，2010, 41 (2): 17-20.
[63] 陶冶. 物联网产业商业模式的探索与创新[J]. 南京理工大学学报（社会科学版），2010, 23 (4): 15-18.
[64] 赵欣斐. 物联网的兴起对产品供应链的影响[J]. 现代商业，2010 (18): 203-202.
[65] 甘志祥. 物联网发展中问题的初析[J]. 中国科技信息，2010 (5): 94-96.
[66] 召胜，等. 智能检测系统与数据融合[M]. 北京：机械出版社，2000.
[67] 于宏毅，等. 无线传感器网络理论、技术与实现[M]. 北京：国防工业出版社，2008.
[68] 李善仓，张克旺. 无线传感器网络原理与应用[M]. 北京：机械工业出版社，2008.
[69] 陈林星. 无线传感器网络技术与应用[M]. 北京：电子工业出版社，2009.
[70] 徐勇军，等. 无线传感器网络实验教程[M]. 北京：北京理工大学出版社，2007.

[71] 朱近之．智慧的云计算：物联网发展的基石[M]．北京：电子工业出版社，2010.
[72] 王鹏．走近云计算[M]．北京：人民邮电出版社，2009.
[73] 周洪波．感知与传输铺就物联网基础[J]．北京：计算机世界，2010.
[74] 周洪波．物联网三大应用场景[J]．北京：计算机世界，2010.
[75] 周洪波．物联网图强软件现行[J]．北京：计算机世界，2010.
[76] 周洪波，胡海峰，邵晓风．M2M 产业一两化融合的核心推动力[J]．中国制造业信息化：学术版，2009, 38(6): 23-27, 31.
[77] 刘化君，等．网络编程与计算技术[M]．北京：机械工业出版社，2009.
[78] 刘化君．网络安全技术[M]．北京：机械工业出版社，2010.
[79] 刘化君．物联网体系结构研究[J]．中国新通信，2010 (5).
[80] 王鲁东．个人信息权法律保护探析[J]．中共青岛市委党校青岛行政学院学报，2008 (10).
[81] 陈红．个人信息保护的法律问题研究[J]．浙江学刊，2008 (3).
[82] 吴宝殿．电子商务安全问题研究[J]．赤峰学院学报，2009 (1).
[83] 何家弘．证据的审查与认定原理论纲[J]．法学家，2008 (3).
[84] 吕西萍．论电子邮件的证据效力：以国际电子商务合同纠纷为例[J]．当代经济，2008 (6).
[85] 骆东平．在线纠纷解决机制十年发展回顾及展望[J]．三峡大学学报（社科版），2008 (3).
[86] 邓斐．浅斩数字签名[J]．科技情报开发与经济，2008 (10).
[87] 齐爱民．个人信息保护法研究[J]．河北法学，2008 (4).
[88] 陈仲华．IPV6 技术在物联网中的应用[J]．电信科学，4: l6-l9.
[89] 董丽华．RFID 技术与应用[M]．北京：电子工业出版社，2008.
[90] 付杨．物联网安全模型分析与研究[D]．2010.
[91] 韩燕波，赵卓峰，桂玲，等．物联网与云计算[J]．中国计算机学会通信，6 (2): 58-62.
[92] 和欢庆．激光扫描技术发展分析[J]．中国印刷与包装研究，1 (2): 9-13.
[93] 何燕．无线传感网络安全通信的密钥预分配协议探讨[J]．中国科技博览，(14): 195-196.
[94] 胡斌，陈林．全球定位系统（GPS）技术浅淡[J]．内蒙古科技与经济，3: 218-219.
[95] 胡向东．物联网研究与发展综述[J]．数字通信，2010 (4): l7-21.
[96] 焦文娟，朱红霞．M2M 的安全研究[J]．电信技术，2009 (6): 76-78.
[97] 李如年．基于 RFID 技术的物联网研究[J]．中国电子科学研究院学报，4 (6): 594-597.
[98] 子丰．基于物联网的传感技术[J]．射频世界，2010 (1): 28-31.
[99] 袁喆，米欧．云计算研究与发展综述[J]．软件导刊，2010, 9 (3): 3-4.
[100] 张莉．ZigBee 技术在物联网中的应用[J]．电信网技术，2010 (3): I-5.
[101] 刘鹏．云计算[M]．北京：电子工业出版社，2010.
[102] 林小勇．云服务下信息用户隐私权保护[J]．图书馆学研究，2010 (13).
[103] 邓仲华，朱秀芹．云计算环境下的隐私权保护初探[J]，图书与情报，2010 (04).
[104] 孙远钊．初探“云计算”的著作权问题[J]．科技与法律，2010 (05).
[105] 任伟，叶敏，刘宇靓．云安全的信任管理研究[A]，全国计算机安全学术交流会论文集·第二十五卷[C]，2010.
[106] 陈海波．云计算平台可信性增强技术的研究[D]．上海：复旦大学，2008.
[107] 刘贯南．云计算时代学习环境的整合研究[D]．上海：上海师范大学，2010.
[108] 徐超．云计算技术在中国农村信息化建设中的应用[D]．山东：山东大学，2010.
[109] 张秀菊．云计算及其对企业信息化的影响[J]．北京石油管理干部学院学报，2010 (01).
[110] 苏奎．云计算在电子政务建设中的应用探讨[J]．金卡工程（经济与法），2010 (08).